21世纪新闻传播学丛书

广播影视学

倪祥保 钱锡生 编著

苏州大学出版社

图书在版编目(CIP)数据

广播影视学/倪祥保,钱锡生编著. —苏州：苏州大学出版社,2007.1
ISBN 978-7-81090-516-9

Ⅰ. 广… Ⅱ. ①倪…②钱… Ⅲ. ①广播工作－理论研究②电视工作－理论研究③电影理论－研究 Ⅳ. G220 J90

中国版本图书馆 CIP 数据核字(2005)第 068218 号

广播影视学
倪祥保　钱锡生　编著
责任编辑　李寿春

苏州大学出版社出版发行
（地址：苏州市干将东路 200 号　邮编：215021）
丹阳市教育印刷厂印装
（地址：丹阳市西门外　邮编：212300）

开本 787mm×960mm　1/16　印张 25.25　字数 429 千
2007 年 1 月第 1 版　2007 年 1 月第 1 次印刷
ISBN 978-7-81090-516-9　定价：34.00 元

苏州大学版图书若有印装错误，本社负责调换
苏州大学出版社营销部　电话：0512-67258835

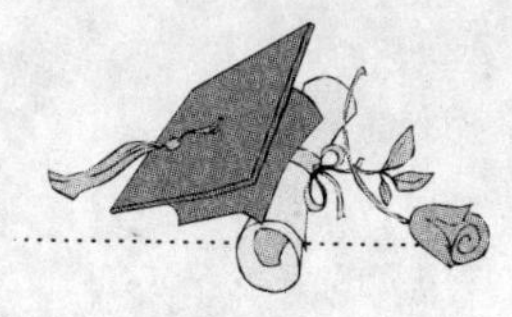

“21世纪新闻传播学丛书”编委会

再版前言

10年前，苏州大学文学院新闻传播系接受江苏省自学考试委员会的委托，承担江苏省新闻专业专科段的自学考试主考工作，并与南京师范大学新闻传播学院共同承担江苏省新闻本科段的自学考试主考工作。为了教学的需要，苏州大学文学院新闻传播系编写了"现代新闻学与传播学丛书"系列教材。

自学考试是国家学历考试的一种形式，它的专科（基础科）、本科等学历层次与普通高等学校的学历层次水平的要求相一致，而它的学习方式又有成人、业余、自学的特点。因此，在教材编写时，一方面根据全日制普通高等学校新闻专业教学大纲的要求进行编写；另一方面根据自考的要求，有条理地、清晰地编排知识点，尽量让读者"无师自通"。教材出版以后，在江苏省自考和一些省市的高等学校中使用，并为一些高校新闻传播学专业指定为考研参考用书，反映良好，重印多次。

新闻传播学是与社会的发展紧密相连、实用性很强的学科。随着中国新闻传播事业的快速发展和改革开放力度的不断加大，新闻传播学的知识在不断更新，学科也在不断完善。为了避免教材内容的"老化"和理论建设与社会现实的发展相脱离的现象，我们再一次对"现代新闻学与传播学丛书"进行了大规模的修订，并重新命名为"21世纪新闻传播学丛书"。这一次修订主要根据以下原则进行：

1. 尽量吸收国内外新闻传播学的新成果，通过教材把学生引领到学科的最前沿，了解和把握这一学科发展的最新态势。

2. 保持原材料便于自学的特点，概念清楚，知识点清晰。

3. 进一步强调教材的系统性，做到内容充实，资料丰富。

4. 根据实际需要和本学科的发展，对丛书组成作了适当增删。

在原教材的《前言》中我们曾说："学科的发展是无止境的，教材的编写也只是阶段性成果，我们希望听到各方面的意见，在以后的修改中使之更加完善。”在新版丛书出版之时，我们重复这样的愿望，让我们的教材在逐步完善的过程中更具有时代的特性和社会的适应性。

本丛书不仅可以作为新闻传播学专业自考教材，同时适用于普通高校新闻传播学专业学生以及新闻传播系统从业人员学习。

由于新闻传播事业科学技术的高速发展，创新是这一学科永恒的主题，因此，关注这一学科理论和实践的发展将是我们长期的课题。同时，我们也期待着专家和同行的批评指正，以便我们在再次修订时补正。

“21世纪新闻传播学丛书”编委会

2006年9月

目录

contents

第五章　电视广播发展史

第六章　广播电视节目的构成特点与编排

第七章　广播电视新闻类节目

第八章　广播电视文艺类节目

第九章　广播电视服务类、广告类与教育类节目

第十章 电视剧、电视电影

第十一章 电视纪录片

第十二章 广播电视播音与主持

第十三章 广播电视节目的采写与编制

Contemporary Journalism & Communication

第十四章　广播电视的产业化与集团化

第十五章　分众时代的广播影视

第一章 绪论

内容提要：

作为一门学科，广播影视学不是广播、电影和电视的机械组合，而是在传播学基础上将三者综合起来进行研究。这种学科的命名及其施教的角度与方法，对于传播学、新闻学专业而言特别适合。分析其学科定义、研究对象、研究内容以及与相关学科的关系，介绍其中各自构成的分类及媒介组合的历史过程与发展趋势，构成了本章的重点。

第一节 广播影视学的名称由来

当代大众传播媒介的发展,特别是广播影视的发展,已经到了令人眼花缭乱的地步。它像成真的梦想,也像被创造出来的神话。它让人深度着迷,心猿意马。

一、心力与神话

著名歌手李娜在《有你的地方》这首流行歌曲中曾经这样深情地唱道:"我没有腮,不能到海里去;我没有翅,不能到天上去。但我有心,心可以到鱼儿不能到的地方去;但我有爱,爱可以到鸟儿不能到的地方去……只要有你的地方,我都能去。"这首歌曲是歌唱爱情的,但也在间接地夸赞人无所不能的心力。这里所谓的心力,不仅包括人类认识、理解、想像自然与社会的全部能力,而且包括人类在所有自然与社会领域里进行创造与建设的全部能力,还更涵盖人类不断创造神话、永远保持梦想与追求梦想的精神意志与全部能力。从这个意义上来说,人类迄今为止所有的进步与发展,各民族文化的创造建设与交相辉映,人类社会永无休止的进取与拓展,都离不开人类对自身这种心力的积极运用和有效调控——不管在人类生产力极其低下还是高度发展的时代。

人类创造能力的巨大,有时连人类自己都不敢相信。现在,我们虽然不能肯定中国历史上确实有过一位名叫仓颉的人,但能确定在世界上别具一格的汉字一定是由我们的远古先人所创造出来的;即使我们不能肯定中国历史上一定会有伏羲这个人,但同样能够断定"八卦"及其哲学观也一定出自于我们的远古先人。就在离远古先人创造象形文字和八卦图像并不遥远的时代,我们的先人还是非常虔诚地创造了"洛出书、河出图"的传说,将本民族真实伟大的创造涂上了厚厚的神话色彩。

人类区别于一般动物的因素有很多,除了人们经常说到的劳动、理性、文字、科学等,神话和梦想恐怕也是两个非常主要的方面。无论在远古还是现在,不同民族的很多神话总具有梦想的本质。这是人类文化学研究很容易得到的一个结果。中国古代有“顺风耳”、“千里眼”两位著名的神话人物,还有很多能腾云驾雾、遨游深海、穿越土地等超乎寻常能力的神仙。在创造“顺风耳”、“千里眼”这两位神话人物和其他神仙的时候,我们的先人显然寄托了他们自己希望能够获得那种超凡能力的梦想。不管是周游天地的屈原、梦游天姥的李白或是想见天宫的李贺,还是神思飞扬、无拘无束的吴承恩,其实都与其具有超凡的梦想相关。从宏观的哲学视野来看,中国嫦娥奔月的神话所折射的正是人类登月的梦想,而国外飞毯的传说也是人类希望能够遨游空中梦想的形象反映。事实已经非常雄辩地证明:人类的很多文明成果,其实有不少都直接或间接地来自先人所创造的神话与寄托其中的梦想。

二、由嘲笑到恭敬

加拿大著名传播学家麦克卢汉的思想在当时非常超前,他的很多观点都被世人看做是奇谈怪论,但是大多非常值得注意和具有很好的研究价值。例如,媒介是人体延伸的观点,应该说就很值得我们认真重视和深入研究。麦克卢汉认为,所有媒介其实都可以看做是人身体某个部分的一种延伸,即:印刷媒介及文字是人眼睛的延伸,声音广播是耳朵的延伸,衣服是皮肤的延伸,车轮是腿脚的延伸,新电力技术是人神经中枢的延伸……

为什么麦氏要特别强调媒介是人身体某个部分的延伸呢?按照我们的理解,这与麦克卢汉对媒介产生、发展深层原因的认识有关系。在麦氏看来,人类之所以需要媒介,就是为了克服自身的某些不足和限制,以便更好地接触、了解自然与社会,并与之进行更为深入、有效的交流与沟通。这也就是说,很多新媒介(麦氏所言的媒介是非常广义的,所以车轮也被列入其中)的被创造,具有中国文化非常重视的“近取诸身”的属性。正是在这一点上,神话与梦想似乎和传播媒介之间产生了非常密切的关联:“顺风耳”与广播,分身、隐形术与电影,“千里眼”与电视(特别是通过卫星实现的洲际现场转播),等等。因此,麦克卢汉曾经意味深长地指出,我们在本世纪中目睹了对神话传说态度的转变，由嘲笑其虚假到恭敬地研究神话。同时他又指出，看得见的世界不再是真实，看不见的世界不再是梦想。①

为什么人类要嘲笑曾经由自己所创造出的神话呢？因为神话看上去具有虚假性，即它总不是现实的存在。为什么人类后来又要恭敬地研究起神话来了呢？因为神话其实是人类重要的精神财富，其中有很多难能可贵的想像力和不无启迪的哲理性。纵观人类历史发展，我们完全可以这样说：是神话运载了梦想，由梦想牵引了创造，而创造带来了发展。

三、"抚四海于一瞬"

古有秀才不出门便知天下事之说，其实这只不过是说秀才因为受了圣人先贤传下来的"道"而能懂得很多事物的道理而已，实际上他们中的很多人照样还是"五谷不分"的，甚至比不上现在很多孩子都知道在埃及有金字塔，在南美洲有马丘比丘，在英国有巨石阵……我们先人所谓"抚四海于一瞬"的说法，其实在当时只能是一种很浪漫的想像情景。古人所谓的"抚四海于一瞬"与今人所谓的"All at once"（一切同时发生且同时可见）意思十分相近，但是这只有在广播电视时代才能给人类以某种近乎真切的感觉。

张翼德在长坂坡上震耳欲聋地大喝一声，闻风丧胆者至多不过千百人；借助于广播电台的传播能力，毛泽东在政协第一届全体会议开幕词中的一声"中国人民从此站起来了"，传遍寰球，响彻云霄；当阿姆斯特朗跨出阿波罗号登月舱缓缓踏上月球的时候，世界各地数以亿计的受众不仅在收音机旁，而且在电视屏幕前感受并见证了"人类迈出的一大步"这个重要的历史时刻；在中央电视台向全球转播的春节晚会上，世界各地欢庆中华民族传统佳节的现场情景，海内外炎黄子孙通过电话、网络等现代传播媒介表达对祖国人民祝福的一股股热潮，真切地给人以神州一家、地球一村、天涯若比邻、四海共此时般的强烈感受。

四、称名由来

广播影视即广播、电影、电视的省称，这是众所周知的一个名称和说法，

① 参见麦克卢汉著，何道宽译. 麦克卢汉精粹. 南京：南京大学出版社，2000. 258～259

没有任何特别之处，所以国家设有“广播电影电视总局”，刊物中也有以“中国广播影视”来命名的，朱镕基同志在十届全国人大一次全会上作政府工作报告时指出要进一步繁荣文学艺术、新闻出版、广播影视等各项事业。目前学界的一般是将广播学与电视学合在一起形成“广播电视学”，或是将电影学与电视学合在一起形成“影视学”，还没有将“广播影视”整体地看成是一个学科、命名为“广播影视学”的做法。因此，本书在学科这个层面上提出“广播影视学”的概念，可以说是一个具有开创性的尝试。

随着新闻学和传播学的发展，特别是随着大众传播学的迅速发展，很多相关的新兴学科先后在我国面世，如广播电视学、广播电视评论学、广播电视受众学、媒介形态学、媒介艺术学、艺术传播学、传播美学、传播道德学等。本书特别提出“广播影视学”这个学科概念，主要基于这样的考虑：

（1）“广播影视学”这个学科概念实际上至少在电视剧成为电视传播重要内容的时候就应该提出来了。众所周知，全世界绝大部分地区都曾经把电视剧称做“小电影”，《辞海》在解释“电视剧”一词的时候也是这样讲的：“一种融合舞台剧和电影的表现方法……它同电影（故事片）较接近……”这说明电影对于电视剧乃至各种电视戏曲片、纪录片、专题片等的产生和发展都具有不可忽视的借鉴意义和非常直接的影响效果。事实当然也是如此。一方面，电视所有涉及有故事、有记录、有采访内容及形式的，电影不仅都事先做到了，并且都做得相当好。作为艺术电影的故事片、戏曲片、美术（卡通动画）片自然不用说，就是各种高水平的一般纪录片和新闻纪录片（如人类学的《北方的纳努克》，纯自然类的《雨》，商业广告类的《拖网渔船》，新闻类的《在世界六分之一的土地上》、《西班牙的土地》等）也毋庸置疑。另一方面，凡是称得上电视艺术的所有内容，至少在其开始阶段绝大部分都是直接向电影学习得来的——不管在理论方面，还是在实践方面，这种影响事实上一直延续到现在。从一定意义上来讲，电视剧及各种电视戏曲片、纪录片、专题片等都可以说是电影和电视广播相结合的产物。就当今世界各国的情况来看，诸如各种电视剧及各种电视戏曲片、纪录片、专题片等都构成了电视这个强势媒体中最为大量的传播内容，其地位之重要性与收视率一般都仅次于新闻。在中国，电影频道自开播以来，其收视率则更是一直稳居前列。因此，如果说谈电影而不谈电视在目前还是可以的话，那么谈电视而不谈电影虽然说不上有数典忘祖之嫌，但至少在目前（事实上恐怕今后也很难）还是没有理由和不可理解的。

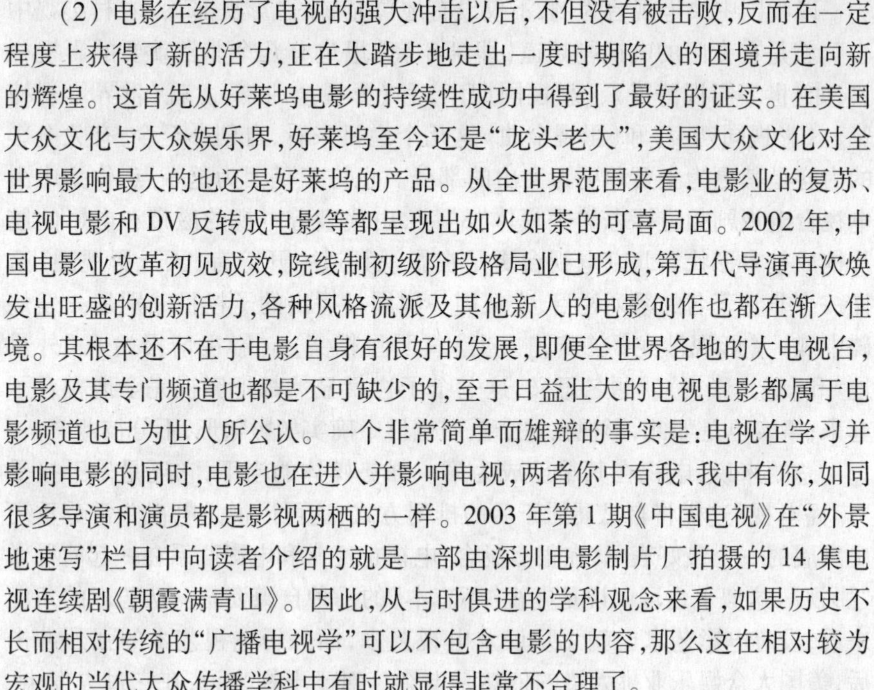

（2）电影在经历了电视的强大冲击以后，不但没有被击败，反而在一定程度上获得了新的活力，正在大踏步地走出一度时期陷入的困境并走向新的辉煌。这首先从好莱坞电影的持续性成功中得到了最好的证实。在美国大众文化与大众娱乐界，好莱坞至今还是“龙头老大”，美国大众文化对全世界影响最大的也还是好莱坞的产品。从全世界范围来看，电影业的复苏、电视电影和 DV 反转成电影等都呈现出如火如荼的可喜局面。2002 年，中国电影业改革初见成效，院线制初级阶段格局业已形成，第五代导演再次焕发出旺盛的创新活力，各种风格流派及其他新人的电影创作也都在渐入佳境。其根本还不在于电影自身有很好的发展，即便全世界各地的大电视台，电影及其专门频道也都是不可缺少的，至于日益壮大的电视电影都属于电影频道也已为世人所公认。一个非常简单而雄辩的事实是：电视在学习并影响电影的同时，电影也在进入并影响电视，两者你中有我、我中有你，如同很多导演和演员都是影视两栖的一样。2003 年第 1 期《中国电视》在“外景地速写”栏目中向读者介绍的就是一部由深圳电影制片厂拍摄的 14 集电视连续剧《朝霞满青山》。因此，从与时俱进的学科观念来看，如果历史不长而相对传统的“广播电视学”可以不包含电影的内容，那么这在相对较为宏观的当代大众传播学科中有时就显得非常不合理了。

（3）从媒介汇聚的观点来说，“广播影视学”这个学科主要是由广播、电影、电视等不同媒介之间的相互联系、相互作用所形成的；换一句话说，“广播影视学”这个学科的基础平台，是由广播、电影、电视这三种媒介本身发展所造成的汇聚而形成的。这不仅具有历史发展现实性，而且与传播理论家的最新研究成果相吻合。按照美国传播学家罗杰·菲德勒《媒介形态变化：认识新媒介》一书的观点，这里的所谓汇聚，是指不同媒介在各自不失去自我本质的情况下与其他媒介实行一定程度的交流渗透并产生新的变化与发展。这确实非常有道理。从历史发展和媒介汇聚的角度来看，有声电影可以说是在广播和无声电影的结合中产生的；有声电视传播则是在广播和有声电影的结合中产生的。菲德勒书中的原话是：“汇聚更像是交叉路口或婚姻，其结果是引起每一个汇聚实体的变革，并创造新的实体。”这里的所谓共同演进，就是指共同生存。菲德勒以地球生物也不是相继进化和取代的事实来说明：如果每一种新媒介的诞生都导致一种旧媒介的同时死亡，那么我们习以为常的丰富多彩的传播技术就不可能有了（至今只有民用电报消亡了）。因此他断言传播的历史是“越来越多”的历史。

以我国中央电视台为例,不仅设有地位显赫的“影视部”、“农村影视中心”,就是在专门的电视剧频道(即第8套)里也有几个非常重要的影视栏目,如《世界影视博览》、《影视同期声》和《影视金曲》等。就《世界影视博览》、《影视同期声》和《影视金曲》这几个栏目来看,自创办至今,有关电影的内容是其更为主要和更为突出的部分。也许正是因为这一点,作为中央电视台电视剧频道标志的手写体“8”字,由代表着电视的磁带和电影的胶片构成基本形状。北京电视台更是在影视频道中开辟有《天天影视圈》这样一个非常著名的系列栏目,它从周一到周日播出的子栏目分别是:《发烧碟中碟》、《影视沙龙》、《演艺人生》、《明星档案》、《影视情报站》、《外景地》和《魅力影视》。顾名思义,这七个子栏目显然都把影视完全地融合了起来;事实也是如此,影视在这个系列栏目中确实如影随形,不分彼此。

总的来说,电视在其早已成为第一强势媒体的当下,它还是乐于接受“广播电视”这样将自己屈居于后的排列方式,这可以说是电视非常尊重历史发展的一个最好表示;在很多场合,电视也经常和电影联系在一起简称做“影视”,这似乎也可以说是电视“不忘本”的一种自谦姿态。从艺术的角度来看,没有电影艺术也就无从谈及电视艺术,而经历电视艺术的强烈冲击后,美国大众娱乐业挑大梁的依然是电影。对于电视来说,在它过去发生、成长的历史阶段中离不开广播和电影,在它今后的发展历程中同样也将与广播和电影结伴而行。基于这样的认识,本书认为已经具有多年发展历史的“广播电视学”,一方面当然可以依照原样继续发展,另一方面,在一定学科专业教育领域中,如在非广播电视专业的诸如传播学、广播电视艺术学、电影学、艺术传播学等,则可以也应该以“广播影视学”这样的学科称名来出现更好一些。举个可能不尽恰当的例子:如果在电影学院,想来会选择开设“广播电视学”这样的课程,道理很简单,因为关于电影这个内容它肯定要单独开设很多专门的必修课程;如果在新闻传播学院,想来一般会选择开设“广播影视学”这门课程,因为它一般不可能再开设关于电影方面的必修课程。

第二节 广播影视学的学科基础

在为广播影视学进行“立名”论述的基础上，就有必要一起来认识一下它学科基础方面的一些基本内容。

一、学科定义

广播影视学是大众传播学中的一个重要分支，具有次综合学科的属性。

正如前面所说，人们以往要么将广播学和电视学结合起来形成广播电视学，要么将电视学和电影学结合起来组成影视学，还有将电影艺术学和电视艺术学结合起来成为影视艺术学，但从来没有人想过将广播电视学和影视学融合起来组成广播影视学。由于广播电视学一般更侧重于它自身中的大众传播学、新闻学属性，而影视学则一般更侧重于它自身中的传播学、艺术学属性，所以“广播影视学”学科的形成，显然并不是广播电视学和影视学简单地、机械地相加就能自然得到的，也不是广播学和影视学的简单拼凑组合所能自然形成的，而应该是由广播学、电影学、电视学这三者在以传播学为其学科基础的前提下有机熔铸而成的。作为一个事实上存在着而被本书特别界定出来的学科，广播影视学确实是大众传播媒介形态变化发展的产物，也是这几个大众传播媒介合理汇聚的结果。简单扼要地说，广播影视学是综合研究作为大众传播媒介的广播、电影和电视的一门新兴学科。

这里特别要强调的是“综合研究”和“作为大众传播媒介”两个方面。

所谓“综合研究”，就是说该研究首先要涉及广播、电影和电视这三大传播媒介。在具体涉及的过程中，关于广播、电影和电视这三大传播媒介并不会相提并论，电视将当仁不让地成为其主体。这一方面决定于电视媒体所具有的强势，另一方面决定于电视其实是寓广播、电影于其一身的。关于后者,可以换一个说法来这样表达:广播和电影除了各自仍然保留着单独存在与发展的态势外,它们都以电视为“寄居”外壳而成为电视媒体中巨大的“寄居物”。因此,全面地介绍与研究电视就不可避免地提及广播与电影,这就要求我们将它们当做是一个整体。尽管有时由于分类的需要,有时由于叙述的先后顺序等原因,本书对这三大传播媒介的介绍和研究肯定会出现有分有合或有纵有横的情况,但始终强调它们是一个有机的整体,这将是非常基本和始终如一的。

从非常简明扼要的意义上来说,对广播、电影与电视的综合研究,主要着力于它们之间所具有的汇聚关系和共同具备的传播属性。

就广播、电影与电视的媒介汇聚关系来说,虽然它们不是处处“三位一体”,但确实相互影响、共同演进。关于电影与电视媒介之间的汇聚关系,事实上与广播和电视媒介之间的汇聚关系一样,应该是最为明显而无须在此再作论述的。关于广播与电影,一般人都以为二者没有联系,其实未必。就媒介影响而言,有声电影的诞生绝对和广播的面世有关系。首先,伟大的发明家爱迪生是在发明“留声机”后萌生发明“留影机”念头并付诸实践而获得成功的;其次,有声电影的问世是华纳兄弟电影公司与美国电话电报公司合作的产物,而促使他们走到一起来的原因不仅有经济利益方面的考虑,也有将声音和影像结合起来记录并展示给世人的想法与愿望。应该说,具有这样的认识,对于我们很好地理解广播影视学科的组合关系与当代发展,都将不无裨益。

就广播、电影与电视共同的传播属性来说,最为主要的恐怕就在于生动性与亲近感。影视传播形象逼真、栩栩如生,其生动性与亲近感众所周知。广播虽然不见其人但能闻其声,其生动性与亲近感自然不是报刊等文字媒介所能比拟的。由于广播、电影、电视所具有的传播属性,使得它们在现当代大众文化建设中的作用尤为重要,并且对文化经济的发展所产生的影响也更为深远。因此,把这三者放在一起进行综合研究将会是富有建设性意义的。对大众传播媒介的研究,特别强调从大众传播学的角度来进行。

现代社会是一个充满着信息而生活其间的人们几乎离开信息就不能很好生存的社会。现代社会的信息如何收集、传播、聚散?这是一个非常值得研究的大课题。其中有很大一部分要通过大众传播媒介来传输给广大的社会成员,而广播、电影与电视可以说是其最为重要的途径和最为基本的方式。

随着现代社会教育的不断发展,人们的文化程度和阅读水平有了很大的提高,以前只有少数人看得懂报纸书刊的情况也得到了很大的改变。然而,即便在发达国家,需要通过阅读来实现的传播,也总是比不上只要用眼睛直接感受形象和用耳朵听人说话就可以完成的传播更具有大众性。例如,对于盲人而言,只有通过盲文,才能进行阅读,或者说接受书面文字传播,但他们了解广播所传播的内容压根儿就不会比健全的人逊色;对于学龄前儿童来说,不要说文字传播,就是图画传播,也总比不上电视、电影和广播对他们有更大的吸引力……因此,广播、电影与电视确实是当代最具大众性的传播媒介。

特别需要指出的是,电影的大部分都具有艺术的属性,这没有什么疑问。相比之下无论是电视还是广播,亦有不少内容涉及艺术,有些甚至是其非常主要的组成部分。例如,电视中播送的电视剧、电视诗歌散文、纪录片、歌舞与综艺节目等,广播节目中播出的音乐、广播诗歌散文、相声、评弹等。因此,尽管本书着重从大众传播媒介这个意义上来研究电影、电视和广播,但是作为广播影视学,它不可能完全回避广播影视艺术部分的内容。

二、学科对象

广播影视学是为本书作者所特别命名的一个学科概念,所以,关于它的学科研究对象、研究内容以及与其他学科的关系等内容,自然也就具有特别需要加以具体说明的重要性和必要性。从某种意义上来说,很多事物的本体界定与相邻学科边界的确立,与论述一个新学科的做法很相似,都首先需要明确其研究的对象、研究的主要内容以及与邻近学科之间的基本关系。

简单扼要地说,广播影视学的学科研究对象,当然就是广播、电影与电视。需要说明的是,这三大研究对象本身各自可以构成很多学科,而本书能够研究与介绍的只能是其中有限的一部分。举例来说,广播影视中有不少节目内容都会与诸如文学、戏曲、美术等有关,但那些学科内容就不可能被列为本书所要研究的学科对象,也许只有像电话那样的传播媒介,因为它和当代广播电视还经常保持着非常密切的关系,所以可能在特别需要的地方会有所涉及。

就电影而言,通常它可以有电影美学、电影哲学、电影评论学、电影历史学、电影表演学、电影摄影学、电影美术学、电影特技学、电影受众学、电影营销学等,可以说不胜枚举。在本书中,我们将主要涉及的内容有:关于电影的基本分类,电影与广播、电视的异同,电影的传播特点、社会功能和文化意义,影院电影的发展历史,电视电影和电影频道等方面。

就电视而言,它是本书的重点所在,主要涉及的内容有:电视技术的简要发展历程,电视传播的属性以及它与广播、电影的异同,电视剧的发展历史、分类与艺术审美,电视纪录片在当代大众传播中的历史作用,当然最为主要的是新闻类、文艺类、教育类、服务类、广告类等节目的采编、制作要求和功能、特点等方面,还有关于广播影视业的市场研究和经济管理等内容。

就广播而言,除了有关它自身发展历史这一部分单独论述以外,其他都尽可能与电影和电视放在一起介绍,特别是按照一般的做法更多地将它与电视放在一起进行论述与介绍,当然其中特别要强调的是它在现当代大众传播中所具有的独特性和不可替代性,以便使人们充分地认识到它在现当代大众传播媒介中的一定地位与重要性。

三、研究内容

广播影视学的研究对象主要为广播、电影和电视这三大传播媒介,其主要研究范围及内容将主要包括以下这些方面:

(1) 要理清学科关系,重点论述广播影视学与传播学、大众传播学、新闻学、广播学、广播电视学、广播电视评论学、电影学、电视学、影视学、影视艺术学等的相互联系及其区别。在此基础上,从技术特点、传播内容、社会文化功能和经济属性等层面对广播、电影和电视进行具体的分类研究,并以当代视野简要回顾世界及中国的广播发展史、电影发展史和电视发展史。

(2) 要对广播影视各自所凭借的媒介进行分别而深入的研究,既要研究其过去和现在的,又要研究其未来发展的情形及相互间的互补、互动关系,还要认真地研究广播电视节目的专业分类、节目的创意策划和节目的编排组合。与此同时,还要分门别类地探讨各种广播影视作品、节目的编导(主持)和制作等方面的内容。

(3) 广播影视学还要分别对广播影视的受众、市场(营销)进行调查研究,探讨收视(听)率和营销政策等方面的关系,辨析广播影视传播方式及其教育功能,研究广播影视的新闻与评论、经济与管理等内容,以期对新闻传播学学生的学习有更多、更好的帮助。

四、相关学科

广播影视学的相关学科非常多，简要地说，它至少和传播学、大众传播学、新闻学、广播学、电视学、广播电视学、广播电视评论学、电影学、电影艺术学、影视艺术学、广播影视艺术学等学科都具有相当密切的关联性。

作为一个新兴学科，我们可以从两个层面上来观察它与其他相关学科所具有的相互关系。就第一个层面而言，主要是广播影视学与传播学、大众传播学、新闻学和广播影视艺术学之间所具有的各种联系。在与广播影视学相关的所有这些学科中，传播学的涵盖面最广，它其实可以涵盖我们在此列出的所有其他学科。其次是大众传播学，它可以涵盖除传播学以外的在此列出的其他所有学科。新闻学、广播影视艺术学和广播影视学基本上是处于同一水平的。广播影视学与传播学、大众传播学、新闻学和广播影视艺术学之间所具有的各种联系，首先表现为它与传播学、大众传播学、新闻学和广播影视艺术学都有很明显的交叉性。这种交叉性源于传播学与大众传播学、新闻学本身就都存在着交叉关系。在这些学科中，广播影视艺术学和新闻学具有相对的特殊性，即它们都虽与传播学、大众传播学有联系，但是两者之间却没有什么联系。道理很简单，尽管新闻传播在广播和电视媒介中都是非常重要的内容，但广播影视艺术学的主要学科范围是有关广播影视的艺术部分，这就使得它很难与新闻学有任何关联。广播影视学与相邻学科第一个层面的关系可以用下面这个图（图 1-1）来表示：

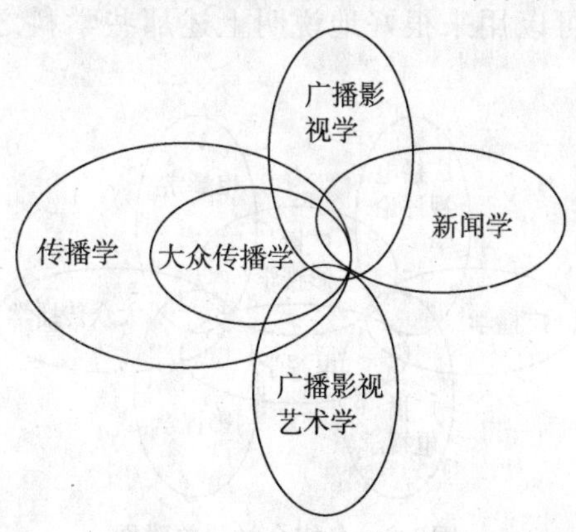

图 1-1　广播影视学与相邻学科第一个层面关系图

在第二个层面上，广播影视学主要与广播学、电视学、广播电视学和广播电视评论学、电影学、影视学和影视艺术学等相关。很明显，电影学、电视学与影视学、影视艺术学这一组之间的学科关系本来就很密切相关，即这四个学科自然整体地与广播影视学密切相关。具体来说，影视学几乎完全可以认为就是电影学和电视学相加的产物，可能由于学习要求的不同会在内容详尽程度和理论阐述深度这两方面也有所不同；影视艺术学与电影学、电视学和影视学有一定的差异，一般地说，影视艺术学是影视学中可以充分强化和突出的一个部分。在另一组，电视学、广播学与广播电视学、广播电视评论学之间的学科关系本身很密切。与影视学可以理解为是电影学和电视学相加而成的，广播电视学也可理解为是由广播学和电视学相加而成的，而广播电视评论学则完全是在广播电视学基础上直接派生出来的。因此，这四个学科亦整体地与广播影视学密切相关。

电影学、影视艺术学一般与广播学、广播电视学和广播评论学相关不大，特别是电影学。当然，随着媒介形态的自身发展和相互汇聚所带来的变化及其进展，使得那些本来几乎完全不相干的学科之间也建立起了一定的关联，有的甚至是很重要的联系，所以这里所涉及的学科关系也就较为复杂了。以电影学为例，原先它可以说不仅与广播没有什么联系，而且与电视也没有什么联系。随着市场经济和商业规律对文化经济各个方面具有越来越大的影响，电影已不再可能是“皇帝的女儿不愁嫁”了，因此电影与其他现代大众传媒有了更多的联系，于是电影学也就与很多大众传播学科结下了难分难解之缘。为了简单扼要地说明问题，作者设计了下面这张示意图(图1-2)，希望能可以用来很好地说明上述那些学科之间所具有的种种关联：

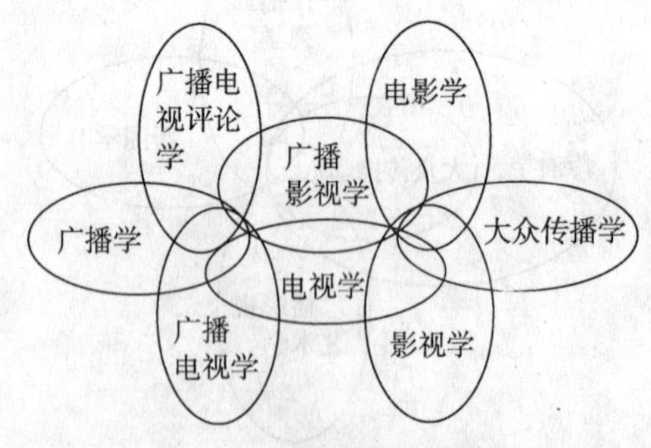

图1-2　各媒介学科关联图

第三节 广播影视学的分类与汇合

传媒的分类依照不同的划分方法,具体有以下几种:

就媒介各自的习惯称谓来分,主要可分成报纸、图书、杂志、广播、电影、电视和网络等很多种。

就媒介自身的物质属性来分,主要可分为纸媒(书刊、报纸、绘画、海报等)、光媒(电影、幻灯)和电媒(广播、电视、网络)三大类,也有混合性的,如摄影就应该看做是光媒和纸媒的混合体。

就媒介诉诸人的感觉属性来分,可分成纯视觉(书报、部分网络节目)、纯听觉(广播、部分网络节目)和视听兼收(有声影视和部分网络节目)三大类。

就传播习惯上来分,又分成连续的(报纸、杂志、电视、广播)和非连续的(书、电影)等。

就使用传播符号方面来分,又分为语言(书面文字和口头声音)的、图画的、影像的、字画并存或声像同在的。

……

随着传媒技术的不断丰富和发展,还将会有更多分类的可能性,无法穷尽,并且,由于分类的不同,其各自特征也自然会有所不同。在媒介发展的历程中,有一点不能忽视,那就是不同媒介在不同发展时期里所表现出来的汇合与聚散。这对认识新媒介、理解媒介发展都很有帮助。

一、无线、有线广播

和电话、电视一样,声音广播也分有线与无线两种。

从媒介发展史的角度来说,最早的无线电声音广播是从无线电报技术

那里起步的,其节目内容的传送利用空中电磁波的运动来实现。无线电报所传输的内容比较简单,一般地说它是根据特殊约定的电报符码而发出的一连串有规律的电子信号声,所不同的是其中一般民用电报的符码具有公共性和持久性,军用等有关特殊电报符码具有秘密性和变易性。相比而言,无线电声音广播的内容要复杂得多,它不仅有各色人物的不同语言、各种不同民族的语言,还有音乐和其他大自然中能够为人类所听得见的各种声响。

一般地说,无线声音广播是一种散点式广播,这与无线电视广播完全相同。所谓散点式广播,它既体现在传播技术上,也表现在传播内容中。在传播技术上来说,无线电波在它所能到达的空间中呈弥漫状态,它在该空间范围内任何一个点上都可以被接收到。从传播内容上来说,声音广播可以涉及的领域非常广泛,几乎可以面对所有具备接受这种传播能力的最广大人群。换一个角度看,散点式的声音广播还具有这样两个很重要的特征:一是这种广播并没有明确的收听对象,也无法去确定具体的收听对象,即任何人都可以去听,任何人也都可能不去听;二是这种广播的受众群很不固定,成分也很复杂,特别具有一般所谓"大众"的属性(所以有人以为大众具有乌合之众的属性)。

就现代科学技术可能和现实情况来看,声音广播的覆盖面积、覆盖方式与现代通信、电视广播完全相似。由于覆盖方式的原因,收听声音广播其实要比接受通信讯息和电视广播方便得多。事实上,几乎在每个国家都能接收到来自全世界很多国家与地区发送来的声音广播。只要收音机质量可以,再加上语言和信号无碍,你就很容易在世界各地收听各种语言的广播。

有线声音广播与有线电话有很大的相似性,只不过有线电话(无线也一样)在通常情况下是"一对一"进行传播的(电话会议这种形式是特例),而即便是有线声音广播,它总是属于"一对多"的传播。在有线声音广播中,节目内容全部通过裸露的金属导线、电缆或光纤来传送,即主要利用导线中的电子运动来完成。不言而喻,在这一点上它与现代有线电话的传输方式其实非常一致。

从传播技术这个层面上来说,有线声音广播的特点既是有线又是定点。后者决定了它是一种定点式广播:一根广播线通到哪里,哪里就可以装上一只喇叭来传播声音广播的内容。线之所及,广播系之;没有广播线,就等于没有声音广播"这台戏"。需要指出的是,与有线电视得到并正在继续得到很大发展的情形不同,有线广播的发展前景并不看好。比如,有线广播原来在我们国家农村有很大的规模,而现在正逐步被有线电视所替代。

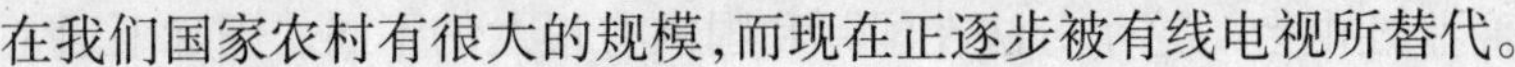

二、电台类别与节目内容

电台类别及其属性是必须要从多层次来划分认识的。

从电台在信息传播中的基本功能来说,它可以分成发信(射,下同从略)台和接信台两种,一般地说,绝大多数电台都兼具发信和接信的功能,只有少数是专供发信或专供接信的。与此相关的是电台还分固定的和移动的,一般地说,负责一个国家或一个地区的重要的广播电台,都是固定的;很多小型的电台,特别是像安装在军舰、渔船上的,都是属于移动的。

从电台的传播方式来看,首先可以分成有线广播电台和无线广播电台。在无线广播电台中,由于所采用的技术不同,还可分成调频台和调幅台。

从电台用途来说,有军用和民用之分,也有公开和秘密之分。在通常情况下,军用的都具有秘密性,民用的则都是公开的。在民用电台中,还可分成综合性广播电台和专业性广播电台。在中国,从中央到地方的各级人民广播电台都属于综合性广播电台,另外如教育、音乐、交通、渔业等则都是专业性广播电台。

从资金来源的属性来看,电台大致可以分成国有、民营和社会团体三大类。到目前为止,我国的广播资源都为国家所有,所以还不存在国有与民营的区别。在国际上,很多国家的广播电台都有国有、民营、社会团体之分。由于经营者的地位不同,经营的目的也不同,所以这三种声音广播的节目内容和服务对象也有所不同。在以国有、民营和社会团体电台区分的国家里,国有的广播电台总是首先关注新闻类节目、社教类节目和宣传类节目,具有政治意味和主流话语特征,当然也具有很强的社会公共服务内涵和作用。民营广播电台一般都会以盈利为目标,其商业特征要明显得多,广告数量也随之增大,人们常常把这种广播电台称之为商业广播电台。比较特别的是社会团体电台,这主要是指在西方国家里由教会、基金会等社会团体组织举办的广播电台。由于这种广播电台的运营经费一般都由举办的社会团体来筹措和提供,很少会有财政问题,所以没有商业广告内容的插入,这类电台的播出内容理所当然地服务于该社会团体的特定目标。

从电台经营性质来看,电台有商业性和非商业性之分。一般地说,所有私人电台几乎毫无例外都是商业性电台,国有电台和社会团体举办的电台

大多是非商业性电台。这个分法在国际和国内有很大的不同。国际上通常认定商业电台的很重要标准是是否出售广播时间来发布商业广告。在此需要另外说明三点:

(1) 外国有些国有电台也会以各种方式向听众收费,如早期的收音机执照费,但该类电台的收费绝对不可能使其实现盈利,所以不能称之为商业性电台。

(2) 国内大陆的电台都是国有的,商业广告做得很多,但也不能划定为商业电台。

(3) 国家经营的广播电台应该有更多的公共服务性质,自然也会有更多的政治宣传色彩,但可以有一定的商业运作,当今世界上只有极少数国家经营的广播电台不涉及商业运作。

另外,即使是纯商业性的民营电台,它们也不可能没有一点公共服务的表示和为某种政治服务的努力。

从电台是否具有网络组织情况来说,还可分成所谓主、附台和独立台、组合台。在国外,一个广播组织往往会拥有不止一个电台,并在其所属的多个电台之间肯定要进行部分节目的联播,其中总会有一个处于核心地位、能发挥核心作用的主台,其余的则是附台。所谓独立台,就是指完全单独的一个电台(与表示不受任何其他势力影响的"独立电台"意思不同)。有关主、附台的划分,在我国没有非常对应一致的情况。举例来说,中央人民广播电台和各地人民广播电台之间有固定的联播节目,如每天早上的《新闻和报纸摘要》及晚上的《各地人民广播电台联播节目》,但它们之间的经济关系、业务关系与国外某个电台网之间的主、附台则有很明显的区别。关于组合台这个概念,是本书作者特别提出来的,它主要是指节目内容及形式特别众多的广播电台,具体来说它主要是指那些至少拥有两套以上广播节目的综合性广播电台。以我国为例,中国国际广播电台现在共使用38种外语,还有汉语普通话和较有影响的方言。国际广播电台在开展其广播业务的时候,每一种语言不仅有各自相对独立完备的工作班子、发送频率和全套技术设施,而且还有相当完整的采编体系、节目体系、播放时段和固定的广播地区与对象。也就是说,中国国际广播电台对外以一个整体出现,在具体运作的时候其实每一种语言的广播就像是一个单独的广播电台,因此我们把这样的广播电台又叫做组合性广播电台。同理,我国中央人民广播电台有9套节目,每天累计播音176小时,全部上星播出,因此也具有组合广播电台

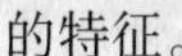

的特征。

声音广播的节目虽然比不上电视那么丰富多彩，但也非常可观。通常来说，主要有以下几类（限于篇幅，不予具体展开）：

(1) 各类新闻（含报纸摘要）。

(2) 市场信息。

(3) 交通气象。

(4) 音乐歌曲（包括歌曲点播）。

(5) 文艺娱乐（不同于电视，主要有如配乐诗、文朗诵，还有以说唱为主的地方戏曲类节目，如评话、评弹和以语言艺术见长而不是以小品特征来娱乐受众的那些传统相声等）。

(6) 医药保健。

(7) 资讯服务。

(8) 各类广告。

三、电影的技术分类

按照一般观点，关于电影的分类首先有两大流派。第一种流派将所有影片分为艺术电影、纪录电影和科普电影三大类；第二种流派将所有电影分为故事影片、美术影片、纪录影片和科普影片四大类。随着电视事业、技术的不断发展和电视传播能力的迅速加强，同时也因为电影、电视在传播内容方面所表现出来的分工合作，以及由创作方式变化带来的认识变化等因素，对电影仅作这样的分类显然已经是不尽合适了。所谓电影的技术分类，首先涉及影院电影、电视电影、网络电影这三个概念，其次涉及胶片电影、DV电影和数字电影。

顾名思义，所谓“影院电影”首先应当是为了要在电影院里放映（当然后来也不排除在电视台电影频道上播放）而拍摄的电影。这类电影一般投资较大，制作力求精良，声响效果富有震撼力，画面景象很有冲击力。就当今世界范围来说，其中最为面广量大的是好莱坞影片。同时，“影院电影”还应该和必须包括那些在专门的艺术影院里放映的影片。目前，这种在所谓艺术影院里放映的影片，主要是一些制作精良但相对缺乏娱乐性的故事片和用胶片拍摄的部分精英纪录片。前者如中国青年导演霍建起拍摄的《那山那人那狗》，这部影片在中国本土面世之初受到冷遇，但在日本的艺

术影院里放映了半年还有不少观众;后者如美国著名纪录片制作人怀思曼拍摄的长纪录片。

所谓"电视电影",即主要是为了在电视台进行播放而拍摄的"小电影",这与电视台在电影频道上播放的普通电影不一样。在美国,这种电视电影被称为:made-for-TV,通常用16mm的电影胶片来拍摄,然后直接制成磁带,在电子编辑机上编辑完成后在电视频道播出。这样的制作,具有既精良又便宜的特点,是将影视艺术各自长处进行很好综合的一种成功模式。有人把这种影片叫做"电影电视",看似不无道理,其实并不贴切。如果其中心词为"电视"这个词,那么与"made-for-TV"这样很真切的英文称呼就显得互相矛盾了。

"网络电影"是一个全新的概念。广义地说,它可以指所有通过网络来播映的电影,即网络时代的电影,其实这里只有网络技术因素而没有艺术个性内涵;狭义地说,它应该是指一种没有胶片而有原创性和网络即时互动性特征的电影,有些人称之为第九艺术。本书所谓的"网络电影",是指狭义的。2000年6月16日,由思科系统公司和20世纪福克斯公司联手制作的世界电影史上首部无胶片电影《Titan A. E》在Supercomm展会上首映。这部长达90分钟的影片,将真人和计算机生成的影像很好地组合成各种各样的电影画面,通过网络来进行传播。因此,这是人类首次在电影院中观看从网络上下载的电影,标志着"网络电影"的正式问世。同年8月18日,台湾宏网集团与"春水堂技科娱乐公司"共同投资制作了第一部网络电影《175度色盲》。这部网络电影的最大特色是开始具有即时互动性,上网看电影者可以根据自己的意愿来观看,比如可以倒过来看或跳着看。也是同一年的9月14日,我国大陆中国娱乐网开始制作第一部真正互动式的网络电影《天使的翅膀》。影片在制作时,不仅在网上广泛征求网友们的各种意见,而且采用在网上边听建议、边制作、边播出的方式,展示了只有网络电影才具有的独特风采。

和"影院电影"、"电视电影"、"网络电影"相关的电影分类还有三个概念值得一提,那就是胶片电影、DV电影和数字电影(有的叫数码电影,下同从略)。传统的电影都是胶片电影,20世纪末叶开始,DV电影和数字电影都先后问世。所谓DV电影,就是先用DV机进行拍摄,通过非线性编辑机编辑好以后再转到胶片上去的电影。这种电影由于使用DV机进行拍摄,制作周期比较短,费用也低。但要使它具有很好的影院放映效果,后期制作

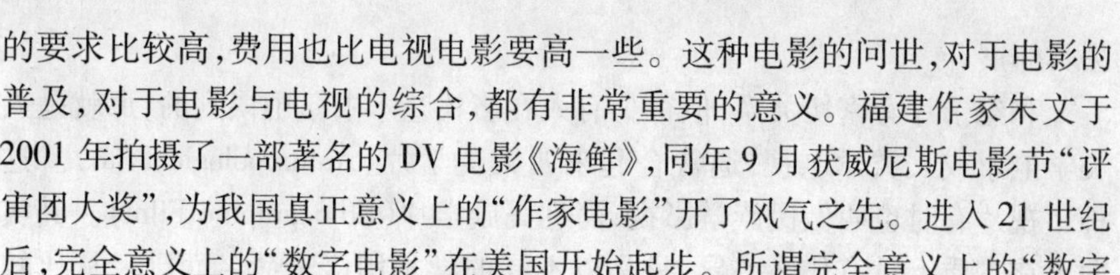

的要求比较高，费用也比电视电影要高一些。这种电影的问世，对于电影的普及，对于电影与电视的综合，都有非常重要的意义。福建作家朱文于2001 年拍摄了一部著名的 DV 电影《海鲜》，同年 9 月获威尼斯电影节“评审团大奖”，为我国真正意义上的“作家电影”开了风气之先。进入 21 世纪后，完全意义上的“数字电影”在美国开始起步。所谓完全意义上的“数字电影”，是指拍摄和放映全部采用真正的数字技术的电影。

四、影片的美学分类

从美学特征角度上来进行分类是一个很传统的做法，具体来说就是前面说到过的将影片分成三类或四类的分法。

所谓故事影片，就是以讲述一个故事为主干内容的影片，它必然与文学和戏剧密切相关。一般地说，法国电影艺术家梅里爱在 1902 年拍摄的《月球旅行记》是其开山之作。在具有故事性这一点上来说，它与动画影片具有共同点。

（1）从故事内容上来分，可以有生活片、爱情片、战争片、警匪片、历史片、神话片、传记片等，它们相互之间有交叉。

（2）从美学样式上来分，可以有悲剧片、喜剧片和正剧片，有诗电影和散文化电影，还有以前比较多见的戏曲片、歌舞片和实验（先锋、探索）片等，它们相互之间有交叉。

（3）从剧本来源上来分，可以有原创片、改编片和重拍片等，这个分类不交叉。

（4）从拍摄及制作方式上来分，可以有普通电影、电视电影和数字电影，这个分类目前尚且不交叉。

（5）从风格特征上来分，可以有西部片、惊险片、悬念片、推理片、动作片（功夫片、武打片）和室内剧等，它们相互之间有交叉。

纪录影片的基本属性是对客观生活的真实纪录，它排斥艺术虚构和人为安排，在这一点上它是包含了故事影片、动画影片在内的所有“艺术影片”的对立面。纪录影片简称“纪录片”（Documentary），最初只指电影纪录片，它是由英国著名纪录片大师格里尔逊在 1926 年评论弗拉哈迪纪录片《摩阿拿》时首次提出来的。就目前全世界的情况而言，纪录片绝大部分已属于电视，所以有关其分类的阐述和具体内容的介绍就放到电视纪录片中

去具体展开。

和纪录片有密切关系，但很少有人在影视艺术书籍中谈到的，那就是人类学电影或人类学电视，通常合起来叫人类学片（Anthropologic Film）。这种影视片有时也叫做民族学影视，简称民族学片（Ethnographic Film）。其实两者在本质上没有什么差异，只是以不同的学术用语来命名而已。从比较细致的分类意义上来看，人类学片事实上又可以分成三个类别：

第一类是比较纯粹的人类学片，都由人类学家拍摄，如中国社科院民族所于20世纪50～60年代拍摄的《佤族》、《苦聪人》、《独龙族》。

第二类是带有社会科学普及和民族知识介绍性质的人类学专题片，这其中有的是人类学家用拍摄纯粹人类学片的素材剪辑而成，有的不是由人类学家专门拍摄而带有人类学内容的影视片，主要供社会大众观看，如在中央电视台《兄弟民族》和《民族之林》中播出的很多专题片。

第三类是纯粹的一般意义上的纪录片，这种纪录片带有很强的人类学内容，如《最后的山神》和《三节草》。

很明显，第一类是狭义的，或者说是严格的人类学片，第二类首先属于科普专题片，第三类首先属于狭义的纪录片。总之，这后面两类属于广义的人类学片。由于这些被笼统地称为人类学片的影视作品，无一例外地都具有明显的纪录片特征，因此有必要在此涉及一下。

动画影片简称动画片，根据欧美的说法也叫做“卡通”片，原来指用图画来表现艺术形象的一种美术片。由于它具有一定的情节性和故事结构特征，所以有时与故事影片一起被称为“艺术影片”。（本书并不采用“艺术影片”这样的说法，还因为事实上纪录片也应该在艺术影片的范畴）电影史上第一部动画影片《一张滑稽面孔的幽默姿态》在1906年由美国人布赖克顿制作。这里用动画影片而不用美术影片的名称，主要考虑到当代创作的这类影片主要是动画形式的这个客观现实。中国原来有几种很好的美术片形式，如水墨动画影片、剪纸影片和木偶影片等，其中像《小蝌蚪找妈妈》、《牧笛》、《骄傲的将军》、《大闹天宫》、《三个和尚》等都是难得的好作品。由于动画片在当代几乎完全被电视一家所独占，所以在此也就不再予以展开了。

科普影片随着电视台科教类节目的增多，也和美术影片一样在急剧下降，诸如2001年拍摄的《宇宙与人》之类的影片更是非常少见了。

在同样主要按照美学来进行分类的电影中，还有一个人们经常说到的内容，那就是艺术电影与商业电影的区分。不过这个分类有点勉强，因为从

理论和事实上来说，所谓艺术电影和商业电影的区分并没有非常明确的标准：一部艺术性很强的电影完全可以同时又是一部在商业上大获成功的电影，如《辛德勒的名单》；而一部完全按照商业化方式来拍摄的电影又很可能在票房回报方面一败涂地，如2000年中国的有些贺岁片。作为从诞生之日起就既是一门艺术，又是一项企业的电影来说，艺术性和商业性都是它的题中之义，缺一不可。

广义地说，所有可被称为电影艺术作品的影片，都是艺术电影，它自然包括绝大部分被人们称为商业电影的那些影片，如《生死时速》；同理，所有在票房回报方面比较成功的影片，都可以说是商业电影，它也自然包括绝大部分被人们称为艺术电影的那些影片，如《秋菊打官司》。狭义地说，艺术电影即使获得广泛好评，主要也只是在所谓艺术院线才能获得很好放映效果的那种影片，如《花样年华》和《那山那人那狗》；而狭义的商业电影则是指完全按照市场规律来进行经济运作、采用几乎程式化的拍摄模式和非常规范化的广告宣传来制作的那种影片，如好莱坞的绝大多数影片。

关于艺术电影，从电影发展史的角度上来说，还与所谓先锋电影、实验电影、纯电影和探索电影等有关系。尽管例举的这些称名都不相同，但它们无一例外都注重对电影艺术语言的改进和创新，对电影艺术本质的探索和研讨，因此也都是当之无愧的狭义的艺术电影。尽管其中有不少作品在当时和现在看来都很不好接受，有些给人的感觉甚至很荒诞，如《机器的舞蹈》、《第21号节奏》、《对角线交响乐》等，但是它们对于电影艺术的发展所具有的积极意义不容忽视。事实上，电影史上有很多被称为艺术电影的作品，虽然可能没有起码的票房回报，但确实无愧是促进电影艺术发展的殉道者——如格里菲斯的《党同伐异》和陈凯歌拍摄的有些探索片。

影视艺术正在越来越被大众化。影视艺术的大众化自然既不能排斥商业性也不能排斥艺术性，因此它绝不能等同于商业化。从相对完美的意义上来说，影视艺术应该将艺术性和商业性很好地融为一体，使之达到雅俗共赏的理想境界。就影视艺术发展现状来看，如果说在故事电影制作中还有少数比较纯粹的艺术片，那么这在各种电视剧制作中基本是不存在的。因此，有关这一分类内容，在电视剧中就没有多少必要再作论述了。

在电影影片的分类历史中，还有有声片和无声片之分，黑白片、彩色片和黑白彩色双色片（如张艺谋的《我的父亲母亲》）之分，标准银幕电影、宽银幕电影、遮幅宽银幕电影和环幕电影之分，立体电影、非立体电影和动感电影(其动感实际来自放映场馆)之分,立体声电影和非立体声电影之分,连续电影(如前苏联的《战争与和平》、《静静的顿河》,还有《茜茜公主》)和系列电影(如中国的《火烧红莲寺》、日本的《寅次郎的故事》、美国的《007》)之分,等等。由于这些分类简单明了,且有些已不再存在于当代创作中,所以不再进行具体的介绍了。

五、无线、有线电视及其他

对于电视的探讨这里主要涉及关于无线电视、有线电视(闭路电视)、投影电视与大屏幕电视、互动电视与网络视窗等内容。

最初的无线电广播依附于无线电报,而最初的电视广播则依赖于无线电广播。作为大众媒介,电视广播首先利用无线电波来进行,即首先是以无线的方式来进行的。由于电视广播一开始就站在了无线电广播这个当时媒介巨人坚实的双肩之上,所以电视广播的起点非常高,早期影响就非常大。

电视既是一种视听同在的立体传播,又是一种可以借助于无线电波来进行的同步传播。因此,它的传播能力特别强,传播效果特别好,尤其对于人类思维方式更新、社会民主政治变革、知识信息传播进展等方面的影响就非常深刻。

有线电视因其传输信号的特点而又被称为"电缆电视"或"闭路电视"。在卫星电视技术问世之前,无线电视的覆盖面非常有限,电视信号的传播也因各种原因而并不理想。对于很多人烟稀少的地区来说,电视信号往往无法传送到,造成很多空白区(white areas);对于相对集中的居民区来说,因为地势和高层建筑等原因,很多家庭也常常难以接受到高质量的电视信号。为了解决电视传播中的空白区问题和信号传送质量的问题,开始了社区共用天线的建设。一般地说,在人烟稀少而远离电视信号发射塔的地区,往往需要修建很高的天线(通常会架设在附近山顶上)来接收遥远的电视信号,再通过同轴电缆传送到每个家庭、办公室或其他公共部门。相对而言,在比较集中的居民区内架设共用的电视信号接收天线及同轴电缆要容易得多,经济效益也好得多。

有线电视最初起源于社区共用天线电视(CATV, Community Antenna Television)。社区共用天线电视出现于20世纪的40年代。在最初几十年的发展中,它只是作为无线电视的一种补充,或者说仅仅是作为其一个附属

系统而存在的。也就是说,当时的社区共用天线电视其实只不过是无线电视的一次再转播,没有自己编播的节目。随着业务量的不断发展壮大,社区共用天线电视系统开始向无线电视台学习,逐步形成了自己编播电视节目的意识和能力。特别是卫星电视技术在20世纪70年代问世以来,它对于社区共用天线电视的发展,更是起到了前所未有的推动和促进。于是,原先的社区共用天线电视概念日渐为崭新的"有线电视"概念所取代,而"有线电视"不再是无线电视的补充和附庸,而是开始与无线电视并驾齐驱并成为其有力的竞争者。

当社区共用天线电视发展成为有线电视后,它在现代传播中的影响力日益增大,同时在跨媒介传播方面与电话业展开了激烈的竞争。以美国为例,1984年由联邦通信委员会出台的有线电视传播政策法案(The Cable Communications Policy Act of 1984),明令禁止有线电视和电话公司在同一服务领域内跨媒介经营。相对而言,当时这个政策对于有线电视是比较有利的。到了1992年,联邦通信委员会允许电话公司经营视频传送服务,但不允许电话公司自己制作节目。就在这一年的年底,大西洋贝尔公司以言论自由权利受到侵犯、违反第一修正案为由向联邦法院起诉并于次年8月胜诉。自此以后,美国很多电话公司都开始经营视频传送业务,有的甚至和有线电视经营商实行产业联盟。于是,在电话公司全面涉足视频传播服务的同时,有线电视公司也在开启经营电话市场的大门。两大产业之间很快变得你中有我、我中有你了。媒介的汇聚与整合在此亦可见一斑。

与电影相比,电视有很多长处,也有很多不足,其中最明显的不足之一就是屏幕面积太小。在一定意义上来看,电视技术及其传播能力的发展历史,始终伴随着一个电视屏幕不断增大的历史。一句话,希望电视的屏幕能和电影一样大、一样清晰,似乎一直是电视人始终不渝的梦想与追求。像"家庭影院"这样的称谓,与其说是对那种大屏幕电视的赞美,不如说是表现了电视在空间表达方面要与电影平起平坐的强烈渴望。

大屏幕电视和投影电视有联系,也有区别,本书在此将两者合在一起略作介绍。投影电视又叫做投映电视或大屏幕电视,它的基本特点是用光学系统将电视图像投放到特制的大屏幕上,以便让更多的人观看。一般地说,大屏幕电视或投影电视通常可以包括以下两种形式:第一种以大电视屏的形式出现,如家中的"家庭影院"电视机,体育馆和大会议室中直接映现现场实况或播映其他电视图像的那种电视屏,也可以幕墙的形式出现,如美国纽约时代广场上的那个电视幕墙。这种电视的主要特点就是以自身显像的方式来实现影像传播。第二种以"小电影"或放幻灯片的方式出现,即图像被投放到银幕或像银幕那样平整的白色物体(如白色的墙或白色的板)上,最常见的就是多媒体教室里和前几年录像放映厅里使用的那种。这种电视的最大特点就是以他者投影的方式来实现其影像传播的。尽管它们采用的技术不同,但效果非常相似,给人直接的总体感觉就是电视机屏幕变大了。

人们一直习惯于把电视剧说成是"小电影",其实只有通过投影放映的电视剧才是非常典型的"小电影"。投影电视的一大特色是需要银幕,与普通电视机相比,它使受众的可见视像变大了。所以它现在也是学校电化教育的常见形式,具有良好的教育效果。虽然目前投影电视银幕形象的清晰度受制于电视影像自身质量影响,但它的具象空间在不断地向电影靠近,这在某种意义上一直引导着人们去制造尽可能大的电视显像屏。

在通常情况下,电视传播其实都是单向传播,也谈不上有真正的互动性。相对而言,目前真正具有互动电视属性的主要存在于远程教育和宽带网络。

顾名思义,远程教育和很多现代教育一样,必须要有教与学的相互交流与即时沟通,互动性很强,不然其学习效果就很差。现代宽带网络上的声像视窗,它首先具有电视的属性:可以看即时新闻实况转播,也可以看电视剧或电影;同时它又可以具有很好的互动性:特别是观看在线的真正网络电影,这在关于网络电影的介绍中可以了解到,在此不再展开。另外,在宽带的通信网上,只要通话双方都在普通电脑上安装一个简易摄像头和一个小型话筒,就能轻而易举地达到现代可视电话的效果——既闻其声,又见其人,通话双方能在亲切在即的情况下实现远比一般电话效果好得多的交流与沟通。

六、媒介汇合

如果说人可以是时间的连续体,那么媒介往往是媒介的汇合体。媒介的发展有很多规律性,其中很重要的一条就是对已存媒介及其能力的借鉴与兼容,或者说就是汇合。例如,文字曾借助于图画,诗词曾借助于音乐,戏剧曾借助于文学,电影曾借助于绘画……从这一点上来看,现代媒介大多具有多媒介汇合的属性。

以电视剧为例，顾名思义，它首先毫无疑义地是电视与戏剧结合的产物，尽管这种结合在其开始阶段是非常机械和十分简陋的。其次，电视剧实际上最初又是广播和戏剧结合的产物，一方面因为电视传播最初都借助于广播电台来进行，另一方面广播剧对于电视的产生与发展也有很重要的贡献，如美国著名的肥皂剧《指路明灯》，就是由电视接着同名广播剧而拍摄的。再次，现当代电视剧非常明显地借鉴了电影的很多艺术手法与表现技巧，如果没有电影艺术的发展，也就很难有电视剧艺术今天的发展。

在现代媒介中，电影与电视的竞争是空前的，因而其综合也非常深入。在所有大众传播媒介中，电影与电视可以说最具直观性和影响力。相对于其他媒介而言，它们的竞争优势非常明显，但是在它们两者之间，竞争也特别激烈。全世界在一定时期内都出现过电影非常不景气的发展阶段，造成这种情形出现的主要原因是电视向电影学习很多而电影向电视学习不够。需要说明的是，电影向电视的学习，不是直接的，而是间接的，确切地说，就是学习怎样在电视几乎无处不在的情况下把握自己、发展自己。美国好莱坞电影的长盛不衰，中国导演张艺谋的《十面埋伏》的天量票房，都能很好地说明这一点。

电影与电视综合还有两项标志性内容，它们分别是电视电影的诞生和电影频道的开播。有关电视电影和电影频道本书都有专门的论述，所以在此就不再多说了。

广播与电视一开始就是汇合在一起的，如美国 CBS 于 1938 年开始播出的广播剧《指路明灯》，到 1952 年就接着在电视中播出，历经半个多世纪。本书在此要阐述的则是当电视完全独立并成为强势媒介以后的情况，这一点也许最明显地体现在广播电视教育领域。比如，改革开放后的中国，外语学习一直受到广大人民群众的重视，广播和电视的亲密合作，为外语学习者提供了很大的便利。就目前仍然受到广大外语学习者欢迎的外语教育形式（例如“空中超级英语”）而言，广播始终还是与电视和出版（包括音像出版）结合在一起，这与广播与电视各自的优越性有关。电视教育固然生动直观，但要受到很多客观条件的限制，而广播在时间性、灵活性方面比电视要优越得多，并且就外语自学中的训练听力一项而言，就是电视所无法比拟的。

广播、电视与电话曾经在事业建设方面有过很好的合作，我们这里是从现代传播过程这个意义上来说的。简而言之，它们三者之间的汇合主要有

这样一些基本形式:电话采访、电话报道和电视电话会议。很明显,前两种形式主要适用于部分新闻节目的制作,而后者则只适用于会议。

所谓电话采访,就是广播电台或电视台记者通过电话方式所进行的采访。对于电视台而言,采用这种方式一般是因为时间或地域等的限制。为了弥补其在电视传播中的欠缺与不足,电视台在使用由电话采访而来的新闻内容时,一般会由播音员将有关内容加以分割串联,有时还会加上相关照片作为补充。对于声音广播来说,通过电话采访是一种非常好的新闻形式。只要准备充分,加上被采访者较好语言表达能力与较高的录音质量,这种由电话采访构成主体内容的某个新闻,往往会给受众带来很强的真实感、亲切感,甚至是很好的现场感。因此,在现代声音广播中,电话采访是新闻节目中一个比较常见的方式,同时也是受众很感兴趣的一种新闻形式。

所谓电话报道,它与电话采访有很大的不同。首先,现代广播电视中的电话报道一般都由直播节目主持人来实施,而不像电话采访通常由记者来完成。其次,尽管直接掌管电话报道的节目主持人也要事先作好充分准备,但电话报道一般都现场进行,除了临场发挥较好的引导作用外,无法拥有编辑把关过程,所以这实际上是一种非常货真价实的零距离报道,是一种全方位"带毛边"的新闻。再次,电话报道往往具有很好的互动性和适度的变异性,特别是当节目主持人发现电话受访人能谈出其完全意外而具有很好新闻价值的内容来时,他们之间所具有的互动性就会导出适度的变异性,有时能取得比预期更好的传播效果。从这一点来看,电话报道一般都能使作为第三方的受众感觉到节目主持人和受访者其实都是当之无愧的新闻传播者。在2003年由美国等少数国家发动的对伊拉克战争的报道中,就大量运用了这种媒介综合的形式,收到了非常好的效果。

正如前面所说,以"广播影视学"来命名本书,即意味着在确立一个新的学科,当然也就应该在书写内容上有一个相对意义上的新建构,或者说是组织一个新体系。

第二章 作为大众媒介的广播影视

内容提要:

作为大众传播媒介,广播、电影、电视既有承继关系,又各具特色。它们一方面是当代大众传播的主要形式,另一方面是大众文化的主要内容;一方面是文化全球化的重要载体,另一方面是守护文化版图的重要领域。

第一节 广播影视媒介的特点

在当今社会,与大众日常生活关系密切而且有很大影响力的传播媒介当数广播、电视、电影,以及报纸、电话、网络等,其中广播、电影和电视属于特别具有大众性的大众传播媒介。

一、地球一村,天涯为邻

大众传播媒介与大众文化密切相关。对于“大众文化”一词的表达,著名传播学者麦克唐纳使用的是“Mass Culture”,而不是“Popular Culture”,因此我们对大众传播媒介可以得到一个基本的认识:作为大众媒介的第一要素是其受众必须面广量大,并且可以完全不考虑他们彼此之间有什么特别的相同之处。“地无分南北,人无分老幼”,此之谓也。现代大众传播学发展史表明:大众媒介拥有面广量大的受众是由大众媒介自身的传播能力所创造的,它同时也为大众文化的产生与发展奠定了重要的基础并提供了现实的可能。

仅以现在很多人已不太重视的声音广播来看,由于现代科学技术的可能,声音广播的覆盖面积、覆盖方式与现代通信、电视广播完全相似。在当今世界,有的国家没有自办电视台,但没有任何一个国家没有自办的广播电台。小而言之,每个城市都有自己的广播电台,除了转播其他台的有关节目外,必定有较多的自办节目供当地居民收听(当然也包括进入该城市的临时工作者、旅游者和来访者等)。大而言之,它能覆盖全世界绝大部分地区。以我国为例,国家不仅设有中央人民广播电台,而且还专门设有国际广播电台。前者主要负责对国内广播,后者则着眼于对海外国家和地区的广播。其实世界上很多重要国家,基本上都是这样做的。由于覆盖方式的原

因,收听声音广播其实要比接受通信讯息和电视广播方便得多。当你进入另一个国家或地区时,即便你拥有全球通手机,如果制式不对,接受讯息还是不可能;很多海外华侨为了要收看祖国的电视节目,就不得不自己安装卫星天线。但这一点对于声音广播来说都不是问题,只要收音机质量可以,在世界各地都能收听到各种语言的广播。可以说,只要语言不成问题,收听就自然不成问题。

努力在社会个体与个体之间或群体与群体之间进行各种信息的传递、交流与传播是人类社会的一大特征。在近代科学技术诞生以前,这种信息的传递、交流与传播的范围非常有限,速度也非常低下。中国古时有鱼雁传书之说,含蓄地表达了一种美好的愿望,也反映了当时人们信息传递与交流沟通非常困难。我们不难想见,无论是在旷野中燃起的熊熊烽火,或者在高高的台阁里奋力擂响的钟鼓声,还是由多匹骏马在各个驿站之间接力传递的情报或指令,都无法及时传达诸如"却话巴山夜雨时"的即时心境。只有在诗人浪漫主义的诗篇中,才会有"海内存知己,天涯若比邻"这样的感受。

在大众传播媒介充分发展的今天,"海内存知己,天涯若比邻"就是现实生活的写照。记得有一则关于手机的电视广告内容是这样的:在第一个画面上,一个边远山村的小男孩问爷爷山的外面是什么,爷爷说是大山;小男孩又问大山的外面呢,爷爷的回答是大海。在第二个画面上,那个小男孩已经学有所成,他站在波涛呼啸的大海边给爷爷打电话,并让爷爷通过手机聆听大海的波涛声(暗示爷爷从来没看到过大海)。应该说这个广告的创意还是不错的,但相比电视所具有的传播功能来说,手机就小巫见大巫了。电视不仅可以让远离大海的山村里的农民们非常逼真地听到大海的声音,还能使他们如置身其间般地看到大海的浩瀚、深邃、奇异和变幻莫测。通过广播、电视和电影,特别是通过广播电视,可以第一时间了解发生在世界任何角落的事件。在当今世界上,只要你每天听一次新闻广播或看一档电视新闻节目,你就会有"地球一村,天涯为邻"的潜在感受。1991 年,巴格达时间 17 日凌晨 3 点 35 分,CNN 开始直播美国对伊拉克发动的第一次海湾战争,世界各地的人们都可以在同一时间里感受到战争的发生和进行。新闻工作所倡导的"现场主义"和受众所获得的现场感在此得到了高度的统一。对于广播电视的受众而言,用"超大众"这样的表述才显得更为恰如其分。

现代大众传播媒介的基本体现是受众数量巨大,面对数以十万、百万、千万和亿来计量的受众,我们无法想像如果只能用文字书写和电报电话这

样的媒介该怎样满足他们的信息需求。就现代的大众传播现实来看,借助于各种导线,特别是通过无线电波,每秒可以绕地球7.5圈的广播电视声像信号,或是在亿万条导线中奔流,或是在浩瀚的空中飞驰。也就是说,在我们这个地球上,每时每刻都有无数的广播电视声像信息在以每秒30万公里的速度进行全方位的传播,使处于地球任何一角的人们几乎都可以与处在大都市里的人群一样享用这丰富多彩的大众文化。

我们在第一章里说到,广播影视的发生与发展,特别是发生,其实潜在地受到人类有关神话与梦想的影响。随着科学技术的迅猛发展,广播影视所拥有的有些技术手段及其能力甚至已经大大超越人类过去最大胆的神话构想。例如,我国古代神话人物中的"顺风耳"与"千里眼",它们其实根本无法和现代广播影视的传播与表现能力相媲美。"顺风耳"能借助于风力来大大提高听觉效果,但从现代科学的角度来说,这样的提高是非常有限的。首先是其速度充其量不过每秒几百米,要能听到10公里以外的声音就要有半分钟左右的时差;其次是自然状态中的声波必须借助于空气来传送,即它只能在大气层内进行传送,无法进入太空。就凭这两点,一直侍奉在玉皇大帝身边的"顺风耳"的能力确实非常有限,很难与无线电波以每秒30万公里速度传送的情况相提并论。至于"千里眼"的情况,亦近相仿佛,同样可谓小巫见大巫了。

中国古人对宇宙早就有很好的认识和态度,如孔子说过他只关心六合以内(主要是指整个人类具体的生存时空)的事,对于六合以外的事就"存而不论"了。在当时,孔子的这个认识应该说非常难能可贵:已经认识到宇宙并不只是在"四海"这个范围之内,而是在古人所谓包孕了天地的六合之外还有存在。他的态度也很现实:在还无法了解清楚六合之外宇宙实际的情况下,先肯定它的存在而不具体讨论对它的研究。很显然,孔子的这个态度完全基于当时的现实条件,因此是完全被动的。现在,人类社会不仅有很多人通过电视亲眼目睹了自己的同类登上月球,在太空中安装或维修空间站,而且其视觉所及进入的太空也已经相当遥远,例如能在电视上看到由太空望远镜送回的诸如关于黑洞之类的特殊天体景观,真可以说是凡夫俗子不仅尽知天下事,而且就连"六合之外,亦在望中"了。

二、广播、电视传播的特点

电磁波在空中的传播难以限制,若加上地球同步卫星的转播,可以将任何信息电波传送到地球的任何角落。无论是在崇山峻岭、江河湖海,还是在沙漠瀚海、天涯海角,只要电波能传播到的地方,就可以接收到音像信息符号。因此,凭借着现代科学技术,广播与电视的传播不受空间的阻隔,可以向分布在无限广阔地域的广泛的受众传送信息。如今,在广播、电视事业发达的国家,正在将越来越多的人口纳入广播与电视的覆盖范围之内,其人口覆盖率已达到或接近100%,与其他任何媒介相比,这可以说是独占鳌头的。

广播与电视传播的自由性首先表现在接受方式上的随时随地。当今世界的广播与电视传播时间几乎都是全日制的,受众可以在任何时间接收到广播与电视节目。电视机的普及,使得受众在许多地方都能轻易地寻觅到其踪影。便携式小型电视机的出现,更令电视节目的接收毫无限制,几乎和收音机一样使受众可以随意地在任何地方收看电视节目。其次,广播与电视传播自由性的另一体现是接受者的随意性。广播与电视的接受形态都可以是以个人或家庭为单位的非社会性的个体的接受,这与看电影有很大的不同。受众观看电影,往往是在一个封闭的环境里,没有其他光线和随意谈笑的干扰,多少还保留了凝重的仪式色彩,而广播与电视则只需要个体与家庭人类最自由、最宽舒的接受方式。人们在家听广播或看电视时,往往边干家务边听广播或边看(听)电视,期间家里其他人进进出出,有时候还会有客人来访,或者电话铃突然响起。

广播与电视节目的内容多种多样,如新闻消息、公共服务、知识教育、文化娱乐、商业广告等,可以触及社会生活的各个角落。特别是电视,它几乎无所不及,一切都可以通过电视屏幕及扬声器得以生动表现。仅以电视文艺片来看,其中有电视自然风情片、电视音乐歌舞片、电视艺术审美片、电视广告艺术片等。而且仅电视艺术审美片中又包括电视诗、电视散文、电视小说等。

广播与电视节目的形式也呈现出多样性特征。例如,不少广播节目可以借助热线电话来培养听众的参与意识,调动听众的收听兴致。又如,电视综艺节目,可以采取音乐、舞蹈、杂技、朗诵、小品等多种文艺形式;可以采取

演播室内与外景穿插的方式,现场演播和录像相配合的方式;还可以融娱乐性、知识性和教育性于一体。总之,多种多样的电视节目在五彩斑斓的电视荧屏上争奇斗艳,给受众以多元化的视听享受。

广播与电视的受众有着充分的自由去选择自己喜爱的节目,这其中既有对广播电台、电视台及它们的有关波段和频道的选择;也有对板块节目、非板块节目,专栏节目、非专栏节目,固定性节目、临时性节目,独立性节目、连续性节目,单一性节目、系列性节目,纪实性节目、非纪实性节目,实况性节目、非实况性节目的选择;以及对不同艺术门类、品种、题材、风格、流派的选择,对不同演员、节目主持人的选择;既有有意识、有目的的选择和无意识、无目的的选择,提前有准备的选择和临时按键式的选择,家庭性、集体性的选择和纯粹个人爱好的选择,也有有引导的选择(看"收视指南"、"节目预告",节目报提示等)和无引导的选择。广播与电视节目的丰富多彩为受众提供了广泛的选择余地,尤其是当一个家庭拥有不止一台收音机和电视机的时候,那么这种选择性就更为自由和更为宽泛。

声音广播与电视广播以电磁波为信息载体,电磁波只是在传播的一瞬间才有,停止了传播,电磁波就随即消失了,所附载传播的信息也不存在了。即使广播电台或电视台没有停止播出,电磁波还存在,但此刻传播的信息已非刚刚传播过的内容。广播与电视的传播信息转瞬即逝,难以捕捉、保存。所以广播电台与电视台往往要通过增加播出次数的方法,即多次播出的方式来增强节目的重复性、保留性。如通常晚间播出的节目会在第二天白天重播,而一些现场直播(实况转播)节目也较多重播,使得错过收听或收视时间的受众能有机会弥补未能及时接受信息的缺憾,而对于已经收听或收看过的观众也能温故而知新。随着CD、VCD及DVD技术的发展,广播与电视的重复性又多了新的形式,并且对艺术创作的生活化和艺术鉴赏的普及化都在产生着巨大而深刻的影响。

声音广播与电视广播可以夜以继日地连续滚动传播,这是其他大众传播媒介所做不到的。尤其是电视高度综合的连续性传播,可以把某些重大事件连续不断地传播给受众,获得一种与事件发展同步的传播效果。例如,对于"9·11"事件的报道,中央电视台首先在早间及时报道了这一惊人的消息,接着又在中午的《新闻30分》和晚间的《新闻联播》等新闻节目中作了重播和后续报道,使受众对"9·11"事件的整个过程、造成的严重后果和各国的迅速反应有了及时、准确的了解。

广播连续剧和电视连续剧在时间自由、艺术容量、播出方式等方面有其他体裁无法比拟的优势，最能充分发挥广播与电视传播的连续性特征。英国的一部名为《加冕街》的电视连续剧从1960年12月9日开播以来连续播出了33年。还有声音广播中的诸如广播书场、长篇评话等节目，电视广播中的诸如电视系列片、电视讲座等连续性节目，每天一次或几天一次定期播出，内容天天变化而又连续不断，各自构成了流动变化的整体。

现代人越来越变得个性张扬和兴趣各异，这使广播与电视的受众日益变得既多又杂，也使广播与电视开始陷入“众口难调”的困境。因此，针对某一类受众群体的带有专门性的栏目设置应运而生。广播与电视是依时间顺序进行传播活动的媒介，如同报纸的版面设计一样，广播与电视传播意图则是通过时间的分割来体现的。以固定的周期、时段和长度播出的专栏，以不同的内容，如在新闻类栏目中围绕新闻话题为拍摄对象，在财经类栏目中传播经贸科技信息，在体育类栏目中播出体育赛事、赛况等，使得广播与电视节目在不同的时段面向不同的受众类型。一系列的栏目又按一定原则整合成一个播出流程，实现了较为细致的划分。例如以《东方时空》、《新闻调查》、《焦点访谈》、《开心辞典》等栏目为品牌的中央电视台一套定位于综合频道，中央电视台二套为经济综合频道，主要栏目有《经济半小时》、《生活》等。此外，体育频道、电影频道等也纷纷登场，各自以不同的受众定位、鲜明的个性、迥异的内容和风格在荧屏上各放异彩。声音广播则延伸出了专门的音乐台和在较大地区范围连成一片的交通、气象台等。

除此而外，各种节目的时间段安排，也是广播与电视传播专门性的一项重要内容。以电视为例，很多早新闻是主要针对上班族的，白天播放的肥皂剧是专门针对暂时离开工作岗位的家庭主妇的，晚饭前后一段时间的节目主要是专门留给少年儿童的，等等。从一定意义上来说，媒体的发展正在面对着的既是一个大众的时代，又是一个分众的时代，即需要将广播和窄播意识及其形式有机地融为一体的时代。

就传统的传播方式而言，广播与电视都属于单向传播，传播者与受传者基本上是两个彼此独立的、互不见面的主体。然而借助于电磁波同时性的功能以及现代传播信息的宽口径、大容量，广播与电视具有受众参与的可能性。就现代传播事实来看，这种受众的参与是多内容、多方位的。按照参与的方式不同，可分为直接参与和间接参与两种。直接参与就是受众亲临现场，成为广播或电视节目制作与表现现场中的一员，如《实话实说》之类的

栏目,受众常常被请进演播室参与与嘉宾的讨论,直接参与电视节目的制作;间接参与就是受众通过电话、传真、电报或网络等媒介,参与和主持人通话、介绍有关评选活动、信息反馈、表达意见等。

借助于人造地球卫星的转播,广播与电视可在瞬间将信息传遍全球,时空的距离接近于零。这种电子特性和瞬间广泛传播的能力,使广播与电视具有即时性的传播效果。就整个传播过程来看,广播与电视传播的每一个步骤和程序都在近乎同步的情况下完成,尤其是传播过程中,传播者传播信息与受众接受信息这两个方面的行为也基本同步。印刷媒介要有编辑、印刷、发行、阅读的过程,电影有记录(音、像)、复制生产、社会流通、影院放映的过程,而广播与电视可以在信息传播的同时实现信息的同步接受。因此,通过广播与电视,可以在事发的同时,将要传播的信息以现场直播的形式传播给受众,实现信息发生、信息传播和信息接受三者之间的同步进行。这在全世界广播电视媒体关于2003年3月20日美英联军对伊拉克发动的战争的所有报道中可以得到迄今为止最好的证明。总之,现代广播与电视的同步传受将迅速及时这一传播特点发展到了近乎极致的程度。

到目前为止,全世界所有的国家都开办了广播事业,绝大部分国家也办有电视事业,无形的电波网和有形的电缆网层层覆压,为地球织起了一张电视信息的大网。与此相适应的是收音机与电视机早就由少数家庭的特殊奢侈品变成为寻常百姓家的普通生活用品,甚至是生活必需品。

如今,全球绝大多数人是在收音机诞生以后出生的,有八成人口是在电视机面世后出生的,广播与电视与当代人的生活密不可分。以电视为例,全世界目前有十几亿台电视机,这个数字正在以每年5%的速度增长,在亚洲,则以每年30%的速度直线上升,每当有25万个婴儿降生的同时,便会有25万台电视机与之相配对。人们将电视机放在客厅里,做家务时,边干边看,有朋友来时,边聊边看,或不看电视,只是让它保持开机状态;将电视机放在餐厅里,边吃边看,也可以开着电视机只听不看;将电视机放在卧室里,听任它自说自话,直到主人睡着为止……走出家门,在车站和机场,在机舱、部分车厢和在部分私人轿车里(尽管现在还不普及),在宾馆、主要街区幕墙和部分手机上,人们也时常有电视相伴。至于广播,在目前来看也许比电视更具有这种遍在性。例如晨炼的人可以带着收音机边听边跑步,在墙角晒太阳的老人可以在脚边放一个收音机听广播书场或其他节目,残疾人或病人也更容易接受来自声音广播的讯息和娱乐。总的来说,人类进入21

世纪后,广播与电视的普及性愈来愈为更多的人所认识,它确实正在日益充满人类的各种生活空间,成为人们日常生活不可或缺的一部分。

三、电影传播的特点

电影通过不同类型的固定式电影放映机或移动式电影放映设备在专门的影剧院或广场等处进行放映。当受众于某一特定时刻步入影剧院或广场观看某一部电影时,电影放映的内容是确定的,不被受众的意愿随意选择或更改;影片放映的时间是确定的,受众观看的位置也是确定的。固定的座位不但限制了放映时的人员走动,而且使每一个受众都处在一个均匀分布的、标准化的位置上,成为放映—观赏系统中一个固化的结扣。

当代电影院日趋"迷你化"和多功能,并没有改变电影观赏的集体性,即它的大众传播属性。表面来看,电影院里受众群体的性别、年龄、职业、籍贯、身份地位、文化层次很不一致,它们各自处于一种分离的关系状态,很容易把注意力集中在银幕上,投入到一种较为深沉的陶醉状态,从而获得更为深度的审美愉悦。但这主要不是由封闭的、黑暗的观看环境所造成的,而主要是由观看环境的集体性所决定的。电影传播的集体性与它的确定性相关,这既使得它在作品内容上要尽可能制作精良、雅俗共赏,还或多或少带有一定程度的仪式性。

麦克卢汉将电影归为"热"媒介,因为电影画面的清晰度高,还原好,纵深感、层次感鲜明。自从电影从默片时代进入有声时代后,声色并茂、耳目共悦的视听给受众以强烈的身心感受。黑暗、封闭的观看环境,更能使受众屏息凝神地关注银幕,大大提高收视效果。在影片《泰坦尼克号》中,汹涌的波涛正吞没着巨轮,甲板上人们惊慌失措,拼命挣扎、生死离别的情景,与风雨声、呐喊声、啜泣声融成一片,刺激着受众的视听,使每个具有同情心的受众感到强烈的震撼。在所有的传播媒介中,电影由于画面面积巨大、像数密集、声响变化跨度较大和效果逼真,特别是全息电影、环幕电影、球幕电影、立体电影和动感电影,其所能产生的强大感染力,确实无与伦比。从这个意义上说,电影更应该成为精品艺术。

电影集多种媒介之长于一身,具有很强的综合性和表现力,因而特别富有暗示性、象征性。首先,它运用光影成像技术,诉诸受众的主要是直观的视觉形象,不用明确的表白或详尽的论证,就能以鲜明的视觉形象来进行展示与暗示,创造特别的媒介环境。在影片《现代启示录》中,血腥的战场和神秘的丛林笼罩在红、黄、蓝、绿、紫各色烟雾烟火中,产生一种光怪陆离的舞台效果,折射出对美国现代文明和侵越战争的反讽,暗示了创作者的道德判断和哲学思考。其次,电影依赖着先进的技术手段能十分准确、精细地记录、重现客观现实的影像、声音,以直接的形式将物质现实诉诸受众的视觉和听觉,给受众以身临其境的体验,具有潜在的劝服受众和引导时尚的功能,如《开国大典》等影片对解放战争所作的政治宣传,又如《卧虎藏龙》的风靡在西方出现的中国功夫热。由于电影画面的清晰度相对较高,因此它在很多情况下,不需要借助人物语言来交代情节内容或表达人物情感,而是可以利用各种画面景象,特别是通过精巧的画面构图或利用人物、物件特写画面来暗示非常重要和十分丰富的剧情内容。很多理论家都说电影是一种特别能省略和富有象征性的艺术,其实也是从这个意义上来说的。电影艺术依靠其能够进行暗示、省略与象征的特点,使得其作为十分具象的艺术形态而具有艺术的含蓄。

四、影视传播的共同点

电影和电视是一对孪生姐妹,都是视听兼备、时空结合、声画并茂的媒体。它们在传播上的共同点可概括为:

电影、电视集声像于一体,在二维的平面上幻化出三维的动态立体形象,影视媒介所塑造的屏幕生活栩栩如生,它们拥有文学所没有的直观,绘画、雕塑所缺失的运动,音乐所缺乏的造型,并突破戏剧的时空局限。科学技术的进步,使摄像机械、录音设备、感光材料、编辑电子化系统等的保真度、清晰度越来越高,电影、电视生动地再现客观对象的能力也得以不断提高。例如,根据美国“挑战者”号航天飞机发射失事的电视新闻片,可以看到在发射现场“挑战者”号航天飞机发射后,随着巨大的爆炸声化为碎片而坠落的场景;起初兴奋的观众继而目瞪口呆,一片沉寂,刹那间又恍然醒悟,失声痛哭的画面。在中央电视台播放这则新闻的 4 分 4 秒时间里,电视机前的中国观众如临其境,与现场的美国人共同经历了这场触目惊心的悲剧。电影、电视带来的生动形象,是其他媒介难以比拟的。

影视媒介创造的“准生活”、“准环境”、“准世界”,虽然不是真实的生活、真实的环境、真实的世界,但电影、电视声画结合、视听兼备,给人以逼真可信的感觉。电影《教父》问世后，居然有人打电话给主要演员说，非常感谢他演得如此之好，并愿意为他提供各种帮助。电视连续剧《渴望》播出后，许多观众打电话给中央电视台询问“刘大妈”的病情，甚至还有人给“她”寄药。可见，电影、电视高度的逼真性、生动性，足以吸引受众、打动受众，产生强烈的感染力。其次，受众的多而杂使电影、电视不仅影响着小范围的个人生活，还波及大范围的社会生活。作为大众传播媒介的电影、电视，拥有着最广大的受众群，能够超越空间距离，以通俗易懂的方式迅速地向每一个愿意观看的受众提供信息，影响着大众的行为举止、思想趣味、价值取向，影响到社会舆论、社会心理、社会文化等，其强大的社会效果，令其他媒介望尘莫及。显而易见，这一点也和影视艺术传播在引领生活时尚和影响社会观念方面所具有的巨大作用相关。

海洋之大，毫发之细，千里之遥，咫尺之距，上至天文，下至地理……电影、电视触及社会生活的各个角落，无所不包，尽收眼底，其提供信息的多样性，构成了影视媒介重要的传播特征。如果说文学确实是“人学”的话，那么影视更是一种栩栩如生和全方位的“人学”，其间蕴涵着大量关于人生和社会的各种各样的信息。电影中，既有讲述生活、爱情、战争、历史、神话、传记等内容的故事影片，也有真实记录客观生活的纪录影片，以及介绍丰富科学知识的科普影片。电视节目更是多种多样，丰富多彩，难以穷尽，使受众通过电视屏幕这个小小的窗口，得以窥见人类社会的大千世界。电视新闻节目中，自然科学、社会科学，无所不包，物质生活、政治生活、文化生活知识，无所不有，大到航天技术、生物工程等尖端科学，小到琴棋书画、花鸟鱼虫、衣食住行，都是新闻报道的内容；电视剧种类繁多，生活剧、警匪剧、法律剧、犯罪剧、动作剧、社会剧、情感剧、历史剧、人物传记剧等，可谓百花争艳、姹紫嫣红；电视纪录片充分反映着百姓生活、人生故事、新闻实事、历史文化、人文民俗、情感经历、风土人情……令人目不暇接；电视文艺片中，自然风情片、音乐歌舞片（戏曲片、歌舞专题片、MTV 片）、艺术审美片（电视诗、电视散文、电视小说）、电视广告艺术片，以及各种综艺节目，满足不同受众的不同需要，给受众带来不同的审美情趣。一言以蔽之，影视艺术在映现生活方面所具有的整体性和影视艺术媒介所具有的汇聚性，使得影视艺术作品给受众提供的信息确实多种多样和丰富多彩。

现代科学技术是电影、电视的物质基础和发展条件。1822 年，约瑟夫·尼尔浦斯拍出了世界上第一张照片，1839 年，完整的照相和洗印技术

问世,1888 年,胶卷诞生,1894 年,爱迪生与乔治·乔伊曼合作制成了“活动电影视镜”,直到 1895 年,卢米埃尔兄弟用“活动电影机”放映《工厂的大门》,真正的电影终于问世了。此后,随着科学技术的发展,1927 年首次出现有声电影,其后彩色电影得到了发展。1956、1959 年又分别出现了立体电影和宽银幕电影等新的形式。20 世纪 80 年代以来,又出现了环幕电影、球形电影、全息电影等。电视从 1930 年开始,逐渐包容了多种技术,它建立在无线电传播基础上,吸收了磁带录音技术、光电转换、晶体管技术、彩色显像技术、人造卫星技术、立体声技术、激光、数字技术、有线传播技术等技术精髓,从而成为高度综合的无与伦比、能量巨大的新型传媒。从诞生到发展,电影、电视始终与现代科学技术紧密结合,技术的进步,对于电影、电视表现能力的提高,影视语言的创新,甚至于美学观念的演变,都有着不容忽视的影响。当受众在《阿甘正传》中看到阿甘和尼克松握手的画面时,一种强烈的新奇感不禁油然而生,在《拯救大兵赖恩》中清楚地看到高速飞行的子弹在水中穿越的情景时,又无不为之惊诧和折服……

尽管电影、电视存在着诸多传播共性,但两者在成像原理、镜头运用、制作手段、放映方式等方面的不同,造成了其在传播上也是同中有异,似中有别。

五、广播、电影、电视传播的共同点

就受众覆盖面的广泛性角度来考察,广播、电影与电视都极具大众性,总是面对最广大的受众,特别是声音广播与电视广播,更是其他传播媒介难以企及的。对于电影与电视传播来说,连续运动的图像、声音和适当的文字符号是它们的传播符码及外在形态,这些传播符码的综合运用,同时作用于受众视觉、听觉两个通道,具有很强的吸引力和感染力。在这一点上,声音广播虽然没有具象性,但它传播的内容及形式同样直接可感、通俗易懂,使受众不需要经过如接受印刷文化那样的特殊训练就能掌握、易于接受。对于绝大多数具有正常行为能力的人来说,接受并理解广播、电影、电视的传播似乎没有任何要求:几乎没有思想水平、文化程度、性别年龄、地域国别上的限制,所以就传播对象而言,广播、电影与电视真是一切大众传播媒介中最具有大众性的。

广播、电影、电视是最具大众性的传播媒介,因而也能产生最富有大众

性的传播效果。广播运用各种语言可以把瞬息万变的讯息及时地传播到世界的每个角落;电视可以通过遍布全球的通信卫星网,向分布在无限广阔地域的广泛受众传送有声有色的社会信息与自然信息;电影则也可以通过拷贝的批量生产、大规模复制乃至“胶转磁”,迅速传送到世界各地,普及全社会,使大众共享。广播、电影、电视能使亿万人在相对集中的时间(甚至是同一时间)内接收到同一信息,并且使一些特定的文化信息在亿万人之中流通,从而将听广播、看电影、看电视这种分散的个体行为,聚合成一种广泛的社会大众行为。因此,广播、电影、电视能跨越年龄、性别、阶级、种族、地域的种种差异,唤起、引导共同的群体意识,形成共同的社会舆论或社会心理。

通俗性与亲切性是广播、电影、电视媒介在传播过程中体现出来的又一属性。这一点尤以广播最为见长。众所周知,广播通常直接诉诸人类最容易沟通的语言或音乐。人们常说“明白如话”,可见听人说话最容易实现沟通;而音乐之于人,入之也深,化之也速,而且没有任何阻隔和不需要翻译,可见虽未必能明白言传,却很容易灵犀相通。

电影、电视的通俗性与亲切性首先表现为题材的通俗化与生活化。有人称早期的电影为“民间艺术”,因为它的题材极其类似民间故事与生活即景。早期的电影创作者都是从人们喜欢或熟悉的故事中汲取养分。我国的第一部影片《定军山》就是当时颇受人们欢迎的京剧片段。而西方原始电影也大多取材于现实生活或19世纪通俗杂志、通俗小说。时至今日,电影、电视仍以大众普遍关心的、喜闻乐见的生活内容为表现对象,旨在给人以亲切的感受。

与内容通俗化、生活化相关连的是电影、电视表达思想内涵的浅近明白,作品风格的清晰明了,能为不同层次的各类受众广泛接受。例如,好莱坞的类型片,无论是喜剧片、惊险片、音乐片、西部片还是科幻片,每一个类型都有自己的模式,各有符码、各成一个相对稳固的系统。对于熟悉它们的受众来说,破译其中的符码是极其容易的事。当然,浅近并不等同于肤浅,它只是要求注重受众的接受心理,在娱乐休闲中传递思想内涵。如《生死时速》等影片将惩恶扬善的主题蕴涵于争分夺秒、紧张刺激的搏杀中。又如电视剧《宰相刘罗锅》于诙谐欢笑中展现人世间的正直、机智和善良。

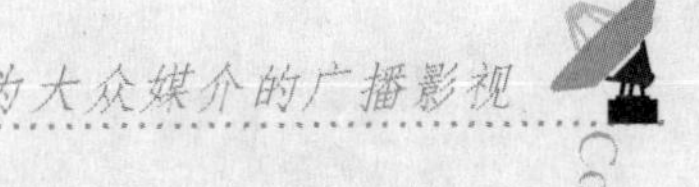

第二节 广播影视的社会文化功能

广播影视都是现代世界中社会功能非常强大的媒介,它们的存在及其影响,对于现代人类社会的进步与发展具有不可小视的重要作用。在一定角度上来说,现代人类社会的组织与行为都与这些重要媒介所发挥的社会功能有着很多、很深的错综复杂的关系。

广播、电影与电视并不是民主与政治的简单工具,但是它们对于民主与政治建设都具有很大的作用。相对而言,广播、电视与人们的社会生活关系要密切得多,因此在这方面的功能要更大一些——不管在历史上还是在现实中。

一个人不可能远离所在国家的民主与政治,甚至也不可能不关心、了解世界的民主政治建设。说到底,民主与政治其实是人类现实生活不可或缺的一个部分。在电视尚未普及的时候,广播是人们了解社会、国家与世界现实情况最全面和最快捷的方式,并且这种了解不仅具有共时性和共享性,而且具有平等性和一致性。古今中外,政治的进步总是与民主的程度联系在一起,而民主的程度又总是和民众的知情程度联系在一起。因此,广播进入寻常百姓的日常生活,不仅可以给他们带来有关民主政治方面的各种新闻与众多消息,更主要的是能够带来民主与政治自身。当声像兼备的电视进入广大老百姓家庭的时候,政治在一定程度上确实变得更加公开化了,从而也就有可能更加民主化了。这一点对于目前国际政治霸权主义色彩还比较浓的现实来说,也有很大影响。由于广播与电视的普及,一方面,任何一个国家的政治都不可能各行其是,另一方面,任何一个超级大国也得要关注国际舆论的作用。这一切,不能不说和广播与电视所能带来的巨大影响有关系。相信随着广播与电视的更加普及,将对全世界的民主与政治建设发挥更大的历史作用。

相对而言，电影在这方面的作用具有间接性和间断性。像世界上很多著名的政治影片如《Z》、《肯尼迪》和《滑头议员过关记》等影片，不是因为时间因素，就是因为故事只是含沙射影，它们不可能具有广播与电视节目那样的直接相关性。另外，电影也无法像广播和电视那样接连不断地表达民主与政治方面的内容，因而在这方面的影响力要小得多，尽管很多电影涉及民主与政治的思考深度与探讨深度并不亚于广播与电视。

广播、电影、电视是现代社会最大众化的传播媒介，是最能适合大众需要而无须花多大力气就能解读的媒介。在宣传方面，广播曾经发挥过最重要的作用。在20世纪国内外很多战争题材电影中，凡是出现有人收听对方广播的镜头时，总不外乎会出现这样三种情形：精神振奋，欢欣鼓舞；若有所思，思想斗争激烈；气急败坏地关掉收音机，甚至于狠狠地砸掉收音机。"二战"期间，通过广播电台的播放，《莉丽·玛莲》一曲对德国士兵的高昂士气与黯然神伤都产生了巨大的精神影响。在1960年以前出生的中国人的记忆中，中美建交之前的"美国之音"几乎就是美帝国主义的代名词，不言而喻是一个最大的"敌台"，其中的道理就和当时广播确实具有巨大的宣传教育作用分不开。在电视日益表现出几乎可以取代一切媒介的时代，广播在宣传与鼓动方面所具有的作用还是不可小视。例如，美国总统小布什为准备对伊拉克动武阐明理由的时候，还忘不了利用每周广播讲话来大做舆论宣传工作。

电影、电视作为摄影媒介可以最大程度地还原生活，大众传播的巨大影响力和媒介材料的可信性，使得电影、电视能够成功地发挥宣传和劝服的巨大作用。电影、电视作为创作主体对客观事物（包括自然现象和社会现象）的反映，是建立在主体能动地认识客观事物这一基础上的，在本质上是主观意识的产物。由于主体认识事物的立场、观点、方法不同以及所处的社会地位、社会关系、个人素质等方面的不同，对同一事物的认识和理解千差万别。创作者们总是以自己的头脑和经验，有意图地进行概括、提炼、选择，有序化和典型化。这种意识特征和主观色彩，使电影、电视的信息传播带有宣传、劝服的性质。像爱森斯坦、普多夫金、维尔托夫等大师的影片不仅歌颂了十月社会主义革命，而且还鼓舞了当时苏维埃人民革命的斗志和热情。而L.里芬斯塔尔为希特勒拍摄的影片《意志的胜利》则成了大肆宣扬法西斯主义的宣传工具，对当时在无知青年中掀起对法西斯主义的病态狂热起了推波助澜的作用。即使像《芝麻街》这样的儿童电视节目，它对儿童所传授的

也不仅是单纯的各种知识,其中包含了基本道德和主流社会的价值判断。当不同肤色的孩子对着摄像机镜头,自信、得意地大声呼喊"我是特别的"的时候,美国社会崇尚个性独立和多样化的价值观就已准确无误地传递给了电视机前的受众。

除了在思想观念、政治倾向、信仰道德等方面发挥作用以外,电影、电视的宣传性和劝服性还体现在商业运作上。各种软广告、硬广告充斥着影视屏幕。如较有影响的电视连续剧《亚细亚人》和《华西村的故事》,分别由亚都公司和华西村投资拍摄,两部电视剧均借助两个企业创业史的追述,努力在公众面前树立企业形象、宣传企业精神。又如一家印度尼西亚的烟草公司为马来西亚商业频道播出的惊险电视系列剧《无法完成的使命》提供赞助,除了在片尾加上公司赞助的字幕外,还出资组织了有奖征答活动,随着电视剧的热播,该烟草公司及其产品也在马来西亚名声大噪。

传播学关于教养(涵化)理论以及广播、电影、电视自身的内容都表明大众媒介确实都对社会具有很好的教育功能。特别是广播与电视,它们对于人类的某些专业教育、各种继续教育和终身教育而言,应该说是最为自主、自由而面广量大的。至于说到服务,当然广播与电视的功能、影响要大得多。

新中国成立以后,广播得到了飞速的发展,它的社会功能主要体现在开展思想政治教育、统一广大民众认识等方面;电影的发展也较快,其中故事片的社会功能主要是寓教于乐,新闻片的社会功能非常类似于广播和报纸,科教片的主要功能是普及科技知识。改革开放初期,注重教育、注重学习是其中一个很重要的社会现象,由于当时电视很不普及,覆盖率非常低,唱主角的是广播电台。后来,电视普及程度和覆盖率都得到了很大的改变,广播电视大学也遍地开花,这使得大众传播媒介在国家大教育系统中所发挥的作用越来越大。

在电视没有构成对声音广播很大影响的时候,广播的服务属性除了天气预报以外几乎就没有了。当电视完全成为强势媒介的时候,广播与电视的服务内容和服务功能得到了同步增长。如近年来中央电视台在午间《新闻30分》中不仅增加了"出行参考"内容,还在黄金旅游周期间发布各地客房、饭店出租的具体情况,对要出差和旅游的人来说真是方便不少;遍布各地的交通广播网,对于各种各样的司机来说也几乎不可离之须臾。一句话,对于很多现代人来说,离开了电视、广播等媒介的服务,他们的日子似乎就

像缺少了“生活指南”那样有点不知所措了。

娱乐性是大众媒介的最显著特征。所谓娱乐,就是以不干预实际生活的方式释放情感的一种方法。“娱乐世界和日常事物之间存在着一堵滴水不漏的挡壁,娱乐所产生的情感就在这间不透水的隔室里自行其道。”①因此,娱乐性首先必须创造一种虚拟的情境。从这一点来看,电影、电视将影像投射在屏幕上,恰恰创造了现实的幻觉世界。屏幕世界里不仅有各式各样的生活内容,而且还有能使受众情感达到兴奋点的视听对象。现代心理学研究表明,电影、电视可以通过纯形式特征给予受众视觉、听觉的生理享受,给人以生理、心理的快感。如观看悬念大师希区柯克的影片,受众在疑惑、惊悚、紧张中得到快乐。电影、电视还具有一种代偿或宣泄作用,即受众在屏幕的作用下获得愿望的代偿性满足,同时使受众压抑的情感得以宣泄。如幸灾乐祸的心理能使受众在卓别林的某些喜剧片中获得乐趣。电影、电视的娱乐性使得受众把注意力从日常生活的乏味、无聊中移开,在电影、电视中体验日常生活所缺少的一切:冒险与幻想、正气与激情、新奇与欢乐,逃脱日常生活的牢笼,进入一个未曾涉足的美妙新世界。而亲切宜人的广播话语与通过耳机传入耳朵的声音广播,同样能将人引入一个非常专注而充满美感的境界,有时甚至也可以使人产生遗世独立般的感受。

人们在娱乐中总不免要有情感与精力的投入。在传统的娱乐方式中,这种情感与精力的投入往往通过仪式化的方式被人为地加强了。如音乐会,每一位观众在服饰、姿态、举止诸方面都有非常严格的要求。仪式色彩给娱乐本身增加了凝重的意味,使受众背负着沉重的心理负荷。广播、电影、电视的出现提供了不需要任何心理负担的轻松的娱乐形式,表现出了受众接受形式上的消遣性。本雅明指出:“对艺术作品的接受是有不同侧重方面的,在这些不同侧重中有两种尤为明显:一种侧重于艺术品的膜拜价值,另一种侧重于艺术品的展示价值。”②他认为,在最早的艺术活动中,艺术的膜拜价值占主导地位,其特点是接受者通过联想沉入到作品中。而在现时机械复制时代,随着电影的出现,艺术的膜拜价值逐渐转向艺术品的展示价值,以前占主导地位的对艺术品的凝神专注式接受越来越被消遣性接

---

① 柯林伍德. 艺术原理. 北京:中国社会科学出版社,1985. 20

② 陈厚明,吴松. 远东社会水泥——阿多诺、马尔库塞、本雅明论大众文化. 昆明:云南人民出版社,1998. 175

受所取代。在消遣性接受中，接受者没有沉入到作品中，而是超然于作品，沉浸在自我中。受众在收听广播和观看电影、电视时，一般都处在一种日常化、放松随便的状态中，现场气氛造成的压力荡然无存。在收音机和屏幕前，既不用太费脑子又用不着投入过多的感情去琢磨作品的意蕴，而是从自我需求出发，获得生理、心理的满足。传者与受者之间不平等的关系被扭转，原来的仰视姿态变成了平视甚至俯视。

大众媒介接受者在接受媒介内容时，大多以娱乐为主。以现代科技为基础的现代大众传播的演进过程，就是不断把更多的资讯和更多的娱乐推向广大受众。广播、电影、电视的出现与发展，把这一过程推向了高潮。电影带来的不仅仅是一种新的传播技术，同时也是一种重要的、最流行的艺术样式。通过人们熟悉的叙事方式和相对廉价的大规模复制，电影把过去极少有机会欣赏“正宗”艺术的广大普通群众聚拢在一起，为他们编织出一个个令人心驰神往的梦境。电视把各式各样的信息及时、生动地传播给每一个电视观众，大量的电视戏剧、电视综艺、电视专题提供了从前难以想像的丰富娱乐，甚至连新闻性节目本身也充满了娱乐性。在电影与电视面前，广播给人们所能提供的娱乐与消遣要少得多，但是由于广播具有更大的便利性和个人性，特别是音乐台和一些针对特殊人群的娱乐节目，同样具有电影与电视无法取代的作用，仍然是当代人类获得娱乐与消遣的一个重要来源。

广播、电影、电视作为大众文化，是人类集科学技术、信息传播、文学艺术、体验经济等一切文化因素于一体的新文化形态。广播、电影、电视本身各自或共同构成亚文化体，它所涉及的生产、制作、播放等许多方面，以大众传播媒介的方式在社会信息文化中发挥着重要的作用。广播、电影、电视文化的兴起扩大了社会交流的信息量与受众数量，而这一量的扩大为满足人们渴望进行大规模的相互认同和相互模仿的从众心理提供了基本条件。它们能将有关新思想、新行为的信息通过反复传播提供给受众，从音乐、语言、形象到书籍、磁带、服饰、CD、VCD、DVD……特别是电影、电视更是能以空前的影响力提供着大众模仿、效仿与追逐的范本。当人们怀揣着从电影、电视中获得的与众人一致的价值观、审美观，以及共同关心的话题走入人群时，我们当前社会的流行与时尚便从影视媒介流向了大众。

大众的相互认同与相互模仿在最基础、最具体的层面上表现为生活行为方面的趋同。在时装之都巴黎，《时尚》、《巴黎时装总汇》、《乔伊丝》、《妇女》、《时装与制作》等各式各样的时装杂志铺天盖地，此外，几乎所有主

要综合性报刊中都辟有时装专栏。但真正引领时装浪漫风情的当首推电视。每年两季的时装发布会,电视台在夜间新闻中连续报道,名家点评,名模亮相,普及时装文化,引导消费潮流。一流设计师的一流作品、一流模特的动人风采随电波涌向世界各地,进入千家万户。这些不遗余力的电视宣传,使时尚不仅属于巴黎,更成为全世界追求时尚人士的目标。又如芭啦芭啦舞本是新近从日本兴起的舞蹈,经过郭富城、张柏芝在《芭啦芭啦樱之花》中的精彩演绎,势如破竹,在东南亚各地掀起劲舞狂风之势。

广播、电影、电视不仅扩大流行的范围、推动流行的力度,也制造着流行,不仅把文化广泛地传播开去,还通过影响人们日常行为的方式来不断地制造着文化。以人们最为日常的说话行为来说,不管是腔调还是姿势,特别在年轻人中间,可以非常强烈地感觉到他们受到当代广播与电视节目的巨大影响。在世界上每年两次的流行色预测结果,直接影响着世界纺织面料和时装的生产与销售,被推出的流行色是靠以电视为主的大众传播媒介加以广而告之的。服装界通过电视媒介推向社会的潮流在无形中驱使人们向流行靠拢。而在影片《花样年华》中,张曼玉展示的20多套新款旗袍风情万种,使无数影迷产生旗袍情结;台湾电视连续剧的热播,使大陆的一些孩子们改口称妈妈为“妈咪”……从穿着服饰、行为方式到鉴赏方式、思维方式,电影、电视构成对当代人的影响是巨大而深刻的。

第三节 文化全球化与文化多样性及其他

作为大众传播媒介的广播影视,它们不仅长期以来一直与社会政治保持着密切的联系,产生了很强的社会功能,而且对整个人类的文化的变革、建设与发展更是具有不可估量的巨大影响。如果说广播影视的社会功能是显性而浅表的话,那么它们的文化影响则是隐性而深刻的。

广播、电影与电视特别具有国际属性与全球化倾向,它们的存在与发展

对于全球的文化影响正在日益扩大。在一定意义上来说,不管是经济发展的全球化,还是政治作用的全球化、民主意识的全球化和文化建设的全球化,其实都与广播、电影与电视所具有的文化影响分不开。在强大而迅捷的现代传播时代,特别是通过电视或广播,也许几分钟前发生在亚洲的一个文化活动,很快就传到了美洲并可能立即获得回应或互动。电影虽然没有广播和电视那样快捷,但其具有全球性的文化影响力却并不在广播与电视之下。《哈里·波特》要是不通过电影媒介的传播,其在全世界的影响力就将小得多。不是借助于电影《卧虎藏龙》,全世界很多人至今对中国功夫不会有起码的了解。

广播、电影、电视在使大众文化日益具有全球性的同时,也使全球文化交流呈现出丰富多彩的多样性。越是民族的就越是世界的,这在广播、电影与电视并驾齐驱的时代似乎没有得到根本性的变化。在广播、电影和电视的共同作用下,全球文化交流出现了一个空前广泛而深入的新局面。但是,与任何事物都可能有两面性一样,虽然这种交流对全球文化发展具有积极作用,但这种交流也正在带来一个不容忽视的问题,那就是广播、电影、电视的广泛传播增强了大众社会的简单划一,损害了文化宝贵的多样性和丰富化,特别是很多弱势文化正在急剧地失去它们的立足之地乃至快速消亡。

我们不得不承认:在广播、电影、电视高度参与社会生活的背景下,从来没有这么多人、在这么多地方,共同使用一个讯息和概念系统,广播、电影、电视以其空前的影响力为受众造就着各色样板,提供着同一的认识,供人追逐仿效,从而造成社会空前的文化趋同现象。这种趋同表现在一个民族、地域中的文化现象传递到另一民族、地域中,使全球文化产生融合、同化的趋势;也表现在影视正不断地消除不同年龄之间的文化差异,“老少皆宜”的制作,致使作品内容年龄界限不清,特别是对青少年儿童,往往跨越自然的心理发展阶段,大量涉猎成人社会的材料;表现在影视以大众文化消解了高雅文化,广播影视传播对象定位于文化水准、欣赏趣味、评价能力普通的受众,展示大众化的艺术,同时也可能是对精致艺术的毁坏,对高雅艺术的发展提出挑战。随着全球化进程的加快,很多发展中国家的民族文化根本经不起汹涌澎湃的全球化浪潮的冲击,正日益面临“无可奈何花落去”的局面。尽管联合国新近又通过了关于保护文化多样性的文件,但是要真正很好地保护人类久已创建的丰富多彩的文化,似乎还是一件困难重重的事。这种情况甚至也出现在像中国这样的文明古国与文化大国之中——例如好

莱坞拍摄的动画片《花木兰》对中国文化所具有的影响——虽然现在还谈不上会带来消亡,但有一点似乎可以肯定,那就是给中国文化的发展也许并不会带来理想的效果。

广播、电影、电视以大众化、通俗化的审美特点吸引各种年龄、职业、教育程度的受众,而且跨越时空,使文化传播得以迅速成倍增长,对新文化意识的形成和发展起着强大的作用,深刻地作用于人类的文化生活方式。如在中国文化系统中本没有圣诞节、情人节等概念,但随着大众传播媒介尤其是广播、电影、电视对这些节日绘声绘色地介绍和渲染,越来越多的中国人正在逐渐接受这些节日;而自 1983 年以来的春节晚会,则又成了这个最为隆重的中国传统节日中的一个新民俗。

关于这一点,特别值得强调的是电影与电视。影视画面声像俱佳、图文并茂的强大感染力调动着受众的视听潜力,影视创造的这种直观文化,使人类在信息接受方面更加便利、直观,吸引着更多无缘接触印刷文化的人参加到社会文化的传播之中。影视以其高度的兼容性,创造了一种全人类都乐于接受的普及型的文化生活方式。电影、电视不仅为受众开辟了一块全新的文化娱乐天地,而且提供着一种廉价的文化消费。享受信息与娱乐即是一种消费,而消费是要付出代价的。比起戏剧、音乐会、体育比赛等,电影、电视在相对廉价的情况下向受众提供了丰富的资讯和娱乐。因此,自电影、电视登上历史舞台以来,很快已成为了当今最大众化、最有影响力的文化消费品,将人类的文化生活推进了一个崭新的时代。20 世纪 80 年代末进行的一次国际性调查表明:在日本、美国以及一些欧洲国家,人们花在电影、电视上的时间不但超过社交、阅读、其他休闲娱乐等各项活动的时间,甚至还超过了其他各项活动时间的总和。许多人把工作和睡眠之外的大部分时间都交给了电影、电视。

但是,部分影视作品中存在的一些不健康的内容,尤其是色情和暴力镜头,成了犯罪信息的间接提供源和造成社会精神污染的一个原因。如 20 世纪 70 年代,电视上曾播放了一个有关犯罪的节目,讲述的是不法之徒在民航客机上安放了一种炸弹,当飞机降到一定高度,空气的压力就会使炸弹爆炸。节目播放后的一个月内,澳大利亚的康塔斯航空公司就被人用这种办法威胁敲诈了 50 多万元。之后,同样的诡计也在美国出现了。据有关报道,用飞机撞击世贸大楼的恐怖事件的具体做法,早已在美国的有关电视剧和电子游戏中出现过。“9·11”以后,好莱坞开始反思影视作品中的暴力

内容,这说得上是一种"亡羊补牢"。事实上,即便影视观众不是会有很多人去从事恐怖活动,但影视作品中反复出现的色情、暴力场面对人的心理确实会产生麻醉作用,久而久之,人们心安理得地接受色情和暴力,从屏幕前的熟视无睹导致在生活中的无动于衷。好莱坞影视的色情、暴力内容历来被称为有毒的双乳,对人类的影响不仅是个体的,还是社会的,不仅是短期的,还有可能是长远的。为此,全世界影视工作者都应该对此进行必要的反思和保持清醒的认识。

广播、电影、电视是用最先进的科学技术武装起来的,具备了反映社会生活迅速及时的优势。它们将摄影(像)机镜头和话筒对准社会现实生活,捕捉最富时代特征的场景、画面、形象和声音,故而具有浓厚的时代感。通过蒙太奇等艺术手段的运用,电影、电视能够以镜头与镜头、画面与画面、声音与声音的非线性的链接,展示非线形的现实,表达具有内在逻辑的思想和感情,以隐喻、转喻和象征来阐述抽象的思想观念。通过现代传播手段,像中央电视台《东方时空》栏目中的《时空连线》和有些广播节目的实地采访传送,就非常直观地使麦克卢汉所谓电力文化能造就"一切同时"(All at once)的情景得到了具象的展示,潜在而有力地改变着人们的时空观。

由于广播影视文化,特别是影视文化对社会大众的日积月累的浸润,能非常明显地改变人们的认识能力和认识方法,对新文化的建设和发展能潜移默化地起着极其重要的作用。费穆的经典影片《小城之春》不仅是一个精美的爱情故事,也是一个广义的文化寓言。以凋敝、残破的戴家为主要场景,女主角玉纹承受着情感的折磨,其实代表着20世纪40~50年代中国一部分文人的矛盾心态——一边是穿长袍、病魔缠身的戴礼言,代表着中国传统文化;一边是着西装、做西医的章志忱,是西方新文化的象喻。玉纹的困苦和焦灼反映着中国文人的困惑与惆怅,是对现实中国及其文化历史命运的深切的关注和忧虑。再如美国电视剧《神探亨特》、《帕尔斯警长》和《黑暗中的公正》等,都在努力揭示完全依法办事所表现出的无能和遇到的各种无奈,并对如何完善社会控制体系进行非常积极有益的探索。

广播、电影、电视是硬件文化和软件文化的互相整合。作为软件文化形态,从古陶器、古青铜器、古绘画到现代音乐、摄影、雕塑等,从来没有像广播、电影、电视这样更需要硬件文化作为其不可缺少的物质载体和技术支撑。广播与电影、电视都是科技的产物,并随着科技的发展而发展。从普通的无线电广播到调频、调幅和载波技术的先后问世;从无声电影到有声电

影，从黑白电影到彩色电影再到宽银幕电影，再到立体声电影、全景电影、全息电影；从黑白电视到彩色电视，从无线电视到有线电视，再到立体电视，高清晰度电视，都离不开科学技术的推动。一句话，广播、电影、电视与科技结下了不解之缘。技术的发达不仅带来了视听质量的提高，也促进了艺术的革新。意大利新现实主义以及法国新浪潮电影审美观念的出现，与当时小型摄影机、高灵敏度录音设备的出现密切相关。电影、电视的表现手段也得到了技术的大力协助，如《侏罗纪公园》、《玩具总动员》、《龙卷风》等影片就是依靠电脑进行动画设计与合成的。电影、电视的特技镜头，更离不开高科技。随着科学技术的进步，艺术的表现手法也在日新月异，并不断完善，比如光学和电学应用于蒙太奇，使其在时空的转换上灵活多变。借助电子技术，还能使一个演员同时扮演两个角色，而这两个角色还能同时出现在一个画面中。依赖于物质技术手段，电影、电视还催生出了许多新的艺术种类。如 MTV 的出现便是音乐与电视技术的结合，大大扩展了音乐的表现力。

广播、电影、电视不仅是科技的收益者，同时科技借助于广播、电影、电视也扩大了自身的传播和影响。科技不仅为广播、电影、电视提供了多方面的物质条件，而且还成为它们所表现的对象和内容（特别是电影与电视）。

一方面，广播、电影与电视使生活走向了艺术。从技术上说，尤其是影视媒介，它们比其他任何媒介都更具有真实反映生活的能力。但影视绝不是对生活的机械照搬，而是对生活素材的艺术化的主观创造，从生活事件中传达出丰富的思想含量和精美的诗意蕴涵，闪烁出哲理、艺术的光芒。在对历史与现实的观照中，电影、电视透露着创作主体的审美理想和艺术感受，影视能够运用特殊的技术手段（如蒙太奇等），再造基于现实生活之上的艺术的时空结构，能够通过摄影机的角度和运动、拍摄速度和镜头焦距的变化、光影和色彩的运用、主观音响和无声源音乐等影视语言的运用，对最日常、平凡、简单、司空见惯的现实予以装饰和诗化。随着摄像机的小型化、傻瓜化和普及化，很多非专业人员拍摄影视艺术作品的现象将越来越普遍。

另一方面，广播、电影和电视又令艺术走向生活。广播、电影和电视是当今世界具有强大影响力的大众传播媒介，从某种意义上讲，广播、电影和电视已成为现代人类日常生活的一部分，其触角已深入到人类生活空间的角落。艺术的境界是人类解放的一个标志，是合乎人性生存的必要条件。历史上，艺术曾经是少数权贵名流的特权，到了现代主义阶段，艺术的含义

大大扩展了，但囿于精英主义的局限，审美化的生存还只限于少数精英艺术家。广播、电影、电视走入寻常百姓中，将艺术的视听享受引入了受众日常生存和经验中，消解了艺术与生活之间的人为界限和鸿沟，在千千万万与高级文化无缘的人群中，起着艺术启蒙的作用。同时，广播影视媒介引领时尚，再造文化，实现了受众日常生活的审美化，极大地拓展了艺术的领域。广播、电影与电视直接或间接地指导着受众在服饰、仪容、起居、娱乐上追求有风格、有品味、合乎时尚的生活方式，于是，格调、品位、审美愉悦这些有关艺术的概念便不再局限于美术馆、音乐厅等高雅的艺术场所，转而成为一种日常生活形态。

当然，有些相关的负面影响也是存在的。随着电影、电视的普及，人们的大量闲暇时间都被影视所占据，正常的人际交往时间被挤掉，导致人类走向社会隔离。麦克卢汉所谓的“地球村”，只是从讯息传播这个意义上来说正在不断得到实现，而在增强人与人以及人群与人群之间的亲和情感方面则相形见绌了。有这样一幅西方漫画：第一个画面是久别的丈夫一进家门就把随身带回的提包扔下便往屋内走去，从屋内走出来的妻子正满面笑容地迎上前来；第二个画面是丈夫完全不理会身边热情的妻子，径直向电视机奔去；第三个画面是丈夫坐在沙发里全神贯注地在看电视，被冷落的妻子则在一旁愤愤不平。虽然这幅漫画所映现的生活内容非常“高于生活”，但其所反映的社会现象却显然是有现实基础的。即使是在一个家庭中，影视的渗透也使原先的一些传统的家庭交流逐渐消失，人们饭后不再聚在一起交谈，甚至于父母睡觉前也不再给孩子讲故事，家庭成员之间的沟通越来越少，家人之间的亲情也就相应淡漠。

奥勃洛莫夫是俄国作家冈察洛夫笔下的一个“多余人”形象，他的一生从饮食起居到工作爱情都由别人安排得妥妥帖帖，他不费吹灰之力平静地生活着，但也因此而丧失了基本的生存能力，最终一事无成地离开人世。当电影、电视将浅俗易懂而又丰富多彩的内容一一呈上时，人们轻而易举就能获得视听享受和各种信息，被我们称之为“奥勃洛莫夫效应”的现象就很可能由此而产生。就一般规律而言，当人们不再愿意去进行艰苦的探寻和思考的时候，人类的理性思维能力和逻辑判断能力就会由此而减弱。正如有的科学研究表明：从小有太多时间在电影和电视前长大的很多孩子，会在思维和能力上存在明显缺陷，如喜欢游戏中学习，注意力控制时间短，习惯图像语言，不习惯词汇语言，阅读能力、抽象思维能力、动手创造能力也都会比

一般正常的孩子要差一些。在第52届柏林电影节上获得金熊奖的日本动画片《千与千寻》的导演宫崎骏在谈他创造千寻这个人物形象的时候说过，现在我们都生活在一个娱乐泛滥的社会，过剩的娱乐，特别是过剩的电视类娱乐，使人们的知觉淡化了，天赋创造力减退了，这是千寻父母亲在闯入魔界后不能自救的一个根本原因之所在。影片努力塑造只有10岁的小女孩千寻能够在进入魔界后依靠自己的诚信、善良和勤奋获得自救并帮助父母亲一起得以返回家园，就是要刺激人们久已麻木的知觉，激发孩子们独自面对困难时所具有的创造力。

根据哈马贝斯有关公共领域的理论，大众传播的存在及健康发展，对于体现哈氏理论中所谓的"公共性"原则具有非常重要的意义。随着对资本主义社会公共领域现实情况的深入考察，哈马贝斯逐渐意识到这公共领域中的"公共性"原则其实很难得到理想的实现。关于这一点，法国学者布尔迪厄具有更为强烈的认识。与哈马贝斯一样，布尔迪厄非常清楚地感觉到，由于商业化操作和市场化走向，大众传播媒介原先所具有的积极的批判潜能开始被消解，公共领域中原先所具有的公共性原则越来越变得名存实亡。与此同时，布尔迪厄特别指出电视在节目内容设定、节目时间限定、主持人与现场参与者角色行为的限制等方面所表现出来的做法，与原先公共领域中所具有的自由交流局面大相径庭；电视由于拥有无远弗届、即时传送逼真声像的能力，在所有媒介中形成了特别强大的态势：一方面非常快捷地让人们了解这个世界已经和正在发生的一切；另一方面对其他媒介乃至各种社会力量而言似乎很像是一种十分可怕的暴力。关于后者，也可以在这样一则笑话中看出来：某单位在某地举行一个重要的活动，派车前来迎接准备参加该项活动的领导和各路新闻媒体人员。在已经超过发车时间的时候，车子还是按兵不动，很多人以为还在等哪一位主要领导，结果工作人员解释说是只等电视台的人了。

应该承认，现代人类社会需要大众传播媒介存在并发挥积极作用，但这必须要以真正造成平等对话、自由交流为目标，以真正服务大众、促进社会进步为己任。如果说电视在腐败分子、不法经营者、犯罪分子面前具有使他们望而生畏的强大力量是一件好事的话，那么假如一般社会公众也怕上电视的话，那就很成问题了——这种情况其实在现实生活中并不少见。

3 第三章 声音广播发展史

内容提要：

像有声电影是由电影公司和电话电报公司联合创造出来的一样，无线广播是在电话电报技术基础上发展起来的。本章在简述无线电波与无线广播起源特点的基础上，探讨了包括中国在内的世界声音广播的发展概况。在声像并茂的影视时代，广播以它更为无远弗届和收听便捷的特点存在于世，造福人类。

第一节 无线电波与无线广播

英国著名历史学家阿诺德·汤恩比在他逝世后出版的"一部叙事体世界历史"——《人类与大地母亲》中,把大地说成是人类的母亲,太阳是人类的父亲,因此,在他笔下的人类历史起源点和地球生物圈的形成是同步的。汤恩比先生这种空前宏观的历史意识,与著名物理学家李政道博士关于"生命更应该是宏观的"认识不谋而合,对于我们从事任何具有历史内容的研究都具有很好的启迪意义和借鉴作用。

一、当其无,有其用

《左传》记载了先秦时代一个著名的故事片断:流亡途中的晋公子重耳经过卫国,卫文公子不依礼接待他,继而走到了五鹿,向一位农夫乞讨,不期那位农夫居然给了他一块泥土,重耳愤怒地想要用鞭子抽打那位农夫,但他身边一位名叫子犯的谋士阻止了他,并说是上天的恩赐,于是,重耳低头向那位农夫道谢,并把农夫所送的那块泥土恭恭敬敬地装在车上带着走了。泥土是封地和国家的象征,所以被称为是"上天的恩赐"。这与当时我国先民们的文化理念相关。假设那位农夫随便送了一根柳枝什么的东西,那他肯定要挨揍了。如果我们把这个具有强烈象征性的叙述故事的精神内涵运用到当代同类故事的编织中来的话,那么其中那位农夫角色的人要给重耳式人物的赠品就应该是用尼龙袋包起来的一袋空气——因为当代战略家都不约而同地认识到:谁拥有绝对的制空权,谁就有可能称霸于这个世界。

以这个故事片断说开去,作者想要在这里表达的意思是:很多原来被我们认为可能是一无所用的东西,在今天却可能是非常重要的。小而言之,被汤恩比先生喻为地球薄膜的大气层,大而言之是我们无法摆脱的浩瀚太空。

过去和现在，我们人类都习惯于使用潜在地表达一无所有这样内涵的“空”字来指称它们：天空、太空。在当代，无论是所谓天空还是所谓太空，这对于大众传播和很多现当代新生事物来说都是意义非凡和不可缺少的。曾几何时，人类的无线电信号还只能在电离层范围以内进行传送，而现在早已进入更为广袤的太空领域了。要是没有这对我们来说还是知之甚少的“空”的利用，很多现当代科学技术及其应用真的就将一事无成。在这个意义上说，老子关于“当其无，有其用”的认识真是非常睿智的。

二、电磁原理与电磁波

电磁波看不见、摸不着，电磁感应现象也属“寻常看不见，偶尔露峥嵘”之类，所以人类对电磁波的认识和对电磁感应原理的认识很难直接而正面地进入自觉的研究阶段，而是似乎确实需要像发明不锈钢等很多科学发现或发明那样来自天赐良机般的“事故”。

1819 年，丹麦基尔大学一位名叫奥斯特的博士在做实验时注意到了这样一个现象：当他不小心将一根连接电池的导线掉在一个磁盘上的时候，那磁盘上本来静止着的指针突然非常明显地摆动起来。于是，他好奇地进行反复试验，结果屡试不爽。后来，英国著名电磁学家法拉第根据奥斯特的发现，在 1831 年从理论上全面地阐明了电磁感应现象并由此确立了电磁感应定律，即指出了闭合导体能在变化的磁场中产生感应电流的现象。在上述两位工作的基础上，被称为无线电之父的英国著名物理学家詹姆士·麦克斯韦尔于 1864 年发现并确立了电磁学基本原理。这位天才的科学家在阐述该原理的时候指出：振荡式的放电能产生不用导线来传播的放射性电磁波。由于这种电磁波可以在空间中进行传送而不须要通过导线，所以就被自然而然地称之为无线电波。1873 年，麦克斯韦尔在他的《电磁论》一书中又运用数学理论论证了电磁波具有和光波一样的传播速度（即每秒钟 30 万公里）等属性，完整地建立了电磁学理论，为无线电技术的发展和无线电波的利用奠定了坚实的理论基础。

三、认识无线电波

无线电波是电磁波的一种，它的发现，只揭开了关于它神秘面纱的一

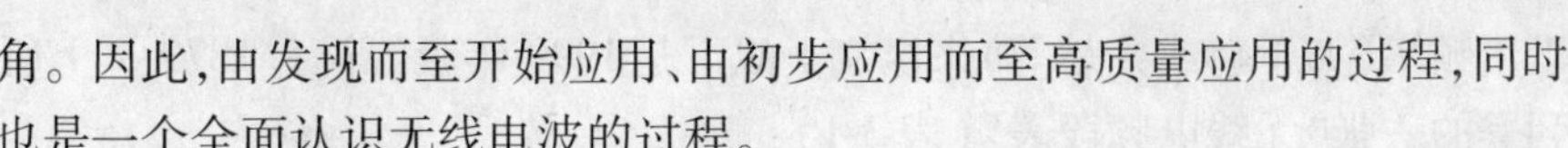

角。因此,由发现而至开始应用、由初步应用而至高质量应用的过程,同时也是一个全面认识无线电波的过程。

1888 年,德国科学家海尼·赫兹发表《电磁波及其反应》的研究报告,向世界公布了他用实验证实了电磁波的产生,同时还验证了无线电波的发射及接收方法。尽管赫兹当时还看不到无线电波的应用前景,但他的研究成果对于无线电技术的发展和应用具有非常重要的意义。正是因为赫兹在这方面的贡献,所以无线电波曾经被称为"赫兹波",国际无线电协会确定用"赫兹"来命名计量无线电波波长的单位,我们通常见到的关于无线电周率的千周、兆周,因此也称做千赫、兆赫。显而易见,无线电波的发现是广播和电视能够成为人们构想物的一个最为基础性的技术内容。没有这个基础,也是一切皆空。在赫兹的基础上,特别是人们在努力试图使用无线电技术的过程中,很快增加了对无线电波更为全面、深刻的认识。现在,人类已经非常清楚地知道,无线电波可以用波长或频率来区分,也可以用改变其振幅或频率来进行有效的调控。

由于发射电力的强弱等因素,无线电波的长度可以有长有短,其长度则用波长来区分。无线电波的波长是指其一个周波的长度。无线电波的周波就像我们熟识的正弦曲线,其上行的部分叫正波,下行的部分叫负波;由正波顶部最高点到负波底部最低点之间的距离,就是它的振幅;一个正波加一个负波,就是一个周波(图 3-1)。

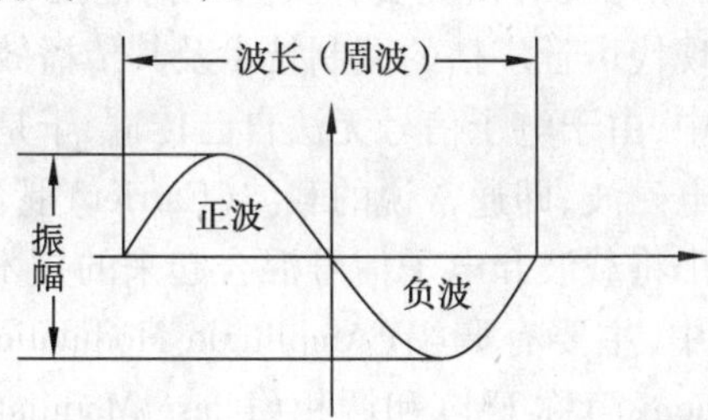

图 3-1　无线电波的周波图

也就是说,无线电波的波长总是由其一个正波的长度加上一个负波的长度来得到的。与此相关的是无线电波的频率和传播速度。由麦克斯韦尔所论证的无线电波的传播速度是恒定的,而其与波长、频率之间的关系也总是符合这样一个公式:

$$速度 = 波长 \times 频率$$

因此,无线电波的不同,既可以用波长(如中波或短波等)来确定,也可

以用频率(如千赫或兆赫等)来区别。以下是1999年版《辞海》1879页上所刊登的一张“无线电频段表”(表3-1):

表3-1　无线电频段表

序号	波段名称	频率范围	波段名称	波长范围
1	极低频	3~30赫	极长波	100~10兆米
2	超低频	30~300赫	超长波	10~1兆米
3	特低频	300~3000赫	特长波	1000~100千米
4	甚低频	3~30千赫	甚长波	100~10千米
5	低频	30~300千赫	长波	10~1千米
6	中频	300~3000千赫	中波	1000~100米
7	高频	3~30兆赫	短波	100~10米
8	甚高频	30~300兆赫	米波	10~1米
9	特高频	300~3000兆赫	分米波	10~1分米
10	超高频	3~30吉赫	厘米波	10~1厘米
11	极高频	30~300吉赫	毫米波	10~1毫米
12	至高频	300~3000吉赫	亚毫米波	1~0.1毫米

由这张表可以更加清晰地看出来,无线电波的波长和频率不仅成一种反比关系,而且正是由于这一点,人类社会完全可以充分利用其有关属性来为自己提供更多更好的传播服务:如很好地区别和保证不同电台传播内容及其效果,合理地调控无线电频波资源及其传播范围,等等。同时,这张表也有助于我们理解现代声音广播的调制技术及其传播效果。

在无线电广播中,由于电子信号无法自己传输,于是人们就将它和由振荡器所产生的单频电磁波、即通常说的载波(Carrier)混合起来后进行传播。无线电技术界把这个将载波和电子信号混合起来的技术,称为调制(Modulate)。在这项技术中,主要有调幅(Amplitude Modulation,简称AM)、调频(Frequency Modulation,简称FM)和调相(Phase Modulation,简称PM)三种形式,它们对声音广播和电视广播都有效。顾名思义,调频是调节无线电波的频率,调幅是调节无线电波的振幅。以声音广播为例,所谓调频,就是在将音频信号混合到载波上去的时候,不改变载波振幅的大小,而是改变其频率的高低;所谓调幅,就是在将音频信号混合到载波上去的时候,有意改变其振幅的大小,而不改变其原有频率的高低。相对而言,调频技术可以更好地去掉传播过程中的杂音,所以是声音广播、尤其是音乐台所特别钟爱的。

随着无线电广播技术的不断发展,人类运用无线电广播的能力也在不

断提高，其中一个很突出的表现就是调制技术水平迅速攀升和传播效果更为优质。中、短波的调幅技术在20世纪30年代就达到了基本成熟的水平，发展到20世纪70年代及以后，技术的发展主要体现在加大发射功率，提高发射与传播的效率、质量与可靠性，实现自动化与数字化等方面。特别是数字化调制（Digital Modulation，简称DM），既大大地简化了调制的方式，又极大地提高了调制的效果。

四、有线电话、电报和广播

在利用电能来扩大传播范围和提高传播效果方面，首先面世的是有线电话和有线电报。就技术方面而言，有线电话、电报的成功，特别是前者，即意味着有线广播在理论上具备了问世的可能。从初创阶段的有线电话和有线广播技术原理来说，有线电话和有线广播之间的区别实际上只是个“一对一”和“一对多”的问题。解决这个问题的难度，就像今天一根电话线接到一户人家后接上一个电话机和多个电话机的问题那样简单。由于无线广播的“一对多”不可能只是“一对几”的传播，所以其与无线电话真正有区别的就在于需要将电子信号进行充分的扩大，使得在有很多喇叭同时收听的时候不至于因为信号太弱而听不清楚。20世纪60至70年代，中国农村的有线广播曾经得到很大的发展。在这个发展过程中，虽然有线广播和有线电话没有直接地放在一起经营，但是在扩大各自传播范围方面确实都有过相互支持及资源共享的情况，最为突出的一点就是在架设线路的时候，有时广播借用业已架设的电话杆来走线，有时则电话借用广播架好的杆子来放线。

正是由于上述原因，所以在广播诞生以后的发展历程中，不仅开始与电话放在一起经营，就是在现当代的某些国家也有和电话放在一起经营的某种趋势。由美国传播学者托马斯·鲍德温等人合写的《大汇流：整合媒介、信息与传播》专门谈到：“电话公司也曾一度涉足无线广播与广告业务。从历史的角度讲，产业间的分离似乎只是一段小小的插曲而已，最终将会殊途同归。”特别是“20世纪20年代，AT&T通过一项重要的专利发明而取得了

无线电广播权,开始积极投身于无线广播事业的发展。"①

五、从无线电报到无线广播

与电视也是由无线电视先发展起来后再带动有线电视发展的情况非常相似,广播也是从无线电先开始发展起来的。

1894 年,俄国科学家亚历山大·波波夫和意大利科学家马可尼同时发明了无线电通信技术。1896 年 3 月 24 日,波波夫成功地发送了世界上第一份无线电报,但发送范围还比较小,到 1900 年的时候也只在 148 公里以内。马可尼则在发送无线电波方面取得了更快、更大的进步。1899 年,他成功地将一份电报从英国伦敦发送到了法国;1901 年,他又成功地运用无线电报技术将字母"S"传送过了大西洋。为此,他于 1909 年获得了诺贝尔物理学奖。由于发明无线电报的时候,电话技术已经发展到较为成熟的阶段,因此,人们自然有很强的愿望要使无线电报也能够直接传送声音,而不仅仅是必须要用特定的符码来解读的电子信号。这也就是说,在电话和电报被发明出来以后,无线电广播的发明自然具有特别强大的推动力,也具备了多方面非常有利的技术条件。

1906 年,加拿大人雷金纳德·费森顿在美国匹兹堡大学的无线电实验室中成功地将二极管改造成三极管,同时发明了外差式线路,使广播出来的声音具有较好的传真度。就在这一年的圣诞节,费森顿通过无线电报装置进行了世界上第一次直接的声音广播。在这一天夜晚,有不少无线电报务员在耳机中突然听到的不再是有规律的电子信号声,而是清晰地听到了一个男人在朗诵《路加福音》中的圣经故事,接着又听到了悦耳的小提琴演奏声和圣诞快乐的祝愿声。由需要解码才能了解其内容的无线电报到直接诉诸听觉就能获悉其意义的无线电广播,也许在现代科学技术上来说只是一步之遥,但它在人类传播发展历史上来看,却是意义非凡的。因此,1906 年 12 月 25 日这一天被公认为是世界无线电广播的诞生日,它也标志着人类传播发展史上的一个新纪元。

就像赫兹在对无线电波进行了非常仔细的研究后,并没有明确地看到

---

① 托马斯·鲍德温等著,龙耘、官希明译.大汇流:整合媒介、信息与传播.北京:华夏出版社,2000.5

它在现实生活中可能有的实际用途一样,开始从事无线电广播的人大多也只是觉得好玩。继1906年圣诞节那次重要的无线广播以后,美国物理学家德福赖斯特于1908年在艾菲尔铁塔上成功地进行了一次无线电音乐广播。在此后的一段时间内,有好些无线电爱好者纷纷安装自己的私人电台,用来播放一些音乐节目,偶尔也有商业广告和天气预报之类的内容,但主要还是被人们当做把玩的对象来对待的。在具体运用的技术条件方面,那时的无线广播大多还是依赖无线电发报装置来进行的。

六、广播节目的制作与传送

在声音广播历史的发展中,既有广播内容的不断发展,也有广播技术的日益更新,与此直接相关的就是声音广播的节目制作及传送技术的发展与更新。一般来说,不管相关技术如何发展,声音广播的节目制作与传送过程仍可以用下图(图3-2)来表示,同时,下图也表明了有线广播和无线广播的区别。

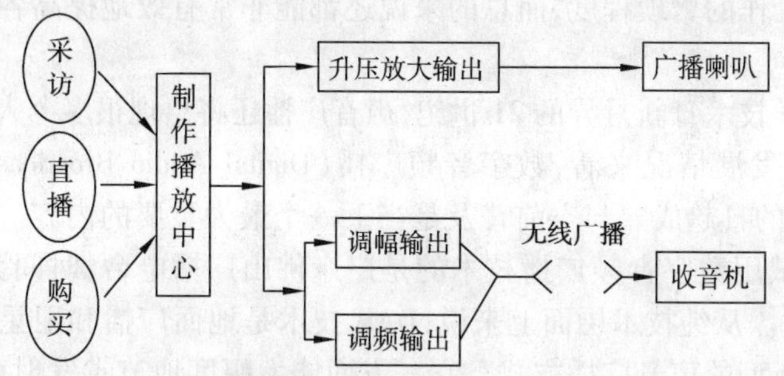

图3-2 声音广播节目的制作与传送过程

由图3-2可知,声音广播节目的制作与传送过程主要由采编制作、调制放大(无线)或放大升压(有线)以及接收三个方面所组成。其中采编可以指记者自行采集素材后回到制作中心与编辑、演播人员共同制作成符合规定的节目内容,或者是编辑在选定、购买有关节目后进行必要的编辑再由演播人员参与录制成符合规定的节目内容,也可以指记者在现场进行的直播报道。在这个过程中,通常使用的技术设备有传声器(即话筒)、录音机、编辑合成机和电脑,除现场直播外,采编制作需要使用的主要技术条件是录音室。节目的发射主要由一系列技术设备来完成,对于无线广播,它的主要工

作分两大步。第一步是按照电台频率的规定来进行载波调制(如或是调幅或是调频,或是中波或是短波,等等);第二步是通过线路放大器输送到发射天线,发射天线上的射频电能使空间产生与之相应的交变电磁场,从而向空中传播特定频率与特定振幅的无线电波。对于有线广播来说,它的主要工作就是将制作成广播节目的电子信号进行线路放大,在安全允许范围内提高输出电压以减少线路损耗。

与当代很多科学技术的发展都离不开计算机技术的支持一样,声音广播的制作与传输也因为得到计算机技术的支持而得到了很大的改变。在并不怎么专业化的程度上来说,运用计算机技术制作的节目,不管制作周期有多长,不管制作流程多复杂,都不会因此减少原节目的信息量,至于对已制作完成节目的保存、重播能始终保持原节目的质量更是不言而喻。另外,运用计算机技术,特别是它的局域网络技术,使节目制作、编排、输出等工作都可以在一个非常简单便捷的工作平台之上来进行,使所有在演播室的栏目主持人和直播节目主持人也都可以在一个非常简单便捷的工作平台上来操作。这对传统的广播工作者来说,有的是大大减轻了劳动的强度,有的是大大降低了工作的繁琐程度,而总的来说还都能非常有效地提高各自的工作质量。

在科学技术日新月异的21世纪,声音广播还将出现很多令人惊喜的发展,就目前发展情况来看,数字音频广播(Digital Audio Broadcasting,简称DAB)技术的日趋成熟与空前普及是当下一个最为重要的内容。我国大陆最早出现试用数字音频广播技术的是广东佛山广播电台,时间为1996年12月15日。从纯技术层面上来说,DAB技术是地面广播和卫星广播相结合的一种新型的声音广播方式。它一方面能大幅度地节省发射功率,同时能将调幅(AM)声音广播的音质达到调频(FM)广播的水平,调频广播的效果则达到和CD一样的音质,并且都能很好地满足移动收听。这对喜爱声音广播的人(尤其是喜爱收听音乐台的年青人)来说,真是一种全新的媒介享受。

第二节 世界声音广播的发展概况

广播电台与收音机的对应，就像电视台与电视（接收）机的对应。它们一个是信源，一个是信宿，二者相互依存。没有收音机的广播电台及其传播行为，就是“无的放矢”；没有广播电台的收音机，就像雨天里的日晷一样“形同虚设”。

1916年11月，根据当时无线电广播的客观现状和发展设想，美国马可尼公司一位名叫戴维·萨尔诺夫的无线电发报员向老板提交一份关于制造“无线电音盒”的建议。出于营利的目的，老板同意了他的建议，开始研究制造“无线电音盒”。不久以后，美国市场上很快就出现了基本按照他的设计方案制造出来的“无线电音盒”，即现在所谓的收音机。当时随着“无线电音盒”的普及，其拥有者就对无线电广播提出了更多、更高的节目要求。这与我国20世纪70年代末和80年代初的情形非常相似，由于电视机的普及亟待电视节目内容要在短时间内有更多的增加与更快的刷新。

事物的发展总是相辅相成的。“无线电音盒”的发展，首先促进了无线广播节目内容的快速发展，当这种发展达到了一定程度之后，接着就非常直接地促成了无线广播电台的单独建立。这在本质上来说非常符合大众文化依托消费来引导自身发展的一大特征。1920年11月2日，世界上公认的第一个专门的广播电台在美国匹兹堡建成，它的名字叫KDKA。这个电台不仅向政府进行了必要的登记，还领取了营业执照，因为创办人的直接意图是为了更好地招徕顾客以推销收音机——同样主要是为了赚钱。这个情形与卢米埃尔兄弟拍摄《工厂的大门》、《婴儿的早餐》和《水浇园丁》等早期电影是为了推销他们的活动摄影机的动机非常类似。电台正式开播的当天，正好是美国大选公布结果的时候，听众达到两千多人，这在当时的传播范围来说真是一个非常大众的数字了，因此可谓一炮打响。

自美国人开了风气之先后，世界各国竞相跟随，纷纷建立单独的无线广播电台。1921年，法国建立起第一个专门的广播电台，当时利用艾菲尔铁塔来进行定时广播；1922年，英国也开始批准设立专门的广播电台，1927年，著名的BBC广播电台问世，使英国的无线电广播事业对全世界产生了很大的影响；1922年，苏联建立了功率很大的国家广播电台，在整个欧洲都具有很大的影响力。

一、"不要纸张的报纸"

1916年前，收听广播的人只能是无线电报务员（不管是职业的还是业余的）；1920年前，收音机是个刚问世的新产品，普及率非常低，用途和功能都非常狭隘、有限。因此，它的最初出现只是为了弥补与突破电报技术的不足与局限，或者说是为了电报这个媒介的发展和提高，其作为大众媒介的属性还未显现出来。

全世界公认的第一条广播新闻出现在1920年8月31日。这一天，由美国底特律8MK实验电台广播了关于该州选举的新闻。虽然无线电广播并不是为新闻事业而发生的，但是它的出现，对于新闻事业进步和发展的意义却非同小可。随着各国纷纷建立专门的广播电台和收音机的迅速增长，特别是建立有政府资助的广播电台，于是无线电广播作为大众媒介的社会功能就很充分地显示出来了。

1919年，列宁在写给一位成功地进行了无线电有关研究的苏联科学工作者的一封信中说道：您所创造的不要纸张、"没有距离"的报纸，将是一件大事。尽管当时世界上还没有专门为收音机而设立的广播电台，但列宁已经非常明确地将它当做大众媒介来看待了，这不能不说是很有预见性的。声音广播在日后的发展中，特别是当广播电台和收音机同时得到很大发展的时代，它的大众传播属性就充分地显示出来，其作为大众传播媒介所具有的社会作用也日益加强，并在很多方面不仅具有报纸的很多基本功能，而且往往在不少方面比报纸的社会影响力要大得多。1981年3月30日下午2点28分左右，美国总统里根在华盛顿希尔顿饭店门口突然遭到枪击。就在这枪击事件发生后短短的5分钟内，美国广播公司（ABC）、合众国际社、哥伦比亚广播公司（CBS）都通过其所属广播电台向全世界发布了此条重要新闻，而最快刊登此条消息的报纸要在事件发生后好几个小时以后。同年4

月21日,中国中央人民广播电台和上海人民广播电台在当时的南斯拉夫向国内报道第36届世界乒乓球锦标赛决赛情况。由于比赛进展迅捷,在差不多不到半个小时的时间里,中国民众都很快获息中国男、女队双双获得冠军的消息,而以后国内各大报纸在报道这一消息时,都有相当部分的篇幅是关于人们对于很快从广播中得到最新消息的各种感触。由此可以看出,随着广播传递信息能力的加强,它不仅是一种没有距离和不用纸张的报纸,而且在很多方面都是报纸所不及的。

二、政治号角与军事喇叭

与很多大众传播媒介一样,声音广播在特定的历史环境中可以有特定的政治、军事作用。例如它在"二战"中的作用就显得非常突出和极其重要。在中国现代文艺发展史中,有所谓"国防文艺"、"国防文学"、"国防片"等现象,在世界电影发展史中,也有所谓"军事喇叭片"。20世纪三四十年代,十分崇拜希特勒的纪录片制作人里芬·斯塔尔拍摄了《忠诚的胜利》和《意志的胜利》等纪录影片,对纳粹党的反动宣传起了很大的作用。"二战"中美国著名的军事喇叭片制作人科普拉在观看其作品后曾不寒而栗,于是他充分地意识到了拍摄此类军事喇叭片的重要性。不过,相对而言,"二战"中在宣传、鼓动与攻心等方面发挥了更大作用的还是无线电声音广播。

1941年6月22日,德国纳粹军队对苏联发动突然袭击,当天中午12点,斯大林请莫洛托夫代表他发表广播讲话,向全国和全世界宣布了卫国战争的开始。随着战场几乎在全世界范围内的展开,世界各地各种广播电台播出的各种各样广播节目就成为这场旷日持久战争中一个不可缺少的重要组成部分,其影响力确实不容小视。有一个事实可能是众所周知的:《莉丽·玛莲》是一首非常著名的德国歌曲。作为一首歌曲,它在"二战"期间德国士兵心目中的地位也许可以说无与伦比。战争开始时,士兵们高唱着它上前线,在前线战场上也最爱听(绝大多数通过广播电台来收听)这首歌。因此,一度时间内这首歌曲及其旋律在德国纳粹广播电台中的播出频率是最高的。然而在战争时局发生巨大转折的时候,德国士兵们每当听到这首歌曲时就不再有昂扬的斗志而是淹没在悲伤厌战的情绪之中。于是这首歌曲也就很快遭到纳粹广播电台禁播的厄运。一首其实非常普通的歌曲

在电台广播的传播过程中能产生如此大的影响，可见当时其他广播内容对军事和政治都确实有很大的影响力。

著名电影艺术家卓别林拍过一部非常成功的有声电影《大独裁者》。在这部思想性与艺术性都十分强的优秀影片中，广播电台及其播出的声音与影片故事情节的展开、推进关系都非常密切（其实也与“二战”形势的发展与变化密切相关），它也可以非常直观地让我们感受到声音广播在当时社会中所具有的巨大影响力。特别是影片的结尾，艺术家把声音广播对人心所具有的震撼力与影响力表现得淋漓尽致，给人留下难以忘怀的印象。

三、空中桥梁

各种各样的桥梁是人类最初用来实现由此及彼、沟通两地的空间形式之一。当人类很难克服江河湖海的自然阻隔时，就不由自主地生发了诸如“所谓伊人，在水一方”的那份遗憾；我们先人在神话中构筑了能使牛郎织女在农历七月七日见面的鹊桥，但它显然还没法满足“碧海青天夜夜心”那样的沟通需求。在漫长的发展历程中，人类终于能够创造出无数形制各异的桥梁，帮助自己很好地实现人员沟通和物品往来；无线电广播的问世，更是为人类架设了能够沟通思想、心灵和其他各种信息的空中桥梁，使人倍感“海内存知己，天涯若比邻”。

无线广播问世不久，无线电台和收音机如雨后春笋般发展起来，很快就普及到全世界的很多地方。在电视尚未诞生或并不发达之际，广播作为人类运用科技手段架设起来的空中桥梁的作用十分巨大而显著。在今天电视传播得到十分普及的情况下，电台和收音机所拥有的数量，几乎仍然是难计其数的。仅国家一级电台，全世界除了极个别领土特别窄小的国家至今没有电台以外，其余都依旧保持着运营良好的势头，并且一般都同时开办对外广播业务。据20世纪末的统计，全世界国家级同时具备对内对外广播能力的无线电台有160多个，共使用140多种语言，每周播音时间达到25000多小时。在影视业十分发达的美国，广播的听众数量也不在电视受众数量之下。这在一定意义上来说，也可以解释为什么美国总统都要有每周例行的广播讲话（这在平时好像已不大为人所重视，但在2003年美国对伊拉克战争期间，可以使人非常强烈地意识到这一点）。

四、世界广播事业建设情况

据1991年由中国国际广播电台编译室编辑出版的《世界各国的广播电视》,我们可以看到以下一张关于世界各国和地区广播电台开办时间的一览表(表3-2)①:

表3-2　世界各国和地区广播电台开办时间一览表

亚　洲			
国名或地区名	开办时间	国名或地区名	开办时间
蒙古	1934	巴基斯坦	1947
日本	1925	印度	1927
朝鲜	1926	孟加拉国	1939
韩国	1926	尼泊尔	1951
越南	1945	不丹	1973
老挝	1947	斯里兰卡	1925
柬埔寨	—	马尔代夫	1962
缅甸	1939	阿富汗	1928
菲律宾	1924	阿拉伯也门共和国	1948
泰国	1931	也门民主人民共和国	1954
马来西亚	1937	中国大陆	1922
新加坡	1936	中国台湾	1931
文莱	—	中国香港	1923
印度尼西亚	1925	中国澳门	1933

非　洲			
国名或地区名	开办时间	国名或地区名	开办时间
津巴布韦	1933	埃及	1926
博茨瓦纳	1966	斯威士兰	1966
南非	1923	莱索托	1964

① 参见李岩. 广播学导论. 杭州:杭州大学出版社,1997. 26～29

续表

欧 洲			
国名或地区名	开办时间	国名或地区名	开办时间
挪威	1925	法国	1922
瑞典	1925	荷兰	1919
芬兰	1923	比利时	1923
丹麦	1925	卢森堡	1932
冰岛	1930	瑞士	1922
前苏联	1922	奥地利	1924
波兰	1926	意大利	1924
捷克斯洛伐克	1923	希腊	1936
匈牙利	1925	西班牙	1924
罗马尼亚	1922	葡萄牙	1931
南斯拉夫	1926	马尔他	1935
保加利亚	1929	摩纳哥	1942
阿尔巴尼亚	1938	安道尔	—
德国	1923	圣马利港	未开办
英国	1922	列支敦士登	未开办
爱尔兰	1926		

美 洲			
国名或地区名	开办时间	国名或地区名	开办时间
加拿大	1919	巴拿马	—
美国	1920	哥伦比亚	1928
墨西哥	1924	委内瑞拉	1930
危地马拉	—	圭牙那	1940
萨尔瓦多	1937	苏南里	—
洪都拉斯	—	厄瓜多尔	—
尼加拉瓜	—	秘鲁	1925
哥斯达黎加	1924	玻利维亚	—
巴西	1922	巴巴多斯	1937
巴拉圭	—	格林纳达	1955
智利	1922	特立尼达和多巴哥	1947
阿根廷	1922	波多黎各	—
乌拉圭	1921	百慕大(英)	—
巴哈马	1936	圣克里斯托弗	1961
古巴	1922	和内维斯	1961
牙马加	1942	安提瓜和巴布达	1956
海地	—	圣文森特和格林纳丁斯	—
多米尼加	—	凯曼群岛(英)	1977
多米尼加联邦	—	伯利兹	—
圣卢西亚	—	格陵兰(丹)	—

续表

大洋洲及太平洋岛屿			
国名或地区名	开办时间	国名或地区名	开办时间
澳大利亚	1923	图瓦卢	1975
新西兰	1925	密克罗尼西亚	—
西萨摩亚	1948	关岛(美)	1950
瑙鲁	1968	基里巴斯	1954
汤加	1961	新赫布里底群岛(英、法)	1966
斐济	1935	新喀里多尼亚(法)	约1960
巴布亚新几内亚	1935	法属玻利尼西亚	约1960
东萨摩亚(美)	1973	科克群岛(新西兰)	1955
所罗门群岛	1952	纽埃岛(新西兰)	1967

以上所列国家及地区的数量,明显很不全面。据1998年《中国广播电视年鉴》(630页)所使用的有关材料,至少以那一年的统计来看,全世界所有国家及地区未必都能发展电视事业,但无一例外地都开办着广播事业。

表3-3 世界各国与地区开办广播、电视的情况

地　区	国家数	开办广播的国家数	开办电视的国家数	开办彩色电视的国家数
全世界	196	196	184	183
亚　洲	44	44	43	43
非　洲	53	53	49	49
欧　洲	45	45	43	43
大洋洲	16	16	11	10
南北美洲	38	38	38	38

全世界196个国家与地区在有184个开办了电视广播的情况下,还全部保留着声音广播,这就非常雄辩地告诉我们,即使在电视传播日益普及的今天,声音广播依然有它存在的必要和较大的发展空间。

五、国外主要声音广播机构简介

美国之音

美国具有世界上最强大的广播网络,如哥伦比亚广播公司、全国广播公司和美国广播公司等众所周知的广播机构,它们原先都是经营广播电台的。

全球著名的“美国之音”广播电台成立于1942年2月,即“二战”期间美国对日宣战以后不久。美国政府当时建立“美国之音”的主要目的,与军队最高领导聘请著名电影人来拍摄《我们为何而战》的著名系列纪录片一样,都是为了进行反法西斯战争宣传和赢得“二战”的胜利。由于美国所参与的“二战”并不局限在太平洋地区,所以“美国之音”也就自然成了一个传播覆盖面很广、专门性很强的电台。“二战”结束后,“美国之音”从“战争喇叭”的角色很快转变成进行反共宣传和服务于“冷战”的一个重要工具,而它的传播能力也得到了进一步加强。“美国之音”以新闻类节目见长,因而特别具有美国政府一位全天候发言人的功能。除了设在华盛顿庞大的总部以外,“美国之音”还在国内外设有很多节目制作中心和转播站,派遣和聘请很多从业人员,确保每天能从全世界范围内以最快捷的方式采集各种第一手新闻素材并及时予以高质量地进行播放。另外,这个电台的英语教育节目办得很成功,具有很大影响,吸引了不少英语学习者。

英国广播公司(BBC)

英国广播公司成立于1927年,开始的业务主要是广播,分对内和对外两个部分,1936年后来也经营电视业。该广播公司一成立就为英国政府所有,是英国、也是世界第一个公共广播机构。政府负责给这个公司提供资金和经营方针政策,不具体管理其业务。英国广播公司的广播节目也以新闻类见长,但它与“美国之音”特别强调快速不一样,对所有不是自己记者直接采集到的新闻,一般都要在有三家新闻媒体播发以后才予以安排,也就是非常注重其客观可靠性。除了和“美国之音”一样具有一个很好的英语教育节目以外,英国广播公司非常致力于对高雅文艺节目的传播。例如开办于1986年的“环球广播剧院”的节目,坚持每周以英语播出一部由世界各国文学名著改编的广播剧。到目前为止,该广播电台也是全球为数很少的没有商业广告的广播机构。

法国广播公司

在相当长的时间里,特别是“二战”结束时到20世纪80年代初,法国的广播电视业几乎都是完全由政府来直接控制和管理的。法国广播公司就是法国政府所直接创办和管理的一个公共广播机构。它对内有“法兰西全国”、“法兰西文化”和“法兰西音乐”等3套全国性广播节目,还有一套对外广播节目(后来单独成立法国国际广播电台)。20世纪80年代后,法国政府为了扩大国有广播电视业的影响力,还在德国建立了一个名叫“欧洲第

一广播电台"的商业广播电台。该电台以播出新闻节目为主,在整个欧洲具有很大的影响。

德国之声

在德国被柏林墙分割成东西两个部分的时候,西德的主要广播机构有"德广联"(ARD),"德意志广播电台"(DLF)和"德国之声";在东德的主要广播机构有对外广播的"柏林国际广播电台"。"德国之声"是成立于1953年的一个承担对外广播任务的电台,又称"德国电波电台"。鉴于纳粹时期对广播事业的法西斯化,德国政府(联邦)的《广播法》明确规定不允许任何一个集团或单位独立控制一个电台或电视台,这一方面使得德国的广播电台具有很大的独立性,更容易成为很称职的公众机构,另一方面使得德国的广播电台不容易发展得很快,也不容易发展成很大的规模。"德国之声"电台在一成立的时候就有汉语广播,1965年以后,虽然每天播音时间只有一个小时,但设有多个华语广播节目,有力地促进了中德之间的文化交流。

俄罗斯中央广播电台和莫斯科电台

俄罗斯中央广播电台的前身是苏联中央广播电台,它和莫斯科电台分别是苏联对内、对外的两个国家电台,前者建立于1922年,后者成立于1929年。由于苏联疆域辽阔,时差很大,所以苏联中央广播电台的节目不仅套种很多,十分丰富多彩,而且每天的播音时间也因地区不同而累积数量特别大。至于莫斯科电台,截止到苏联解体时,它在全世界所有对外广播电台中是发射功率最大、播音时间最长和使用语言最多的一个"巨无霸"。

日本广播协会(NHK)

日本的无线电广播开始得比较早,于1925年3月建成了第一个无线广播电台。"二战"以前,日本的无线电广播归国家所有,由国家广播协会(即日本广播协会)统一经营。1950年,日本颁布《广播法》,拉开了民间力量经营无线电业务的帷幕。从此以后,日本的广播事业形成了以公营为主、民营为辅的格局。其中公营的广播业务仍由日本广播协会统筹管理,私营的广播业务则由日本民间广播联盟来统筹协调。日本广播协会既承担对国内的广播任务,同时也承担对国外的广播任务,所以它的事业规模和业务规模都是很大的。

开罗广播电台

埃及是非洲国家中很早拥有真正属于自己国家电台的少数国家之一。开罗广播电台建立于1928年,开始只是对国内广播,1953年开始经营对外

广播。由于埃及在非洲国家和阿拉伯国家中独特的文化、地理位置,所以开罗电台的对外广播非常有影响力,一直名列世界前茅。

第三节 中国声音广播的发展概况

中国历史上最初出现的广播,与电影一样完全是舶来品,即开始时都是由外国人创办经营的。1923 年 1 月,美国人奥斯邦在上海成立了"中国无线电公司",并在外滩"大东洋行"的屋顶上安装了一座发射功率只有 50 瓦的电台,于当月 24 日开播,只播放音乐和新闻节目,呼号为 ECO。由于当时北洋政府的查禁,这个出现在中国土地上的第一个电台只存在了 3 个月时间。但是,后来还是有外国人在上海等地陆续设立电台,当然也就有相关地方的中国人开始购买收音机。为此,北洋政府交通部在 1924 年 8 月发布了中国历史上第一个广播法规——《装用广播无线电接收机暂行规则》。1926 年 10 月,一个名叫刘翰的中国人在哈尔滨市创办"哈尔滨广播无线电台",这是中国人自办的第一个广播电台。从此,中国广播发展历史揭开了崭新一幕。

1928 年 8 月 1 日,国民党南京政府创办"中国国民党中央执行委员会广播无线电台",简称"中央广播电台"。该电台开播之时,不仅迎来了蒋介石为首的很多国民党政要的致词祝贺,还在国民党的《中央日报》上发表正式宣告:"嗣后所有中央一切重要决议、宣传大纲以及通令、通告等,统由本电台传播。"一下子就把广播电台放到了很重要的位置上去。

1929 年 8 月,国民党政府发布《电信条例》,其中有同意民间经营广播电台的条款,对民办电台的发展和繁荣发挥了积极的推动作用。随着中国人自办电台数量的增加,一方面促进了广播事业的发展,同时也提高了广播在社会生活中的地位。1932 年淞沪会战时,在十九路军等奋起抗击侵华日寇时,很多民办电台或是发动组织募捐,或是播放《义勇军进行曲》等抗日

歌曲,纷纷表达真诚的声援,爱国将军蒋光鼐也通过电台播放了一封感谢信,感谢支持他所领导的军队全力进行抗日战斗的上海市民和各界人士。"西安事变"时,张学良、杨虎城将军接管西安广播电台并通过电台说明事变真相和提出抗日主张,美国记者史沫莱特也在该电台用英语报道事实真相和西安的最新情况。国民党政府鉴于电台的"负面影响力"和出于维护自身统治的需要,随后制定了不少限制电台播出内容的规定,同时加强监听,查禁所有在国统区的进步电台。

1939 年 2 月,迁都重庆的国民党政府建立了国际广播电台,取名"中国之声",分别用汉、英、德、法、俄和日 6 种语言播音。

一、人民广播事业的起步

中国人民广播事业的起步与中国人民在中国共产党领导下进行的新民主主义革命紧密相关。中国共产党成立以后,一直非常注意做好宣传工作和运用舆论工具(如散发油印传单、小报或宣传小册子,张贴标语等)来动员最广大的人民群众和推动自己所从事的革命斗争。囿于条件,中国共产党人开始在这方面所作的努力的影响非常有限,尽管有很多仁人志士不惜为此抛头颅、洒热血。特别在遭受日本侵略军和国民党反动派双重封锁的情况下,无线声音广播显然是当时所能选择的一个最为有力的对抗武器,也是中国共产党人表达自己主张并与散布在全国各地的党组织、人民武装和广大人民群众乃至国际社会实现及时沟通的一个最好形式。于是,中国人民的广播事业就在这最艰难困苦的年代里诞生了。

1940 年 12 月 30 日,延安新华广播电台正式开播,这是中国人民广播事业发展史上的里程碑。由于当时及以后相当一段时间内的这个广播电台一直隶属于新华通讯社,所以其名称中长期带有"新华"的字样。作为新中国成立后建立的中央人民广播电台的前身,延安新华广播电台当时发射功率只有 300 瓦,每天播音 2 小时,但是发挥的作用非同寻常。由于解放区长期处于被封锁状态,很难得到有关广播电台所需要更换的关键器材,所以延安新华广播电台曾在 1943 年春天到 1945 年 9 月 5 日期间因缺乏有关器材而被迫停播。1949 年 3 月,延安新华广播电台迁到当时的北平,遂改名为北平新华广播电台;1949 年 9 月 27 日,中国人民政治协商会议决定将北平改名为北京,于是原北平新华广播电台也就自然更名为北京新华广播电台;

1949 年 12 月 5 日,北京新华广播电台又改名为现在的中央人民广播电台,从此我国的人民广播事业走上了更为迅速发展的新征途,迎来了更为辉煌灿烂的新天地。

二、新中国广播事业的发展

经历了近代以来 100 多年半殖民地半封建社会状态的发展,特别是遭受了帝国主义列强的野蛮侵略和疯狂掠夺,新中国成立时的经济基础很薄弱。为了尽可能扩大中国人民广播事业的社会影响与国际影响,国家在完成广播电台国有化(即对私营广播电台的社会主义改造)进程后,努力克服当时经济条件非常有限的困难,及时地发展声音广播事业。应该说,面对我国幅员辽阔、地貌多样、对广播事业要求较高和国际环境对我们很不利的现实,新中国广播工作者在党和国家的领导下,胜利地进行了以下两个方面的基本建设。

第一,大力发展对外广播,积极向全世界宣传新中国的建设与发展。在当时政务院新闻总署下设中央广播事业局的直接领导下,中央人民广播电台很快成立了国际广播编辑部,于 1950 年 4 月 10 日起以“北京电台”的呼号对外广播,主要使用的广播语言有英、日、越南、缅甸、泰、印度尼西亚、朝鲜等 7 种外国语,还有汉语的广州话、潮洲话、客家话、厦门话等 4 种方言。经过 17 年的努力建设,到 1966 年时,中央人民广播电台的对外广播语言发展到 33 种,每天播音 100 多小时,达到了世界第三的水平。这对于一个在经济上属于比较落后的第三世界国家来说,确实非常不容易。

第二,大力发展农村有线广播,注意抓好对农民的教育问题。这项工作于 1952 年起开始起步,至文化大革命后期达到顶峰状态。1956 年,毛泽东主席在中国共产党七届六中全会上提出了“发展农村广播网”的要求,这极大地促进了我国农村广播事业的快速发展。1960 年以前,限于客观条件,农村广播网在经济较好地区一般只能达到村村(即当时的生产大队)通广播;1976 年之前,很多经济较好的平原地区基本实现户户通广播,不少公社一级的广播放大站也自办长期或季节性的新闻与地方文艺节目。以 1976 年的有关统计数据来看,全国大陆有线广播站发展到 2 503 个,拥有广播喇叭 1 亿多只,比 1966 年增加 2.65 倍。就全世界范围来考察,尽管当时中国农村有线广播事业的建设水平比较低,如 1976 年统计的 1 亿多只广播喇叭

绝大部分是制作非常简陋而音响效果较差的舌簧喇叭或高音大喇叭，但是这对于一个经济非常落后的大国来说，其发展速度和普及程度，都可以说是空前的。由于声音广播得到了很大的发展，这对我国农村文化事业发展和向农民传播各种社会新闻、文化知识发挥了重要的历史作用，对改变中国农村面貌和提高农民文化水平也产生了非常深远的历史影响。

为了更好地发展新中国的人民广播事业，国家还于1959年创办了第一所专门为培养广播电视高级人才的高校——北京广播学院（现已改名为中国传媒大学）。目前，这所高等学府在促进中国广播电视事业发展与推进大众传播、大众文化建设等方面正在发挥越来越大的作用。

三、新中国广播事业的影响

新中国广播事业是对开始于延安的人民广播事业的继续，它始终在中国共产党的领导之下进行建设与发展壮大。由于中国共产党人在长期的革命斗争中强烈地感受到了声音广播在政治斗争与军事斗争中的重要影响，历来重视通过声音广播进行宣传工作和把握舆论导向，所以一直十分重视广播电台的建设发展与广播社会功能的积极发挥，把它看作是党和国家的“喉舌”。正因为如此，所以自完成社会主义改造一直至今的半个多世纪里，我国的所有广播频道资源一直全部为国家所有，各地的大小广播电台也一直均由政府部门直接经营；同时，由于新中国的声音广播事业相对比较发达，所以对中国社会发展的文化影响也比较大。

1966年以前，我国有为数不多的报刊杂志，有人数众多的文盲，有数量极少、只能在特大型城市里才可以用于观看的电视机，所以声音广播其实是比报纸更为重要的大众传播工具。1976年以前，报刊杂志有所增加，但电视还没能进入普通家庭，所以声音广播还是最为主要的大众传播形式。一个简单而不容忽视的事实是：当时所有国内外各种大事，党和国家的重要活动和方针政策总是首先发布于中央人民广播电台。由于改革开放以前我国的所有声音广播都毫无疑问是党和国家的“喉舌”，因此，一方面是党和国家充分地借助于它来向国内外各类受众传播自己的声音及表达自己的意愿，另一方面是国内外很多人其实都主要通过它来了解中国的内政外交、各类新闻和社会发展方面的讯息。

四、改革开放新时期的中国广播事业

1978 年 5 月,原中央人民广播电台对外广播机构改变为中华人民共和国国际广播电台。国际广播电台成立以后,一方面保持原有的广播业务,另一方面开辟了很多新的广播领域:如对在华外国人的外语广播,主要使用的广播语言有英语、法语、日语、西班牙语、德语等 5 种;加强和国外广播机构的合作,首先开始的有美国华盛顿的"新世纪电台"、"中国新闻广播网"、"美加华语广播网"和温哥华的"华侨之声"电台等;在海外建立了 27 个记者站。目前,已有 12 个语种通过海外中波台、调频电台、卫星广播频道、有线广播网、因特网等平台,在 20 多个国家直接落地,每天累计播出 55 个小时。

1983 年,中央召开第十一次全国广播电视工作会议,会上提出"四级办广播,四级办电视,四级混合覆盖"的方针,这对电视发展具有很大的推动作用,而对无线和有线广播来说,影响并不怎么大。根据中国广电集团秘书长朱虹答日本 NHK 记者提问所提供的统计数据,截至 2001 年底,中国有广播电台 303 座,有 5 亿台收音机(各式电视机 3.7 亿台),人口覆盖率达 92.9%(电视覆盖率达到 94.1%),开播节目 1 882 套,计 464 219 小时(电视节目 2 080 套,计 164 834 小时)。① 以中央人民广播电台为例,它一共办有 7 套节目。在这 7 套节目中,面向全国的(即用普通话播音的)有 3 套,其中 2 套为综合节目,1 套为文艺节目;面向少数民族的有 1 套(但分多种民族语言来播,有点像国际广播电台分成各种语言广播);面向台湾地区的有 2 套,面向珠江三角洲(自然涵盖港澳地区)的有 1 套。总的来看,所有这 7 套节目一般都分成四大类:新闻类节目、文艺类节目、社教类节目和服务类节目。

在这样的基础上,广播除了发展调频调幅收音机以外,更多的还是在广播内容上做文章。进入 21 世纪后,我国无线广播开始了频道专业化的改革探索。2002 年 10 月 25 日,中央人民广播电台在纪念成立 60 周年的时候,宣布完成了所有 7 个频道的专业化改革。中央电视台也在同一天正式发布了这条消息。

---

① 参见中国广播影视. 2002(22)

随着无线广播的更为普及和内容的更为全面,各地的有线广播事业明显有所萎缩。

五、台、港、澳地区广播事业发展概况

我国台湾地区比较正式的广播事业开始于"二战"结束以后。1948 年 11 月,原国民党中央广播电台迁到台湾地区后更名为"中国广播公司",台湾地区的声音广播开始进入快速发展时期。特别是 20 世纪 70 年代以来,岛内专门成立了农业广播电台、交通广播电台、教育广播电台和渔业广播电台等,极大地提高了广播电台的覆盖率,很好地发挥了广播电台在社会政治、经济和文化建设等方面的积极作用。

台湾地区的广播电台有公营的,也有民营的。其中公营的又分政府的和部队的两种,前者如"中国广播公司"和"中央广播电台",后者如复兴广播电台、军中广播电台、光华广播电台和空军广播电台等;民营的主要有台湾广播公司、民本广播公司和风鸣广播公司等。从广播电台数量上来说,因为台湾地区绝大多数电台都是民营的,岛内电台数量在 20 世纪末最多的时候曾经接近 200 个,有 10 多个能进行全天不间断广播,所以整个地区的广播网络较为密集,具有较高的覆盖率。其中,"中国广播公司"的声音广播不仅能完全覆盖整个台湾地区,而且也面向祖国大陆和其他国家。随着一国两制政策影响力的日益扩大和两岸交流的日逐频繁,台湾地区广播的某些作用也正在发生悄悄的变化。

我国香港最早的广播电台是由港英当局在 1928 年 6 月建立的公营香港电台(简称 RTHK),开始时全部为英语广播,于 1935 年才开始出现中文(粤语)广播,其在 1948 年更名为"香港广播电台"。这个电台一直由港英当局出资经营,在较长的历史时期中一直"一枝独秀",非常类似于在香港地区的 BBC。1976 年 4 月,该台增设超短波立体声广播,成为当时的亚洲第一。1949 年 3 月,即新中国成立前夕,香港地区成立了一家名为"丽的呼声"的广播电台,该电台一开始就举办中文节目,可惜经营方略有问题,于 1974 年初停办,历时 25 年。1959 年,香港成立了一个影响较大的商业电台——香港商业广播有限公司,又名香港商业电台、香港商台(简称 CR),其中开设的节目大部分使用中文,收听率不亚于当时由港英政府公营的香港广播电台,经济来源全部依靠广告收入。

在回归日期临近期间,香港广播界和大陆广播界的接触与合作不断加强,取得了不少可喜的成绩。1986年春节期间,香港广播电台与中国国际广播电台、英国曼彻斯特电台和纽约中华商业广播电台联合举办"向全球华人贺岁"节目。这是香港广播电台和大陆广播电台的首次合作,它的合作成功对香港回归和进一步扩大中国大陆广播电台的国际影响都产生了非常积极的影响。1997年回归祖国前后,香港广播电台的中文节目和关于祖国大陆的内容进一步得到加强,特别是普通话节目也开始得到明显的增加。

我国澳门的广播事业起初是民营的,于1933年8月26日开播,主要播放音乐节目。新中国成立前夕,澳门当局将私营的广播电台收归经营,成立澳门广播电台,归新闻旅游处领导。1976年,澳门广播电台成为独立机构,1982年归澳门广播电视公司领导。由于澳门地域很小,广播主要分中文台和葡文台两个,且事业规模都不大,民营电台也很难发展起来,唯一有影响的一家私营广播电台——"澳门绿村电台",它其实是一个仅仅播放音乐文化节目的专业电台,相对而言受众面比较有限。回归以后,澳门广播电台的建设与发展也同样出现了类似香港地区的一些变化,一句话,就是和祖国大陆的血脉相联更加紧密了。

4 第四章 影院电影发展史

内容提要：

影院电影得到戏剧、文学的加盟和蒙太奇艺术的浸润后，迅速成长，日益美丽。尤其是在有声电影阶段，它历经蒙太奇学派、好莱坞戏剧化、新现实主义和新浪潮的变迁，加之丰富的人文学科影响和先进的科学技术推动，成为极为重要的一种艺术形式。

第一节 无声电影发展时期

迄今为止，影院电影已有 110 年的发展历程。其中无声电影发展时期占了将近三分之一的时间，有较大影响力的电影美学运动此起彼伏的发展时期也差不多占了将近三分之一的时间，另有差不多三分之一的时间是和电视剧艺术相互竞争、共同发展的时期。在这一个多世纪时间里，电影艺术的进步是惊人的，发展是神速的，对日后电影艺术与电视剧艺术发展的影响都非常深远。

一、一个为后来者所界定的概念

影院电影相对于电视电影(Movie Made for TV)、网络电影(Net Film)而言，当然也与在电影频道中播出的电影不一样。因此，这一章所论说的电影发展史，既不从爱迪生的“电影视镜”讲起，更不从西方的“走马盘”、“光学影戏机”和东方的“走马灯”、“皮影戏”等开始，而是从影院电影的诞生日——1895 年 12 月 28 日说起。

1895 年 12 月 28 日，世界公认的电影之父，法国里昂的路易·卢米埃尔和奥古斯特·卢米埃尔兄弟在巴黎卡普辛路 14 号大咖啡厅(还不是专门的电影院，专门的电影院在 1896 年由梅里爱首先开设)里首次以售票收费的方式向社会公映他们拍摄的一些早期影片，其中有著名的《工厂的大门》、《火车到站》和《水浇园丁》等。这既是世界公认的电影诞生日，又是影院电影问世的第一天。“影院电影”这个概念随着电视电影的出现开始酝酿，随着网络电影的问世而日益清晰，即它几乎是被后来者所界定的。为了叙述简单，本书在下面的论说中通常还是用电影或一般电影来指称影院电影。此处强调影院电影这个概念，一方面为了表明不包括后面要专门论说的电视电影以及网络电影，另一方面希望读者意识到这种做法的重要意义。首先，影院电影的一个特征是：对于播放者来说是为了回收成本并获得利润而收费的，对于观看者而言是自愿付费进行消费的。法国电影美学家马尔丹所说的电影既是一门艺术，同时又是一项企业，现代传播学、文化学乃至经济学研究者所注重的电影作为消费艺术的属性和作为体验经济重要形式等认识，在此都可以看得很清楚。其次，即便不论容量上的大小和制作上的优劣，卢米埃尔所开创的影院电影与爱迪生同样进行收费观看的“电影视镜”也有一个很大的不同：“电影视镜”的传播方式是一对一，而影院电影的传播方式是一对多，也就是说，影院电影在一开始就已经比较完全地具备了作为大众传播媒介形式的基本要素。

二、混元无极时代

在发生学研究领域，有一个概念使用得非常普遍，那就是“同源说”。例如关于诗歌、音乐、舞蹈的起源，从我国古人关于“昔葛天氏之乐，三人操牛尾投足以歌八阕……昔陶唐氏之始，阴多滞伏而湛积，水道壅塞，不行其原；民气郁闷而滞着，筋骨瑟缩不达，故作为舞以宣导之”①的论说，再联想到鲁迅先生关于最早的文学家就是“杭育杭育”派的观点，我们就不难得出作为文学的诗歌与音乐、舞蹈其实完全是同源发生的结论。关于电影，不仅可以分为故事电影、纪录电影、科普电影、美术电影，还可以分为戏剧电影、诗电影、散文电影……然而，所有这些被现代人加以明确划分的电影，其实它们也大多来自同一个源头。

美国纪录电影史学家埃里克·巴尔诺在他的《世界纪录电影史》第一页上不仅选用了卢米埃尔拍摄的《工厂的大门》剧照，还非常明确地这样写道：发明电影的人很多，除了形形色色的电影制作者之外，还包括一些与电影无关的人。其中也有一些想方设法，一定要把某些现象或活动“记录”下来的科学家。在这些人所从事的工作中，已经有了纪录电影的萌发。应该说这个观点是不无道理的。在关于电影及其各种样式起源的认识方面，卢米埃尔兄弟早期拍摄的《水浇园丁》通常被认为是第一部带有喜剧色彩的剧情片，同样由他们拍摄的《拆墙》、《摄影大会代表的下船》和《出海的船》

---

① 吕氏春秋·古乐.上海：上海古籍出版社，1989.43

则被分别认为是第一部特技电影、第一部新闻纪录影片与第一部旅游风光影片……由此可见，从发生学的意义上来说，电影的各种样式完全是同源的，即它们在电影之父卢米埃尔时代，完全是一种“混元无极”状态，就像生命的最初形式——胚胎的初始阶段——什么都分不清楚，但什么都已在其中。

三、戏剧、文学的加盟

电影的诞生离不开电能的有效利用和摄影技术的成熟，在一定意义上来说，它也确实具有照相术的延伸的特点。这在传播学家那里可以得到很好的解释：“在人类的传播系统历史中，新的形式如果缺少同先前的或现存的形式的密切联系，就很少能得到采用”；“新媒介的成功形式就像新物种那样，并不是无中生有地突然冒出来的。它们与过去有着千丝万缕的联系。”[①]这就是说，电影作为一种新媒介，其发展特别需要与先前的或现存的形式产生密切的联系，这里特别要提到戏剧与文学对电影的加盟。

由于卢米埃尔兄弟发明电影的主要目的在于推销他们的“活动摄影机”，所以他们不可能将电影看成一门艺术而花费功夫，于是挽电影于将颓的历史性任务就落到了对戏剧艺术有很好修养的另一位著名法国人梅里爱的身上。梅里爱以歌德长诗《浮士德》中的片断拍成的早期电影《梅菲斯托的实验室》，开启了将文学作品改编成电影的先河；他根据儒勒·凡尔纳的著名科幻小说改编的《月球旅行记》，被公认为是第一部艺术电影；他不仅建起了世界上第一个电影院，也建设了世界上第一个摄影棚，还最早地运用戏剧的道具、服装、舞台布置等来丰富电影的表现力。也许不需要举太多的例子，读者就能很清楚地感觉到，梅里爱使电影再次获得生机与活力的原因之一就在于使电影得到了戏剧与文学的有力加盟。在著名的《梅里爱自传手稿》中，梅里爱列数了他对电影发展所作出的很多贡献，其中就有“将电影引向戏剧的道路”和“专门摄制取材于魔术、神话故事、奇妙的幻想小说（如儒勒·凡尔纳的小说）的影片”[②]这两条。好莱坞电影以戏剧化见长而征服了全世界无数观众，现代电影依然崇尚的“故事就是一切”，《未来世

① 罗杰·菲德勒.媒介形态变化.北京：华夏出版社，2000.13～14

② 乔治·萨杜尔.电影通史（第一卷）.北京：中国电影出版社，1983.430

界》、《哈里·波特》等影片的风靡全球等,几乎都可以说是从这里起步的。

由于形似神近,中国人在最初接触到电影的时候,就把它叫做“影戏”;中国人拍摄的第一部影片《定军山》是一部戏曲片;中国第一位电影编导郑正秋曾是一位戏剧评论家;新中国近50年中最为出色的电影评论家钟惦棐,因为有感于中国电影受戏剧艺术影响过深而在他的晚年强烈地呼吁中国电影需要和戏剧“离婚”……

四、蒙太奇手法的出现

作为一门新的艺术和一种新的媒介形式,电影和其他新艺术或新媒介一样也会自觉不自觉地展露出属于它的个体品性。其中值得一提的就是别具特色的电影蒙太奇。所以在这里要强调一下电影蒙太奇而不是直接说蒙太奇(Montage),是因为蒙太奇其实并不为电影所独有(尽管不能排除很多人可能会有这样的认识)。一方面,蒙太奇这个词由法国电影理论家德吕克于20世纪20年代从法文建筑学中引入;另一方面,从蒙太奇作为一种艺术手法或一种艺术思维,它早就广泛地存在于先电影而出现的很多艺术门类之中。

在有些早期电影中,蒙太奇几乎完全不存在,例如《婴儿的早餐》。一般地说,最初出现于电影中的蒙太奇更多是因为叙事的需要,同时也往往会有程度不同的表现性。就比较明显和影响较大这两点上来说,英国勃列顿学派与美国鲍特的早期电影是最为主要的。《亨莱的赛船》是英国勃列顿学派代表人物威廉逊的一部代表作。威廉逊为了生动真切地表现赛船你追我赶、竞相争先的情景,第一次采用先拍摄一条船在奋力前进,再拍摄另一条船在全力追赶;然后,又是这条船在全力追赶,另一条船在奋力前进……如此这般,反复交替,就把船行的速度感与比赛的紧张感最充分地表现了出来。威廉逊所使用的这种拍摄手法,用现代电影艺术的专门术语来说,就是平行式蒙太奇的一种特例:交叉式蒙太奇(相当于矩形中的正方形)。威廉逊在《亨莱的赛船》一片中所实现的创新,对当时英国不少导演产生了很大的影响,如莫特尔肖和阿尔弗莱德·柯林斯就学习这样的蒙太奇手法,分别拍摄了《邮车被劫记》和《汽车中的结婚》;对美国电影导演鲍特能够拍出世界第一部“西部片”《火车大劫案》,对表现追逐情节和渲染紧张气氛的“追逐片”电影样式的确立,对于格里菲斯发明“一分钟救援”的情节处理,也都

具有非常明显的影响和直接的启迪。

《火车大劫案》的问世,是世界电影发展史上的一个重要事件。很多评论家一致指出,这是电影艺术最初寻找到并充分展示出其自身风格的第一部影片。美国电影史学家因此试图要向法国人夺回电影的发明权。其理由就在于《火车大劫案》是第一部使电影片真正拥有电影自身风格的影片。尽管世界并没有采纳美国人的这个意见,但是并没有妨碍《火车大劫案》的空前成功和巨大影响。这部影片中警察追捕劫车匪徒的故事内容,使得它成为世界上第一部“西部片”;影片相对丰富的情节结构与场景转换,使得它必须要有分镜头拍摄和蒙太奇组合,非常明显地促成了它在艺术上的这些特色及其成功。《火车大劫案》的拍摄成功,使得从此以后的电影导演们在拍摄一部影片的时候,不仅要有故事的脚本,而且要有分镜头的考虑,或者说是开始要有分镜头的剧本。这一方面使得电影的表现内容可以大大地丰富,另一方面使得电影的艺术特色与艺术风格也更加突出和更加鲜明。

五、寻找电影多姿多彩的自身风格

历史进入20世纪以后的10至25年间,电影度过了羸弱的孩提时代而进入开始初展风华的少年时代。很多电影艺术家都更加热切地探寻电影多姿多彩的艺术风格,其中法国、意大利的艺术电影与豪华巨片,格里菲斯与卓别林的电影都是比较有影响的成功者。

法国的艺术电影以法国艺术电影公司拍摄的《吉斯公爵的被刺》为主要先驱,其主要特点是请著名的戏剧演员来演出著名的作品,它获得了文艺界和上层社会的认同及支持。百代公司及其于20世纪初成立的“作家与电影家协会”,对艺术电影的发展作出了较大的努力,相对而言,意大利的艺术电影比较注重观赏性,如意大利历史上第一部艺术电影《庞贝城的末日》就是一个很好的例子。萨杜尔在他介绍这部影片的时候,引用过意大利《艺术俱乐部公报》的一条有关材料:这出悲剧不仅本身是一个极能引人入胜的题材,而且在竞技场这场戏中被表现得极为出色。因为正是在这场戏中出现了维苏威火山爆发这一有名的历史故事,可怕的熔岩漫天飞来,惊恐万状的观众四散逃窜。这场戏还不是唯一精彩的片断。整部影片的细节

都是经过仔细研究拍成的，所有主要的场景都是一系列真正具有艺术的画幅。①

法国艺术电影的故事容量因其改编名著而显得比较大，意大利的艺术电影则往往因为受到歌剧的影响而拍摄得非常豪华。1911年后，在法国、意大利和丹麦较多地出现了长度在一千米以上的影片，这在当时来说确实是豪华巨片了。梅里爱的科幻巨片《北极征服记》和长度超过一千米的《灰姑娘》（两片分别拍摄于1912年和1913年），都是当时电影界最为主要的"巨片"。在法国与意大利等国盛行艺术电影与豪华巨片的时候，中国电影人刚刚开始拍摄第一部故事电影——《洞房花烛夜》。这一炮打响之后，中国故事电影的创作出现了空前的繁荣局面，为日后中国新现实主义电影的发展奠定了一个很好的基础。②

构成电影自身艺术风格的要素很多，例如画面、景别、镜头、色彩、声响、蒙太奇等，当然还有更为不可缺少的时空复合与叙事艺术。格里菲斯在这方面的探索非常成功，它特别体现在《党同伐异》这部影片中。《党同伐异》的主要故事情节根据美国"斯蒂洛案件"改编而来。这部影片的巨大成功主要不在于"母亲与法律"这段故事及其结尾部分的交叉式蒙太奇处理，而在于整个影片空前的时空交叉和恢宏壮阔的历史画面。在这部对于格里菲斯和当时整个电影界来说都是十分重要的影片中，另外还有三个时空完全不一致的故事。它们分别是："基督受难"、"巴比伦的陷落"和"圣巴戴莱教堂的大屠杀"。这部影片能够在同一个思想主题的贯穿下，把空间相距几万里、时间跨越几千年的著名历史事件有机地融合在一部电影作品中，确实极具开创性。这部影片的叙事性蒙太奇与各种艺术蒙太奇的大量运用达到了一个全新而高超的水平，还有电影隐喻手法的较多使用，都对诗电影与蒙太奇艺术的发展产生了非常重要的积极影响。尽管这部影片存在着不少缺憾和弊病，但它不愧是世界电影史上第一部十分壮丽的形象交响乐，给全世界电影观众强烈地展示了电影可以大大地优于戏剧及其他艺术的无比精彩与无比神奇。1998年6月，美国电影学院通过美国CBS电视台名为"美国电影学院百年百片"的专题节目中公布的一百部影片名单中，《党同伐异》竟然出乎意料地被忽略了，真是匪夷所思。格里菲斯在拍摄这部影片后就

① 乔治·萨杜尔．电影通史第三卷（上）．北京：中国电影出版社，1983．96

② 倪祥保．影视艺术鉴赏基础．苏州：苏州大学出版社，2002．35

开始一蹶不振，这似乎象征着他为了创作最精美的作品而付出了他全部的生命精华。在世界电影史上，格里菲斯的名字总是和他的两部不朽之作（另一部为《一个国家的诞生》）联系在一起的，因此他的付出是值得的。

1998年6月，美国电影学院通过CBS电视台公布了美国电影一个世纪以来一百部最佳影片的排名。卓别林有3部被入选，依次分别是《淘金记》、《城市之光》和《摩登时代》。不管具体的名次为何，这对卓别林来说还是值得欣慰的，也是当之无愧的，因为他确实和格里菲斯一样为电影艺术的丰富多彩作出了卓越的贡献，为广大观众所喜闻乐见。特别是他的一些代表作，如《淘金记》，是他在世的时候最喜爱的一部影片。他在该片公开发行后即宣布放弃版权，以便让更多的观众能够非常容易地看到这部影片。在他被美国当局无理拒绝回国而与美国断绝往来的1952至1972年间，卓别林也只让《淘金记》一片在美国发行。《摩登时代》和《城市之光》也都是卓别林非常优秀的电影作品，其中后者曾被提名为奥斯卡奖，但评委会对有声电影诞生以后的多年里卓别林仍坚持拍无声影片不予支持，所以没能获奖。为此，有电影史学家认为《城市之光》是未获奥斯卡奖的十大影片之一（就奥斯卡奖开评以来而言），可见世人对它的评价确实很高。

在探索电影多姿多彩艺术风格的历史进程中，以《火烧红莲寺》为代表的、具有中国本土特色的"武侠片"应该也值得一提。这部影片是明星公司编剧郑正秋根据平江不肖生（向恺然）所著的小说《江湖奇侠传》改编的，就其内容来说其实没有什么特别的可取之处，但它是中国电影发展史上一部有较大影响的多集神怪武侠片。《火烧红莲寺》上映之后，取得了特别巨大的票房成功，于是明星公司抓住机会紧接着拍摄续集。三年之中，居然连续拍摄18集，不仅开创了中国电影系列剧的先河，而且在当时也创下了世界空前的纪录。在《火烧红莲寺》的影响下，中国武侠电影出现了一个非常混乱的繁荣时期，并且其中大量是模仿《火烧红莲寺》的。如1929年出品了《火烧青龙寺》、《火烧百花台》、《火烧剑峰寨》、《火烧九龙山》、《火烧平阳城》；1930年出品了《火烧七星楼》、《火烧白雀寺》、《火烧白莲庵》、《火烧灵隐寺》、《火烧韩家庄》。自1928年至1931年间，仅在上海的电影公司就拍摄了将近250部武侠电影，其中不乏有一定数量的系列片，如《荒江女侠》（13集）、《关东大侠》（13集）、《女镖师》（6集）、《女侠红蝴蝶》（4集）等。所以有评论家指出：由于《火烧红莲寺》的影响，放出了无数的剑影刀光，敲响了武侠影戏的大门。武侠戏的泛滥当然不是一件好事，但它对电影摄影

技术和电影特技的发展具有一定的积极意义,特别是中国武侠片往往具有比较强的动作性和很好的视觉审美性,因此十分具有电影性。这在一定意义上来说,就是《黄飞鸿》系列影片、《少林寺》、《卧虎藏龙》和《英雄》等片能深受国内外受众欢迎的一个重要原因之所在。

六、追求"意识银幕化"

20世纪的两次世界大战,都是人类历史上空前的浩劫,它们给人类带来了物质上的巨大破坏和不可估量的损失,给人们带来了精神上久远的痛楚和难以终了的反思,对世界电影艺术的发展也产生了非常巨大而深刻的影响。

第一次世界大战结束后不久,世界电影艺术最主要的发展体现在德国、法国等欧洲各国的表现主义、先锋派和印象派等方面。就艺术美学这个层面上来说,所有这些电影艺术流派的出现和发展,都和当时的电影艺术家们比较多地受到现代形式主义美学和达达主义、印象派等绘画艺术的影响有很大的关系。因此,这些电影艺术流派在艺术形式的选择和创造方面,特别注重故事内容的象征性,特别注重画面构图的表现力,特别注重抽象的造型和节奏。1919年,由德国著名剧作家卡尔·梅育编剧和著名导演罗伯特·维内执导的表现主义名作《卡里加里博士》问世。影片主人公卡里加里原是一个精神病医院的院长,他表面上道貌岸然,实质上是个迫害狂。他对一位名叫舍柴的青年施行催眠术,然后暗中指使他去杀害不少无辜的人。最后阴谋暴露,卡里加里被当做疯子关进疯人院。影片在拍摄时,绘制了不少变形的布景画,加上灯光的作用,艺术地表现了卡里加里残忍、狂暴、险恶的变态心理。

这个时期,有不少画家加入电影艺术家的行列并拍摄了不少使人耳目一新的电影。1921年,德国画家艾格林拍摄的《对角线交响乐》,是一部用很多几何形状线条组成的抽象动画片;还有里希特的《第二十一号节奏》,罗特曼的《柏林大都市的交响曲》,前者以颜色深浅不同的正方形和长方形的跳动图形所组成,后者则以柏林城市的各种物体为拍摄对象来寻求造型美;法国立体派画家勒谢尔拍摄的《机器的舞蹈》也与此近相仿佛。总的来说,对电影艺术语言特别是画面语言的探索,对电影艺术的唯美主义和形式主义的追求,是这类电影作品在艺术上的最一般特征。

就社会意识形态这个层面上来说,“一战”后电影艺术的发展情况是和战争创伤留在人们心头的深刻影响分不开的。战后各种社会矛盾激化,知识分子大多对社会现实和前途命运缺乏信心,普遍感到孤独苦闷和迷惘彷徨。于是,大战以后的电影社会性内容在两个方面的表现是比较突出的:第一,运用怪诞手法和变形处理来讽刺和抨击残酷的屠杀行径及杀人狂,如《卡里加里博士》和稍后问世的《一条安达鲁狗》;第二,探索“意识银幕化”的手法,以此来努力表现艺术家梦幻般的内心世界情景。如拍摄《贝壳与僧侣》的先锋派著名导演谢尔曼·杜拉克说:“幻梦的境界——这是最崇高的电影领域。”阿培尔·甘斯也认为:“梦的生活和生活的梦应当体现在影片中。”①当时许多抽象电影的思想内涵其实都与此相关。总之,通过电影艺术创作来使得人的心灵情意变得“可视化”的自觉时代是开始于“一战”之后的。

七、自在与自为纪录时代的出现

前面说过,在发生学的意义上来说最初的电影都可以说是纪录电影,只不过当时是浑然一体的。1920年至1922年,美国纪录电影大师弗拉哈迪拍摄的一部反映爱斯基摩人劳动和生活的纪录片《纳努克》(又名《北方的纳努克》)取得了巨大的成功,为电影纪实性美学在崭新的起点上继续发展作出了不可磨灭的贡献。这部在欧美各国电影界获得普遍好评的纪录片,极大地影响了英国纪录电影大师格里尔逊。他一方面以“Documentary”来指称这种电影样式,另一方面号召围绕他身边的年轻人向弗拉哈迪学习,自己也在取得政府有关部门提供拍摄经费的情况下,拍出了可能是世界上第一部带有商业广告性质而不乏艺术美感的纪录片《拖网渔船》。苏联纪录电影大师维尔托夫于1921年组织了“电影眼睛派”,大力宣传并提倡具有生活客观性的纪实性美学原则,强调摄录能够反映生活真实的“生活即景”,拍出了《在世界六分之一的土地上》、《带摄影机的人》等优秀影片。他的美学观点和创作实践,对于西方纪录电影的发展具有很深远的影响。荷兰纪录电影大师伊文思的创作生涯特别长。他早期是一位唯美主义者,拍摄过著名的自然类纪录片《桥》和《雨》。二次大战爆发以后,到不少国家去

① 罗慧生. 世界电影美学思潮史纲. 太原:山西人民出版社,1985. 46

拍摄反映世界人民反法西斯斗争的纪录片，其中有到西班牙去拍摄的《西班牙的土地》，到中国来拍摄的《四万万同胞》。所有这些举世公认的“纪录电影之父”和他们的同仁的电影创作，同样为电影艺术的丰富多彩和在艺术世界中独领风骚添了砖、加了瓦。

相对而言，纪录片在中国很长一段时间中的发展主要是新闻纪录片。因此，中国早期有记载的纪录片主要有关于辛亥革命的《武汉战争》、关于“二次革命”的《上海战争》和关于五卅运动的《五卅沪潮》等。其中《五卅沪潮》不仅进行了大量直接的现场拍摄，而且拍摄内容也非常详细，因而更具有感染力和影响力。尽管这部影片在租界内不能放映，但是它有限的放映却收到了巨大的社会效果，在中国纪录电影发展史、乃至在世界纪录电影发展史上都算得上是一个关注社会、关注人生的非常好的实例。

随着科学技术的不断发展与进步，纪录电影到20世纪70年代开始逐渐为电视纪录片所替代，近20年来，DV技术又为纪录片的全方位普及与个性化发展开辟了一个更为广阔的新天地，在此不予展开。

第二节 有声电影的诞生与现当代电影发展

从电影艺术要很好地再现人类生活这个意义上来说，电影的“有声”比之于“有色”要本质得多和重要得多。如果把无声电影时代比做是一个人的少年时代，那么电影进入有声时代，就好比是一个人进入成年时代。

电影在它处在失语状态的时候，就被人们誉为“伟大的哑吧”。在美国华纳电影公司和电话电报公司的通力合作下，1926年8月6日，世界上第一部有声歌舞片《唐璜》问世，至1929年《纽约之光》上映，则标志着第一部百分之百有声影片的问世。1930年，由洪深编剧、明星公司制作的《歌女红牡丹》作为中国第一部有声电影（蜡盘配音）问世。同年，友联公司也推出了蜡盘配音的影片《虞美人》。1931年6月，在上海新光大戏院首次上映了

中国第一部片上发音的有声电影《雨过天青》。中国有声电影从此进入一个新的发展阶段。

“伟大的哑吧”终于开口说话以后，世界上第一部大型彩色故事片《浮华世界》于1935年问世。从此，电影便以更为空前的发展态势出现于万紫千红的艺术百花园中。有声电影的问世和彩色电影的随后出现，使得电影在再现有声有色的自然世界和人类社会方面的能力得到了大大加强，电影于是掀起了风靡世界的第二次浪潮。

一、自觉蒙太奇时代的开始

从比较广义的角度来看，蒙太奇其实和电影与生俱来。因为即便在《工厂的大门》那样完全定于一点拍摄的早期影片中，由于人物的运动，画面景别有所变换也是客观存在。至于《火车到站》，由于出现了摄影师从不同方向拍摄的画面景象，使很多电影史学家都看到了最为初始而最为明显的蒙太奇。从英国勃列顿学派和美国的鲍特开始，电影蒙太奇丰富的叙事功能与加强表达效果的作用日益为世人所认识，这为自觉蒙太奇时代的到来创造了现实可能性，而为引领这一时代到来贡献最大的当然首推苏联蒙太奇学派。

自觉的蒙太奇时代必然是一个创造蒙太奇理论的时代。苏联的蒙太奇学派主要由库里肖夫、爱森斯坦和普多夫金等几位电影大师所组成。在蒙太奇学派伟大先驱者库里肖夫著名“电影实验”的影响下，爱森斯坦认真研究了法国、德国等欧洲国家各种表现主义艺术手法的美学原理，深刻总结了以往叙事性蒙太奇和初露锋芒的艺术蒙太奇的多重特性，首创了思维蒙太奇学说和开启了拍摄哲理化电影的先河。爱森斯坦指出：蒙太奇的组合效果“更像两数之积而不是两数之和”；从人类认识论发展史的高度来看，蒙太奇通过“分析与综合”方式整合电影各种构成元素来创造艺术形象的思维基础是科学的和辩证的，因此它实质上是一种以辩证思维为基础的艺术思维。普多夫金在认同爱森斯坦基本观点的同时，指出蒙太奇的“分析与综合”具有对应于现代科学的某种潜质，特别类似于高等数学中的微分、积分，一再强调它应该是电影艺术最为重要的基础。经过这些电影大师的精心研究与努力创造，电影蒙太奇从技术层面上升到了艺术层面，由艺术层面上升到了美学理论层面，再由美学理论层面上升到了哲学思维层面，并因此成功地把电影艺术的理论研究引入到了建立科学体系的方面去,形成了世界电影理论研究和发展的第一个高潮期。

由于他们的先后努力,蒙太奇学派不仅从理论上对以往各种蒙太奇实践进行了比较全面的总结,而且使蒙太奇从一种单纯的艺术手法上升为一种艺术思想和一种哲学思维。蒙太奇从此走出镜头连结和画面组合的小圈子,走向整个电影艺术领域。就苏联蒙太奇学派对蒙太奇艺术本质所有的认识来看,它一方面认识到事物结构关系具有潜在而巨大的表现力,另一方面又强调充分运用艺术匠心可以使蒙太奇成为电影艺术的灵魂和核心。他们的这些想法,在爱森斯坦《战舰波将金号》和普多夫金《母亲》等伟大影片中可以看到其初步的成功。苏联蒙太奇学派因此在发展“诗电影”艺术,提高“意识银幕化”的表现能力,开创“理性电影”(即后来的“思想电影”与哲理化电影)等方面都作出了极其重要的贡献。同时,电影发展史上最早具有科学体系性的电影艺术理论也随着蒙太奇理论的建立而得到了建立,这为电影艺术表现能力的探索和提高铺垫了非常坚实的理论基础。

作为一种表现手法和艺术思维,蒙太奇在中国古典诗词中得到最为大量的运用并取得了相当高的艺术成就,这使得20世纪三四十年代的中国电影艺术家在技术相对落后的情况下,能拍出很多具有较高艺术水准的影片。像无声片《神女》和早期有声片《渔光曲》,还有更能体现受到中国古典诗词艺术影响的《一江春水向东流》、《八千里路云和月》等片,都是最好的例证。

二、耀眼的好莱坞电影

20世纪20年代之前,好莱坞电影就形成了与欧洲抗衡的态势。以后,好莱坞电影充分依靠它的戏剧化特色、充分的市场化运作机制及强大的经济优势,很快就开始迈出了称霸世界的步伐。从20年代末到40年代中期,美国好莱坞电影经历了它的第一个全盛时期——经典戏剧化的黄金时代,从此奠定了好莱坞作为世界电影之都的地位。

这个时期的好莱坞电影,出现了故事题材多种多样,类型特征鲜明生动,表现手法丰富多彩的繁荣景象,确实取得了一定的成绩。类型化、戏剧性和明星制等是好莱坞电影赖以成功的几个重要元素。以成熟于这个时期而著名于世的“西部片”来说,在影片内容上它是对所谓“拓边”英雄的歌颂,在艺术形式上它确实具有一些独特的美感:在逶迤高古而粗犷莽苍的群

山背景下,邮车行进于时而坦荡时而险峻的峡谷中,充满了惊险和悬念,还有印第安人骤然出现给人的紧张之感和要塞牛仔策马飞奔给人的豪迈之情,都是那么的富有吸引力和感染力。即便是像福特那样较多地使用"室内剧"镜头来拍成的《关山飞渡》(又名《驿车》),也仍然不乏扣人心弦的魅力。

以好莱坞当时同样著名的喜剧片和歌舞片来说,它们大多很好地借鉴了百老汇的戏剧性表现艺术,特别是积极发挥明星演员(即戏剧中的"名角")的作用,一时间确实取得了很大的成功,喜剧明星查利·卓别林,著名童星秀兰·邓波儿及其影片就是其中出色的代表。欢乐大团圆的结局,英雄加美人的情节,"一片一歌"以及"载歌载舞"都是那个阶段电影最一般的定式。此外,还有以强盗片为主的犯罪片和希区柯克的悬念片。前者是对美国特定历史时期社会生活的艺术映照,后者的艺术技巧已成为美国乃至世界商业电影始终不渝地加以学习的一个重要内容。电影在好莱坞黄金时代得到的空前发展,使得它不仅成为当时艺术百花园中一朵硕大无比的奇葩,而且开始对其他艺术的原始生存状态构成程度不同的威胁。

"二战"前好莱坞电影的成功,对其他国家或地区来说,既有文化渗入的内容,也有技术推广的影响,但本土电影普遍没有感到很强的危机感。以同时期中国电影来看,当时中国电影创作肯定受到好莱坞的影响,例如"一片一歌"的做法,但在思想内容和表现手法上明显保持着非常浓重的中国特色。如果不是当时中国的国际地位太低,那时的中国电影在全世界范围内来看真是发展得非常好的一个分支,虽然不一定会被电影史学家们大书特书,至少也不会让很多电影史学家都"无暇顾及"。

三、"一代电影"与"新现实主义"

作为一门艺术,卢米埃尔认为电影就是具有再现物质自然和反映人类现实生活的特点。电影对物质自然的简单再现和对人类现实生活的一般反映,说到底,也有一种对人生的关注。随着电影艺术再现与表现能力的不断提高,它对人生的关注也就广泛得多和深切得多。这既是电影艺术本性——物质世界的还原的一种体现,也是电影艺术主流形式——现实主义的题中之义。

说到电影关注人生,人们自然会说到现实主义电影和意大利新现实主

义电影。但是，也许人们都确实知道有关意大利新现实主义电影方面的很多内容，却大多不一定了解意大利新现实主义电影的"新"表现在哪些方面，还有相对而言的"旧"又是指什么时候的什么样的电影。就一般意义上来说，电影的现实主义几乎是与生俱来的；就比较专门的意义上来说，电影的现实主义传统是从一次大战前电影艺术家提倡的"通俗化"和面向"普通人"的"朴素的现实主义"那儿发源的。自20世纪60年代初崭露头角的纪录电影，因注重画面内容的纪实性而自立自强，也构成了现实主义电影的一个重要分支。20年代中期，很多德国表现主义电影艺术家开始转向现实主义创作，其中派勃斯特的代表作《没有欢乐的街》，杜邦的《杂耍场》，拉姆普莱特的《柏林的贫民窟》，都比较真切地展示了劳苦大众深受压迫的艰难生活，初步显示了现实主义电影的积极影响。1930年，曾是法国先锋派中坚分子的电影大师雷纳·克莱尔拍摄了他的第一部有声片《巴黎屋檐下》。这部影片同样遵循"通俗化"的原则，十分真实而详尽地展现了巴黎平民百姓的现实生活，使人们比较强烈地感受到了现实主义电影的极大魅力。

相对而言，在意大利新现实主义电影萌发之前的现实主义电影，大多数是以自然写实性见长的，在思想上缺乏一定的社会批判性，在艺术上缺乏一定的典型化。其次，这类现实主义电影对社会普通人的态度基本上是"哀其不幸，怒其不争"式的。而新现实主义电影则注意故事情节和人物形象的典型化，比较普遍地以肯定和赞许的视角来塑造社会普通人形象。这两点，就是"新现实主义电影"和相对而言的"旧现实主义电影"的最基本的区别。也许正是在这样的意义上，中国20世纪三四十年代的不少"左翼电影"（如《神女》、《渔光曲》、《塞上风云》、《八百壮士》等）确实可以被看做是最早的"新现实主义电影"。

具体来说，意大利新现实主义电影被总结出有九大原则或者说是特征：

一是不要虚构，不要典型化，要如实地表现现实生活中的人与事。

二是重细节，不重情节，要完整地再现现实，让观众自己去体会和理解事件中的因果关系。

三是重视日常性，努力在平常生活内容中挖掘和发现生活中的"金矿"，反对离奇曲折的故事。

四是不要给观众提供出路的答案。

五是走出摄影棚，到街头去拍摄。

六是编导合一，不应该有专门负责写剧本的人。

七是不要职业演员，不要由一个人来扮演另一个人。

八是不要塑造“英雄人物”，每一个普通人都是英雄。

九是要使用自然语言，特别是方言。

当然，需要指出的是，这些原则不是在所有的意大利新现实主义电影中都得到全部体现的。

在“还我普通人”的口号下，意大利新现实主义电影旗帜鲜明地反对好莱坞电影不是提供色情暴力，就是渲染歌舞升平的做法，努力真切地描述贫穷的社会普通人的艰苦生活，歌颂他们与不公正社会的抗争和许多正面的品性。其中《罗马——不设防的城市》、《偷自行车的人》和《罗马11时》等是最负盛名的代表作。由于这次电影运动是世界电影史上现实主义电影空前的一次大丰收，它扩大了现实主义电影美学的影响，奠定了现实主义创作在电影美学中的重要地位，从此引导电影艺术家们去比较自觉地关注电影艺术创作中的现实主义问题。有必要指出的是：在“一战”后首先兴起的是侧重于对电影艺术自身探索的表现主义类电影，其次才是关注社会、关注人生的现实主义电影；在“二战”后首先兴起的是关注社会、关注人生的现实主义电影，其次才是侧重于对电影艺术自身探索的“新浪潮”电影。两次世界大战都对电影艺术产生如此相应相关的巨大影响，值得人们去作一番深入的研讨。

对于电影艺术来说，现实主义的精神其实是始终不可缺少的。随着人类社会的不断进步发展，电影对于现实主义的需要应该越来越迫切，任何缺乏现实主义内涵支撑的电影作品都将是不会真正成功的。也许正是因为这个方面的原因，梅里爱完全依赖戏剧性而红极一时的“一切都假”很快被无情地淘汰了；齐卡和德吕克等电影艺术家在20世纪初大力提倡的“朴素现实主义”因过于浅陋而没能在“一战”前形成气候；在无声电影期间艺术成就明显高于卓别林的格里菲斯，由于不能适应电影有声的变化和缺乏现实主义的创作而很快销声匿迹了，卓别林则依靠他在现实主义和戏剧性方面的特长而长盛不衰；几乎是在“一战”后即刻走到世界电影舞台中心区域的纪录片，拥有弗拉哈迪等四位世界公认的“纪录电影之父”在拍摄纪录片方面取得了非凡成就，但由于这类影片当时很难在反映生活的深度方面与故事片相比，所以就一般时间和一般区域而言它始终只能是现实主义电影中的支流；过分强调娱乐性和商业性的好莱坞电影在它称霸世界的时候，获得了“梦幻工厂”的称号，遭到了新现实主义电影和纪实化美学思想的双重否

定，这可能在很大程度上造成了奥斯卡奖绝大多数授予现实主义电影的这样一种传统做法；1998 年 6 月，美国电影学院通过美国 CBS 电视台名为“美国电影学院百年百片”的专题节目中公布的一百部影片名单中，以具有较强现实主义精神著名的影片《公民凯恩》名列榜首……

“二战”以后，不管是以什么名目出现的各种电影艺术流派，总是要具有一定的现实主义精神才能得到更好的发展与进步；许多被无数次拍摄过的题材，只要较好地体现了现实主义的精神，就有可能成为名片大作。斯皮尔伯格于 20 世纪末拍摄的《辛德勒的名单》和《拯救大兵赖恩》，都是人们所熟知的“二战”题材。一些艺术家从反对战争就是为了拯救人类和要拯救人类就必须消灭战争这个思想高度进行构思立意及具体创作，影片就都获得了较大的成功。

总而言之，尽管电影需要借助于文学、戏剧、绘画、音乐、摄影、舞蹈等其他艺术来丰富自己，但现实主义精神对于一切严肃的电影创作来说就像美味佳肴中的盐一样是最不可缺少的。百年电影史的发展历程一再告诉我们：电影对于人生的关注与电影对于生活的需求是同等重要的；电影永远需要人类的真实生活内容来作为它的粮食，关注人类生活的现实与发展则是电影永远的命题与目标。

四、现代电影的发轫与“新浪潮”

很多电影史学家都将现代电影的起步时间界定在“二战”以后，这就电影自身发展而言并非没有道理，但从广义的“现代”概念来说，电影整个都可以看做是现代主义时代的产物，在此不予展开。其中美国以拍摄于 1942 年的《公民凯恩》为开山之作，中国以拍摄于 1948 年的《小城之春》为发轫代表……据本书作者的观点来看，广义的“现代”这个概念可以是变动不居的，进入 21 世纪后人们对世界现代电影的界定，似乎应该放在与“新浪潮”同步这个阶段更好一些。当然我们并不因此认为《公民凯恩》不可以成为美国现代电影的开山之作，这就像谁也无法从根本上否认早于“法国新浪潮”电影的伯格曼的《野草莓》百分之一百是一部“新浪潮”电影一样。

“新浪潮”电影运动，因最初发生于法国而又被称为“法国新浪潮”电影运动。这场电影运动的兴起，在哲学思想方面受到以存在主义和弗洛伊德心理学说为主的现代主义哲学的深刻影响，在艺术美学方面受到意识流文

学和早期表现主义电影“意识银幕化”口号的直接启发，在社会生活方面则受到战后人们对世界政治现实与和平发展前景普遍存在迷惘之情的潜移默化。就某种意义上来看，“法国新浪潮”电影运动的兴起，不妨可以说是对“一战”后出现的表现主义、先锋派、印象派等电影艺术运动的遥相呼应和继续发展。这在“新浪潮”代表人物之一法国著名导演阿伦·雷乃的创作中可以得到非常明显的映证。1959年，雷乃的“新浪潮”杰作《广岛之恋》问世。这部被电影史学家们称为投入电影界的一颗原子弹的影片，在文化思想和艺术表现两方面都具有十分重要的意义。影片在当时给人最为突出的感受是：和平现实与战时历史的交融，生活中的所有一切都很容易使人联想起难以忘却的过去，或者说是过去的一切太容易让人在现实生活中找到许多相对应的存在。影片的这种构思处理，非常真切地映射出“二战”及冷战阴云留在人们心灵深处的伤痛和阴霾，同时也以电影的方式图解了弗洛伊德心理学说和存在主义。1963年，雷乃拍摄了另一部代表作《去年在马里昂巴德》。这部影片以没有具体姓名的人物和很多“也许有”的情节来构成，非常强烈地体现了“新浪潮”电影提倡“自我表现”、“自由联想”以及“非情节”、“非结构”的特点。由于这部影片在以非理性的意识活动代替叙事的逻辑有序方面比《广岛之恋》走得更远了，所以它也更能表现艺术家关于人生恍惚空幻与扑朔迷离的存在主义哲学精神。

值得一提的是，尽管两次世界大战令很多知识分子和艺术家思想消沉，但也给电影艺术带来了更多的发展和进步的空间。“一战”后开始从事表现主义、先锋派、印象派等电影创作的艺术家们，不久都由唯美主义与形式主义走向了现实主义与纪录电影创作；“二战”后从事“新浪潮”电影创作的艺术家们，也于20世纪60年代中后期先后不同与程度不同地摆脱了过分强调“自我表现”的“绝对自由”而回到了现实主义的道路。许多电影艺术家们在思想迷惘、内心痛苦的情况下，不约而同地把他们的聪明才智放到了借以逃避现实的“纯艺术电影”与“作家电影”的创作中去。从艺术是情感的表现形式这个观点上来说，“意识银幕化”自然是电影最基本的艺术特性之表现，应该成为电影艺术创造其独特美学意象的一个主要方面。因此，如果没有两次世界大战后许多电影艺术家们接连高举“意识银幕化”的旗帜并进行卓有成效的艺术实践，那么今天的电影艺术在反映现实生活的广度和人类心灵意绪的深度方面肯定要逊色得多。

由于世界电影兴起新浪潮的时代，正是中国相对受封闭的时期，所以世界电影的新浪潮基本没有波及中国电影界。然而,中国电影在20世纪80年代以后,则以自己的方式向世界展现了一股新电影的浪潮。中国电影的这股新浪潮,以反思为旗帜,以探索为特色,以“第五代”为代表,以改革开放的新姿态意气风发地走向了全世界。其中有影响的早期代表作有:被称为第一部探索片的《一个与八个》(张军钊),被称为最有影响力的探索片《黄土地》,被称为由探索性走向娱乐性的代表作《红高粱》……

五、现当代电影继续发展的五大审美特征

法国新浪潮电影以后,世界现代电影的发展更为精品纷呈、色彩斑斓。相对而言,这是一个并不十分关注再以什么名称来造就一个什么美学运动或流派的时代,而是一个更为注重追求美学类型和个性化创作的时代。因此,诸如纪实化、戏剧化、心理化、哲理化和民族化等依然是现当代电影发展的主要趋势,而审美体验化也日渐为世人所共识。

1. 纪实化

纪实化既是现当代电影艺术的主要审美特征,也是现当代电影艺术发展的一个主要趋势。两者既有联系,又有区别。纪实化的意思,即强调像实际生活一样地去表现生活,就是说电影表现的生活内容和映出的客观物象,要如人们所熟知的生活现实一样令人感到真切可信,所以纪实化也叫生活化。在现当代,这种可以被称为纪实化的电影,有很多采用半纪录片、半故事片的方式来拍摄,并且日益受到很多重要国际电影节的青睐和世界影评界的好评。近几年来频频在国际电影节上获奖的当代伊朗电影、印度电影,其之所以能获奖最主要的原因就在于其强烈的纪实化表达与深刻的现实主义内容。2003年,柏林电影节将金熊奖颁发给以追踪反映阿富汗难民生活情景感动人的英国影片《人世间》,更是一个很好的例证。

从电影美学发展历史上来说,纪实化和生活化都是对电影艺术本性追求的一种结果,也是对以往电影美学追求在一定程度上进行批判的一种结果。一方面,在相当长的发展历程中,好莱坞电影大多以制造梦幻般的生活故事来吸引观众和愉悦观众,使人一时忘却现实生活的实际存在,因此获得了“梦幻工厂”的称号。好莱坞的这种做法至今还在很多电影创作中非常顽强地延续着,尽管对它的批判也一再在进行。另一方面,蒙太奇学派对电影艺术的发展产生了永远难以磨灭的积极影响,但是对它的滥用,确实可以

很致命地破坏生活的真实感与完整性。因此,当代电影的生活化审美倾向,是对以好莱坞为代表的某些戏剧化倾向的批判而出现的,也是对蒙太奇学派过分破坏生活完整的感性真实而来的。

从一定意义上来说,纪实化美学方法是进行现实主义创作所不可缺少的一个基础。斯皮尔伯格在《辛德勒的名单》这部著名影片中,如果不是很好地运用了纪实化的拍摄方法来真切地向世人展示一幕幕令人触目惊心的场景,人们就很难对纳粹法西斯屠杀犹太人这一人类历史上的大悲剧具有非常感性的了解和强烈的感受,从而也就会削弱作品的现实主义力度。如果说斯皮尔伯格这部影片在映现相关生活内容方面的现实主义创作成就是空前突出的话,那么其中很大一部分功劳应该归属于影片拍摄所采用的纪实化手法。改革开放初期,电影艺术创作受到关于反映"本质真实"观念的影响还相当大,因此艺术创作在追求纪实化效果方面还有差距。不久以后,郑洞天在他的《邻居》中真切地映出了大学校园里"筒子楼"的真实情景,吴天明的《人生》、张艺谋的《秋菊打官司》分别向世人真切地描述了发生在中国西部农村中的城乡文明冲突和对现代文明追求进程中的困惑。于是,努力表现生活原生态真实的美学追求在中国影视艺术发展历史中迈出了坚实的一步,人们对于现实主义的理解也因此得到了深化和升华。

2. 戏剧化

卢米埃尔的早期影片《水浇园丁》,是一部向绘画学习的电影,更是一部向戏剧学习的电影。从发生这个意义上来说,电影的戏剧传统是从这里开始起步的。电影戏剧化蔚然成风、影响最大的是好莱坞电影。位于洛杉矶郊区的美国电影首都好莱坞,始建于1913年,经过多年的发展,好莱坞电影日臻成熟且风靡世界。造成好莱坞电影成熟与辉煌有诸多方面的因素,戏剧化是其中一个十分主要的方面。好莱坞电影的戏剧化比较集中地表现在更全方位地借鉴戏剧艺术而使电影的戏剧化程度达到了前所未有的水平,形成了十分完整的电影戏剧化美学观念,同时培养造就了相当数量在戏剧化电影方面具有杰出造诣的艺术家。这种影响力一直延伸到今天全世界很多的电影创作。

好莱坞戏剧化电影是一个非常庞杂的实体。它的一个基本美学特征就是充分关注戏剧冲突律,尽可能体现三一律。前者主要体现在故事情节处理上,后者则主要体现在场景选择中,两者毫无疑问都是戏剧美学的最一般内容。关注戏剧冲突,就是关注故事的核心因素和情节的主干内容,人们通常把它简称为“戏”。自戏剧艺术问世以后,“没戏”这个词就是没有内容或不可能的代名词,由此亦可见戏剧冲突在戏剧艺术中几乎具有定夺乾坤的地位和作用。现当代电影创作者们深知“故事就是一切”或“情节就是一切”的道理,大多会在编织一个故事方面下功夫,说白了这也就是关注电影的戏剧化。《泰坦尼克号》的成功虽然有大投入、大制作、高科技等方面的原因,但要是没有重新编织的一个现代神话般的爱情故事,那也很难吸引更多的观众去观看。凭心而论,陈凯歌的《黄土地》确实是一部拍得十分优秀的诗电影,但对于一般观众来说该影片的故事也许是太“淡化”了,所以连很多专家也都发出了较为强烈的批评声。在当代灾难片《垂直极限》中,给观众留下最深刻印象的似乎是那两次非同寻常的“割绳”之举,而不是里面由数字技术制作成的那些画面景象。

3. 心理化

所谓电影艺术的心理化,主要有两个方面的内容:其一是表现剧中人物的内心情态及心理活动,其二是指电影艺术的很多表达方式要对观众产生很好的感受心理效果。电影艺术的心理化有时与电影艺术的意识化(意识流)相关。所谓电影艺术的意识化,一方面是指电影艺术创作遵循人的意识活动规律,使作品可以更自然流畅地为观众所接受,另一方面是指电影艺术要将人的意识性内容通过画面景象很好地表达出来去和受众实现很好的沟通。两者的内涵,既有联系又有一定区别,而我们的介绍和论述主要围绕心理化来展开。

尽管艺术的各种审美特征在原始艺术的胚胎中似乎都有其基因存在,但是它们在艺术发展历程中的突出展现则表现得具有一定的序列性。以比较单纯客观的纪事写史为主,人物形象与情感意识淹没在对生活故事、历史现实的详尽交代与具体讲述之中,这是原始艺术、早期艺术的一个主要审美特征;以带有较多主观色彩的写人抒情为主,故事、人物、情感这三种内容均占一定比重,人物形象及性格特征相对突出,这是古典艺术与近代艺术的一个主要审美特征;以比较深入科学地表现人物内心世界真实、揭示人类生活意义为主要任务,这就是现当代艺术的一个重要审美特征。以电影来说,具有表现剧中人物内心活动因素的影片可上溯到卢米埃尔最早拍摄的《水浇园丁》这样的作品。其比较自觉的初期创作是法国先锋派电影。从电影问世到20世纪20年代初期的法国先锋派电影,是电影心理化的滥觞和涓涓细流阶段。

由电影心理化涓涓细流继续前行而为淙淙小溪阶段，主要是20世纪三四十年代的好莱坞的心理电影和苏联蒙太奇学派在心理化方面进行探索的部分作品。三四十年代的好莱坞电影，以强调故事情节的柳暗花明、引人入胜、曲折动人、扣人心弦为主要审美特征，强化观众的感受心理效果是这类电影的重要审美特征之一。著名西部片《关山飞渡》获得巨大成功的一个重要原因，就在于影片着意设置了扣人心弦的悬念，努力表现了紧张不安的气氛。《蝴蝶梦》是一部爱情片，但希区柯克把它拍得疑云重重，悬念迭出。苏联蒙太奇学派侧重以电影手段表现“情绪剧本”和“理性精神”，这表面看来与电影心理化不甚亲切，但谁也不能否认像爱森斯坦《战舰波将金号》中“敖德萨台阶”场景那个著名蒙太奇片断所具有的强大的心理冲击力。

标志着电影心理化进入艺术水平相对成熟、美学思想迅速发展的汹涌河流阶段的，主要是20世纪50年代末兴起的法国新浪潮电影以及意识流美学概念在电影艺术中的广泛运用。法国新浪潮电影的重要代表人物阿伦·雷乃于1959年拍成的、被称为电影发展史上“原子弹”的名片《广岛之恋》，采用画面时空交叉映现切换的方法来表现人的意识流向和心理活动，使观众在电影画面的流动中似乎看到了人的意识在流动，这是其在艺术表现上获得的重要成功。这种成功在影片面世之时具有振聋发聩的作用，给人以面貌全新的感受。影片对人物深层意识及心理活动的艺术表现，比较正确地反映了“二战”给人们心灵上留下永难拂去的创伤的心理真实，这确实是符合“内心现实主义”精神的。这也是尽管新浪潮电影不乏荒诞离奇、扑朔迷离的作品，但其大多数作品仍不无“离而不奇、幻中有真”的社会生活依据和人物内心真实的重要原因。被称为意识流电影范例的《野草莓》是著名瑞典导演伯格曼于1957年拍摄的，这部影片描写了一位年老的大学教授如“庄生晓梦迷蝴蝶”般的精神世界，其中梦境的画面占去了影片的大部分篇幅。

电影的心理化发展自滥觞阶段开始，在经历了新浪潮电影狂飚突进式阶段的标新立异乃至“过犹不及”之后，自20世纪70年代开始明显降低了它在美学追求方面的过度狂热、偏执，减弱了它在艺术表现方面的过分卖弄新异，淡化了它在表现心理活动方面太多的技术痕迹。王家卫在《花样年华》中给男女主人公安排的“我们与他们是不一样的”这一句看似非常平淡的话，也有着十分丰富的心理内涵。随着艺术实践与美学思想自身的发展完善，现当代电影心理化的美学思想及其表现方法如江河灌溉大地，似春雨

滋润万物，开始朝着“大音希声”、“大象无形”的境界扬帆进发。

4. 哲理化

电影艺术的哲理化，主要有这样两层含义：其一是指电影艺术家注重学习哲学理论，提高哲学修养，在此基础上努力从哲学的高度去俯瞰生活，深入理解现实主义创作手法，对生活进行理性的观照与哲学的开掘，运用电影艺术手段把他们对生活进行哲学开掘所得到的东西提供给观众，增强作品反映一定哲理的内容，使观众在接受电影作品获得艺术美感的同时得到哲理的启迪；其二是指电影界以作品哲理化程度的高低来作为评判艺术作品审美价值的重要标准之一这样一种倾向。

电影的纪实化是与生俱来的，电影的心理化也是源之于其发端的，电影的哲理化则略微要迟一些。在电影史上最早的卢米埃尔拍的电影和梅里爱拍的电影作品中，几乎还看不到哪怕是雏形的哲理化的痕迹。形成于电影史上著名的“百代时期”(1903—1909)的法国“芳森学派”，其很多影片比较关注社会问题，有所表现艺术家对生活现实的理性思考。齐卡的电影《酗酒的结局》，讲述一个人因酗酒破坏家庭幸福，最后自己疯狂而死的故事，具有寓言式的警世意味。哲理与电影艺术的这些结合，非常简单肤浅，只是在故事内容中表现一点理性的认识与思考，说穿了只是有一点“理”的意味，还根本没有“哲”的渗入。

无声片电影大师格里菲斯不仅历史地完成了对卢米埃尔纪实主义与梅里爱戏剧主义的“原始综合”，而且对电影的哲理化发展作出了非常有力的推进。他于1916年拍摄耗资巨大而放映并不成功的《党同伐异》，至今被论定是电影史上有重要意义的作品。罗慧生在《世界电影美学思潮史纲》中指出：在《党同伐异》中，他力图从一个多年的历史长河中概括出他的哲学思想：排斥异已导致破坏和灾难，只有仁爱能给人类带来幸福。尽管这是一种抽象的资产阶级人道主义，但是这种浩广的哲学色彩是空前的。①

电影哲理化更为自觉且形成高潮的是苏联的“思想电影”和法国新浪潮电影。“二战”以后，苏联的一些电影艺术家认为，随着科学迅猛发展，现代科学的“哲学倾向”日益明显，不能把感性范围与理性范围截然分开，并深信已进入思想电影时代。以苏联“思想电影”的主要代表作《一年中的九天》为例，导演罗姆在影片中不仅表现了物理学家古谢夫对和平利用原子

---

① 罗慧生．世界电影美学思潮史纲．太原：山西人民出版社，1985. 17

能的呕心沥血直至贡献了自己的生命，而且尖锐地提出了科学研究成果既能造福于人类，也可能给人类带来灾难性的问题，以及科学家的责任感等问题。新浪潮电影深受现代哲学思想的影响，其作品大多具有较强的哲理化的意味。经过苏联"思想电影"和法国新浪潮电影的推进，哲理化手法自然、有机、广泛地存在于影片的叙事过程之中，电影的哲理化程度及其美学水平都得到了提高，使得现当代的电影(包括电视)作品都更普遍地具有程度不同的哲理化审美特征，就连最为通俗化、娱乐性的警匪片也毫不逊色。情节紧张、扣人心弦的警匪片《生死时速》，国内各方面权威人士指出该片值得称道之处的主要是：没有拳头加枕头，照样使人觉得有看头。本书以为这只是非常肤浅的一点。该片的紧张悬念，几乎可以说是西方很多现代人的一种普遍焦虑——防止炸弹起爆的必要条件是时速一刻也不能低于50英里，这好像与当今世界经济只能高速运转不能减速前行的现实是相对应的；现代化的高速公路无法缓解起爆的紧张和无法赢得拆除爆炸装置的充裕时间，废旧的道路和机场却较好地缓解了对起爆的焦虑和赢得了转移人员的足够时间，这对于人类社会发展要克服困难更好前进似乎是某种不无真知灼见的启迪，即前进与发展不能以牺牲全部过去为代价，螺旋形上升发展，即在更高层次上实现回归，应包含着对某些既往文化的肯定和撷取。很多表现警匪内容的电影或电视作品，经常在情节紧张、动作激烈的一幕之后，插入一个给人以安定宁静的城市远景画面，不仅仅是为了造成节奏上的对比与变化；出谋划策的首恶罪犯，大多运筹于摩天大楼的豪华高层居室，拉开窗帷，透过一层玻璃，整个城市尽在眼中，这恐怕未必只是为了说明这些人具有富裕的物质条件。

5. 民族化

电影民族化主要讲的是一种创作要求和创作目标的实现过程。它最根本的任务，是运用电影艺术形式来表现具有民族特色并且能够反映民族思想文化与道德精神的真实生活。电影民族化的特征主要体现在以下方面：

(1) 强化电影的民族化。新中国成立以后的一二十年里，有相当多的美术片连续在国际上获奖。究其原因，主要是用中国的水墨画艺术和剪纸艺术来演绎中国传统故事，即在创作中体现民族特色。张艺谋在国际影评界被认为拍了不少具有中国民族特色的电影，总的来说不无道理。以《秋菊打官司》为例，秋菊打官司的目的与其说是为了获得经济赔偿，要让村长受罚，不如说只是为了讨个说法，争一口气；秋菊打官司的执著，与其说是坚持相信法制严明自然有法必依，不如说是坚持认为领导清明公正能够为民作主。前者说明秋菊诉诸法律的努力并不是主要表现她对现代文明在进行自觉的追求，后者说明支持秋菊一而再、再而三地上诉的意识深处还有传统的企盼“清官”的观念。长期以来，中国老百姓一直有“滚钉板告状”的决心与勇气，支持这决心与勇气的则是“清官”的明察秋毫与为民作主。总的来说，《秋菊打官司》这部影片在正确、深刻地反映中国北方农村中青年农民从传统文化的雾霭中依稀看到现代文明晨曦时所具有的思想观念与精神面貌方面，是映现了生活真实和地域特色的。这部影片在国际上的获奖，应当看做是对中国影视民族化的正面肯定与积极鼓励。

（2）塑造具有民族精神个性和民族文化性格的人物。这一点是由电影民族化的深层要求所决定的。离开了这一点，电影民族化就是浮光掠影式的，肤浅简陋的，没有深度的。而这一点与艺术任务中心的现代转移也相互契合、密切关联。所谓艺术任务中心的现代转移，是指随着艺术的发展与进步，艺术越来越重视对人的探索与表现。电影民族化只要抓住塑造具有民族特色的人物这个中心，也就等于抓住了它的根本。徐松子因饰演《芙蓉镇》中的李国香而蜚声影坛，并获得国际电影节嘉奖。就《芙蓉镇》中李国香这个人物来说，尽管还有一点脸谱化的痕迹，但在这个反面人物身上所展示的思想品格与精神个性来说，是真实可信的，即是符合特定中国环境中的特定人物的。不管是正面人物（如秋菊）还是反面人物（如李国香），只要遵循现实主义创作原则，从生活真实出发，刻画正确，塑造成功，其民族特色就应该如题中之义般是自然蕴含的。

（3）集体性。一个民族的电影创作及其作品，要形成强烈的民族化特色并自立于世界影视艺术之林，并不是靠极少数电影艺术家们少量的艺术作品所能实现的。没有一群电影艺术家在影视民族化方面的共同努力，没有一批具有民族化特色的电影作品的举世瞩目，一个民族的电影艺术是缺乏生命力、影响力的。德国电影评论家比耶尔在评论日本电影的民族特色时特别指出，日本影片从1951年以来，无论在什么地方举行的电影节上都得了奖，这是世界上任何一个国家在如此短暂期间都不可能获得的成就。又说，日本电影的美学，在最近的将来应该特别加以研究。日本电影的优点来源于日本文化，同时又表现了日本文化，所以它给予人们的印象是和日本文化的实质完全相同的。源于民族文化，表现民族文化，体现民族文化实质，这就形成了日本的民族化特色。具有日本民族文化特点的影片能在相

当一段时间里的各地电影节连续获奖,可见其创作者和作品不在少数。对于一个民族的电影来说,假若具备民族化特色的电影作品没有一定的数量,没有形成一定的气候,就很难在世界影视领域中争得应有的一席之地。这就像近年来伊朗电影出现异军突起的态势,是因为它连续几年拍出了诸如《天堂的颜色》、《小鞋子》、《秘密投票》、《樱桃的滋味》、《黑板》、《圆圈》、《醉马时刻》等举世瞩目的影片。

随着全球化进程的加快,人们普遍感到世界空间距离正在缩短,文化差异也在变小,好莱坞电影更有席卷全球之势。欧洲、日本的电影很有特色和市场,同时"韩国流"、"伊朗风"在"中国片"以后日渐显现出强大的生命力,传统电影大国印度的影片也在焕发青春活力。2001 年,联合国通过了一个关于保护文化多样性的文件,这具有非常重要的现实意义和深远的历史意义。尽管当代人类社会正在进入一个创造综合、追求协同的时代,但这并不应该以消灭个别性、抹去差异性为代价。当代意义上的综合与协同,要求个别性愈益丰富,差异性日趋鲜明,并以此来达到综合效果更加显著和协同成就更加辉煌的境界。电影艺术的充分民族化与电影艺术的特色纷呈,就其精神实质来说与我们这个时代的科学与文化的进步是同调合拍的。

六、虚拟性与仿真技术

电影的虚拟性表现有好多方面,也是由来已久的,其中仿真技术的运用就是一个很重要的内容。从较为广泛的意义上来看,所谓仿真,它不仅可以包含早些时间出现的机械仿真技术和当代电影界普遍运用的数字成像技术,而且可以包含整个电影艺术创作本身。因为同样从艺术逼真于生活这一点上来说,电影艺术对现实生活的逼真是其他任何艺术都无法比拟的。电影艺术所创造的时空经常被比喻为镜像时空,说明它所具有的虚拟性以最大可能的逼真性为基础。因此,它所映出的逼真的声像内容其实无异于是对真实生活景象的一种高度仿真。

在电影拍摄中,机械仿真技术应当是指以某物(可以是自然界中真的,也可以是被虚构出来的)为蓝本而仿造其实体的那种技术。它一般都特指利用机械制作与手工制作技术来对实物进行的仿真制作。显而易见,这种技术要求被制造出来的物体,能够在外观及很多相应功能上给人以非常逼真的效果。本书所说利用机械制作和手工制作技术来对某种实物进行的仿真制作历史，可以追溯得很早。1912年，伟大的梅里爱拍摄了著名无声科幻影片《北极征服记》，其中有一个“大雪人”，就是根据剧情虚构而被制造出来的。这个大雪人光是它的半个身体就大过普通人10倍。这个怪物内部装有巧妙的机械，能够挥动手臂，摇晃脑袋，转动眼珠，吸烟斗，把一个人吞下肚去，又吐出来。乔治·萨杜尔在向人们介绍这个大雪人的时候非常明确地指出，这就是20世纪中叶著名好莱坞电影《金刚》中那个大金刚的最早原型。作为早期电影发展史上的一位杰出人物，梅里爱的最大贡献是把戏剧艺术引入到电影领域里来，使戏剧艺术在电影艺术的进步与发展中发挥了十分重要的作用和产生了非常积极的影响。概括地说，他这方面的贡献最主要体现在《月球旅行记》和《北极征服记》这两部影片中。《月球旅行记》被认为是世界上第一部艺术电影，它的最大特色在于通过变换摄影棚中的各种布景来营造月球上的各种景观，一切还都具有鲜明的戏剧舞台效应；《北极征服记》则不一样，尽管它所建造的大雪人没有后来那位金刚显得生动自如、十分逼真，但它已经明显具有走出舞台来到自然的特征，即是电影式的而不再是舞台式的了，因而给观众的感受与体验也大不相同。

从梅里爱的“大雪人”到好莱坞现代电影中的“金刚”，都是机械仿真技术在不同历史发展阶段电影拍摄过程中得到很好运用的杰出代表。特别是由于好莱坞电影中那位横空出世的“金刚”，既具有硕大无比的身躯，又具有威力无穷的能量，还具有栩栩如生的形态，特别是它蹲在帝国大厦顶上等很多镜头景象确实令人难忘。

与仿真技术有关的是仿真拍摄。所谓仿真拍摄，就是指真正把摄影机或摄像机当做影视作品故事现场中的某个人物来进行的那种特技拍摄。在很多情况下，仿真拍摄主要指的是这样一类情况：将启动的摄影机或摄像机从悬崖上或高楼上扔下去，由于其坠落过程中所拍摄得到的全部画面情景，和一个从悬崖上或高楼上摔下去或被推下去的人坠落时所看到的真实景象颇为相似，所以在特定的意义上来说具有很强的仿真效果，能使人获得非常特殊的情绪体验。

七、科学技术的第三次推动

作为一门艺术，电影是科学技术与艺术结合的产儿，因此它的发展始终也离不开科学技术的支持与推进。如果我们把电影的诞生和电影的有声分

别看做是科学技术对电影的第一、第二次推动的话，那么当代电影的数字成像技术则可以说是科学技术对电影的第三次推动。

电影中的数字成像技术通常又叫电脑成像技术，它不言而喻地具有特别真切和高超的仿真性。这里的仿真既包括在画面中对真实景物的巧妙组合，如《阿甘正传》中阿甘受尼克松总统的接见；同时意味着整个画面景象都是由数字技术制造出来的，如《恐龙》。在一般情况下，数字成像技术的运用，主要是为了要努力去表现一些在物质现实生活中很难拍摄到或很难拍摄好的那种生活情景。在电影《那山那人那狗》中，有一个纸飞机在满目绿色的山林中轻快地飞翔、穿越、滑行了很长时间和距离的画面，非常富有诗意和美感，真是一个相当出色的精心设计。很显然，像这样的"物质现实"在人们的现实生活中是非常难得见到的，也是目前的摄影机很难在真实现场进行实地捕捉拍摄的。这就为数字成像技术的运用提供了一片大有作为的广阔天地。由于成功的电脑成像技术确实能够达到相当高度的仿真水平，所以它往往能给人带来十分强烈的视觉效果，如《阿甘正传》片头那根羽毛在空中飘荡起伏最后飘落在阿甘鞋上的画面。

随着电脑数字技术的不断发展进步，电脑成像的可能性和仿真性都将越来越几乎无所不能。但是，即便电脑成像技术再怎样几乎无所不能，也不能为了标榜作品具有高科技性或为了标新立异而滥用。事实上，只有在诸如故事片《龙卷风》和科教片《宇宙与人》这样的作品中，确实有很多画面情景是很难或根本无法拍摄到的，这才需要用电脑成像技术来加以解决，以便尽可能给观众提供有关"物质现实"的真切感受效果。

与数字成像技术有密切关系的是电脑动画技术及其效果。需要强调的是，一般人认为动画效果在包括动画片自身在内的所有当代影视作品中已经完全被电脑成像技术所淹没了，其实这里有认识上的误区。尽管很多当代动画片本身都是电脑成像技术的产物，但在怎么运用电脑数字成像技术来制作有关画面内容这个方面，仍然很值得研究，所以 2001 年奥斯卡增设了动画(电脑)奖。2001 年威尼斯电影节有一部名为《梦醒人生》的动画片参赛，该片用数码摄像机拍下真人演员的演出，然后运用电脑绘像技术给演员绘彩，化作柔美的形象并成为动画片，被该电影节主席巴贝拉称为"新的美学领域"。同样运用电脑成像技术来进行画面制作，在《龙卷风》和《狮子王》中的做法就明显是不一样的。前者要求尽可能逼真于相应的物质现实，后者则要求尽可能保持对传统动画片的逼真——如人物景观的"卡通

式”和动作行为的跳动式等。因此，本书认为将动画效果和电脑成像加以必要的区分，还是很有必要的。

目前已经出现的全部采用数字技术的影视拍摄与播映，还有使用DV机进行拍摄再转换成胶片等同样涉及电脑成像技术等内容，限于篇幅，在此就不再展开了。

5 第五章 电视广播发展史

内容提要:

电视广播在很大程度是集声音广播与电影于一身的,尤其是它丰富的节目内容和较好的艺术品性,使得它一度几乎成为声音广播与电影的掘墓者。然而,在不断演进的传播历史发展过程中,即便是被称为“小电影”的电视剧也在不断走向成熟,但还是不能把声音广播和电影送进历史博物馆。

第一节 技术的全面发展

很多现代媒介的出现,一般总是首先要依赖于或伴随着某项新技术的发明。有线广播依赖于电话技术,无线广播依赖于无线电报技术,有声电影依赖于摄影技术,有声电影依赖于广播和摄影技术。本节重点探讨电视的发展历程。

一、从硒元素奥秘的发现到电视机的面世

1817 年,瑞典科学家琼斯·布尔兹列斯发现了一种新的化学元素:硒。在发现这个元素的开头几十年间,人们对它的认识非常有限,当然也不可能有人认识到它其实是发明电视技术的一个关键材料。1873 年,英国工程师约瑟夫·梅恩首先揭开了硒的奥秘。他在铺设海底电缆的施工中,发现电缆性能的测量结果总有变化。进一步的调查发现,当光线照射在含有硒的物体上时就能产生电子发射现象,其产生电流的能力和光照的强弱成正比,从此探寻到了硒具有光电转变的特性。这一发现为发明电视技术提供了最初的构想:任何物体的图像,都可以拍成明暗不同的影像,而硒这种元素能把影像这一光能变成电能加以传送,再用接收设备把电能还原成光能。在一定意义上来说,硒元素的发现与电视技术出现的关系,就像是镭元素的发现与激光技术的问世。

1883 年,德国电气工程师尼普科夫根据硒光电效应与电传图像理论,制造出了以他名字命名的"尼普科夫电视扫描盘"(以下简称"电视扫描盘"),它就是我们今天电视荧光屏的雏形。尼普科夫所创造的"电视扫描盘"是一个绕轴旋转的圆盘,盘上排列着许多螺纹式小孔,当圆盘在图像和硒光电池之间旋转时,一束束光线穿过小孔形成一个个光点,这些被分解为

若干不同亮度的小光点(像素)把现实中的画面通过机械扫描变成一个个完整的活动的图像,经过光电转换把电信号有规律地传送出去。接收端也有一个同步旋转的圆盘,可将电信号还原成完整的图像。这一发明就像尼普科夫自己描述的那样:能使处于A地的物体在任意一处B地被看到。显然,这就是无线电传送图像或者说就是今天视频传输的最初形象表达。

由于尼普科夫发明的“电视扫描盘”用的是机械方式扫描,其产生的图像模糊不清,并不具备观赏价值,所以,真正可以称得上发明电视雏形的应当是苏格兰电机工程师贝尔德。1922年,贝尔德制造了世界上第一台由330行扫描线构成屏幕图像的电视机,屏幕视像具有较好的清晰度,他因此被称为“电视之父”。1926年初,他在伦敦第一次公开举行电视表演,向英国皇家学会演示了电视播送运动的人体画面。

二、站在广播的肩上建立电视台

1928年5月10日,“电视之父”贝尔德利用美国纽约州斯堪尼克塔迪一家广播电台进行了世界上第一次无声电视广播。那次电视广播进行了半个小时,共有12台电视接收机参与整个电视广播全过程。

电视广播的诞生比电影问世的时间晚33年,比无线电广播诞生晚22年,但是由于它站在广播这个当时传媒巨人的肩上,加上“电视之父”贝尔德坚持不懈的努力,所以其发展速度非常快。回顾这段历史时有一点似乎非常值得一提,那就是在电视借助于广播电台进行第一次影像传播之际,正巧是电影这个“伟大的哑巴”开口说话的时候。一方面是原来无声的电影变得有声了,另一方面广播本身的最大特征就是向大众提供“空中之音”,因此,电视传播必须要有像有声的这个要求就显得非常迫切了。“电视之父”贝尔德不负众望,再接再厉,很快在1929年就使电视广播发送出带有声音的图像,即让电视传播首次实现了声画同步传送。到1930年,电视有声传播的技术走向成熟,很快在当时的一些发达国家中推而广之。

一个人的生命最初开始于受精的瞬间,但离开母体的一刹那又在一个人生命历程中占有非常重要的地位,所以全世界所有民族都有庆祝生日的习惯。对于电视这种大众媒介来说,如果说电视机的诞生和借助于广播电台进行电视声像传播是它生命最初的孕育阶段,那么独立电视台的建立则可以看做是它的呱呱堕地。就世界上少数几个发达国家来说,它们在独立

电视台问世之前均有过借助于广播电台来进行电视播送(一般称之为电视试播)的历史,如美国开始于1928年,英国是1929年,苏联是1931年,法国是1932面,德国是1935年。应该说,这里特别强调独立电视台的概念是很重要的。因为从电视台的基本功能就是通过无线电波发送电视信号这个意义上来说,最初成功发送电视信号的那些广播电台(如著名的BBC)自然也就可以称得上是最初的电视台了。

1936年11月2日,英国广播公司设在伦敦市郊亚历山大宫的独立电视发射台开始定时播送电视节目,这一天被称为电视的诞生日。人类从此步入了崭新的电视时代,电视作为威力无比的大众传播工具开始走向千家万户。继英国之后,苏联于1938年建立了独立电视台,美国、德国(联邦)、日本也分别于1948年、1952年、1953年先后建立了专门的独立电视台。

中国于1958年5月1日建立第一个电视台并开始试播,当时叫北京电视台,1978年5月1日改名为中央电视台,英文缩写为"CCTV",对外称"中华人民共和国中央电视台"。1958年10月1日,我国第一个地方电视台——上海电视台建成并试播国庆阅兵式和盛大群众游行。1979年5月16日,新的北京电视台建成并试播,这使得内陆29个省、市都建立了电视台。不久以后,在经济发达地区,具有自制节目内容的电视台很快就延伸到了县一级,电视人口覆盖率得到了日新月异的发展。1985年,祖国大陆的电视台发展到202座,1990年发展到509座。以电视人口覆盖率来说,1978年不足10%,1985年超过50%,1991年超过80%,2000年已接近90%。

三、从黑白到彩色

最早的电视都是黑白的,但科学家对彩色电视的构想却由来已久。贝尔德在研制黑白电视的同时,就进行过彩色电视的试验。1920年,奥地利物理学家芬·伯克兰提出了彩色电视传送和接收原理,并获得了专利。德国、法国、苏联的科学家差不多在同时也分别对彩色电视作了各种研究。1940年,旅美匈牙利人彼德·戈德马率先研制成世界上第一台彩色电视机。彩色电视的画面由红、绿、蓝三种基本颜色交织而成,电视摄像机中装三个摄像管,采用三棱镜或特制的分色镜,将通过镜头的光线按场景内各种颜色分布的比率分解成三原色,经重新编码处理后,输出为色彩完整的图像。传输时接收机在接收到讯号后,又分别经由红、绿、蓝三色图像管各自向荧光屏扫描,恢复原来的彩色图像。彩色电视色彩原素的介入,很好地增加了电视再现生活真实性的能力,也大大增强了电视的魅力。

在彩色电视的研制中,美国无线电公司和哥伦比亚广播公司曾围绕彩色电视制式进行了激烈的竞争,美国无线电公司研制的是“点描法彩色电视技术标准”,其最大优点是可以和黑白电视兼容,彩色信号在黑白电视机上显像,只不过画面是黑白两色。哥伦比亚广播公司研制的是“场描法彩色电视技术标准”,其优点是在彩色的传真上比点描法更为逼真,但却不能与黑白电视兼容。最后美国联邦通讯委员会批准了美国无线电公司研制的NTSC 制为美国彩色电视的制式标准。1954 年,美国无线电公司所属的全国广播公司(NBC)采用 NTSC 制开始正式播出彩色电视,美国成为世界上第一个开办彩色电视的国家。1958 年,法国现代电子公司总经理亨利·戴弗朗斯在美国 NTSC 制的基础上加以改进,发明了“赛康”(SECAM)制。1963 年,联邦德国汉诺威工科大学教授、德律风根公司研究部主任瓦尔特·布鲁赫吸取 NTSC 制和 SECAM 制的优点,发明了“帕尔”(PAL)制。三大制式均可兼容彩色和黑白电视,也各有其优缺点,国际无线电咨询委员会曾与各国多次讨论在世界上统一制式,以便于转播和交换节目,但未能达成协议。这样,根据国际无线电咨询委员会的建议,三种制式均可采用,形成了世界彩色电视制式“三足鼎立”的局面。目前,美国、加拿大、日本、菲律宾等国家和我国台湾地区采用 NTSC 制,法国、俄罗斯、东欧等国采用SECAM制,德国、英国、澳大利亚等国家和我国香港特区采用 PAL 制。

1973 年 5 月 1 日,北京电视台开始彩色电视试播,同年 10 月 1 日正式播出。

四、从地面到太空

对于电视而言,它如果没有真切生动的现场报道手段,即现场转播(直播)的能力,它就很难成为在很多方面都超越电影与报纸的强势媒介。

我国电视现场转播的发展进步很快影响很大。1958 年 6 月 19 日,北京电视台第一次成功地转播了八一男子篮球队和北京篮球队的友谊比赛。1958 年 9 月 2 日,北京电视台经过 4 个月的试播于同年国庆节用国产的电视转播车成功地转播了阅兵式和群众游行。1980 年 11 月 20 日,最高法院

审判“四人帮”，首创了重大公开审判的实况转播。1983 年春节，中央电视台首次举办春节联欢晚会，至今连年不断。1995 年，中央电视台和东方电视台联合制作了一台大型主题文艺晚会《中国人的脊梁》，并首次通过卫星双向传送进行直播。1997 年 1 月 1 日，在长江三峡工地第一次运用移动卫星地面站进行现场直播，同年 3 月 4 日，运用同样的技术在漠河进行现场直播“日全食”和“彗星”同时出现的自然景观。1997 年 6 月 30 日至 7 月 3 日，中央电视台一套、四套节目连续 72 小时向全世界报道了香港回归盛况，创下我国电视实况转播之最。1999 年 10 月 1 日，第一次用数字光端机进行数字传播“建国 50 周年庆典”实况。

卫星电视是一种通过地球同步卫星进行大面积覆盖，向广大地区转发电视节目信号的电视新技术。它的成功应用，使电视从地面跃升到太空，开创了电视传播历史的新纪元。在电视传播刚刚开始的时候，主要采用微波传输。微波传输频率很高，波长很短，只能直线传播，覆盖范围极其有限，通常传播的距离只有六七十公里。要扩大传输的范围，就必须采用接力的办法，每隔 50 公里左右设一个微波中继站，一站站地进行传递。

1945 年，英国人阿瑟·克拉克首先提出了卫星电视的设想。这就是将三个等距排列的人造卫星发射到距地球表面约 36 000 公里处的赤道上空，让它们与地心的夹角各为 120 度，运动速度与地球自转速度同步，这样依靠这三颗卫星上的电子装置，就可使全球范围覆盖广播电视讯号。但克拉克的建议在当时的技术条件下还只能是个幻想。

1957 年，苏联率先将一颗名为“史普特尼克一号”的人造卫星升入太空。第二年，美国人不甘示弱，也发射了“成功号”人造卫星。尽管带有冷战的痕迹，但人类自此进入了太空时代，大众传播也因此被带入太空。1962 年，美国发射了世界上第一颗通信卫星“电星一号”，并将该通信卫星用于电视节目信号的传输。但当时的卫星还不能做到与地球同步自转，每次只能传送 10 多分钟的电视节目。1963 年 7 月，美国才成功发射了第一颗同步通信卫星“同步二号”，从此，人类可以正式利用通信卫星传送和转播各地的电视节目。1963 年 11 月，美国总统肯尼迪遇刺实况由卫星一下子传到欧洲、日本，使人们亲身感受了通信卫星的威力；1964 年东京奥运会开幕式实况通过“同步三号”卫星向欧洲转播；1969 年 7 月 20 日，借助于卫星向全世界实况转播了人类第一次登月的壮举，全世界大约有 47 个国家 7 亿多观众收看了这次节目。卫星电视的问世，使世界真的仿佛成了一个“地球村”,电视的威力也从此日益强大。

卫星电视开创了人类电视时代的新纪元,人类又开始了直播卫星电视的研究。直播卫星电视是采用高频率、大功率同步卫星电视直接向广大家庭用户传送电视节目信号的技术,这是电视传播领域的又一项重大变革,可以极大地改变人们看电视的方法和效果。1974 年,直播卫星电视技术在美国试播成功,但却未能得到及时的实际应用,最早运用卫星直播技术的国家是日本。日本在 1984 年发射了第一颗实用广播电视直播卫星“樱花二号”,用于播放日本广播协会(NHK)两个频道的电视节目。由于直播卫星电视不必经过中间环节,只须一次转播,既使图像质量大大优于微波传送的电视图像,又可节省大量的人力物力,因此许多国家和地区都致力于建立自己的直播卫星电视系统,从而推动电视事业的更大发展。

随着电子新闻采集(Electronic News Gathering,简称 ENG)技术及设备(主要为便携式摄像、录像系统)的出现和成熟,特别是随着电子场地制作(Electronic Field Production,简称 EFP)技术及设备(主要为以转播车为主体的外景拍摄、录制和编播系统)的问世和进展,电视的传播能力和文化影响力得到大大增强,其作为强势媒体的优越性愈加无与伦比。

五、从共用天线到有线电视台

有线电视开始也称“电缆电视”、“闭路电视”。它通过电缆或光缆组成的传输分配系统,向家庭电视用户传送本地、远地及自办节目,是一种闭路传输系统和区域性电视传输方式。

有线电视最早在美国兴起,开始仅是一种共用天线系统。1948 年,宾西法尼亚州的约翰·威尔逊把架设在山上的天线拉到煤矿区曼哈尼镇的一家出售电视机的商店,这样就能收到60 英里外的费城电视台信号,使电视机的销售量大为上升。此后,人们也就开始在电视覆盖区的边缘地带,或外界干扰严重的地方,特地设立加强型的天线来接收电视台发射的电波,再通过电缆输送到各个家庭电视机上,形成多个电视用户共用一套接收天线的接收形式。后来这一方式逐渐向城市发展,逐步突破共用天线电视的传统概念,开始向用户收费提供包括自办节目在内的更多的电视节目,从此形成有线电视概念,随后便出现有线电视台这个新生事物。

从 20 世纪 70 年代开始,有线电视和卫星电视结合,形成星网结合覆盖

的新方式，这使有线电视得到了更迅猛的发展。卫星电视既扩展了有线电视的覆盖范围，又扩展了节目源，还增加了对有线电视发展起决定作用的节目频道和数量。天上一颗星，地上一张网，有线电视迅速风靡全球，呈现出蓬勃发展的势头。

有线电视具有无线电视无法比拟的优点，一是频道数量多，一般的无线电视频道在一个地区只能有4到5个，如果数量多了就会发生串线，因此世界各地的无线电视频道早已处于饱和状态。而有线电视一根电缆能传输几十套电视节目，一根光缆能传输数百套电视节目，目前世界上最先进的有线电视技术采用光纤传输，具有灵敏度高、损耗低、频带宽等特点，一根仅似发丝四分之一粗细的光纤可容纳多个电视频道；二是图像质量好，有线电视不受外来电波或高层建筑所造成的阴影和重影的干预，信号稳定、图像清晰；三是服务功能强，有线电视能构成传者和受者的双向传输系统，用于图文电视、可视电话、电视购物等，并可与电子计算机网络系统相连，开发其他功能，其应用价值无限。

六、高清晰度电视与数字电视

高清晰度电视是一种图像色彩鲜艳、画面清晰逼真的新的平面电视制式。像黑白电视过渡到彩色电视一样，它的问世，标志着电视技术质量一场新的革命。日本是最早研究、开发高清晰度电视的国家。1985年，日本制作的高清晰度电视，宽高比为16∶9，扫描行数1 125线，在筑波万国博览会上展示，引起了世人的震惊。1989年，日本成为世界上第一个在每天固定时间播出高清晰度电视的国家。

基于高清晰度电视的技术作用和商业影响，继日本之后，美国、欧洲也投入了大量人力物力，加紧研制，争夺激烈，形成三足鼎立之势。目前高清晰度电视技术已经相对成熟，但国际社会尚未就统一的制作标准达成协议。由于制作高清晰度电视节目牵涉范围较广，费用昂贵，也没有哪个国家或企业能垄断这一市场。但不管怎样，高清晰度电视的问世与推广已为时不远。

关于数字电视，在此只简要说明这样两点：第一，顾名思义，数字电视就是运用数字技术的电视系统。其中“电视系统”这个概念很重要。所谓“电视系统”，概括地说，就是不仅要包括电视接收机，而且要包括电视信号的调制、传送与接收。道理很简单，数字技术系统在电视的传送过程中具有最大的优越性就是传送损耗小，换一句话说就是精确度高，同时它还很容易被进行压缩或扩增以达到更佳的传播效果。可以想见，即使你买了一台货真价实的高清晰度电视接收机，但你接收到的电视信号不是由数字技术系统调制与传送的，那么你所观看到的电视声像质量与以往非数字的相比就很可能差不了多少。第二，由于数字电视的技术非常先进，所以它的清晰度和保真度都非常高，因此它自然与高清晰度电视紧密相关。

第二节 内容的丰富多彩

电视传播内容的丰富多彩是一个无法具体展开细说的内容，这里只重点探讨和我国电视内容日益丰富多彩相关的部分。

一、中国电视：从新闻开始

与全世界所有电视台一样，中国电视台首先开播的主要节目也是国内外新闻。与现在不一样的是，当时在电视台播出的新闻节目都是用电影方式拍摄的新闻片。1958 年 5 月 8 日，当时的北京电视台第一次播出外国新闻，它是民主德国为祝贺中国第一个电视台建立而发来的贺词及新闻片。同年 6 月 1 日，北京电视台第一次播出自己摄制的新闻片内容是“中共中央机关刊物《红旗》杂志创刊”，它也是用 16 毫米电影反转胶片拍摄的。1960 年 3 月 3 日，北京电视台记者首次随接侨船去印度尼西亚拍摄我国政府接回受迫害的侨胞的电视片。这是中国大陆电视人首次出国拍摄电视新闻纪录片。

1958 年 11 月 2 日，我国大陆第一位电视播音员沈力出现在电视屏幕上，这既是北京电视台第一次用口播方式播出新闻，也是北京电视台从此有了固定的《电视新闻》栏目的开始。1960 年 1 月 1 日，北京电视台开始试运

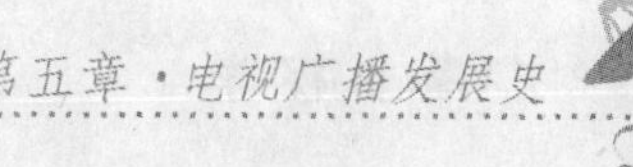

行固定节目表,这标志着以新闻内容为主的中国电视传播初步进入一个相对正规的历史发展时期,同时它也非常有力地向世人证明:当时中国的电视文化只是国家政治文化的一个组成部分,即它当时还没有具备成为大众文化的属性。1978 年 1 月 1 日,《新闻联播》的前身《全国电视台新闻联播》节目正式诞生,1993 年 5 月 1 日,具有很强改革影响的《东方时空》开始面世,1994 年 4 月 1 日,著名的新闻评论栏目《焦点访谈》也与广大受众见面。从此以后,中央电视台的重要电视新闻及新闻评论、新闻调查等电视栏目共同支撑起最具影响力的"中央一套"(即新闻综合频道),在我国现代化建设进程中发挥出巨大作用,其在国内外的影响也日益扩大。这种影响随着中国国际影响力的增大,随着新闻频道于 2003 年 5 月的开播,进入了一个历史新纪元。

二、电视节目的丰富与功能的健全

传播与教育是不可分割的人类文化现象。在这个意义上来说,社教节目在电视中的存在就是一种题中之义。我国历来有重视社会教化的传统,电视作为有影响力的传播形式,因此也就很早被用来进行社会教育。在原先北京电视台建立后不到两年的时间里,1960 年 3 月 8 日,北京电视台和北京市教育局就联合开办了我国第一所电视大学——北京电视大学,这既是中国广播电视教育发展历程中的一件大事,又可以用来说明我国狭义电视教育节目开始得很早。电视教育节目可以分为三大类:第一类是社会教育,又叫社会文化教育或公共文化教育;第二类是专业教育,也叫职业教育;第三类是学历教育,这里主要是指电视大学对注册"视听生"所从事的教育。显然,这样的划分可以有交叉,即是相对的。比如说电视大学所从事的学历教育,它显然毫无疑问地具有专业性,也可以说自然具有职业性和可以归属于广义的社会文化教育范畴。随着电视节目的日益丰富和频道资源的更多利用,广而言之的电视社会教育节目将越来越丰富多彩和争奇斗艳。

大众传播的五大功能之一就是具有娱乐性。就电视而言,娱乐节目的内容和形式非常广泛。例如,它不仅存在于中央电视台的综艺和戏曲节目中,还可以包括除电视剧和电影这两个频道以外播出的所有各种电视剧和电影,甚至还可以包括体育频道中的绝大部分节目。1983 年,中央电视台首次举办春节晚会,这等于把具有娱乐性功能的电视节目组成了一台特别

丰富多彩的大戏,或者说是向全国各族人民烹调了娱乐性节目的盛宴,这是我国电视娱乐节目发展历程中一件影响深远的大事。后来,湖南电视台举办的《欢乐大本营》大获成功,又把我国电视娱乐节目推向"游戏化"、"竞赛化",从此全国上下出现了一个综艺娱乐节目"千帆竞发"的新局面。在当代中国,娱乐节目很有泛滥成灾的趋势,大众传播的娱乐性也正在被推向极端。周宪先生为许钧译法国社会学家布尔迪厄《关于电视》一书所作的《译序》中有这样一段话:正像一些后现代预言家所描述的那样,在商品逻辑严重侵蚀条件下,文化生产出现了一系列的"内爆"(波德里亚语),新闻和娱乐之间的界限消失了,以至于在西方出现了一个新概念——Infortainment,明眼人一望而知,这个词是 Information(信息)和 Entertainment(娱乐)的合成,它预示了电视在收视率诱导下的发展趋向:娱讯。①

日益琳琅满目的体育赛事,标志着现代人类社会经济与文化的高度发展。正因为这样,中国电视中的体育节目相对而言发展得比较迟缓一些。尽管 1961 年 4 月 4 日,当时的北京电视台就成功地转播了中国第一次举办的世界性体育比赛——第 26 届世界乒乓球锦标赛,但电视体育节目的突飞猛进一直要到中国举办第 11 次亚运会之后。

由于长期受计划经济的影响,我国真正的电视广告出现在 1979 年 1 月 28 日这一天:上海电视台播放了我国大陆电视发展史上第一条电视广告——"参桂补酒"。然而,这 90 秒钟的第一个广告,就像是第一声春雷,使得中国电视广告业乘着改革开放的东风和伴随着中国经济强劲的走势步入了发展的快车道。同年 12 月,在代表党和国家喉舌的中央电视台也开始播放商业广告,从此广告作为电视文化的一个重要表现形式对全面推进我国电视文化建设发挥了重要作用,并在人们褒贬不一的议论声中不可阻挡地成为当代中国经济与文化建设一股不可小视的推动力量。

三、节目板块化与频道专业化

电视的显像呈马赛克形,电视节目的组合也呈马赛克状——这就是它的板块化特征。具体来说,电视节目的板块化可以有大、中、小三个不同层面的情况。所谓大的层面,那是就整个电视台而言的,比如说上海电视台分

① 参见布尔迪厄著,许钧译. 关于电视. 沈阳:辽宁教育出版社,2000. 13

新闻综合频道、生活娱乐频道和纪实频道等。所谓中的层面,那是就一个频道内部而言的,如在一般新闻综合频道中,通常也会包含新闻、文艺、服务、广告等节目内容。所谓小的层面,那是就一个栏目内部而言的,如在中央电视台的午间《新闻30分》栏目中,内容分国内新闻、国际新闻、出行参考、天气和海浪预报等几个部分,在黄金旅游周期间还会加上全国各旅游城市客房、饭店出租情况的即时报道;在每晚10点的《晚间新闻报道》中,有国际新闻、国内新闻和体育新闻等几个部分;在《东方时空》栏目中,现在由《时空连线》、《百姓故事》和《东方之子》三个板块组成,并且在周日又有专门的《纪事》这个板块。

电视节目的板块化从一定意义上来说是电视频道专业化发展的前提和基础。广播电视频道专业化是大众传播现代发展的产物,也是充分利用电视传播资源的一个具体表现。以中央电视台为例,经过几十年的发展和进步,到2003年"五一节"前共有12套节目,即12个频道。其中第一套是新闻综合频道,第二套是经济生活频道,第三套是综艺频道,第四套是国际频道,第五套是体育频道,第六套是电影频道,第七套是科技频道,第八套是电视剧频道,第九套是外语频道,第十套是教育频道,第十一套是戏曲频道,第十二套是西部频道。随着中央电视台在2003年"五一节"期间从珠穆朗玛峰上播放"站在地球第三极"节目的成功,中央电视台第一个新闻频道正式诞生。

在全国各地方台,虽然没有中央电视台那样多的频道,但几乎也有绝大部分相应的节目,有的甚至还有比中央电视台更为专业的频道,如上海电视台专门为纪录片开设的纪实频道。有关这方面内容的具体论述,本书将在以后有关章节中加以展开。

四、从专题片到纪录片

就世界纪录片发展历史来说,由电视纪录片在较大范围内直接取代纪录电影是一个具有普遍性的现象;就中国纪录片发展历史来说,电视纪录片却并没有名正言顺地在纪录电影的基础上直接发展起来,而在中间经历了一个所谓"专题片"阶段。

2002年5月,由中央电视台新闻评论部《东方时空》、北京广播学院(现更名为中国传媒大学)、北京电影学院、中国广播电视学会纪录片研究委员会主办,中视传媒股份有限公司、复旦大学、上海纪实频道协办的"纪录片

论坛 2002——中国电视纪录片 20 年创作(1980—2000)回顾展暨研讨会”在北京举行。根据这个很长的会标内容可知,中国电视纪录片的权威人士们至少将中国电视纪录片的出现时间确定在 1980 年。但是,不要说是在 1980 年,就是到了 1990 年,中国绝大部分电视人对纪录片这个概念还是不甚了解的,真正在名称和实践中有所了解的仍然是在那些诸如《民族之林》、《地方台 30 分》、《祖国各地》等栏目中播出的“专题片”。所谓“专题片”,顾名思义就是以某一个专题来拍摄成或剪辑组合成的电视片。专题在某种意义上来说可以等于主题,如《让历史告诉未来》、《土地忧思录》等片名就是其主题的最好表述;专题又可以等于题材,如打拐、缉毒、抗洪等。特别值得一提的是,为了要很好地表述一个主题,认真地做好一个专题,就势必要占有较多的素材,展示相对深广的生活过程,于是这就往往会使所记录下来的内容变得有意义或比较有意义了——从一定意义上来说,这也就是很接近纪录片及其本质规定性了。

中国第一个以纪录片命名的电视栏目诞生于 1993 年的上海电视台,它的名字叫《纪录片编辑室》,播出时间为半小时;同年,中央电视台《东方时空》栏目推出一个有广告导语为“讲述老百姓自己的故事”的子栏目《生活空间》,播出时间为 8 ~9 分钟。这两个专门纪录片栏目的问世,标志着中国电视纪录片发展开始了一个新纪元。具体来说,这个新纪元有三大特点:一是中国电视纪录片专门栏目的问世;二是中国电视纪录片进入相对成熟的发展期;三是掀起了当代中国新纪录运动的高潮。由于纪录片将在后面关于电视栏目的介绍中要作专门论述,所以在此就不多展开了。

第三节 电视剧发展概要

从一定意义上来说,电视剧是使电视可以称之为艺术的一个主要因素,也是电视特别关注收视率的重要方面。在此,以中国电视剧的发生、发展为

主线略作介绍。

一、从直播舞台剧到“第八艺术”

所谓直播电视剧,就是电视剧的表演、拍摄、录音与信号合成、发射播出以及收看都是在同一时间内进行的。它很像舞台剧,由于不能录像,只能转瞬即逝;但它没有任何正式观众,所以没有剧院演出里的那种交流与互动。因此,这种电视与戏剧的结合确实非常机械而简陋,仅仅是用电视手段来向受众转播一出在舞台或在摄影棚里演出的戏剧。到1956年美国发明录像技术之前,电视剧只能采用演播室直播方式播出,无法保留储存,成为一次性消费品。如果节目要求重播,就得重新组织人马,即演即播。这使电视剧发展缓慢,影响力不大,许多剧作家甚至不屑为电视写作。同时,当时的电视剧受戏剧影响较大,用“三一律”来指导创作,人工搭设景物,时空缺少变化,很少有自己独特的艺术特点。这种情况一直被延续着。因此,在这一历史时期内全世界所有电视台播出的早期电视剧,其实都应该叫做直播舞台剧,或者说是直播室内剧。1936年,在英国播出了世界上第一部直播的舞台剧《花言巧语的人》,从此揭开了电视剧艺术发展的序幕。此后直到50年代初,电视剧基本上是直播舞台剧和小戏,美国在“二战”后才播出电视剧,最早的电视剧是百老汇的舞台剧,苏联于1951年开始出现的第一部电视剧是根据舞台剧《真理好,幸福更佳》录制的。

“二战”后,电视剧随着经济文化的复苏和电视技术的发展而迅速发展。1954年美国首次开播彩色电视,之后被广泛普及;1958年,便携式摄像机和录像磁带出现,使电视剧的制作走出演播室,进入拍摄基地或绝大部分到外景拍摄。技术的进步有力地改变了电视剧发展初期的各种限制,与此同时电视剧的创作观念也得到了更新。意大利新现实主义电影运动的精神和50年代中后期法国巴赞、德国克拉考尔的电影纪实理论广为关注,也自然而然地渗透到电视剧的创作中去。这使得电视剧艺术能够很好地贴近生活,打破好莱坞电影的虚假程式,也避免过分崇尚使用蒙太奇而破坏生活的现实感性。从一定意义上来说,新现实主义电影运动提出“把摄影机扛到大街上去”的口号,对电视剧现代发展而言无异于是吹响了嘹亮的进军号角。由于理论和技术两个方面的大力支持,不少发达国家在这个时期的电视剧创作数量急剧增多,质量也明显增高。为我们所了解的比较优秀的作

品有《爱德华七世》、《简·爱》、《加冕礼长街》、《大西洋底来的人》、《草原小屋》、《加里森敢死队》、《嘉蒂回家》等。其中1951年美国CBS推出的电视情景喜剧《我爱露西》,表现一个永远想进入娱乐行业但毫无天赋的家庭主妇的生活故事,连续播出20多年,成为深受美国人欢迎的文化经典;英国首播于60年代的《加冕礼长街》也连播十几年,共达1144集;1963年由杰里米·桑德福摄制的《嘉蒂回家》,把摄像机镜头对准普通人家的日常生活,播出后引起轰动,被人们推为电视剧创作的代表之作。

伴随着电视制作技术的提高和电视传播特征的增强,特别是随着电视连续剧、系列剧于20世纪70年代成为电视节目的一个重要主角后,人们开始意识到这个"小电影"迅速长大了,完全应该被称为"第七艺术"电影之后的"第八艺术"(也有称之为"第九艺术"的)。众所周知,与电视单本剧相比,电视连续剧、系列剧不仅和电影一样能设置引人入胜的情节,更能设置错综复杂、变化多端的人物关系,特别擅长注重表现连绵的社会故事、广阔的时代变迁、曲折的人物命运和细致的生活过程。因此,电视连续剧和系列剧艺术的成熟,使得电视剧能够在很好地学习戏剧艺术和电影艺术的同时,不断创造新我,走向成熟,直至蔚为大观。如英国BBC推出的电视剧《根》曾轰动一时,收视率高达1.3亿多人次,超过电影史上最卖座的电影《乱世佳人》。美国电视剧《达拉斯》创年度收视率最高,每到一个高潮往往形成一个社会议论焦点;情景剧《成长的烦恼》表现西尔沃一家五口普通人的生活问题,矛盾冲突激烈,人物性格鲜明,将社会问题的热点变为电视剧的热点,对受众的积极参与产生了很大的影响。日本电视剧《阿信》塑造了一位勤劳善良、坚韧不拔的女性形象,她在战乱中长大,命运的坎坷不能征服她不屈不挠的意志,艰难经营数十年后终于拥有自己的商号。当饰演阿信的那位演员去世时,全世界都特别报道了这一悲哀的消息。

二、中国电视剧的咿呀学语(1958年—1978年)

电视剧是一门新兴的、独立的艺术样式,它以具体生动的形象揭示社会生活的本质。与许多国家相比,中国电视剧的起步并不晚,只是前20年的发展较慢,近20多年才得到迅猛的发展,成为社会影响广泛、深受大众欢迎的艺术门类。其发展大体分为三个阶段:

1958年6月15日,刚试播不久的北京电视台直播了中国第一部电视剧《一口菜饼子》,这部根据发表在《新观察》杂志上的同名短篇小说改编成的电视剧,人物不多,故事情节比较简单,讲的是忆苦思甜、节约粮食的故事:一个小姑娘饭后用一块糕喂狗,被姐姐及时发现后加以阻止,并回忆起解放前一家人的痛苦遭遇,妹妹听后深受教育。就在同一年10月25日,上海电视台播出了名为《红色的火焰》的直播电视剧。"文革"前,由北京电视台、上海电视台、广东电视台、天津电视台、吉林电视台、黑龙江电视台等共摄制了《一口菜饼子》、《红色的火焰》、《党救活了他》、《焦裕禄》、《江姐》、《长征路上》、《雷锋》、《快马加鞭》、《小英雄雨来》、《刘文学》、《相亲记》等100多部电视剧。其中《相亲记》不仅在北京电视台播出,而且还到广州进行巡回演出并在广州电视台播出。由于我国在1965年底才开始使用录像技术,所以这些电视剧还都是直播电视剧。剧情简单,场景局限在演播室里;强调戏剧冲突,遵循"三一律"是这些电视剧所普遍遵循的美学原则。在这种情况下,每个电视剧的时间一般都较短,通常限制在30分钟以内;许多电视剧只是电视小戏,类似于剧场演出的实况转播。其中北京电视台拍摄的《党救活了他》,反映为抢救国家财产被严重烧伤的工人邱财根的英雄事迹,在新闻事件发表的当天突击编写的剧本,仅过30个小时就在电视上进行了播出,影响很大。

由于受到技术条件和经济条件的限制,当时电视台的传播范围极其有限,因此,不管是电视新闻还是电视剧,其实都还是小众传播,且很多节目都无法保存。1967年,我国第一次将录像技术运用到电视剧拍摄中去,拍摄了中国大陆历史上第一部电视剧——《考场上的反修斗争》。"文革"时期,各行各业都处于瘫痪阶段,电视剧创作也不例外,几乎是一片空白,在长达十年的时间里,全国电视剧的生产数量只有《考场上的反修斗争》、《神圣的职责》等3部图解特定时代政治话语的作品,刚刚起步的中国电视剧陷入了一个长期的停顿状态。

三、蹒跚起步(1978年—1989年)

1978年5月22日,刚刚改名的中央电视台推出了新时期第一部电视剧《三家亲》。该剧根据同名锡剧改编,采用实景拍摄,富有生活气息,是中国新时期电视剧发展迈出的可喜一步。1979年,因为庆祝建国30周年需要,当时的中央广播事业局召开全国第一次电视节目会议,提出"大办电视

剧"的号召,建议凡有条件的各地电视台都可制作电视剧,并在国庆30周年时进行了全国电视节目联播。虽然1979年播出的电视剧共18部,但1980年就达到131部,一下子就增加了好多倍。1981年,我国第一部电视连续剧《敌营十八年》问世,打破了电视单本剧一统天下的局面,对连续剧创作的形式作了非常有益的探索。就在这一年,我国首开了由政府机关组织进行的全国性电视剧评奖活动,从此坚持一年举行一次,到1983年(第三届)正式定名为"全国电视剧飞天奖"。同年,浙江《大众电视》杂志社主办第一届"大众电视金鹰奖"评奖活动,该奖由群众投票评选,从此也是每年评选一次。也在这一年,中央电视台成立了"中国电视剧制作中心",所有这些都非常有力地推动了我国电视剧创作数量和水平的不断提高。1985年的电视剧创作数量超过1000集,它将近是1958年到1978年之间20年创作总数的6倍,艺术质量也不可同日而语。

1985年以前,单本剧代表作有《凡人小事》、《有一个青年》、《新岸》、《高山下的花环》、《周总理的一天》、《乔厂长上任记》等;连续剧有《蹉跎岁月》、《今夜有暴风雪》、《赤橙黄绿青蓝紫》、《武松》、《鲁迅》、《华罗庚》等。其中《凡人小事》、《有一个青年》、《新岸》等单本剧情节简洁、矛盾集中、形象生动、结构完整,着力描写日常生活中随处可见的普通人的生活与情感,在创作方法上表现出对"文革"文艺刻意塑造"高大全"人物的反叛。特别值得一提的是由周里京主演的《高山下的花环》,其内容的现实性、时效性、批判性都使它成为当时银屏的一道亮光。由于这部片子的影响确实很大,不久以后著名导演谢晋拍摄了一部同名电影,但相比之下,尽管因为后者对很多"问题"的揭露与展示更具"煽情"的力度,但也因为在后者中那些"问题"的解决更为及时与彻底而显得远没有电视那样震撼人心。《蹉跎岁月》、《今夜有暴风雪》、《赤橙黄绿青蓝紫》等中篇连续剧在当时都引起很大反响。在创作方法上,这些电视剧都将人物推到尖锐激烈的矛盾中,一改以往人物塑造过于简单和符号化的创作倾向,使人物形象显得较具个性、颇为丰满。前两部电视剧以"知青"为题材,是电视剧中的"伤痕文学",也被称为"伤痕电视剧"。《赤橙黄绿青蓝紫》是较早的改革题材的电视剧,塑造了一个桀骜不驯的复杂人物刘思佳的形象,他看似玩世不恭,但敢于对工厂管理弊端提意见,在关键时候奋不顾身开着起火的汽车离开油库。它与《乔厂长上任记》等都是以《新星》为代表的"改革电视剧"的先驱作品。

1985年,北京电视台推出28集电视连续剧《四世同堂》,当即轰动全

国,从此长篇连续剧成为电视剧创作阵营的主力军。长篇电视剧容量大,易于表现丰富复杂的故事情节,广阔多姿的时空变迁和起伏跌宕的人物命运,最大限度地适应了电视媒介播出的日常性和观众收看的连续性,被认为是最具电视剧特征的创作样式。这一时期的主要作品有:《四世同堂》、《新星》、《寻找回来的世界》、《红楼梦》、《努尔哈赤》、《雪野》、《凯旋在子夜》、《西游记》、《严凤英》、《便衣警察》、《雪城》、《乌龙山剿匪记》、《秋白之死》、《篱笆、女人和狗》等。其中影响较大的有《新星》、《努尔哈赤》、《红楼梦》、《西游记》、《秋白之死》等。

随着创作数量的急速增长,电视剧艺术质量不断提高,文化影响与日俱增。人们普遍意识到,电视剧在使电视文化日益流行的同时,也使自己更为流行,从而使中国的电视文化开始成为真正的大众文化。为了实施精品战略,促进电视文化的健康发展,国家广播电视总局自 1985 年以来于每年年初都召开一次全国电视剧题材规划会议,对过去一年的电视剧创作进行总结,对当年电视剧创作做出规划,确定重点选题,避免题材撞车。1989 年开始实行电视剧制作"许可证"(分甲乙两种,甲种为长期许可证,乙种为临时许可证)制度,对规范、促进电视剧创作和确保电视剧创作质量都产生了很好的积极作用。

在这个期间,我国大陆电视剧的引进也迈出了很大的步子。1984 年中央电视台开播了从我国香港地区引进的武打连续剧《霍元甲》,接着是几部国外家庭伦理电视剧先后登场,如日本的《血疑》、巴西的《女奴》、墨西哥的《诽谤》等轰动一时。尽管国家对进口电视剧有总量的限定,但这个总量其实本身是一个体现发展趋势的变量——根据我国播放电视剧的总集数(或总时间量)的一个既定比例来规定,所以必然出现水涨船高的局面。同时我国从 1986 年开始举办上海电视节和四川电视节,以后又举办北京电视周,对引进以电视剧为主的电视节目产生了积极的影响,对促进电视文化交流也发挥了很大的推动作用。

四、走向成熟和繁荣(1990年至今)

就国产电视剧播放数量这一点上来看,1985 年突破 1 000 集,到 1990 年则突破 5 000 集。对于中国这样一个人口众多、幅员辽阔的国家来说,当国产电视剧的年播放数量跃上 5 000 大关时,可以说得上是在走向成熟和

实现初步繁荣。

1990年,由北京电视台、北京电视艺术中心联合推出的50集大型室内剧《渴望》大获成功。该剧以"文革"为背景,反映了十年动乱中千家万户的悲欢离合,塑造了一系列具有是非善恶分明特征、符合大众审美心理的人物形象。特别是其中的刘慧芳,她是众多美好情感的化身和集中体现,唤醒了全社会人间真情的强烈向往,在全社会引起了巨大的反响。应该指出的是,该剧以基地化生产方式来制作,它的成功标志着电视剧生产一个新时代的来临和开始。从此以后,电视剧制作越来越多注重建立影视基地的做法,采用室内搭景、多机拍摄、连续表演、同期录音的拍摄方法,使电视剧生产效率大大提高,于是有更多室内式或半室内式拍摄的国产电视剧如雨后春笋般地出现在寻常百姓家的电视机屏幕上,极大地丰富了中国人的电视文化生活。

1991年开始,中宣部设立"五个一工程奖",提倡以高尚的精神塑造人,以优秀的作品鼓舞人,使电视剧的精品意识得到了进一步加强。这之后又在"弘扬主旋律、提倡多样化"的原则指导下,中国电视剧创作日益丰富多彩。如由北京电视艺术中心录制的我国第一部长篇电视系列喜剧《编辑部的故事》就是一个很好的代表。该剧以《人间指南》杂志编辑部为主要场景,由6位年龄不等、性格各异却热心助人的编辑贯穿全剧,取材于现实生活中热门话题,幽默风趣、调侃戏谑、触及时弊、引人深思,是继《渴望》之后在中国电视发展史上一部非常重要的作品。需要指出的是,这部电视连续剧不仅和《渴望》一样获得了企业的赞助,而且在中国大陆首开了将电视广告与电视剧捆绑播出的先例。以后,电视剧《北京人在纽约》靠银行贷款解决了资金问题,《京都纪事》、《我爱我家》也都实行了商业运作。所有这些,对中国电视剧生产方式的改变具有非常深远的影响力。

由于这是一个中国电视剧走向成熟和繁荣的时期,所以相对成功的代表作品也就更多了。除了上面已经列举的以外,像《外来妹》、《孔子》、《上海一家人》、《南行记》、《唐明皇》、《中国商人》、《双桥故事》、《京都纪事》、《古船、女人和网》、《北京人在纽约》、《情满珠江》、《过把瘾》、《凤凰琴》、《三国演义》、《孽债》、《宰相刘罗锅》、《英雄无悔》、《苍天在上》、《西部警察》、《咱爸咱妈》、《儿女情长》、《弘一大师》、《深圳人》、《水浒传》、《走过柳源》、《牵手》、《雍正王朝》、《钢铁是怎样炼成的》、《突出重围》、《开国领袖毛泽东》、《红岩》、《大明宫词》、《大雪无痕》、《长征》、《孙中山》、《大宅

门》、《一代廉吏于成龙》、《橘子红了》、《刘老根》、《激情燃烧的岁月》、《黑洞》、《DA 师》、《希望的田野》等，真是难以枚举。

在这些电视剧中，一类是现实题材。它们与时代同步，与社会生活息息相关，展现改革开放发生在中国大地上的一个个变化，如《大雪无痕》、《黑洞》、《希望的田野》、《刘老根》、《DA 师》等。《大雪无痕》、《黑洞》等剧都敢于触及敏感而尖锐的重大社会矛盾，对腐败行为思考和揭示的程度极为深刻，虽然其外在的故事线索是以一件重大命案的侦破而引发，但全剧真正关注的是官场上复杂的人际关系和利益对人的心灵的扭曲和腐蚀，在面对诱惑和威胁的时刻充分展现了人物独特而丰富的精神世界。从一定角度上来看，《希望的田野》可以说是 20 世纪 80 年代中期轰动中国的电视连续剧《新星》的姐妹篇，当然它在全方位传达出生活现实与时代发展的气息方面也许做得更好，主要演员的表演也更加到位而更为生活化。从影视语言运用这方面来看，《刘老根》是不尽成熟的，甚至可以说是非常幼稚的，但从它不仅为生活在黑土地上的广大群众所喜闻乐见，而且也能为相当多数其他地区的受众所喜闻乐见这一点上来说，确实在新世纪创作的中国电视剧中应有它的一席之地。《DA 师》作为一部反映新时代军人风貌的电视剧，不仅因为表现的是数字化部队，而且是因为描写得更为真切深刻而别开生面。

另一类是历史题材。这些作品往往是鸿篇巨著，如《宰相刘罗锅》、《雍正王朝》、《康熙王朝》、《一代廉吏于成龙》、《走向共和》等。《雍正王朝》淡化对深宫秘事的猎奇，着意于开掘皇室题材中与当代大众的民心向背、善恶取舍紧密相关的内容，如封建官场的结党营私、勾心斗角、卖官鬻爵、贪赃枉法。继位之初的雍正虽励精图治，苦心推行新政，但屡遭百官掣肘，回天乏力；《一代廉吏于成龙》鞭挞丑恶，张扬正义，塑造了一个为民请命、不畏权势的清官形象，在当今特别具有现实意义。

革命历史题材也有重要收获，如《长征》、《孙中山》等电视剧，以艺术化的叙事，真实展现了近代以来的革命进程，并汲取近年来学术界的最新学术成果，再现了当时的历史情景及人物命运，如实地把革命者作为血肉丰满的人来描写，形象生动、真实可信。

还有一类是根据古典名著和现代名著改编的电视剧，如《三国演义》、《水浒传》、《南行记》、《围城》、《孽债》、《钢铁是怎样炼成的》等。其中《水浒传》是中国四大古典名著中最后一部被改编为电视剧的作品，它紧紧抓住小说原作的精神实质，紧紧抓住人物心理和社会发展的必然逻辑，塑造出性格鲜明、栩栩如生的农民英雄群像，形象地展现了宋代浓墨重彩的市井生活图卷和社会氛围。《南行记》打破原小说的结构，设计了三个时空，交错进行，20 世纪 20 年代是故事发生的历史时空，60 年代是老作家第二次南行的过去时空，90 年代是老作家与其扮演者共同探讨人生的现实时空，这一创造性结构，不仅扩大了全剧的叙事容量，而且使历史和现实在荧屏上得到巧妙的交融。根据钱钟书同名小说改编的《围城》，则为中国电视剧重视文学剧作的基础和人物语言的个性化起到了示范作用。全剧用画面加旁白的手法，尽可能保留原著中充满幽默机智的语言，展现了抗战时期一部分知识分子的精神风貌，成功地解决了著名文学作品改编为电视剧的难题，显现出我国电视剧创作为提高文化品位和艺术质量所付出的努力有了收获。

五、港台电视剧

作为中华文化的有机组成部分，港台电视剧一方面植根于传统文化的沃土，一方面借鉴西方文化之长，更讲究商业性、娱乐性、通俗性，其创作异彩纷呈、别开生面。其中武侠题材、历史题材、言情题材、都市乡土题材的连续剧久演不衰，尤其深受观众的欢迎和青睐。

比较有代表性的武侠题材电视剧有《上海滩》、《霍元甲》、《楚留香》、《射雕英雄传》、《书剑恩仇录》、《小李飞刀》、《神雕侠侣》、《鹿鼎记》、《笑傲江湖》、《绝代双骄》等。这类电视剧大部分改编自古龙、金庸的武侠小说，在纵横交织、波澜壮阔的历史背景下，描写主人公的英雄正气，或绝技超群、行侠仗义，或智勇双全、除暴安良，表现了中华民族传统的文化价值和精神气节。在情节安排上，有的层层深入、引人入胜，有的曲折悬疑、大起大落。如《霍元甲》描写出身于武术世家的霍元甲无师自通，一身正气，与邪恶势力作对，他没有正式介入武林，却练就密宗拳法，成为一代宗师；《射雕英雄传》描写宋元之交孤儿郭靖在流浪途中结识黄蓉，相伴浪迹天涯，郭靖憨厚耿直，黄蓉机智伶俐，他们逢凶化吉，大难不死，情深义重。

历史题材的电视剧有《包青天》、《杨家将》、《戏说乾隆》、《一代女皇》等，这类电视剧借古讽今，亦庄亦谐，伸张正义，史实与虚构结合，既有浓厚的历史感，又有强烈的现代意识。如《包青天》拍摄了 300 多集，塑造了秉公执法、刚正不阿的包拯形象，他既铁面无私又扶持弱小，既执法如山又爱民如子，是一个有血有肉、爱憎分明的人。《戏说乾隆》描写的是风流天子

乾隆皇帝微服私访、三下江南的故事，该剧通过“戏说”方式，重新裁剪正史野史、民间传说，集言情、打斗、闹剧于一体，趣味横生，诙谐轻松。

言情题材的电视剧有《几度夕阳红》、《烟雨》、《庭院深深》、《在水一方》、《婉君》等，以琼瑶作品为代表的这类电视剧往往紧紧围绕男女主人公的爱情纠葛，宣扬纯正无瑕、如梦如幻、唯美唯情但又很少涉及现实的爱情，情节上一波三折、节外生枝、曲折动人，但又有模式化的痕迹，人物大同小异。

都市乡土题材的电视剧有《追妻三人行》、《家有仙妻》、《全家福》、《邮差》、《星星知我心》等。这类电视剧既有都市生活的写照，又有温馨乡土的礼赞，也有的带有喜剧色彩，如《追妻三人行》通过轻松幽默的方式，描写阴差阳错的误会，有较强的娱乐性和可视性；有的带有写实色彩，朴素清新、清纯自然，如《星星知我心》渗透浓浓的乡情和亲情，塑造了一位充满爱心的母亲古秋霞的美好形象。

港台电视剧一般都讲究编剧技巧，制作力求创新多变，并借助现代科技手段，因而受到观众的欢迎。但也有一些电视剧胡编乱造、煽情矫情、故弄玄虚、落入俗套，这类电视剧大多不足为取。

六、小　结

电视和电视剧的出现，大大地改变了人们的社会生活方式。一方面是人们的文化活动内容可以迅即而广泛地向最广大的受众进行传播，另一方面是人们越来越多的文化活动趋向于家庭化。前者使得从事文化创造活动和表演活动的人们相对缺少和受众的直接交流，后者则使广大社会人员之间减少了面对面的接触与交流。从一定意义上来说，电视确实使地球变小的同时也使人与人之间的距离拉大了。一个崭新的电视时代给人类世界带来了全新的感受，同时也带来了全新的挑战。

电视剧问世不久，就被称为“小电影”（TV Movie）或“电视戏剧”，电视剧艺术也经常被称为电影的“姐妹艺术”。这从几个方面非常直接地说明了初创时期的电视剧所具有的基本美学特征——模仿以戏剧性见长的电影。电视剧艺术一开始就全面地向电影艺术学习，虽然不利于自身艺术特色的尽快形成，但非常有效地使得早期电视剧创作能很快地获得较多的观众。历史地来看，与这样的称谓所相应的事实不仅是很客观的，而且是很必

然的。它非常自然地构成了电视剧发展历史过程中的一个重要阶段。电视剧初创时期,数量很少还不能给人以较多的选择,所以受众的参与性是几乎无从体现的。在这样的情况下,电视剧所讲的故事,完全可能只是传播者的意愿,很少考虑受众想听什么样的故事。也就是说,在那个时候的电视剧创作,一般只是传播者的主观行为,很少注重受众的兴趣、口味和信息反馈等因素。

从发生时间来看,中国电视剧的问世并不很晚。由于经济和技术方面的原因,自1958年至1966年间大陆制作的电视剧数量非常有限,主要也就是100多部直播电视剧。1959年,为庆祝建国十周年而拍摄了一部反映参加“十大建筑”题材的大型电视剧。该剧播出时间长达100分钟,其中有不少倒叙的内容(如表现回忆)和外景场面都事先拍成相关的电影片断,在播出时根据剧情安排随时插入。这为我国电视剧创作改变单一的舞台场景开了先河。1965年12月,北京电视台开始使用录像机设备来制作电视节目,其开山之作是相声《女队长》,这为电视剧制作水平的提高奠定了很好的技术基础。从比较成熟和走向大众这两个层面上来说,我国电视事业和电视剧艺术一直要到20世纪70年代才真正开始比较正式的起步,到改革开放以后才得到比较明显的发展。进入20世纪90年代以后,中国电视剧的发展很快,质量上去的速度也很快,以《渴望》为代表的生活剧,以《编辑部的故事》为代表的轻喜剧,拉开了中国电视剧进入较为繁荣新时期的大幕,但还是没有从根本上解决很多粗制滥造的情况。2003年初,著名香港电影人,香港导演协会会长尔冬升在接受《南方周末》记者访谈时说到过这样的事:现在内地的影视业,特别是电视剧,太像以前的香港了。经常是一个暴发户拿了一大笔钱出来拍,他让自己的女朋友当女主角,拍的是乱七八糟的东西,和以前香港的情况一模一样。但总的来说这样的情况正在越来越少。诸如《三国演义》、《西游记》、《水浒》、《长征》、《橘子红了》、《牵手》、《激情燃烧的岁月》等好片给人以目不暇接的感受。

以中国电视剧的发展情况来说,1985年前的创作基本上是属于讲述传播者的故事,所以几乎没有能在观众中引起较大反响的作品。随着电视剧创作数量的增加,观众对电视剧的选择作用开始显现,电视剧创作者对受众的接受要求开始重视,于是在观众中引起强烈反响的作品就应运而生。1985年,电视连续剧《新星》在大江南北掀起了一场空前的“李向南热”。这一方面因为该电视剧内容贴近人们现实的社会生活,另一方面因为电视

剧内容在很多方面体现了广大受众所关心的东西,所以这可以看做是中国电视剧比较自觉地为受众讲述故事的一个开始。需要指出的是,电视剧从几乎完全是传播者讲述的故事发展到主要是为受众讲述的故事,并不可以毕其功于一役。从一定意义上来说,电视剧创作者们总在内心深处不可避免地具有控制观众的意识,这种意识在本质上与体现电视剧创作的大众参与性相违背,然而它对于电视剧创作来说并非没有积极影响。似乎可以这样说,所有优秀的电视剧创作都要把这两者调整到一个最佳的结合点。因此,作为大众传播艺术的电视剧,能否很好地成为既是一个"为受众讲述的故事",又是一个"传播者讲述的故事",决不是一件轻而易举的事。电视剧创作从讲述一个传播者所要讲述的故事到讲述一个为受众讲述的故事,是现代大众传播学理念的一个伟大胜利,是电视剧艺术实现的一次伟大进步,也是其深受大众喜闻乐见的一个重要原因。

第六章 广播电视节目的构成特点与编排

内容提要：

从具体、微观的层面，剖析广电节目的构成要素、类型和编排，进一步阐明广电节目概念的内涵和外延。详细分析了声音在广电节目中的具体表现，画面在电视节目中的作用和特性，以及电视声画的关系。介绍广电节目特殊要素——主持人的概念及作用。从内容和形式上对广电节目进行划分。介绍广电节目编排的方法。

在对广播影视媒介的发展历史作了一次简要的纵向梳理之后，有必要对广播电视节目作本体意义上的分析，从最基础的层面上探讨广播电视节目是什么。

第一节 广播电视节目的要素

一、广播电视节目的基本要素：声音

在广播电视学中，通过无线电波或通过导线向广大地区播送音响、图像节目的传播媒介，统称为广播。其中只播送声音的称为广播，播送图像和声音的称为电视广播。从这个定义中我们可以看出：电磁波是广播电视的传播介质，声音或声音与画面的结合，是广播电视传播的两种最基本的形式要素。

声音，又称听觉语言，是广播电视的基本信息符号。

声音的物理特性表现为音调、响度和音色。音调的高低主要由发声体振动频率决定，频率与音调成正比，频率越高，音调越高，反之则越低。响度，又称音量，它是由声波振动的幅度决定的，振幅大，声音强；振幅小，声音弱。人耳能感觉到的声音一般在16赫兹到2万赫兹之间。音色又称音品或音质，它由泛音的数量、频率和振幅决定。泛音的多寡和相对强度决定音色的差异。有着相同音调和响度的声源，音色不同，给人的感觉就截然不同。音色是塑造声音“形象”的一个重要因素。“二战”期间，日本东京电台对美军广播的播音员声音优美，极具迷惑力，收听广播的美军由其声音想像这位播音员一定是一个美丽的女人，因此称其为“东京玫瑰”。战后，有人在东京找到了这位播音员，才发现她是一位白发苍苍的老太太。

在广播电视节目中声音又可具体分为语言、音乐和音响，具体为：

1. 语言

语言是人类传播信息、表情达意的工具。广播主要依靠有声语言来传播,其语言包括播音员、主持人的播音、解说词、串联词,现场采录的人物讲话以及在广播节目中随时切入的观众热线中的用于咨询、求助、反馈、参与竞答等的各种话语。

对于广播节目而言,有声语言是广播的主要手段,也是主要信息符号,广播主要依靠听觉来感知,因而广播语言必须遵循一个“平行规律”,即广播和收听是平行的、同步的,语言表达的程度和信息量要与听众的言语感知能力和接受程度相适应,收听的过程和理解的过程应该同时完成。因此为了缩短广播和听众理解感知之间的“时间差”,取得比较好的效果,广播语言应该在规范正确的前提下,尽量做到通俗化、口语化、具体化、形象化,同时还要注意避免同音字词造成的歧义(如必须和必需,全部与全不,期中与期终等)。

与广播不同,电视是视听语言的结合。以视觉为主,视听兼顾,是读图时代强调信息具象化的人们对电视传播形态特征的一个共识。尽管电视图像是主角,电视节目中的听觉语言在与电视画面的相辅相成中,仍然发挥着不可或缺的作用。

首先,电视画面的信息往往是多义的,甚或是含糊的,模棱两可的,因此对于传播意图比较强烈的节目,多需要解说词的介入,通过解说词给画面框定唯一意义。比如对某些国际时事的报道,我们一般采用新华社通稿与外国电视台拍摄的画面资料相结合的做法。虽然国外电视台报道的立场、态度、出发点会和我们有所不同,甚至截然相反,但这并不影响我们利用他们摄制的资料,加以剪辑,为我所用。这正是利用了电视图像多义性的特征。在负载意识形态功能的电视节目中,为了能达到让受众接受信息及宣传某种立场的效果,往往运用有声语言对电视画面作出单一解释,从而避免错误的产生。其次,视觉语言在表达信息方面的功效也是有限的。画面可以呈现人或物的状态面貌、事件的过程等感性信息,至于事物表象背后的性质、成因、发展趋势等内在的事理逻辑方面,则力有未逮。因而还要靠有声语言来传达这些偏于理性的信息。再次,语言还能发挥联结画面的语言蒙太奇的作用。在电视散文、文化艺术片、专题片、纪录片等电视样式中,当节目的内容是非事件性的、非流程性的信息时,单纯的电视画面会显得比较散乱,缺乏连贯性。这时语言(解说词)则可以把看似不相关的画面组接起来,通

过语言构成画面的内在逻辑联系,从而使观赏过程连贯流畅。

2. 音乐

人们经常引用音乐和建筑进行互证,足见建筑可以缔造有旋律感的灵性空间,亦可见音乐可以借助旋律和节奏塑造出特有的感性形象。在众多艺术样式中,音乐是一种非常适宜直接抒发情感、塑造形象、营造气氛的艺术手段。在广电媒体中音乐自然成为增强节目形象性、感染力的一个重要因素。

当音乐作为广电节目中唯一的或最重要的表现手段时,它构成了音乐节目这种独立的节目形态;当音乐仅仅作为节目的要素之一,或者一种辅助成分时就是节目音乐。根据其在节目中的不同形态及功能,主要有:

(1) 标志音乐,即节目的开始曲、结束曲以及常设的专栏节目的题头音乐等。标志音乐,可以标识特定节目及其内容、风格,从而使节目易于识别。标志音乐一般简短鲜明、相对稳定。

(2) 间隔音乐,是栏目与栏目之间、栏目内部各板块之间的间奏乐。音乐在这里起到了结构、编排的作用,也可以带给观众美的享受,以舒缓一段时间内因连续收听、收看造成的视觉、听觉上的疲劳,同时,间隔音乐还可以起到填补节目时间空挡的作用,以解决由于播音员、主持人语速过快或其他原因造成时间上的误差,避免在特定的时间段中出现空白。

(3) 描述音乐,可以是无声源的背景音乐,也可以是声乐形式的插曲、主题歌,与声音、画面共同构成一种复调效果,起到深化主题、感染情绪、烘托气氛、刻画人物内心世界的效果。在比较严肃的硬新闻中,一般配置这类音乐。

(4) 特技音乐,是运用现代化的电子设备对常态音响进行艺术性加工,使之获得特殊表达效果的电子乐声。这类特技音乐往往用于非现实的故事情境中,如广播电视节目中的惊险故事、科幻故事、少儿节目和广告节目等。

(5) 节目音乐,是一门时间的艺术,它以自身的艺术表现力成为语言、音响、画面的有机补充。例如在央视谈话节目《实话实说》中,小型乐队的现场演奏,时而在谈话过程中对谈话内容给予即时“点评”,从而使包括谈话内容在内的现场信息,在音乐的烘托下得以直观感性的外化,时而在两个不同的话题切换之间形成自然流畅的转场,时而恰到好处地调整现场情绪,冲淡争论的火药味。音乐的使用,不仅为《实话实说》增添了形式上的美感,更与谈话本身共同构成了一个情绪空间。

3. 音响

音响指除了语言、音乐之外的其他声响,包括自然界的声响、各种动作导致的声响、动物的声音等。从音响在节目中的地位看,有主体音响、环境音响、背景音响之分;从音响来源说,有真实音响与模拟音响之分,在纪实类节目尤其是新闻节目中,音响必须是实地采录的,而在非纪实性节目中音响可模拟制作。

音响效果有强烈的感染力、表现力。正如巴拉兹所说:"从海洋的喃喃自语到大城市的一片嘈杂、从机器的轰鸣到秋雨敲窗的淅沥之声,这一切都向我们倾诉着生活的丰富的内容,不断地影响并支配着我们的思想感情。"①在广播电视节目中,音响主要起到如下作用:

(1) 突出节目的现场感。音响可以表征特定的时间和空间,可以传递语言之外的各种现场信息,使不在语言描绘之列的发声体经由受众的联想呈现出具体可感的形象,从而让受众置身于立体的听觉空间中获得身临其境的感觉。荣获第一届全国广播电视优秀节目的广播新闻《喜看我国运载火箭发射成功的壮观景象》,是中央人民广播电台1982年制作的一篇录音报道,报道在用语言描述火箭发射之前的紧张氛围、火箭发射升空及溅落的状观景象的同时,也记录下了许多实况音响:指挥的口令、倒计时、火箭发射时的一声巨响、火箭升空时的呼啸声、测试船上汽笛长鸣、国歌声、人们的欢呼声等。当时的路透社驻北京记者听到这个录音报道后,就赞誉中央人民广播电台对该次发射作了"绘声绘色的报道"。

(2) 烘托渲染环境气氛。音响不仅有标识声源,还原发声物体形象的功能,还能与语言、音乐一起构成复调式的声音表达,产生立体丰富的表意效果。比如纪录片《雕塑家刘焕章》中,采用了声画对位的结构,让时隐时现的凿刻声贯穿全篇。一样的凿刻声,在表现刘焕章"文革"期间遭遇坎坷的解说和画面的映衬下,就仿佛是人物悲愤抑郁的心境的表达,而在文革结束后刘焕章重新获得创作自由时,叮叮当当的凿刻声,又似乎是他难以抑制的、和时间赛跑的创作激情的写照。

---

① 巴拉兹. 电视美学. 北京:中国电视出版社,1979. 183

二、电视节目的基本要素:画面

一些电视纪录片在形式上,可以简练到不用解说词、音乐、音响,仅仅出画面配简单字幕的程度。这说明在电视语言中,与有声语言相比,电视画面是最基本的元素。

从画面的拍摄来说,有一些技术技巧上的常识:如画面的景别有远景、全景、中景、近景、特写之分,镜头运动包括推、拉、摇、移、跟、升、降、甩,长镜头内部的场面调度以及不同拍摄视角造成的独特的视觉表现意味等。

从画面的组接上,又有各种蒙太奇技法。著名的库里肖夫实验,说明画面的组接,会使原画面生发新内涵,这就是蒙太奇的力量。通过蒙太奇完成表意或构成镜头的节奏、隐喻、思想,从而将不同的画面片段连缀成符合受众视觉体验和心理体验的连贯的叙事。基于蒙太奇在表意和表现上的重要功能,在分析电影电视的视觉文本时,蒙太奇是一个值得特别考量的意识形态工具。

从画面本身的构成来看,包括以下的内容要素:

1. 通过镜头再现的各种人或物的形象

这些形象是电视画面的主体。由于摄影机的“物质现实的复原”(克拉考尔语)的物理特性,在受众的收视心理中,常常会有这样的认识:画面形象“首先是现实主义的,或者更确切的说,它拥有现实的全部(或几乎是全部)外在表现”。① 电视传播的形象逼真的特性正是建立在其对现实形象的记录和再现的基础上的。从另一方面来说,电视在物理层面的纪实特性也会使一些受众由于自身的认知、判断上的不足而对社会现实产生误认,尤其是一些电视剧的暴力、色情、凶杀等情节及功利、庸俗的价值观,会对青少年受众在认知、观念、行为上产生误导。

在这些形象内部,又包含了多种造型元素:人物的形体、手势、姿态、表情、动作、服饰;人或物的色彩、状貌;物体或人物在空间中表现为距离、主次等的位置关系等。种种元素共同构成了电视画面形象的细节的丰富性。

这类画面还包括摄影照片。照片可以弥补电视采录的不足,增加信息量。

---

① 马赛尔·马尔丹. 电影语言. 北京:中国电影出版社,1980. 1

2. 用于表现事实的各类图表图像

图表可以抽象概括事实,使之直观化、简明化,让一些难以用形象表达的信息物化为一定的数据、比例、路线,从而使受众可以比较直观地认知和理解信息。

图像包括动画、漫画、卡通形象等,是用来表现现实而非再现现实的,所以有别于新闻摄影照片。电视动画片是最典型的例子。一些比较时尚、活泼的影视剧也会加入动画元素,如电影《谁说我不在乎》,对夫妇俩恋爱结婚的过程就采用了俏皮的动画效果。在流行歌曲的 MTV、时尚产品的广告中,还有一种用得比较多的方式,即真人与动画相互的幻化。从一定意义上说,动画、漫画等图片的运用,比之现实形象的映现,是一种更自由的、更艺术化的、形象化的、情绪化的表达。

3. 文字

出现在电视画面上的文字有两种。一种是作为被拍摄对象的、本身能独立传达信息的文字,如画面内的路标、标语、会议横幅等,又称画内文字。江苏电视台的早间新闻《江海晨报》以报纸新闻集纳为主,电视画面经常是作为新闻出处的某报某版面的扫描代替新闻事件的动态画面。一种是屏幕文字,屏幕文字不像画面文字那样是画面的一部分,它是根据画面内容,在后期制作时叠加到屏幕上的。屏幕文字可以是节目或栏目的标题,可以是人物谈话内容的字幕,可以是对时空、空间、人物身份、事件名称的交待,可以是不打断原有节目播送及时插播的字幕新闻或公告,也可以是用来传播政策、法规、条令及预告、广告等单纯的文字画面。

电视画面有以下一些特性:

(1) 连续性。这是由电视画面的线性存在决定的。人们常说"报纸一个面,广播一条线",因为报纸的存在偏于空间,广播的存在偏于时间。而电视无疑是时空的结合。虽然电视节目在存储时是以磁带的方式存在于空间,但电视的剪辑、播放、收看都是要遵从时间之维的。

(2) 再现性。在物理层面上,电视画面确实如克拉考尔所说是"物质现实的复原",只有被拍摄物体存在,才能在镜头后面成像。所以电视画面中出现的形象是客观存在过的,画面是对现实的真实再现。但电视画面仅仅是在物理层面再现了物像,镜头的诚实只在于它遵循了光学成像原理,但却不能保证由这些物像共同构成的关系、事实在现实之中客观存在过。所以除了新闻、纪录片等纪实类的电视节目之外,非纪实类的电视画面只能是

介于记录和造型之间的“另一次元的现实”(克拉考尔语),从这个意义上我们就能同时接受卢米埃尔兄弟所谓的镜头前面一切都是真的和梅里爱的镜头前面一切都是假的的这两种看似相悖的说法。

(3) 现在性。马尔丹在论述电影画面时认为电影画面的一大特征是“它始终是现在时的。由于画面是外在现实的一种片断性表现,所以在我们的感觉中是现状,在我们的思想意识中是当时发生的事:时间的间隔只有我们介入了某种判断后才出现,只有这种判断才能使我们将某些事件作为往事去确定,或者去肯定剧情中的不同镜头的时态……因此,任何画面都是现在时的,至于肯定完成时,过去未完成时,未来时都是我们面对某些已被我们学会看懂其含义的电影表现手段作出判断的结果”。① 体现了受众对画面从认知到判断的过程,这同样适用于电视画面。

(4) 选择性。无论是纪实类还是非纪实类电视节目,对拍摄对象、画面构图、用光、景别、视角、摄影机的运动等的选择,都能体现出拍摄者的主观性。所不同的是在纪实类作品尤其是新闻节目中,这种主观性会比较隐蔽。选择是服务于一定的意识形态立场的,选择的存在也证明了电视画面的再现性只是一定层面、一定范围内的再现。

(5) 多义性。单幅画面的涵义是不确定的,可以作多种理解。库里肖夫将著名演员莫尤兹金毫无表情的面部画面与食物、棺材和婴儿的画面分别连接,观看者认为莫尤兹金以高超的演技表现了饥饿、悲伤与慈爱。这个试验既证明了单幅画面涵义的多义性,同时也说明了蒙太奇的神奇表现力,而蒙太奇的功效又是建立在画面多义性的基础上的。从接受美学的角度,画面的多义性还表现在画面会因为观众认知结构的不同而产生歧义,所谓有一千个读者就有一千个哈姆雷特。

三、电视画面与声音的关系

电视的画面与声音有其自身的特点,比如说电视语言就和广播的语言有所不同:作为广播语言文本的广播稿是一篇主题明确、结构完整、通俗易懂的文字,而撇开电视画面的电视语言往往断断续续,跳跃性很大,在起承转合上缺乏一定的连贯性,不像一篇完整的文章。尽管从收视经验来看,电

① 马赛尔·马尔丹.电影语言.北京:中国电影出版社,1980.3

视是以看为主,以听为辅,但从上述的比较中可以发现,电视画面并不具备绝对的独立性,在某种程度上,画面的逻辑性依赖于声音的串联。电视的声音与画面只有相辅相成,相得益彰,才能获得完整性,形成和谐统一的艺术效果。近年来,人们对某些体育解说员的挑剔,也从侧面说明了对画面亦步亦趋甚至是多余的解说,不仅于画面无益,还会产生声音和画面争抢空间,干扰受众视觉的现象。和谐的声画关系有如下几种:

1. 声画合一

声音和画面是同步的,即声音就是由画面中的人或物发出的,或者解说词就是在对画面进行具体说明。声画合一的方式能增强画面内容的现场感和实况感。在纪实类的电视节目中,同期声讲话、同期声音响就是一种声画合一的方式;对各种文艺活动、体育竞技等的实况转播,对重大新闻事件的采录,也往往采用声画合一的方式;在非纪实类的电视节目中,比如在一些纪实风格的公安题材电视剧中,长镜头、同期声加上非职业演员的本色演出,就能自然营造出一种现场实录的氛围。

1992 年中国电视新闻奖二等奖电视报道《灾后第一场雪》,就采用现场画面加同期声的声画合一的手法:

画面	解说词
受灾镇的镇长回答记者采访	在大灾面前,灾民的抗灾能力比较强,他们有一双致富的手,把资金搞活以后,买点生产资料,办点年货,生活过得更好一些,这样才能看到希望。
(字幕:采访一组)	
主持人在受灾众农户家	观众朋友,我现在又到了一户灾民家里,大家从镜头上可以看出,这一户似乎比别人家里的情况要好一些。你看墙上的腊肉有好几十斤,家里的装饰也非常好。这家的女主人我想一定是很能干的。

2. 声画对位

"对位法"是音乐中的一个术语,原是指两个以上的旋律根据互相之间的和声关系共同进行,以获得浑然一体的效果。而影视作品中的声画对位,按《中国大百科全书·电影卷》中的解释,是指声音和画面各自独立又相互作用的结构形式。声音和画面分别表达不同的内容,各自独立发展,即在形

式上不同步、不合一，但两者又彼此对列、彼此配合、彼此策应，分头并进而又殊途同归，从不同方面说明同一事物的涵义。这种声画结构形式，称为声画对位。它是一种声画结合的蒙太奇技巧，能产生声音和画面形象各自原本不具备的新的寓意，包括对比、象征、比喻等效果，给人以独特的审美享受。

例如，上海电视台《纪录片编辑室》栏目制作的电视纪录片《十字街头》的一些片断，就采用了声画对位的方式：

画面	解说词
杨振娥在自由市场	她叫杨振娥，喜欢上街，喜欢与别人唠唠。她在市中心有一套新公房，这在上海是令人羡慕的条件了，只是她的丈夫多年前就病故，退休后一个人生活。她一回到家里，嘴巴的说话功能就没用了。
杨振娥在家看电视	她说她忘不了死去的丈夫，不愿意再找老伴。于是她就当了纠察。有人问路，她总是最热心的一个。后来因为交通事故，她的腿被撞成骨折。她只得离开纠察队。
日出	这是世界上一支独特的老人队伍，他们怀着不同的目的，站到了相同的位置。

第二节 广播电视节目的主持人

虽然从节目构成来说，声音和画面是构成广播电视节目的最基本的要素，但从传播的效果角度，主持人却是传受过程中一个不可缺少的中介。传播学研究表明，人际交流的效果优于其他交流方式的效果，在与主持人“一对一”的交流中，受众不再是纯粹的信息客体，受众具备一定的主体意识，因而能以一定的主动性去认知、辨别、接受信息。1983 年第十一次全国广

播工作会议以报告的形式对主持人节目中采用的谈心和对话的形式予以充分肯定，是时我国主持人广播节目已渐成气候。

主持人在英文中有两个对应的单词：Anchor 和 Host。但多数人倾向前者。Anchor 原指体育接力赛跑中跑最后一棒的运动员，也就是跑得快且有冲刺力的人。1952 年哥伦比亚广播公司（CBS）制作人唐·休伊特首次提出在当年的两党全国代表大会的报道中，使用主持人代替播音员，以改变当时电视新闻节目形式单调、死板的局面。休伊特借用 Anchor 称呼新闻节目主持人，意即主持人必须有能力把各种新闻及现场报道组成一个完整的新闻节目，而他在整个节目中起主导、组织和串联的作用。休伊特启用了沃尔特·克朗凯特主持了那次报道，所以有人据此称克朗凯特是历史上第一位电视新闻节目主持人（亦有人说 1951 年开始主持 CBS《现在请看》的爱德华·默罗为电视主持第一人）。Host 则偏于主办、招待、协调之意，在职能及对节目的控制上要弱于 Anchor，所以有人把综艺节目、娱乐节目的主持人归于 Host，也有研究者认为我国目前大量的主持人都属于 Host。

我国正式设立广播电视节目主持人是从 20 世纪 80 年代开始的。1981 年元旦中央人民广播电台率先推出了由徐曼主持的《空中之友》节目，很快受到大量台湾听众的喜爱。广东电台紧随其后，于 1981 年 4 月开办了李一萍、李东主持的节目《大众信箱》，以一对一的谈心方式进行口语播讲，结果节目开播不到 20 天，就收到听众来信 1 800 多封。这种被广播界称为“北徐南李”的模式，又带动了全国多个省市电台相继创办了主持人节目。1983 年沈力作为中国电视史上第一位固定栏目主持人主持了中央电视台的《为您服务》，稍后，各类栏目主持人层出不穷，如为上海电视台主持《燕子信箱》、《娃娃乐》的“燕子姐姐”陈燕华，主持电视纪录片《话说长江》的陈铎和虹云，主持央视新闻节目《周末热门话题》的乔冠英等。20 世纪八九十年代直至本世纪初涌现出更多优秀的节目主持人，比如主持《动物世界》等节目的赵忠祥，由文艺节目起家的倪萍、杨澜和叶惠贤，主持少儿节目的鞠萍、董浩，主持娱乐性博弈类节目的李咏、王小丫，主持现场谈话节目的崔永元及由《东方时空》、《新闻调查》、《焦点访谈》等名牌栏目培养出的白岩松、水均益、敬一丹等新闻类节目主持人。

西方节目主持人中尤以新闻节目主持人地位最高。著名的有：沃尔特·克朗凯特，他以潜心于货真价实的新闻报道为人称道，主持《CBS 晚间新闻》期间，真实地报道了越南战争、肯尼迪遇刺、水门事件、登月探险等事

件，并以其客观冷静、庄重稳健的风格，赢得公众的信任，他对越战的报道在客观上起到了影响政局的作用；丹·拉瑟，现场报道能力强且口才出众，他认为哪里有危险，哪里就有新闻，所以他有一个规矩，只要有重要新闻出现，随时都可以打电话到他家中叫唤他，不论白天黑夜；爱德华·默罗，主持过《现在请听》、《现在请看》、《面对面》。二战期间，爱德华·默罗作为欧洲战地记者，在《这里是伦敦》节目中以无畏的作风和独特的现场报道赢得赞誉，美国新闻史学家埃默里兄弟在《美国新闻史》中给予他这样的评价：他以平静而富有感染力的声音对“不列颠战役”作了生动描述，并对处于炸弹飞崩、烈火燃烧境地中的伦敦作了细致刻画，大大促进了当时仍然保持中立的美国领悟到战争的性质。

从主持人参与节目的程度和工作方式来看，可以把主持人分为以下3类：采编播合一型，即主持人参与节目采编播的全过程，这类主持人往往集中在对象性的专题栏目中，如1993年央视开办的《一丹话题》、1996年开办的《读书时间》（主持人是刘为、李潘）等；采编播合作型，即主持人还是以出场主持为主，且部分参与到节目制作的某些环节，访谈类节目的主持人多为这一类型，他们既主持节目又作为出镜记者进行采访，如《杨澜访谈录》、《新闻调查》等，多家省市电视台说新闻的主持人一般也属于这一类型；再一类是责任比较单一的主持人，他们只负责做好节目现场的串联和协调。

主持人是以自己的身份和受众交流的，因而在节目中主持人会表现出独特的个人魅力和主持风格。这一点也是主持人和播音员的区别所在。播音员不能作为自身的人格主体，而只能以代言人的角色出现，主持人是以自己的身份、自己的个性，直接面对听众或观众的人，亦即主持人是以个体行为代表群体观念的，这一特点为主持人明星化提供了可能性。

第三节 广播电视节目的类型

一、广电节目的内容划分

不同的分类标准，就会有不同的类别划分。和任何用于传播的信息一样，广播电视节目从最宽泛的意义上说也是内容和形式的结合。基于此，本文将在内容和形式这两个范畴中对广播电视节目的类型进行考察。

在广电节目的内容划分上，比较通用的是"四分法"和"六分法"。"四分法"即把广电节目分为：新闻类节目、教育类节目、文艺类节目和服务类节目。由于"四分法"的提出较早，是在1964年第八次全国广播工作会议上由梅益同志提出的，已不能涵盖其后几十年中出现的新的节目类型，于是又有了"六分法"的划分，即分为新闻类节目、言论类节目、知识类节目、教育类节目、文艺类节目、服务类节目。也有研究者认为"六分法"过于琐细，提出言论类节目可归入新闻类节目，因为言论类节目往往依附某些新闻事件；知识类节目与教育类节目界限不明确，所以不必将知识类节目从教育类节目中单独辟出。

对"四分法"、"六分法"的修正和质疑，是因为这些划分使各类型节目之间仍存在交叉渗透，其原因就在于由于划分标准的过于笼统而在实际操作中产生了混乱：比如新闻类节目侧重从题材上进行认定，教育类节目、服务类节目、知识类节目则偏重于从内容功能上进行界定，言论类节目又是从文体形态上的划分。但如果单纯地从内容上划分，那么将列出政治、经济、文学、艺术、宗教、科学……这一冗长的类目，会在获得片面的精确性的同时，失去划分的意义。因此，为了实现对广电节目类型的有效梳理，使之真正体现一定的条理性、系列性，有必要将划分的标准加以细化，使划分尽量周延。

从传受关系中看内容的对象性，即传播的内容是面向一般受众的“广”播，还是面向专门受众的“窄”播，分为一般性节目和对象性节目。一般性节目指节目内容与人们日常的生产、生活密切相关，具有大众性，如新闻节目、生活服务类节目、电视剧、文艺表演等；对象性节目是以特定群体为受众的节目，针对性强，如老年节目、少儿节目、广播电视教程、女性节目等。

从选题范围和集中程度，有专题节目和一般性的信息集纳节目。前者如证券节目、法制节目、体育节目、音乐节目等。

从内容来源分，有自办节目、联办节目、交换节目、转换节目、联播节目等。

二、广电节目的形式划分

从广播电视发展的历史中，我们可以清楚地看到，节目形式上的创新多过内容上的开辟。如 1922 年在中国境内出现的第一座广播电台“大陆报——中国无线电公司广播电台”就有了新闻、娱乐和宗教节目；1958 年北京电视台最初开办的节目就已包括了新闻、时事、工农业建设和文艺节目。正如在文艺创作上，是不同的人用不同的方式讲述有限的故事，广电节目内容的相对有限，使节目形式的创新成为必然。

在从节目形式的角度考察时，本着在上述内容划分中提到的划分标准尽量细化的原则，本书仍将从较小的范畴进行考虑：康德有一个著名的观点——时间和空间是人们认识世界的基本形式。而广播电视节目具有独特的时空形式，因此本书将分别从时间和空间两个维度对广电节目的形式进行分类：

从节目内容的结构排布来看：可分为单一式、综合式。单一式即由于节目内容的集中使节目形式自始至终保持单一的完整性。因为节目形式的单一，为了避免长时间观看造成的收视疲劳，这类节目一般历时时间不长，信息容量比综合式节目相对要少一些，一期节目中不含有子栏目。如《新闻联播》、《文化视点》、《焦点访谈》、《新闻调查》及电视剧、纪录片等。

综合式节目的结构是套层的，即一个节目之中要分为若干个子栏目。每个子栏目在内容、风格上都有所侧重，以此满足受众多样化的需求。这类节目历时大约半小时至二、三个小时之间，也有更长的，如苏联中央广播电台灯塔台曾于 20 世纪 80 年代开办过晨间新闻与音乐的综合节目《6:00 至

10:00》,在历时四小时的节目时间里,以新闻和主持人访谈、评论为主,间以乐曲。

综合式节目在我国一般称为杂志类节目、板块类节目。关于杂志类节目和板块类节目这两个称谓,研究者有两种倾向:一种是将这两个称谓作为一个概念不作区分,比如有人称《东方时空》为新闻杂志类节目,也有人称其为新闻板块类,两者并行不悖;一种是依据杂志和板块两个概念的所指的特点,将两者区分开来。后一种观点认为从地质学中借用过来的"板块"一词有其特殊的意义:全球由6大板块构成,板块与板块之间既相对独立,又存在连接之处,这恰恰体现了板块类节目的结构特征:处在一个整体中,既各自分离又相互影响。而所谓杂志类节目,"就是指该片里有叙述、有议论、有抒情、有哲理、有人称变化、有场景变换、有知识介绍、有背景交代,报道、讲话、访问等各种形式交错使用,内容丰富多彩,结构灵活自由。"①很显然,在这种分别的阐释中,我们仍然看到两者之间可以相互包容,因为杂志从结构上也可以分解为若干栏目或板块,因而本文倾向于前一种观点。

在我国,综合式节目首先是以"板块"命名的,以1986年珠江经济台开办的板块型节目为先导掀起"板块旋风"。随后中央人民广播电台推出几档著名的板块节目:《午间半小时》、《经济生活》、《今晚八点半》、《音乐天地》、《439播音室》、《科技·知识·生活》。电视节目的板块化是从1987年开始的,中央电视台专题部从1983年、1984年的国庆专题《九州方圆》的成功中获得鼓舞,于是将其改变成中央电视台大型板块节目,将以前名牌栏目《祖国各地》、《兄弟民族》、《为您服务》等吸纳进来,再加上新栏目和不定期播出的电视纪录片,重新形成了《红黄蓝绿》、《东南西北》、《全景与特写》的新栏目。然而缺乏有机联系的拼盘式的板块内容,超出受众耐心的漫长的节目时间,加上多层主持人难以协调,节目中心不明等原因,这一栏目以失败告终。随着电视台、电视从业人员和电视受众的共同成长,1990年电视板块节目再度崛起,在1990年报刊扩版潮和1993年系列电台大板块直播节目的冲击下,中央电视台于1993年5月推出了大型新闻杂志节目《东方时空》,因社会反响强烈,开播不到半年就又增加了复播次数。

---

① 壮春雨.中国电视概论.北京:中国广播电视出版社,1985.113

三、板块类节目的结构特点

版块类节目整体播出时间较长,但每个板块所占时间相对简短,这一做法既保证在有限的节目时间里传递尽可能多的信息量,交替变化的板块形式和内容又不至使受众产生视听疲劳。它通常由主持人主持。主持人作为组织者、串联者贯穿节目的全过程。可以是同一个主持人主持所有板块,如《夕阳红》;可以是不同主持人分别负责不同板块,如中央电视台《东方时空》、江苏电视台新闻板块节目《江苏新时空》。在一些比较成熟的节目中,节目和主持人互相成就,比较著名的有水均益、白岩松之于《东方时空》,张悦之于《夕阳红》,洪涛之于《中华医药》等,主持人和节目在风格上相得益彰,融为一体。

1. 从节目的播出方式看

可分为直播节目和录播节目。在传递具有时效性的信息或实现节目的即时互动上,直播节目有其独到的优势,在时效性不强的信息的传播中,直播节目和录播节目的效果差异不大。两者的区别在于直播是一次性的,录播可以反复播放。电视节目中的《新闻联播》、《现在播报》等新闻栏目是直播节目,其他栏目一般为录播节目。录播可以确保节目尽量的完美。

直播节目又可以分为在直播间播出的节目和现场播报节目。上述新闻类直播节目属于前者,现场播报是记者在事件现场用较短的时间自己组织语言向受众描述。这类报道往往体现出采、编、播的一体化,即记者一边观察,一边播报,相关人员一边采录,体现了与事件同步的特点,现场感强,也投合了受众先睹为快、先听为快的心理。

大多数广播板块节目采用直播的形式播出。过去广播节目多采用录音合成之后以胶带形式播出,确保播音无差错。珠江经济台采用主持人直播并通过热线电话的方式实现听众直接参与的板块节目模式,赢得了大量受众并逐渐为各广播电台纷纷效仿。主持人的现场表现带来的真实感,经由传受双方的互动实现的有效传播,都是直播节目的优势。

2. 从节目要素的构成上看

可分为主持人节目和非主持人节目。随着近年来广电节目的多次改版,越来越多的节目使用了主持人,除了如部分电视信息台播放的股市信息等无主持人的图文信息,很少有节目不使用主持人。目前看来,非主持人节目集中在《新闻联播》、《新闻30分》这样的新闻类节目中，非主持人节目的稀少，也说明了电视节目越来越考虑到利用人际传播增强亲和力的传受心理了。

3. 从传播的实际流程看

可分为互动型节目和非互动型节目。互动型节目又有两种情况：

(1) 受众参与到节目当中，如受众拨打现场热线电话或主持人邀请受众作为嘉宾共同完成节目或受众走进节目现场并部分地参与到节目之中的场内互动节目(如《实话实说》、《当代工人》)。

(2) 受众在节目之外，通过电话、信件、直接访问等形式，或对节目提出意见建议，或提供节目线索，或诉说困难并求助，或参与电台、电视台举办的各类活动等，制作单位再将这些信息反馈到节目中。场内互动节目一般可以让受众全情投入，并始终将情绪保持在一定的点上。《幸运52》中由紧张的答题、诱人的奖品和主持人李咏共同煽动起来的全场狂热的欢呼场面，是迄今为止国内各类节目中所罕见的。这种由节目制造出的狂欢，正是基于一种贯穿着“胜者为王”逻辑的、通过对抗竞技实现目标的梦想。类似的还有《开心辞典》、《财富大考场》及从国外引进形式的《胜者为王》。关于非互动型节目，可以说，凡比较成功的节目，都会最大限度地考虑到受众的需求，或节目内互动，或节目之外互动，完全抛弃互动，只能是扼杀节目自身。

上述几点是从节目内容结构及流程构成等空间维度去考虑的，接下来将从时间的维度对节目的形式进行划分：

1. 从节目播放的时段来看

可分为定期节目和不定期节目。除了电视连续剧，定期节目可以称为专栏。依照《新闻学大词典》的解释，专栏指广播电视节目中专门集中播出有某种共性的内容的组成单位和划分形式，栏目有特定的名称、标识图案、标志音乐、固定的播出时段、播出长度和内容定位。我国电视在创建之初，固定栏目少，随机节目多，20世纪80年代中后期才逐渐实现节目的栏目化。栏目化节目在质与量上的稳定性，连续性，渐渐培养出固定的受众群体。《新闻联播》作为最早的固定栏目之一，在其他电视节目未成气候之时，培养了受众定时定点收看电视新闻的收视习惯，并逐渐形成了权威性。可以说，栏目化是电视节目日趋成熟的标志，栏目化程度取决于电视台的专业化水平和从业人员的电视节目意识。

不定期节目主要指特别节目(如港澳回归的特别直播节目)、插播节目

(如对美伊战争的直播报道)等。

2. 从节目播放时段的完整性来看

可分为插播广告的节目和不插播广告的节目。电视剧、综艺节目、体育节目等插播广告的比较多,新闻类等偏硬的节目插播广告的较少,如《新闻联播》、《现在播报》不插播广告,但中午播出的《新闻30分》也插播广告。近年来广播电视节目中插播的广告越来越多,甚至有的节目被广告插得支离破碎,电视剧首当其冲。国家广电总局曾就此现象对电视剧插播广告作出明文规定,但这一规定似乎只保证了在中央台播放的电视剧的完整性。节目广告的插播现象,连同收视率杠杆、节目的栏目化生存,都是市场环境下各电台电视台市场化生存的典型症候。

3. 从节目播出时间的长短来看

可分为长节目和短节目。长节目,如电视节目《东方时空》(40分钟)、广播节目《午间一小时》(60分钟)及综艺栏目、电视连续剧等;短节目,如历时几分钟的广播节目《天气预报》、电视节目《科技博览》及电视节目收视导视等。

第四节 广播电视节目的编排

一、广电节目的内部编排

广电节目的编排是影响节目效果的重要因素。有研究者把编排和新闻、评论、广告并称为报纸的四种重要新闻手段。信息的编排手段是一种不言说的言说,一种隐蔽的表达,它体现出节目结构上的意识形态原则,它决定了对节目内容的结构安排、节目的播出时段及电台电视台整体节目的设置,即节目的内部编排和节目的外部编排,又称节目的整体编排。

节目的内部编排主要体现在对信息的次序和比例的设计上。以新闻节目为例,我国在新闻节目编排上,有几条约定俗成的重要原则:前重后轻,先硬后软,先国内后国外。前重后轻,就是把重大的新闻放在前面,把次重要或次要的新闻放在后面;先硬后软,即是把硬新闻放在前面,把软新闻放在后面;先国内后国外,就是把国内新闻集中在前面,把国外的新闻放在后面,这一编排原则体现了对新闻价值论中新闻事件的重要性、完善性、接近性等新闻价值要素的强调。

在具体的编排中,又会通过如下一些方式,达到突出、均衡、淡化、隐蔽等效果,具体为:

(1)平行式组接,即把主题相似或相近的新闻集中在一起,如2004年上半年流浪乞讨人员收容制度废止后,多家媒体都对各地收容遣送机构摘牌及被收容者的返乡作了组合报道,这种组合通过一个中心串起多个信息,可增强报道的丰富性和力度。

(2)对比式组接,把两条或两条以上内容相关、意旨相反的新闻组合在一起,形成鲜明对照。

(3)串联式组接,把互有逻辑联系的新闻集中在一起,如一些链接新闻,往往从背景、原因、发展趋势等方面安排信息,从而让受众获得对新闻事件的全面认识。

节目的编排还应从受众的视听心理出发,体现一定的节奏感。长新闻与短新闻的穿插,硬新闻与软新闻的搭配,新闻与访谈、评论的配合,使节目在内容、形式上富于变化,疏密有间,错落有致,从而在一定时间段内保持受众的视听兴趣和注意力,避免由于形式的单一乏味造成的视听疲劳。

另外,节目的编排也要保持节目内容风格的统一,尤其是对板块节目而言。1993年《东方时空》开播之初设《东方之子》、《东方时空金曲榜》、《生活空间》、《焦点时刻》四个栏目,其中《东方时空金曲榜》播放流行时尚音乐的MTV,本意是考虑到年轻的受众,同时也可以缓解早新闻和《东方之子》硬性题材造成的收视疲劳。但节目开播一段时间后,观众认为《东方时空金曲榜》与整个节目的新闻风格相去甚远,显得肤浅且不伦不类。后来,该栏目改变了通俗音乐的MTV套路,用访谈的形式推出严肃音乐工作者和表演者,契合了节目的有深度的风格。而《生活空间》也由最初比较琐细的,包括家庭琐事、生活灼见、时尚欣赏、衣食住行、医药健康等以服务为主的内容,逐渐演变为以冷峻的纪录片方式纪录的饱含人文精神的"百姓故事",体现出节目的理念,即人文精神的重塑重于生活技巧的传授,从而与整个节

目的时代特征更为协调。

二、广电节目的整体编排

对于广播电台节目的整体效果来说,节目的整体编排最先要考虑的莫过于内容和时段,而这两个因素又与受众密切相关:受众的兴趣所在及收视、收听的习惯在很大程度上决定着节目的内容和时段上的编排。

1. 受众与节目内容的安排

西方传播学在经历了“魔弹论”和“有限效果论”两个比较极端的效果理论阶段之后,于20世纪70年代将注意力投射到对受众的探讨上,从人们如何使用大众媒介和大众媒介如何能满足受众需要的角度,重新考虑大众传播的效果。这一“使用-满足”理论于90年代为中国大众传播研究界逐渐认同,并由此产生了“受众意识”、“受众观念”、“受众中心”、“受众本位”等概念。受众调查也逐渐成为广电节目和受众之间的重要桥梁(我国首次的受众调查是1986中央电视台举办的“全国28城市受众抽样调查”),通过随机抽样的方法,用数据的方式体现受众对电视节目的基本看法,以收视率为主要标准给媒介节目开出一份量化成绩单。

随着社会现代化进程步伐的加快,经济结构日益复杂多样,社会信息骤增,生活节奏加快,导致了更大的个性差别,个性的非群体化以及文化的非群体化,势必要求对受众的分析越来越细密,如对受众地域的划分除了城乡之分,又按自然区域分为东部地区、南部地区、西部地区、北部地区和中部地区;对受众年龄的划分也在细化,较多采用的是:3岁以下、3~12岁、12~18岁、19~25岁、26~35岁、36~45岁、46~55岁、56~65岁、65岁以上;受众的需求内容及特征、受众接触媒体的目的,也在被不断地加以总结;受众类型与节目类型的对应关系成为受众调查的要点之一,如原国家体改委调查中心撰写的《1997年中央人民广播电台听众调查报告》得出的一个主要结论就是:影响新闻节目收听率的主要结构变量是受众的年龄、职业和性别;影响经济、科技信息类节目收听率的显著结构变量是受众的城乡、性别、职业、收入和区域;影响教育类节目收听率的显著结构变量是受众的年龄、职业、文化程度、收入和人格现状;影响文艺类节目收听率的显著结构变量是受众的区域、性别、年龄、收入和人格现状。

20世纪80年代中后期的广播电台和电视台节目的改版,以分众化的

方式体现了受众意识。以珠江经济台和上海广播系列台为先导,全国各级广播电台除原来的综合台外,出现了新闻台、经济台、文艺台、交通台、教育台、儿童台等系列台,形成了"广播"与"重播"并存的局面;同时各类节目中的老栏目纷纷改版;明确受众定位、增强栏目特色,节目的播出时间延长,出现了24小时全天播出的电台。而电视的分众化最明显地体现在频道的专业化——新闻、教育、体育、电影、电视剧、生活、综艺等频道。综合频道节目内容在新闻类、文艺类、服务类、知识节目方面体现比例上的均衡,专业频道走上了向纵深发展的分众之路。

1997年中央人民广播电台的受众调查,有几个具有代表性的结论:

(1) 中央台节目当中收听率较高的是新闻类节目,其次为服务类节目,再次为文艺类节目。

(2) 受众收听目的61.3%是为了了解国内外大事,32.5%是为了增长知识,开阔眼界,29.1%是为了消遣娱乐、丰富生活。

(3) 受众喜爱度比较高的节目分布在新闻、服务、文艺三大类。

可以说这些规律决定了新闻和文艺节目(包括电视剧),成为以收视率为生存杠杆的许多地方台的主要节目形态。尤为奇怪的是,在以收视率为马首是瞻的当下,不少专业频道也在借娱乐节目、电视剧来支撑专业频道节目量的不足,提高收视率,比如浙江电视台教育科技频道就在黄金时间安排影视剧,然后在电视剧时段的前后分别安排一个多小时的自办节目,借助电视剧带动自办节目的收视率。这一现象对电视从业人员提出了一个问题:分众化窄播与收视率最大化之间的矛盾,在大众口味淹没了分众喜好的时下,雅俗共赏在收视率的托举下成为一个行之有效的策略。

2. 受众与节目时段

受众收听收看节目的时间是与其生活、作息相关的。在不同的时间、地点,不同的状态下,我们会选择不同的媒体,比如早上人们会一边洗漱、吃早餐,一边听广播,所以早上广播的收听率明显高于电视和报纸、杂志的收视率;到了单位后,一般为了保持公共环境的安静,报纸成为首选媒体;晚上在完成一天的工作学习之后,人们会选择电视达到放松、休闲的目的,所以电视的收视率远远高于广播的收听率。也就是说,不同的媒体在接触时段上有一定的联动性,据国家体改委社会调查中的调查表明:早上8点之前,广播的收听率最高,电视的收视率较低,广播强于其他媒体;8点至12点,人们的主要兴趣表现在读报纸上,对广播形成了代替;12点至14点,广播收

听率高于其他媒体,但与电视、报纸差距不太大,广播的替代不像早上那么明显,因而收听率低于早上;14 点至 18 点报纸的替代性突出,广播的收听率降低;18 点至 20 点,是人们的休息时间,各种媒体的收视(听)率都相应提高,但是由于电视替代作用较强,广播的收听率仍达不到早上和中午的高度。正因为如此,中央人民广播电台一改过去坚持了几十年的 8 点准时播报新闻联播的做法,把自己的黄金时段确定在 6 点半。

在节目的设置上,有一个重要的概念：黄金时段。对于黄金时段,我们过去的认识比较笼统,对象性也不强,把受众总体人数最多的时间段称为黄金时段,黄金时段意味着最大数量的受众、高收视率和广告效益最大化。这种认识的功利化使所谓黄金时段内的节目形态越来越单一,甚至有了低俗化的趋势,很多电台、电视台的黄金时段都以综艺节目、电视剧等软性内容为主。之所以说过去对黄金时段的认识偏颇,就在于其单纯以最大众化的选择的可能性,遮蔽了不同内容和形态的节目与特定受众在特定时间段上对应的精确性。因此,黄金时段不应是一个自在、恒定的概念,它应依附于特定的节目,不同的节目有自己特定的黄金时段。例如,中央电视台的老年节目《夕阳红》,把节目时间放在上午,正是考虑到老年人早起且白天的大部分时间在家度过;又如国外的日间电视剧,因考虑到白天有时间观看电视的以家庭主妇居多,所以在内容安排上一般以情感类为主,在时段的设置上尽量迎合家庭主妇的时间安排,因此即使在白天播出,也有不俗的收视率。所以说黄金时段只是一个相对概念。节目的最佳播出时间,在很大程度上还是取决于特定受众及其特定的作息规律。

第七章 广播电视新闻类节目

内容提要：

本章将广播电视新闻类节目分为消息类新闻节目和专题类新闻节目两大类。消息类新闻合而论之，分消息、连续报道、系列报道三类；专题类新闻则将广播和电视分别论述，广播新闻专题分广播通讯、广播特写、广播专访三类，电视新闻专题分报道型、调查型、谈话型三类。

广播影视学新闻传播是广播电视最重要的社会功能，是广播电视的主体和骨干。它是党和政府实现现代化目标的重要手段，是受众获取大千世界信息的主要来源，是社会各阶层相互沟通的重要通道。新闻报道在节目总量中的时间比例不是最高，却是重中之重，都安排在黄金时间，准点播出、滚动播出，其报道的是最新、最快、最重要、最丰富的信息。广播电视新闻节目的形态主要分消息类新闻节目和专题类新闻节目两大类，以下将分别论述。

第一节 广播电视消息类新闻

一、消　息

消息是对新近或正在发生发展的新闻事实所做的简要报道，它是广播电视新闻中适用范围最广、运用频率最高的新闻体裁，分短消息和长消息，短消息约 1 分钟左右，看似简单，但必须在有限的时间内把新闻完整、准确、鲜活地表现出来。因此它必须高度浓缩，除去一切可有可无的内容，往往只讲“是什么”，不讲原因和经过。长消息约 3 分钟左右，比起短消息，长消息反映的主题比较重大，是党和政府工作的重点、人民群众关心的热点，因此常在新闻栏目中起“打头条”的作用。广播电视消息类新闻采用集纳式栏目形式在每天固定时间准点播出、滚动播出，其共同要求是内容新、反应快、形式活、篇幅短。

1. 内容新

新是因为人们永远需要了解世界上发生的新情况、新信息、新事物。新包括题材新、角度新、立意新、手法新等方面，新能使受众将目光集中到有价值的报道之中，使他们加深印象。如上海东方卫视 2003 年 10 月 15 日首播的《中国第一艘载人飞船发射升空》。

观众朋友,这里是酒泉卫星发射中心,我现在所处的位置离发射塔只有1000米,这也是我们被允许进入的离发射点最近的地方。现在是北京时间8点59分,大家可以看到我身后的发射塔架已经完全打开,场上的工作人员也已全部撤离,"神舟五号"飞船发射已经进入倒计时,中华民族的飞天梦就要实现了。

承担今天首飞任务的航天员叫杨利伟,今年38岁,辽宁省绥中县人,1998年由空军飞行员选拔为航天员,已经接受了5年的严格训练。按照计划,杨利伟将乘坐"神舟五号"飞船环绕地球飞行14圈,明天早晨6点多在内蒙古中部着陆。如果这次飞行圆满成功,中国将成为继美国、俄罗斯之后世界上第三个能独立开展载人航天活动的国家。卫视特派记者李姬芸酒泉卫星发射中心现场报道。(李姬芸　张俊)

2. 反应快

广播电视是电子传播,电子传播可以使信息从采集到处理,从发送到接收,整个流程一气呵成、同步完成。因此广播电视新闻报道必须迅速及时,在时效性方面比其他媒介要快。美国广播记者菲利斯·海恩斯说:"广播记者还面临另一个问题:时间。报道必须按播出时间表准时播出。记者通常必须在有限的几小时甚至更少的时间内完成报道。在此情形下,时间是毫无商量余地的。一条伟大的报道可能很快地变为昨日新闻。如果它是过时的新闻,哪怕再精心制作或深入调研,都是无用的。所以广播记者必须与时间战斗"①。这里尽管说的是广播,但同样适合于电视。譬如,2003年3月20日上午,北京时间10:35,美国开始实施对伊拉克的军事打击,中央电视台四套国际频道在10:41就切出美军轰炸伊拉克的实况画面和同期声,一套综合频道在10:43中断正常节目,播出《伊拉克战争直播报道》。随着广播电视直播技术的发展,新闻采访和报道变得越来越快捷而方便,许多新闻事件在发生发展过程中与新闻传播的过程重合起来,人们可以随时随地获取广播电视的即时信息。新闻时效已由TNT(Today News Today 今日消息今日报道)转向了NNN(Now News Now 现在消息现在报道)。2001年9月11日,全世界十几亿人,几乎在同一时间目击了恐怖分子控制的飞机撞

① 罗伯特·赫利尔德. 电视广播和新媒体写作. 北京:华夏出版社,2002. 105

向纽约世贸中心大楼，大楼在熊熊燃烧中轰然倒塌，这些镜头就来自于美国几大电视网的直播报道。

辽宁电台2001年10月7日当天晚上首播的《中国足球梦圆五里河》也是以快取胜：

> 各位听众，现在是9点23分26秒，主裁判吹响了终场哨声，中国足球队以1：0战胜阿曼队，提前一轮冲进2002年世界杯决赛圈，中国人44年的世界杯之梦今夜梦圆沈阳五里河。
>
> 6万名观众把五里河体育场变成了欢乐的海洋，喜悦的泪光、尽情的欢呼、飘扬的五星红旗、夜空中绽放的礼花，构成了一幅震撼人心的画面。
>
> 现在记者来到球员休息室，记者看到李铁、范志毅等绿茵硬汉脸上满是泪水，中国足协专职副主席阎世铎也格外忘情：
>
> （出录音）"同志们，你们今天终于成了改写中国足球历史的英雄。"
>
> 历经三次冲击世界杯的老将范志毅激动不已：
>
> （出录音）"这几年我的心血没有白费，我在国外的时候为的就是今天。"
>
> 神奇教练米卢更是喜形于色：
>
> （出录音）"今天是我执教生涯最幸福的一天。"（王伟　刘海乔）

中国足球冲出亚洲、冲进世界杯决赛圈，是多年来我们的梦想。这篇新闻及时抓住这一时机，进行了有点有面的采访，并在第一时间进行了报道。面上的采访气氛热烈、场面宏大，点上的采访选择精致，分别截取了与此事件有重要关系的新闻人物的一句话，把这一报道推向高潮。

3. 篇幅短

广播电视新闻按时间线性传播，只有一次机会抓住受众的注意力，新闻简短明晰，有利于受众听清头尾，一听就懂，从总体上把握新闻。因此只选一个有新意的问题，一件有价值的新闻事实或一个独特的侧面，切口小，容易写得集中、深刻，篇幅也能缩短。而篇幅长的稿件会增加收听收视的困难，因此要避免信息超载和过多的信息，这就需要做到主题明确、选材精当。

如东方电台的早新闻简短有力，开始15分钟是快节奏、高容量的短新闻，每条不超出200字。广播电视新闻要求信息量大，报道面宽，为多层次、多类型的受众服务，这也必须写得简短；电视新闻要给观众留出看画面的时间，将发生的事情展现出来，不要浪费宝贵的语言去解说观众能看见的事情，因此文字也必须少而精，画面已经展示的内容，文字就尽量压缩，不要再重复说出。而且一定要主题突出，主次分明，层次清楚，不要将采访到的内容事无巨细地加以展示，那样的话新闻的节奏就会变慢，重要的内容也得不到应有的注意。

如广东佛山电台1997年12月19日播出的《亏损企业入住高级度假村开扭亏会议》：

> 连年亏损的广州冶金集团在号称“五星级酒家”的顺德市碧桂园高级度假村召开的扭亏解困会议今天(19日)结束。这个会议为期三天，有60人参加，平均每人花费的会议费2 500元，相当于这个企业一个职工半年的收入。
>
> 度假村的两位服务员接受了记者的采访。
>
> (出录音)记者：他们住的别墅一晚多少钱？
>
> 服务员A：每人每晚667元。
>
> 记者：住了多少天？
>
> 服务员A：住了三天两晚。
>
> 记者：他们吃什么菜呢？
>
> 服务员B：蛇煲老鸡、炒水鱼(甲鱼)裙、豉油皇乳鸽……
>
> 记者在服务员手上的菜单看到的还有冬草炖水鸭、焖大鳝等。
>
> 据知情者透露：广州冶金集团近四年共亏损2.7亿多元，这次在碧桂园高级度假村召开的扭亏解困会议并没有拿出扭亏解困的新办法。
>
> 度假村一位姓刘的公关经理说：(出录音)“企业都亏损了，还来这里开什么扭亏会议，真是没见过。”(秦淑卿　曹河广　陈科)

这篇消息主题集中，结构紧凑，长度1分20秒，通篇说一件事，用事实说话，采用可证实的陈述，不先入为主、不直接发言。报道虽短，却很有分量，将会议的铺张豪华、企业的巨额亏损与扭亏的幌子、享受的实质放在一

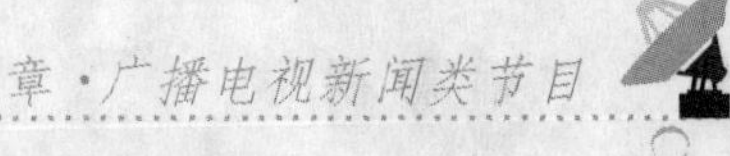

起报道,形成了强烈的反差。

4. 形式活

形式活就是要做到生动形象、通俗易懂,化抽象为具体、化无形为有形。这一点也是由受众的特点决定的,广播电视新闻面对广大的、不同文化程度的受众说话,面对专注程度不同、有时处于半收听收视状态的受众说话,就必须把话语说得深入浅出、通俗易懂、生动形象。尽量用生动的事实代替笼统的叙述和抽象的议论,避免使用深奥难懂的词汇和字句。在大量的信息中挑选出最重要的信息,在有限的时间内把事件陈述清楚,让受众迅速理解其中所传递的信息。

如黑龙江电视台2000年10月13日首播的《林蛙不归路》:

> 今年入秋以来,被誉为"森林环保卫士"的国家级保护动物林蛙,由于具有极高的营养价值,在伊春林区遭到偷猎者的大规模捕杀。昨天,记者在大西北岔林场拍到了林蛙前往冬眠地路上的悲惨遭遇。
>
> 林蛙有固定的迁徙路线,春上山捕食,秋下河冬眠。在这不足千米的回归路上,林蛙要闯过三道生死关。由塑料布做成的数千米的矮墙将一个个山头围得严严实实,林蛙在矮墙前蹦来蹦去,一不小心就掉入了捕蛙人事先挖好的陷阱里。而另一些林蛙只好挤在一起搭阶梯,为逃生拼死挣扎。这是一条从山上流下的不足500米的小溪,捕蛙人设置了十多个这样的网箱,逃过矮墙从小溪下山的林蛙多数又被收入这样的网箱中。有幸逃过前两关的小部分林蛙进入山下冬眠的深水区,就进入了死亡之渊。同一条河的200米之内,两伙捕蛙人的电棍所到之处,强大的电流使林蛙遭到了灭顶之灾。
>
> 回家冬眠不成的林蛙最终出现在农贸市场和人们的餐桌上。目前,伊春林区林蛙密度已由过去的每平方公里1万只下降到不足1000只。今年伊春林区发生了大面积森林病虫害。(王英泽 赵国辉 吴玮)

这篇报道以小视角反映大主题,用拟人化的手法来反映被称为"森林环保卫士"的国家级保护动物林蛙的悲惨遭遇,用镜头来展示林蛙返回冬

眠途中要闯的三道生死关，充分表现了偷猎者的残忍和记者对林蛙的同情，反映了爱护自然、保护环境的重大主题，写得特别活，给人栩栩如生之感。

二、连续报道

连续报道又称跟踪报道，它是一则则具体报道的集合体，是在一个阶段内以时间为顺序对正在不断发展变化的某一新闻事件进行及时而又连续的报道。电子传播的优势是可以比其他媒介更快地满足人们获得最新信息的要求，而连续报道这种报道形式主要就是能随时反映新闻事件的发展变化，为人们提供最新事态的信息，并进行前因后果的阐述。它的特点：

(1) 报道的及时性。连续报道以时效为生命，其中的每则报道几乎都是事件的局部情况，但它紧紧跟踪事件的客观进程，随时为受众提供关于事件的最新发展情况。突发性新闻事件复杂多变，一则报道不能有闻必录，而应有所取舍选择，取舍选择的依据根据多数受众的关心重点，提供多数受众关注的最新信息。

(2) 时间的连续性。连续报道是对同一新闻事件的延伸报道，播出上连续，内容上连续，能形成信息密集式的整体传播效果，造成一定的声势。同时连续报道还能产生一定的悬念，因为报道之初，一切都是未知数，事件将怎样发展，何时结束，在人们的始料之外，不能人为控制，这种悬念感能牵引受众对事件进程的强烈关注。

(3) 传播的递进性。连续报道中每一个报道所提供的都只是事件的局部情况，但整个报道却呈现步步深入、层层递进的特点，受众通过持续收视或收听，不断积累视听印象，才能逐步形成对事件的动态过程的认识。

(4) 播出的完整性。连续报道从事件的发生开始追踪，直至事态的结束，通过多次的及时传播为受众提供获得完整认识的条件，它的完整性和事件持续的时间跨度有关系，它是一种逐渐的显示，其完整性要等到整个报道结束，才最终表现出来。

我们试举江苏电视台 1993 年 10 月 21 日至 11 月 8 日播出的连续报道《南京军民奋力扑救南炼 310 号油罐大火》的几个片断为例来进行认识：

之一

本台记者刚刚发回的消息：今天傍晚，金陵石化南京炼油厂

发生重大火灾事故。

下午6点20分左右，位于这个厂成品油罐区中部的310号万吨油罐突然爆炸起火。记者赶到现场时看到，迅猛的火势已在着火油罐的周围形成了一个约3万平方米的火场，在距离油罐百米以外的拍摄地点都能感到阵阵灼人的热浪。

……目前，数以千计的消防武警、公安干警和解放军官兵正在火场全力奋战，起火原因和人员伤亡情况还不清楚。截至记者发稿时，灭火战斗仍在进行。本台将在新闻节目中及时报道记者从现场发回的最新消息。

之四

经过几千名消防武警和解放军官兵20小时的全力奋战，到今天下午5点13分，金陵石化南京炼油厂310号油罐的大火已被全部扑灭，灭火战斗取得了决定性的胜利(略)。

之七

本台记者报道：10月21日发生的金陵石化南京炼油厂310号油罐火灾原因经过调查表明，这是一起严重违反操作纪律、工作极不负责、纪律松弛、管理混乱造成的重大责任事故。

火灾的直接起因是：当天下午1点钟，炼油厂油品分厂1万立方米的310号油罐进完汽油后，操作人员误开了相邻油罐的入口阀，使汽油继续泵入罐内。当液位超过安全高度，仪表开始报警时，操作人员没检查出原因便一直置之不理，致使汽油从310号油罐顶大量外溢，流入200多米长的排水明沟，并在3万多平方米范围内形成爆炸性气体。18时20分，当民工驾驶的拖拉机到离310号油罐50多米处时引起爆炸，酿成重大火灾，致使两人当场死亡(略)。

之八

本台记者报道：造成金陵石化南京炼油厂310号油罐重大火灾事故的直接责任人黄咏华，今天被南京市栖霞区检查院以构成重大责任事故罪批准逮捕……

据调查，这起重大火灾造成两人死亡，直接经济损失达38万多元，间接经济损失尚无法统计。（王逊　李燮　张沈平　钱塘）

三、系列报道

系列报道是指在某一特定时期内,为了系统、深入地反映某一领域的发展变化或体现某一主题,有计划有步骤地进行采写制作并在新闻节目中持续播出的报道形式。如果说连续报道更多是纵向时间上的连续,系列报道则主要是横向空间上的联系,既保持各自的相对独立性,又相互联系、相互补充,成为有机整体。它比连续报道有更强的可控性,更注重深度、力度和倾向性,更充分地表现重大题材和重要主题。我们试以中央人民广播电台 2001 年 11 月 9 日至 12 日首播的一组系列报道《风雨入世路——中国与 WTO》为例来说明其特点:

(1) 主题的同一性。系列报道大多是主题性新闻,它围绕同一主题或题材组织内容,从多角度、多侧面引申阐明某种主题思想。《风雨入世路——中国与 WTO》就是中国在多哈正式加入世贸组织之际,围绕中国与世贸组织 15 年的漫长谈判历程展开报道,它分为 4 集,分别是"东风乍起"、"驱云拨雾"、"一锤定音"、"新起点、新征程",整个报道主题集中,条理清楚,内容扎实,视角独特,充分地反映了中国入世所经历的曲折过程。

(2) 题材的重大性。系列报道捕捉重大题材,体现重大主题,具有强烈的主体意识。中国加入世界贸易组织是 2001 年全国关注、举世瞩目的重大事件,《风雨入世路——中国与 WTO》举重若轻,通过采访参与中国入世谈判的一些主要人物,完整地反映了这一重大主题,使听众如亲眼目睹、亲身经历,给人情感上和心理上强烈的冲击力。

(3) 报道的深入性。系列报道着眼于提供深度报道,往往解说与评论相结合,而不限于反映最新事态,其求新主要是主题新鲜、题材新鲜,而不是一味强调事件新鲜。《风雨入世路——中国与 WTO》其突破口选择在中国在多哈正式加入世贸组织的前夕,这样使报道具有了很强的新闻时效,但其重点却是对中国加入世贸组织的谈判历程和中国改革开放进程的深入回顾,这样就使这组报道给人深刻的启示。

(4) 传播的系统性。系列报道和连续报道一样同是化整为零,但系列报道却是认真酝酿、周密策划的结果,旨在更完整、更系统、更有序地表现重大题材、体现重大主题。它的标题、篇幅、结构、语言往往保持一致。《风雨入世路——中国与 WTO》的四篇报道既相互关联,又独立成章,比较系统

地、立体地、完整地反映了中国入世的曲折过程。

第二节 广播专题类新闻

一、广播通讯

广播通讯是在广播中出现最早、运用最多的一种新闻体裁,它脱胎于报刊通讯,但在适应广播的过程中形成了便于口说耳听的特点,和广播消息一样,在文字上注意通俗易懂,生动活泼,具有很强的新闻性,但时效性比消息要弱一些,比较适合表现一个人、一件事的单纯题材。广播通讯注意运用叙述、描写、抒情、议论等语言手段,还注意运用音响的表现力,增强通讯的现场感和亲切感,追求用形象说话,绘声绘色,给人如见其人、如闻其声的感受。因此记者在采访时必须深入现场、实地调查、围绕主题、倾注情感,采用第一手的反映人物特点和事物现状的材料,挖掘引人入胜和扣人心弦的情节和细节,表现人物的外在风貌和内心世界。

如苏州电台1991年7月20日播出的广播通讯《北京,向您报告太湖水位》:

> 7月的太湖,没有了阳光,没有了安宁。湖水在发了疯似地涨着、涨着。秀美如画的苏州西山岛仿佛一下子就要被汹涌的太湖水吞噬了。
>
> 7月8日,国家防汛总指挥部紧急指示,太湖水位以西山水位为基准数据,西山水文站必须每两小时向北京报告一次水情,同时,通报上海、南京、苏州、无锡、常州。
>
> 人们的目光一下子聚集到西山水文站唯一的职工姚品华身上。她还只是一名农民工,这样的重任她担得起吗?

暴雨，一阵狂似一阵，湖水，一浪高过一浪，只露出叶尖儿的大片青青芦苇，在狂风的淫威下低下了头。芦苇丛中那条小路早已被水淹没，只剩下100多米长白茫茫一段水路，此刻的西山岛已成了孤岛。

姚品华纤弱的身影在芦苇丛中忽隐忽现，她用木棍在水中探路，水已淹及腰部，她的一起一伏引得站在路口的人们发出阵阵惊呼："小心啊，品华！"

其实，从6月15日开始，姚品华就这样在水中艰难跋涉了。大水一来，她的工作量从原来的2天测报一次，变成了每天4次。她的心中只有一个朴素的心愿，一定要把自己的工作干好。而现在，太湖水位疯涨，情况万分危急，西山水文站已经牵动了国家防汛总指挥部领导的心。一时间，党的信任、人民的重托、祖国的需要，实实在在地摆到了她面前，从未有过的神圣感、使命感油然涌上心头。通过那架老式的黑色电话机，她将太湖水位的起落及时通报北京，她真切地感到了北京的焦虑、领导的牵挂和人民的关注，这一切使她决定要把心扑在水文测报上。

现在，每天测报12次，意味着她再也顾不上远在十几公里以外的家，意味着每天观察、记录报告，工作将循环不断，意味着晚上只能有间断的几次休息。姚品华什么都没说，搬起了铺盖，再次涉过风浪中的小路，在水文站住了下来。

丈夫胡国梁在水文站干过10年，他深深知道此刻这工作的重要性。于是他白天在洞庭旅游开发公司上班，晚上领着12岁的女儿一起来到水文站和妻子做伴。

夜深了，夫妇俩都困倦了，昏昏睡去。忽然一个闪电，姚品华猛然惊醒，急忙翻身下床看钟，时间快到了。她拿起手电筒冲进黑沉沉的风雨中。风大雨疾，姚品华把从水位仪上褪下的记录纸用雨衣包好，藏在怀中，宁可自己淋着，也不让记录浸水。

有一次，那架老式的手摇电话机突然发生了故障，时间等不得！姚品华决定赶到1公里以外的镇邮电所。黑漆漆的深夜，只听得惊涛拍岸声，眼前的小路也似乎在水中摇晃着。胡国梁一声不吭来到妻子身旁，两人手拉手走进湖水中。深一脚、浅一脚、一步步向前挪动。一个浪头扑来，两人被打得东倒西歪，于是手拉得

更紧,心也贴得更近。

又有一次,姚品华从室外观测完毕,准备回屋打电话,推开屋门,猛然发现一条丈把长的大蛇正在电话机旁昂着头,发出"嗤嗤"的声响。生性怕蛇的品华虽然被吓得手脚冰凉,脑子却依然清醒。她返身冲进雨中,赶到镇邮电所时,已不知身上是汗水还是雨水了。

在最吃紧的那3天2夜里,姚品华日日夜夜准时准确地报告着西山水位。几乎每一次测报都有着一个惊险而动人的故事。

7月13日15时,西山岛上突然狂风大作,暴雨如注。正在田里忙碌的姚品华扔下农具,骑上车子就往水文站赶。她知道,这场大雨一定使水位大涨。15时45分,当她顶着11级的大风大雨来到湖边,自动水位仪上的笔尖划到4.95米的位置上。这是太湖洪水1991年上涨的最高点,也是太湖历史上测得的最高水位特征点。姚品华知道这不仅对当时防汛工作有重要参考价值,也为今后治理太湖提供了可贵的数据。

"北京,太湖西山水位:4米60、4米65、4米80……"在紧张的日日夜夜,西山水文站的报告,数据准确无误,时间分秒不差,为国家防汛总指挥部和地方领导作出抗洪救灾部署提供了依据。苏州市委、市政府领导全市人民加高加固了圩堤,抵御更大洪水的袭击。(金洁　钱锡生)

这篇广播通讯反映的是一位普通的水文测报员的事迹,平日里她的工作不引人注目,但在关键时刻,她的工作又是极其重要。记者深入现场,在深入采访中细心体察,敏锐地捕捉反映人物风采的感人细节,在掌握第一手资料的基础上,加以精心选择和组织,倾注情感,浓墨重彩地描绘和表现,在听众面前勾画出了栩栩如生、真实丰满的人物形象。

二、广播特写

广播特写是一种描绘性新闻专题,比广播通讯更具体形象、更集中细致,着重于描绘新闻事件在某一典型瞬间是如何进行和发展的。

如中央人民广播电台1993年9月10日播出的广播特写《一场特殊的

音乐会》，讲述的是上海一位钢琴教育家范大雷在病重期间，他的学生孔祥东、周挺为了募集资金为老师治病，在上海举办了一场钢琴演奏会的故事。这篇广播特写完全围绕这场音乐会展开，但台前幕后却有着许多动人心弦的故事。孔祥东、周挺是两位在国际比赛中多次获奖、为国争光的青年钢琴家，他们都是范大雷教出来的学生。当孔祥东听说范大雷病重的消息，他推掉了一切商业演出，特意从海外赶回来看望恩师，并为恩师举办了一场特殊的音乐会，专门要用老师手把手、心贴心教会的曲子，来安抚老师虚弱的病体，慰藉老师的心灵。在音乐会上，他深情地回忆道：

> 1982年我和范老师学钢琴的时候，班里8个学生，我排第六，因此我也是个很没自信心的学生。走路都是往地上看。是范老师帮我有了自信心，改变了我这一生。和他学琴的5年里，他把我不仅从一个普通的学生变成一个钢琴家，更关键的是，他把我从一个没有自信心的学生，逐渐变为在舞台上能尽情发挥自己音乐才能的音乐家。我1986年第一次到莫斯科参加国际比赛，范老师和我同行。应该说，我是被范老师踢上台的。那天，马上就到我出场了，我突然对范老师大喊："我要上厕所。"因为面对台下一千多观众和19个评委，我是很胆战心惊的。范老师说：OK，现在是你的时间了。我说，不行，我一定要上厕所，不然就要出问题。当时范老师没有客气，朝我的屁股上就是一脚："小鬼，你该上了！"这一脚踢了以后，我的感觉好像好了一点，脱口说了句："太轻了，再来一下。"范老师终于又是一脚。就这样把我踢上了国际比赛的舞台。

范大雷年轻时候钢琴练得非常好，但因为是在"文革"期间，被剥夺了上音乐学院深造的机会，做了12年工人，他的才华一直没有机会表现。他最大的理想就是要和交响乐团演奏拉赫玛尼诺夫。因为对于搞钢琴的人来说，有一些比较难的曲子，即使花一生的时间也很难弹好，拉赫玛尼诺夫的《第二钢琴协奏曲》，就是这样的曲子。他家有一条不成文的规矩，每年春节一清早，都要在家里放拉赫玛尼诺夫的《第二钢琴协奏曲》。他后来把自己的全身心投身到音乐教育中，让他没有实现的心愿，由他的学生来为他实现。他对自己的学生倾注了无比的热情，他说：

外宾有时听说孔祥东名气很大,找到学校来。没想到,冬天一个朝北的琴房,洗脸布挂着都结冰,冻得梆梆硬,冷得不得了的条件,学生在那练琴,弹得浑身是汗。作为我们老师看着也很心疼。中国古人讲念书的境界:衣服渐渐宽了,人渐渐瘦了,但是不悔。我喜欢和年轻人在一块得到一些朝气,我教孔祥东时,常常他就住在我家。一块儿下棋,一块生活。在生活里我可以和他讲音乐,一面下棋,一面听音乐。听到哪里就可以讲到哪里:各种流派、不同风格、各种演奏家的一些特点。除了讲音乐以外,还可以讲做人,交了一个朋友一样,有的时候像朋友,有的时候像兄弟,有的时候像父子一样……(汪永晨)

这篇特写围绕音乐会现场和医院病房展开,各种音响效果非常明显,催人泪下,获得"亚广联信息节目奖"。

三、广播专访

广播专访又称录音访问,是对新闻人物或新闻事件作专题性的访问和报道。广播专访具有新鲜性,像消息一样迅速及时,但它比消息更翔实和细致;它还具有专一性,像特写一样内容专一,包括特定对象、特定内容、特定场所、特定时间等,但其内容又不限于某一个片断,而是涉及整个事件;同时它又具有强烈的现场感,它以记者在现场与特定采访对象的访谈实录的形式出现,让人如闻其声,如见其人。如中央人民广播电台1992年9月10日播出的《张学良接受大陆赴台记者采访》:

91岁高龄的著名爱国将领张学良先生,今天(10日)在台北北投他的寓所接受了大陆赴台记者的采访。下面请听本台记者王求自台北发回的报道。

各位听众,曾在"西安事变"中叱咤风云的张学良先生,今天和夫人赵一荻接受了大陆记者的采访。张学良先生虽然患有眼疾,听力也不好,但看上去红光满面,健康结实。张学良先生表示,希望能有机会回大陆老家看看,但具体时间不能确定。

（出录音）

记者：我是中央人民广播电台的记者。现在大陆人民都很关心您，惦记您，他们非常关心您现在的情况，一个是身体，另外一个是关心您什么时候能回去看看。

张学良：我身体没什么坏的，就是这个腿呀，有点毛病。至于我回大陆，只要有机会，当然就会回去，但机会什么时候来到，我不知道。

记者：最近有传闻说，大概您10月份要回去，不知道是真是假？

张学良：他们给我安排的，也许我做不到。

记者：我们还想知道张先生最近的生活情况怎么样？我们要向大陆人民介绍一下这方面的情况。

张学良：我的这个骨刺啊，刺到神经了，它一碰就疼，不碰就不疼，有时走路可以走，有时就简直一步也走不了。我一个礼拜做三次物理治疗，好一点，可能慢慢会好一些，这是神经方面的问题。

记者：张先生暂时还没有机会回东北老家，但是我不知道张先生是不是经常知道老家的一些情况呢？

张学良：我不是经常知道，当然我的老家我还是很挂念了。

记者：张先生，我提一个问题，现在两岸大多数中国人都希望统一，我想知道您老人家是怎么想这个问题呢？

张学良：那个大多数，我也是大多数之一啊！

记者：那您对统一的前景是怎么看的呢？

张学良：这个我看是时机到了就一定会统一。国家当然要统一，历史上我从来就是赞成统一的一个人，我为统一奔走了很多的。现在我老了，也没有这个力量了。当然我能帮忙我很愿意尽我的力量，鞠躬尽瘁，死而后已。我这个人可以说，过去的事情在那儿都摆着呢，我个人不计我个人的事情，但是为国家为人民的事情，鞠躬尽瘁我都很愿意。

记者：我们后天就要回大陆了，我们回去后会把您的情况告诉大陆人民，您看还有什么要对他们说的吗？

张学良：谢谢他们关怀我，对他们表示祝福！

记者：对年轻的朋友有什么希望吗？

张学良：希望他们大家好好地做人做事就是了。我很希望他们有个信仰，一个人不要活得飘飘荡荡地像个浮萍一样，总要有一个信仰。我并不是像旁人说一定要做基督徒，我这个人不是这样的想法，只要有个信仰，自己有个信仰，这个人才能定住，否则就像个浮萍一样。(王求　陈金海)

广播专访是声音的报道，最突出的特点是音响的运用，广播专访的音响报道可以让听众通过新闻事件、新闻人物的实况音响、谈话录音来增强报道的真实感、感染力，提高报道的可听性，增强报道的现场感。

第三节 电视专题类新闻

一、报道型电视新闻专题

这是传统意义上的电视新闻专题，是电视新闻消息的扩展和延伸，在报道方式和报道结构上有电视消息的特点。当新闻事件发生后，消息迅速报道，是新闻的第一落点，新闻专题则在适当的时间内及时跟进，展开详尽深入的报道，充分挖掘事实的细节，寻找相关的背景材料，成为新闻的第二落点。它的主要特点是：

1. 挖掘生动细节

电视新闻专题是专门对某一新闻事件、社会问题、生活现象进行充分、深入、专业的反映和探讨，它不是对事件单纯的、孤立的报道，而是要把事件放在一个充分说明其意义和价值的社会网络之中，因此常常要通过挖掘细节来构成情节、形成故事。如江苏电视台 1995 年 9 月 10 日播出的《十六张照片的故事》，讲的是记录 1937 年侵华日军在南京大屠杀犯下暴行血证的十六张照片的故事，这些照片作为证据曾在战后审判日本战犯的时候起过

重要的作用,但这些照片从何而来,围绕这些照片发生了什么故事,人们却很少知道。该片通过深入采访,充分挖掘了大量鲜为人知的细节,展现了这十六张照片背后的离奇曲折的史实。这十六张照片是日本人自己拍的,但怎么会到中国人手里的呢?原来南京大屠杀后,日本鬼子拍过照片后都要到照相馆冲洗,当时南京金陵照相馆有一个叫罗瑾的学徒,他看到日本鬼子陆续拿来洗印的掠杀和强奸中国人的照片后,冒着生命危险,加印了一套,藏在身边。此后在腥风血雨的日子里,这十六张照片组成的相册一直跟随着罗瑾,但在动荡不安中这很不安全,为此他把照片藏在附近的一个厕所里,结果有一天这些照片还是丢失了。为了躲避灾难,他从此隐姓埋名,流落他乡。而捡到这本相册的是另一个中国人吴旋,他在无意中发现了这本相册后,也冒着被杀头的风险,先是把它藏在了自己的衬衣里面,后来又藏到一座寺庙的弥勒佛的坐垫底下。抗战胜利后,吴旋把这本相册拿出来,被作为"京字第一号证据",成了战后审判南京大屠杀主犯之一、日军第六师团长谷寿夫,并将其判处死刑的重要证据。这部片子通过对收藏这十六张照片的两位老人的采访,用生动的细节来表现了这样一个让人难忘的故事。

2. 展示人物心态

新闻是以报道事实为主,新闻专题则可以突破这一樊篱,在报道事实的同时,充分展示人的心理。如中央电视台 1998 年 11 月 17 日播出的《危急时刻——东航飞机"九一〇"成功迫降纪实》,讲述了在 1998 年 9 月 10 日晚,一架载有乘客 120 名、机组成员 17 人的 MD-11 型客机在上海虹桥机场起飞后,由于一枚螺栓在收放起落架的过程中断裂脱落,从而造成前起落架失效,在经过 3 个多小时的努力后,飞机终于成功迫降。这一事件,此前已有大量相关消息报道,但都比较简略。两个多月后这一新闻已成往事,再报道这件事情就必须补充大量的新的信息,充分挖掘其新闻价值。该片在报道时邀请了有代表性的三位当事人:机长倪介祥、乘客代表王安宁、地面指挥周礼国,让处于不同岗位和不同身份的他们来共同回忆和追述这一事件,重新展现飞机从起飞到成功降落的全过程。由于角色不一样,他们的心理感受也不一样:机长在面临危机时想的是采取什么措施,做什么动作,保证乘客的生命安全;乘客面对这一凶多吉少的事件,情绪难免产生各种波动,并由此引发热爱生活、珍惜生命的真切感受;地面指挥则在短短时间里,设计了 6 套援救方案,并一一实施。请看飞机降落时的一个片断:

字幕：23:07,586 次航班滑进了 3 号跑道。

画面提示：飞机即将降落，机场周围的情景，采访 586 航班机长。

主持人：现在到了最后十几秒钟的过程，你能不能给我们叙述一下最后十几秒过程中从一着地到最后稳当下来，你当时这个过程是怎么样的？

倪介祥：首先第一次落地，一定要落好，不能重，姿态要适中，也不能姿态很大。

主持人：这十几秒您个人的身体感受是什么样的？

倪介祥：这个时候也没想其他的，就是只想做好，精力非常集中……

画面提示：采访 586 次航班乘客

王安宁：这时候一刹那间呢，好像……我当时回忆的，一刹那间似乎很宁静，很短暂的一刹那，紧接着暴风雨般的掌声和呐喊声，在那时候没有人考虑马上逃离飞机，只是在哗哗地鼓掌……

画面提示：下飞机后人们都打电话等，采访 586 次航班机长、乘客。

主持人：希不希望再重新看到这个镜头？

倪介祥：希望不要看到，不要再看到。因为这也不是一个愉快的事情，不是愉快的事情，虽然这一次在地面的协同指挥、机组的共同努力下获得了一个比较圆满的结果，但是这样的事，总是出现，把握性没有那么大，没有那么大，如果处理不好，也可能就造成很大的损失，对国家，对人民的生命，都造成很大的损失，所以我不希望今后再看到这样的景象。

王安宁：因为我是从上海返回来的，他们在夜上海摆了一桌酒席为我压惊，那时候我在机场没有掉泪，回到公司重新叙述自己这段经历的时候，他们问飞机上最想的是什么呀？我说我特别想家，特别想把我的心里话告诉你们，他们说你想说什么呀？我说我想说希望你们能够热爱生活，珍惜生命。（雷溶　陈森　邵大伟　白岩松）

3. 提供相关背景

报道型电视新闻专题是一种大容量的报道,可以充分展开各种新闻要素,详细交待新闻事实的细节,更多地介绍背景材料和相关事实,多层次、多侧面地进行纵横交错的报道。如烟台电视台2000年8月10日首播的《挑战生命极限》,报道的是我国体育健儿张健只身横渡渤海海峡,成为世界最长距离横渡海峡的男子的事迹。横渡渤海海峡充满了艰巨和风险,但仅仅表现这一过程,难免会显得有些单调。因此该片主创人员充分运用背景材料来进行穿插报道,从大连旅顺到烟台蓬莱的海峡环境介绍到徒手横渡海峡的规则说明,从张健的个人情况介绍到他此前十几年的艰苦训练,从渤海海峡水情的复杂情况到三次险情的具体出现,从横渡活动的举办单位到具体服务船只的有关情况,都作了详尽的报道,增加了这一报道的丰富性和生动性,知识性和趣味性。请看其中的有关片断:

解说:渤海海峡海域水流极为复杂,岛屿多,航道多,素有"无风三尺浪"之称。据大连气象台当日早晨5时发布的24小时气象预报称,8月8日海上风力达5到6级。因此,张健这次是否能横渡成功,这在大多数人心中仍是一个悬念。为此在长达一个月的筹备工作中,有关专家专门研究了一些含热量较高的营养棒等特制食品来增加营养,保持体力,然而,由于海水长时间的浸泡,张健身体上的一些敏感部位都有一定程度的扩张,入水10小时后,他的舌头就已经扩张了3倍左右,这给他的进食带来了相当大的困难。

同期声(本次活动负责人):在这种情况下,我们增加了流质的东西,军舰上给我们提供了一些面汤,对他的口感很好。

解说:按照规定,张健的手不能碰及船只任何部位,因此,他在水中的进食就要靠工作人员用竹杆挑着往下放,记者看到,每次进食都要重复多遍才能成功,8月8日晚,也就是前天晚上9点,张健游到鲨鱼出入频繁的海域,这也是此次横渡最危险的一个时期。记者在现场看到一边有海军军舰围着张健驱鲨,一边用驱鲨粉来驱鲨,这个问题终于得到解决。

……

解说:8月8日深夜是张健通过老铁山水道的关键时刻,老铁

山水道位于黄渤海交汇区，宽24海里，水深50米，特殊的地理位置使水道海底暗礁林立、潮猛涌急、磁场混乱，凶险程度使周围渔民望而生畏，老铁山水道的海流速度每小时6海里，水流最大时可达9海里，如果一条12马力的渔船逆流而上，就会立即被海水吞没。老铁山水道是海事多发水域，这里曾吞噬了多少渔船也许是有数的，但它吞噬了多少条渔民的生命却是无数的，因此，按照当地渔民的习俗，渔船只要顺利经过此地后，都要用放鞭炮饮酒等形式以示庆幸，在导航船的配合下，张健于8月9日也就是昨天凌晨0时55分，顺利通过老铁山水道……（崔海鹰　阎幸福　高波　张维桐）

背景材料和主体事件的结合，使该报道产生了强烈的感染力，比单纯的报道更有吸引力，也更能打动人。

二、调查型电视新闻专题

这是一种具有新闻性和调查性的电视文体，它利用长时间内积累起来的足够的消息来源和材料，为受众提供对某一事件的强有力的解释，是最有热点、最具难度、最富挑战性的电视新闻深度报道，其选题一般都具有很大的社会影响。我国目前这类节目最著名的有中央电视台1996年5月开播至今的《新闻调查》，它引进海外的个案分析、实证研究的方法，以对事实调查最为详尽、对问题分析最为透彻而为人们普遍关注，和美国CBS的《60分钟》一样，被称为电视新闻业的航空母舰。其主要特点有以下几个方面：

1. 展示调查过程

调查是采访的过程，《新闻调查》以记者的采访活动为线索，采用线状结构往前推着走，完整地、清楚地展现调查过程，揭示事件的真相，说明其社会意义。

记者采访的过程分事后调查和同步调查两种。事后调查是在事件发生后记者对事件的采访调查过程，记者通过营造出一个适合采访的氛围，挖掘出采访对象内心深处的、不肯轻易流露的、最真实的事件和情感。在这一过程中，它报道的不是一个个事件，而是记者通过各种各样的手段，进入这一事件，获取事实的真相，因此尽管调查的事件已呈过去时，但时态却是现在

的，是从记者进入调查事件的那一刻开始。如《新闻调查》2000 年播出的《羊泉村记忆》，讲的是 50 多年前几名山西妇女遭受侵华日军性暴力侵害的故事。节目中，这几位老人勇敢地站出来揭露日本鬼子的野蛮行径。当一位老人讲到伤心之处，抑制不住悲愤，眼泪慢慢渗出来，老人掏手绢擦了一下。记者董倩在调查中没有打断老人的情绪，而是伸出手轻轻抚摸老人布满老茧的手，任老人的情绪蔓延开来。这一段长达几十秒的镜头，在此刻胜过了所有语言的控诉。然后是对话：

记者：大娘，如果不是采访的话，您还愿意回到这个村里来吗？

老人：不回来，我说过这个村子我就是死了也不回来，讨着吃也不回来。

羊泉村是老人长大的地方，也是蒙受耻辱的地方，她们当然不愿重提这段屈辱的历史。但是记者的事后调查由于采用了得体的采访语言和动作，使老人愿意打开封闭的心扉。

同步调查是事件正在发生发展中，记者就先期介入，使调查和事件发展呈现同步状态，在这一稍纵即逝的过程中，一切都是未知的，需要跟随事件的进展去抓取去捕捉，在未知中产生悬念，在悬念中产生探寻。如中央电视台 1998 年 4 月 24 日播出的《大官村里选村官》，这部曾获得蒙特卡罗电视节“女神”银奖的片子在宏观的中国政治体制改革的社会背景下，撷取一个具有典型意义的“小事件”，反映的是吉林省镇赉县大屯镇大官村民主选举村委会主任一事，展现了农村民主化进程的状态、农民思想观念的革新和主体权利意识的增强。村长到底由谁来当？当记者开动机器采访的时候，一切都不知道，选村官的过程，也就是记者对事件的边采访、边调查、边思考的过程。其中候选人王臣的出现，是预料之外的一匹黑马，但又是一个不得不接受的事实，突发事件并没有影响到记者的采访调查，而是很快被接纳，并被处理成片子中浑然天成的一部分，甚至可以说是点睛之笔。全片采用纪录片的拍摄方法，除了通过采访对话的语言直接表现新闻内容外，大量采用没有解说词的原生态画面，用原汁原味的同期声和直观场面将选举过程中各种各样人物的表情状态、心态起伏表现得一波三折、生动活泼、真实自然。如在选举时，两位候选人王臣、刘晓波在镜头前的表现：当唱票结果有利于

王臣时,王臣的欣喜溢于言表,镜头捕捉到他由于得意而晃动大腿的精彩细节,而此时刘晓波面色凝重,两手紧紧地交叉在一起。经过一段时间的角逐,唱票结果又有利于刘晓波时,王臣则抽起了烟,面无表情地坐在凳子上,此时刘晓波则眉目舒展。小小的细节对照,反映了两人性格上的差异。又如在竞选演讲后他们回答村民的现场提问:

村民一:我请问王臣,古语说:"新官上任三把火",如果你这次被选为村长,你这三把火咋给群众烧?

王臣:这个问题我解答一下,我上来第一件事就是把原有的摩托车作价拍卖,再骑摩托车,骑个人的,烧油烧个人的。

村民二:我请问刘晓波同志,在这次竞选中,如果你能连任,你认为哪方面值得肯定?哪些地方有不足之处?怎样把它改正过来?

刘晓波:我干的这两年工作,大伙对我的印象,不大吃,不大喝,脚踏实地地工作,我认为我有两个毛病,一是工作当中没魄力,二是没有开拓性。

村民三:关键是能不能说的和做的完全一样?

村民四:能不能真正为老百姓办点儿实事。

村民五:是不是仗势欺人,是不是专为三亲六故服务。

王臣:你放心,我王臣干,就是为了主持公正才想干的。

刘晓波:我上任,决不仗势欺人,平常我的为人,大伙知道。

(编导、记者:胡劲草)

这种现场进行时的手法,是最能体现电视特色的,也是最能表现生活常态的,全片在事件报道的线性时间主轴上,展开人物追踪的平行并列结构,记者站在群众的立场上旁观整个选举过程原汁原味的发展,选举的过程也就是调查的过程,选举的结束也就是调查的结束。

2. 采用追问方式

《新闻调查》是现场推进式的调查,特别重视记者在现场的表现,不论面对什么样的采访对象,记者都必须具备出色的新闻采访能力、人际沟通能力和现场控制能力,以及很强的发现问题和分析问题的能力,客观、真实、冷静,采用不断地系扣和解扣的方法,以层层剥笋、步步追问的方式,一波三

折、顺藤摸瓜，多层次地揭示问题、解决问题，让观众带着强烈地期待往下看。《新闻调查》制片人塞纳说："记者的调查围绕悬念而展开，每一次调查行为都是通过悬念的提出，悬念的求证，悬念的解决来完成。悬念的开始是调查的开始，悬念的结束也是调查的结束"①。在《新闻调查》中，一期节目中总有几个悬念，线性地排列在其时间或逻辑的发展线索上，节目是悬念的层层递进。在叙事上将40分钟的节目分成三至五个段落，用预告或倒叙的方式制造并强化悬念，每个段落都设有冲突和发展的小高潮，段落之间都有一个精心设计的用以承上启下的片头，这样就使整个事件过程迭宕起伏，错落有致。一方面吸引新的收看者，一方面留住上一段落的收看者，保证所有的观众都能明白事件的原委。《新闻调查》的很多片子在整个结构上都是采用这样一种对悬念的追问方式，记者所有的问题提完以后，观众自然就能做出自己的结论。如《新闻调查》1998年7月31日播出的《走进大山的年轻人》，讲述的是1997年6月，团中央中国青年志愿者协会从全国各地公开招募了20名各有专长的青年志愿者奔赴广西百色贫困的大山深处，开展为期一年的教育、科技、医疗等方面的志愿服务。调查围绕陆伟国夫妇、冯颖、吴晓方、余晓路等几位志愿者从一个个问题展开：城里的年轻人为什么要走进大山？走进大山的志愿者遇到了哪些困难？大山给予的回报是什么？理想和现实的距离有多远？面对现实他们作了哪些努力？记者围绕这一系列问题，展开深入调查，在调查的过程中，展现人物的精神风采。请看其中的一个片断：

记者：来到这个地方，从不适应到适应，现在一年了，你们回味自己这个行动，心里怎么想呢？

陆伟国：我能不能通过自己的个人行为，来到贫困山区做一点事，让人们有这么一种认识：现在社会还有这么一种人，自愿从发达地区到不发达地区来做一些事；让他们看到：不是整个社会都是人人向钱看。我们的抱负就是，捧着一颗心来，不带半根草去，就是这么一种信念。

记者：一年下来以后，你给大山孩子的心灵，播种了一些东西，你的设计和愿望达到了吗？

① 赛纳．新闻调查的内容和样式．新闻调查．开播五周年电视深度报道研讨会上的演讲

冯颖：我感觉是达到了，有些孩子对我说的一些话，牢牢地记在心里了。

记者：你觉得现在的你跟过去已经不一样了吗？

冯颖：我跟一年前已经不一样了。我更成熟了，阅历也更多了。我以后再完成我原来的那些工作，也可能就完成得更好。

……

记者：你进到这个大山里来，是有一种奉献的冲动，要给予大山，那么来到这儿一年以后，你觉得这块红土地、大山给了你什么没有？

吴晓方：在这里，你会感觉到，别人对你的关心多了，你会感觉到一种真诚的感情。他们不可能给你钱，也不可能给你什么物质享受，但他给你那份情义，这是我在城市里得不到的。

（编导：陈浩　记者：长江）

3. 探寻事实真相

《新闻调查》栏目的定位选择是“探寻事实真相”，这是其节目的个性所在。在人们的实际生活中，真相往往被遮蔽起来。这种遮蔽大致分成两种状态：一种是被权力和利益所遮蔽的内幕和黑幕，一种是被人们的道德观念和认识水平所遮蔽的复杂事物的混沌状态。对前者的真相调查是对假象的揭露，《新闻调查》播出了大量这方面的节目，如《透视运城渗灌工程》、《海灯神话》、《楷模》、《绛县的经验》等。对后者的真相调查，是对已经存在事实的一种澄清，同时充分反映事物存在的复杂状态，如《眼球丢失的背后》、《一村二主》、《死亡可以请示吗》等。《新闻调查》着眼于坚持用事实说话，探寻事实真相，引出具有普遍鉴戒意义的教训，并查清需要谁为之负责。他们提出的口号是“凡是有粉饰的地方，有隐瞒的地方，有作假的地方，有疑点的地方，有垄断的地方，就必然有被遮蔽的真相，凡是有真相被隐藏的地方，就应该有《新闻调查》”。例如 1998 年 10 月 16 日播出的《透视运城渗灌工程》：

（记者随意在路边停下车。）

记者：这些田间地头的渗灌池，有哪些用过？

农民：没有用过，劳民伤财。

记者：为什么呢？

农民：没有水，用啥？……

（记者又来到了黄城县节水渗灌典型乡学张乡，全乡共有34个渗灌池。）

任千军：全乡渗灌90%配套。

记者：为什么很多渗灌池要建在路旁边呢？

任千军：你这给我问住了，我也不知道该咋说。

（为了慎重了解这个乡有多少渗灌池用过，记者请乡长一起来到建有渗灌池的公路边进行采访。）

记者：这地里有没有埋管子？

农妇：没有埋管子。

记者：那个池子用过没有？

农妇：没有。

记者：从来没有用过？

农妇：没有用过。

任千军：她一个老太婆，整天不在地里，她怎么能知道？

农妇：我老在地里。

记者：那个池子没有放过水？

农妇：没有放过水。

任千军：谁胡说了，我马上收拾他。你哪能这样搞？咱们实事求是，你如果再这样说，我不管你，你随便上哪儿去就上哪儿去。

（编导：王利芬　徐涛）

乡长的语言很"精彩"，他在回答记者提问时的一愣或一笑，在面对农妇时的霸气和对农妇的恫吓，都在记者的不动声色的提问中一览无遗地暴露了出来，事实的真相到底是什么也就不言自明了。

三、谈话型电视新闻专题

谈话是人们相互交流最基本最自然的方式，也是最有力最为人性化的交流方式，电视新闻谈话是指在固定演播场所举行，由电视主持人、嘉宾或现场观众三方人员围绕某一公众关心的话题和热点新闻，展开平等的交谈

对话，以达到某种传播效果的节目样式。它将人际传播和大众传播相结合，人际传播是指人与人面对面的、直接的信息交流。两者的结合改变了现代社会人与人之间的疏离感，促进了人与人之间的沟通、理解、关怀，增强了互动性，凸显了亲和力。电视谈话类新闻节目在西方已有30多年的发展历史，但在中国电视界出现的时间不长。它的出现体现了我国社会文明程度、开放程度的提升，社会成员自我意识、独立意识的增强，中西方文化的交融和中国电视制作与国际电视制作的接轨，也体现了电视传媒在激烈的市场竞争中战略的不断调整。以东方电视台的《东方直播室》为发轫，中央电视台《东方时空·东方之子》紧随之，至1996年央视首播推出的《实话实说》，成为全国影响最大的电视谈话节目，在全国掀起了一阵谈话旋风。这些谈话节目作为一种与日常生活高度接近，即兴生动的节目形态，通过让观众参与说话，唤起了全民说话意识，成为现代社会的标志之一，同时也引领着电视发展的时尚，创造了很高的收视率。谈话类电视新闻专题的特点体现在以下几个方面：

1. 个性表达方式

当代中国电视经历了一场从传统的自上而下、你传我受的灌输传播到以人为本、平等交流的互动传播的深刻转变，从电视谈话类节目开始，受众取得与电视媒介平等对话、表达内心世界的权利，电视媒介引导着生动、自由、合乎人性的传播形式。电视新闻谈话以面对面人际传播的方式，直接面对人的种种思想和感情，反映人的个性、教养、思想和心态，展现人性自然真实的一面。人们在对话中，体现出一种个性与个性的碰撞、思想与思想的交流、心灵与心灵的互动，在一种正常对话的关系状态中，展示人的个性，走进人的心灵，同时也折射出社会的状态。《实话实说》等节目的魅力就在于通过对普通人的尊重、关怀和对他们精神价值的重视，直接反映着流变的社会。《实话实说》开创了两种交流沟通的方式：一是讨论型的社会生活话题，往往抓住某一热点让现场嘉宾各抒己见，将各种观点呈现在观众面前，如《王海打假》、《高考》、《直击伊战》、《共同面对艾滋病》等；另一种是个案型的人生体验话题，通过个人的故事或话题给谈话者提供倾诉的氛围，陈述思想感情的来龙去脉，如《父女之间》、《男护士》、《出走少年》等。这两种方式都不是简单的新闻事实的呈现，也都不是简单的前因后果的分析，而是生动、丰富、动态的全过程的呈现，各种观点在这里展开激烈的交锋，但并没有一个终结性的结论，观众可结合自己的情况赞同或否定某一观点。

2. 场式传播效应

一个话题有多重对象的参与，有多种观点的展现，谈话类电视新闻专题的可视性保留了谈话过程的完整性和生动性，主持人和嘉宾在谈话现场打开了“话匣子”，去除了陌生和拘谨，变得活跃而自然，他们即兴发言，争论激烈，一些有吸引力的问题讨论会随着讨论的不断深入而形成一种全方位的视角和信息场的效应，人们的情感和信息在讨论过程中不断积累、不断流动，同时吸引着场外观众的热心参与或积极认同。除了信息含量丰富的口语传播外，他们谈话时的表情、动作、语调、语速等非语言传播也都同时参与了节目的现场传播，具有独特的视觉价值和审美价值。在与现实生活相似的传播情景中，这些非语言符号或佐证或否定所传播的语言信息，让观众调动自己的整体感知，获取原生态的、未经修饰的真实信息，获得超越于语言之上的直接感觉。崔永元在谈到这一点时说道：“你看看我们节目的现场，好的画面相当多：有人在倾听，有人在思考，有人在交头接耳，有人急不可待要站起来表达自己的观点。这些画面的信息量非常非常大，即使他站起来没有把自己要说的表达清楚，甚至在节目有限的时间内他都没有机会表达自己，但我觉得画面给你的信息量都是足够的，而且画面是非常鲜活的，或者说是真实的。把这些纪录下来是非常有意义的”①，这些画面构成了一个丰富互动的信息场效应。

中央电视台《实话实说》1996 年 4 月 28 日播出的《鸟与我们》，这期节目围绕“养鸟”让现场嘉宾和观众敞开心扉、自由讨论，气氛活跃，真实自然。我们看一下其中的一个片断：

男士一：爱鸟嘛，首先你怎么理解这个爱。爱最主要的是一种给予，就是去爱护鸟类，爱护自然，爱护我们人类的朋友……

主持人：把朋友关在笼子里不算爱。

男士一：不但不算爱，而且是非常的残酷。

男士二：大家爱鸟，不应该自私，把鸟关在笼子里让自己看。应该放到大自然里，让大家看。鼓励大家到大自然里看。这样才是真正的乐趣，也是爱护鸟。

女士一：这位先生说的有点不现实。谁家都有孩子，如果把

---

① 实话实说的实话．上海：上海文化出版社，1999 年．107

鸟都放到大自然中去观赏，那么，谁带他们去呢？大自然在北京指的是哪儿？

……

男士三：说实话，我从小就特别羡慕鸟，因为鸟吃饱了就可以飞。刚才我看了那段录像，那个小孩把鸟从笼子里放飞之后，我就特别想哭、心动！当鸟出了笼子飞向自然的这一瞬，特别令人激动……假如你生下来是一只鸟的话，那么你是否愿意做一只笼养鸟呢？

主持人：我想问问这位爱鸟的老师傅，恕我冒昧，假如您生下来是一只鸟的话，那么你是否愿意在笼子里呢？还是愿意在大自然里呢？

老师傅：那当然愿意回到自然啦！（掌声）

……

主持人：（对老人一）全场的观众都在鼓掌，就您没有鼓掌，是不是您的观点和他们不一样呢？

老人一：听来听去，我有点儿纳闷，好像是养鸟的不如不养鸟的爱鸟。（笑声，掌声）

（策划：郑也夫　杨东平　主持：崔永元）

3. 即时反馈方式

我们生活的时代不断在发生着深刻的变化，谈话类电视新闻节目直接反映着变化的社会，不仅要使节目做得好看，更要使节目能贴近生活、影响社会，关心和反映老百姓的喜怒哀乐，分析和解决社会面临的许多复杂问题。因此，谈话现场的一切都是即兴的发挥，而不是编造的表演。对主持人的要求是要有更强的主动性和临场的应变性，更适应现实社会生活快节奏的变化。对嘉宾来说要更率真更本色，围绕与之相关的问题发表自己的独立见解，通过多样的话语来透视我们这个社会。如中央电视台长篇人物专访类新闻谈话节目《面对面》，其栏目定位语是“面对面的接触、面对面的交流、面对面的碰撞、面对面的印证”，他们认为新闻是由人来构成、由人来推动的，人是新闻的主体。通过各种各样的“人”可以解读新闻，见证历史。

“非典”肆虐期间，央视记者王志在《面对面》节目中采访了一批为抗击“非典”作出突出贡献的英雄。当他们谈到同事在抗击“非典”中所表现出的忘我舍身的精神，特别是为抗击“非典”而英勇献身的感人事迹时，王志落泪了，这种即时反馈方式同样也深深地打动了观众。如《面对面》2003年5月3日播出的一档节目《姜素椿·生死试验》，节目通过姜素椿展现了在抗击“非典”第一线的广大医务工作者的形象。他的感人事迹通过王志和他的即兴对话即时反馈出来。我们试看以下片断：

解　说：输注任何血制品都有一定的风险，是试验就会有失败的可能，但为了找到克服病毒的方法，在姜素椿的执意要求下，一场生死试验开始了。

王　志：你把自己当做实验品？

姜素椿：做做实验。

王　志：有风险吗？

姜素椿：有一定的风险。

王　志：成功的几率有多少？

姜素椿：百分之七八十。

王　志：凭什么这么说？

姜素椿：一个，它是一个单一血清，不是混合血清。第二个，经过检查，这一点我很感动，因为把这个血清拿过来，五个医院都做检查，五个医院一致，说明这个血没有问题，才拿来实验。所以我不怎么害怕。

王　志：但是再检查，也有可能检查不出来的时候，也有可能漏检的时候？

姜素椿：那是，甚至还有新病毒不知道。可是我不试一试，你还等人家去试吗？我没有足够的考虑，我觉得这个事有一定的危险，80%我认为是有把握的。以前已经出现一次反应了，我提出要求，我说把主任和护士长叫过来，万一有反应，抢救，我也不是盲目办事，什么事都要科学办事，有备无患，万一出现反应，可以抢救人。

王　志：你害不害怕？

姜素椿：不害怕，做好准备了，这个风险应该冒，我不“冒”谁“冒”？我是传染科医生，万一出了事比病人好一点。

王　志：如果成了，就是一个很宝贵的经验？

姜素椿：当然是。

王　志：如果不成怎么办呢？

姜素椿：不成，效果不好是一方面，如果在我身上发现问题，我觉得也是值得的。也可以受到教训，我本身也觉得值得。因为为这个传染病的事，本来应该作点贡献，没有什么的。

（王志等）

广播电视有传播知识、提供文化娱乐和提供服务等多种功能，但其最重要的功能是新闻传播。中国广播电视新闻节目由简单到复杂、由单一到综合，不断改革，不断创新，在过去20多年中取得了长足的发展，新闻立台的观念已深入人心，为我国的改革开放、经济建设提供了充分的舆论环境和信息支持。但广播电视新闻节目绝对不能安于现状，必须与时俱进、不断创新，丰富报道的内容和形式、类别和深度，把新闻做得更精彩，使舆论引导更有力，更好地满足广大受众的期待和要求。

第八章 广播电视文艺类节目

内容提要：

本章集中探讨广播电视文艺类节目的类型、特点和创作要求。综艺类节目在主题、内容、表现形式上的特点，游戏类节目的文化意义，竞赛类节目的特质，音乐、戏曲、曲艺、文学、电视、舞蹈等广电欣赏类节目的各自形态等内容在本章中予以展示。作为电视文艺特殊样式的文化艺术片在形式、意蕴、文化上的探索也是本章分析的重点。

广播影视学文艺节目是广播电视最早也是构成比例最大的节目样式。世界上最早的收音机因为播放小提琴曲被称为“魔盒”。第一家正式的广播电台源自于《太阳报》上一条“本地无线电接收到空中音乐会”的广告。自从被称为20世纪“电子缪斯”——电视下凡以来,文艺节目始终是荧屏上不可或缺的一道风景。在消遣娱乐、传播知识、教化大众等功能之外,当代多元的广播电视文艺节目处在传统文化与现代文化、本土文化与外来文化、精英文化和平民文化之间,对于文化生态平衡的重建具有相当重要的意义。

第一节 综艺类节目

综艺类节目又被称为综合娱乐类节目,它根据不同主题的需要,综合运用多种手段将音乐、歌舞、戏曲、相声、曲艺、杂技、绘画、游戏等不同样式的节目单元进行有机组合,节目内容多姿多彩、表现手段层出不穷,融娱乐性、欣赏性、知识性、趣味性于一身。综艺类节目可分为综艺晚会和综艺栏目两大类型。前者是不固定的、一次性的,节目形态多变,主持人多变,主持风格也时有改变;后者是长期固定的,有固定的节目主持人,有独特的栏目形式。

各类综艺晚会和大型综艺演出的播出经久不衰,深得受众喜爱。其中,节庆纪念综艺晚会和行业主题综艺晚会各自占了半壁江山。无论是国际性节日、民族传统节日,还是重大的周年纪念日都少不了综艺晚会的助兴。始于1983年的一年一度的“春节联欢晚会”以喜闻乐见的节目内容、灵活新颖的表现形式,裹挟着独特的民族喜庆,把欢乐、祥和送入千家万户,构成中国电视文化中特有的景象。

行业性综艺晚会往往具有某个行业的特点,围绕着各行各业涉及的范围设定主题和内容。它包括公益宣传活动和文化、艺术、体育重大活动的综合文艺晚会。1998年8月中央电视台播出的“我们万众一心——大型抗洪救灾赈灾募捐晚会”,在当时掀起了全社会抗洪救灾的热潮。2003 年 7 月中央电视台大型文艺晚会“我们一同走过”淋漓尽致地表现了全国人民万众一心、抗击非典的豪情壮志。

各类综艺栏目的设立使得综艺类节目走向了日常化,使广播电视文艺更加绚丽多彩。在固定时段播出的常设性的综合文艺专栏,有着固定名称和节目风格,有的电视文艺栏目还有固定的节目标识。中央人民广播电台的《今晚八点半》是广播综艺的王牌栏目,内容涵盖音乐(声乐和器乐)、戏曲(京剧、昆曲、越剧等)、曲艺(相声、评书)、文学(诗歌、散文、寓言)、电影片段等诸多艺术门类。创办于1990 年的电视栏目《综艺大观》、《东西南北中》、《艺苑风景线》等都以集纳和展示“综艺”为内容。综艺类节目的特点表现为:

一、主题明晰

每一台综艺晚会都有确定的主题和基调。著名电视文艺编导邓在军指出,一台晚会的主题,直接关系着节目创作、演员选择、风格色彩各个方面。一台大型综合性文艺晚会,如果没有明确的主题,并贯穿于晚会的始终,就会显得东拼西凑、杂乱无章,即使有好的节目也糟蹋了,或者只有个别节目给人留下印象,而整台晚会人们会很快淡忘。① 以春节联欢晚会为例,着眼于春节这个特定节日里受众特殊的审美意识和心理需要,结合不同的时代主题,每年的春节晚会都奏出了不同的喜庆篇章。如 1984 年,中央提出了对香港、澳门实行一国两制的构想,当年的春节联欢晚会确定了“爱国、统一、团结”的主题,来自香港和台湾的艺人张明敏、奚秀兰首次登上内地舞台。一曲《我的中国心》真挚动情地演绎了海外同胞深切的赤子情怀,一夜之间红遍大江南北。1997 年,时值香港回归,《公元一九九七》高亢激越的演唱,酣畅淋漓地表达了中国人对香港回归的热切期待,点明了“团结、奋进、自豪的中国人”的主题。综艺栏目每一期也都有一个明确的主题,从这个意义上说,每一期的综艺栏目其实也就是一台综艺晚会。如《综艺大观》第 124 期“走进童年”,在孩子们的歌声、舞姿和小品中,不仅带给了孩子们一台精彩的演出,也把成年人带回了欢乐无忧的时代,唤起了每个人心中的

① 林强. 邓在军电视艺术. 北京:华文出版社,1993. 148

金色童年。

二、内容综合

综艺节目内容多种多样，千变万化，几乎囊括了所有的文化艺术门类和一些非文艺元素。文艺与非文艺的构成元素，在综艺节目宽阔的包容下，通过广播电视手段巧妙灵活地交织、融合、辉映，不断推陈出新，成为节目整体的有机组成部分。每年的春节联欢晚会仿佛是一个个"大拼盘"、"大杂烩"，既有音乐、戏曲、曲艺、舞蹈、魔术、杂技等节目，也有混合节目，还有游戏、技能表演、纪实采访等非文艺节目的恰当穿插，丰富了综艺节目的表现，能够更好地表现主题。例如1995年春节晚会上的《看看母亲河》，在同一时刻提取黄河流域从源头到入海处的各地水样，99瓶清浊不一、颜色不同的黄河水组成"九曲十八弯"的图案，并把这份象征祖国母亲的珍贵礼物送给台湾人民，将晚会的气氛推向了高潮，浓郁的人间至情引发了观众由衷的爱国情。

三、表现丰富

现代广播电视丰富的视听手段，能充分调动声、光、色、画等视听元素，达到理想的表达效果。1989年春节联欢晚会上的《杨丽萍舞蹈集锦》，由四个片段压缩加工而成，通过多角度拍摄和电视特技处理，加之声、光、色的完美配合，显得格外曼妙生姿、超凡脱俗，至今让人记忆犹新。如今，三维动画、多媒体技术、数码合成的广泛运用，正使得广播电视综艺节目更加出彩。卫星传送技术的发展使得异地传输和对话成为可能，大大拓展了综艺节目的展现空间。1996年春节联欢晚会首次实现了北京、上海、西安三地间的卫星互传直播，展示了三地同唱一首歌、同演一台戏的盛况。1998年上海东方电视台和中央电视台合办的大型综艺晚会"为中国喝彩"，将伦敦的千禧宫、莫斯科的克里姆林宫、洛杉矶的碗型剧场、雅典卫城和国内现场连接在了一起。屏幕上，世界真的变成了地球村。东方电台的《飞跃太平洋——上海洛杉矶友情双通道》、武汉文艺台的《武汉洛杉矶联播》、全球十余家华语电台联播的"走进新千年"特别节目，都将广播文艺节目的制作扩展到了异国他乡。

四、观赏和参与并重

美妙的旋律、动人的舞姿、幽默的小品……综艺节目具备较强的观赏性，让受众获得视听的愉悦。然而一档成功的综艺节目，不仅是受众被动地观赏，而且也少不了他们主动地参与来加强节目内外的情感呼应。受众对于综艺节目的参与最直接的表现就是在现场参加节目制作、接受演播室外的各种采访、通过电话或因特网等现代通信手段与现场进行沟通和联络。早在 1983 年春节联欢晚会上就设置了电话点播节目、猜谜语等，广播综艺栏目《今晚八点半》也设有听众点播的环节。

更高层次上的受众参与表现为"深度涉入"，是受众的主体感知、想像、情感、思维在综艺节目的激活下与之产生共振，从而达到双向回流、相互感应、彼此交融。形式上力求营造热烈欢快的现场气氛来感染人，如大多数电视综艺节目采用茶座式、场馆式等。主持人的现身让受者与传者"面对面"，在受众与节目间构成一种"我与你"的关系，构成主体与客体之间亲密平等的对话，缩短彼此距离，更具情感穿透力。以精彩的节目内容来引起受众的情绪反应和情感投入是综艺节目不可忽视的重要元素。鲜活的声画语汇源源不断地将信息传递给受众，唤起受众的某种共同经验，给予他们种种身心的满足，或以惊险刺激令人兴奋震荡，或以幽默诙谐让人畅快宣泄，或以情真意切触动受众心底敏感的情弦。1989 年春节联欢晚会上，主持人倪萍讲述了一段身患重病的小保姆的令人动容的故事，随后韦唯饱含热泪演唱了一曲《爱的奉献》，那充满情感的歌声让很多观众流下了同情的泪水。

第二节 游戏类节目

我国固定的游戏类栏目出现在 20 世纪 90 年代以后，以东方电视台开

播于1993年1月的《快乐大转盘》为最早代表。此后，游戏节目如雨后春笋般涌现。1997年7月湖南卫视推出的《快乐大本营》掀起了一股强劲的"快乐旋风"，随后，全国100多家电视台纷纷开办或引进此类节目，逐渐形成了以各种儿童般的竞赛游戏为主线，观众参与、明星加盟，碎块似的拼贴模式。游戏类节目的主要特点为：

一、娱乐本性的回归

娱乐性是游戏类节目最显著的特征，受众在接受游戏节目的内容时，主要以娱乐为目的。所谓娱乐，就是以不干预实际生活的方式释放情感的一种方法。因此，娱乐首先必须创造一种虚拟的情境，游戏类节目在布景设置上颇下功夫。《欢乐总动员》曾不惜花费巨资搭制了蓝色棚景，华贵中略带迷幻味道的色彩，干净清爽中透出一种神秘的太空氛围，强烈地突出了现代感与娱乐功能。

各式各样的游戏内容能使受众情感达到兴奋点，给予受众视觉、听觉的生理享受，给人以生理、心理的快感，创造现实的幻觉世界。游戏节目还具有一种代偿作用。看着衣着光鲜的明星大腕们跌打滚爬、出尽洋相，观众们感到了幸灾乐祸的痛快。游戏节目的娱乐性使得受众把注意力从日常生活的乏味、烦恼中移开，在屏幕上体验日常生活所缺少的一切：冒险与幻想、正气与激情、新奇与欢乐，逃脱日常生活的牢笼，进入一个未曾涉足的美妙新世界。

传统的综艺节目虽然一直在为受众提供着一定的娱乐内容，但对"寓教于乐"的过分强调，使得受众始终不能轻松畅快地欢乐起来。娱乐成为了手段，教育才是目的。游戏节目超脱于意义价值的终极关怀，消解时间感、历史感。娱乐既是节目的出发点也是节目的归宿。受众在观看时处在一种日常化、放松随便的状态中，既不用太费脑子又用不着投入过多的感情，不用沉入到节目中琢磨它的意蕴，而是沉浸在自我中，从自我需求出发，获得生理、心理愉悦的满足。节目不仅仅是艺术家们演绎种种说教的舞台，而且成为芸芸众生的娱乐消遣的工具。

二、大众狂欢的上演

所谓狂欢,是指群众性的文化活动中表现出的突破一般社会规范的非理性精神,常常表现为纵欲的、粗放的、显示人的自然本性的行为方式。在游戏节目中,台上台下、场内场外都沉浸在这样一种无深度无意义却轻松刺激的视听狂欢节里。巴赫金曾对狂欢的主要特点进行了归纳,在游戏节目中我们不难发现与之相符的种种迹象。

(1) 无等级性。狂欢是从日常时间中逃逸出去的一部分,是对于现存秩序、规范、特权、禁令的暂时摆脱,它消弭一切界限,打破来自观念的和来自身份、地位、阶级关系的各种等级制度。在游戏节目中,人与人之间建立起了平等亲近的关系,没有地位高低,没有贫富差距。如生活情景小试验的游戏,一组组人为设计的生活情景突然呈现在明星们的面前,目的是让观众看他们的真实反应。明星大腕也有普通人的尴尬无奈,各种游戏中,明星们频频出丑,笑过之后,让观众看到了他们光彩背后的平凡之处。主持人的真诚自然,以一种朋友间交谈的姿态来面对观众,极富亲和力。平民意识是游戏类节目最能打动观众的一种价值取向。

(2) 广泛的参与性。在游戏中,没有演员和观众之分,没有台上台下之分,大家都是主体。每个人都是参与者,没有人是袖手旁观的。现场观众为嘉宾表演提供帮助,进入表演区献花,用座边按钮实行“人气”支持,吹哨、鼓掌、摇旗呐喊……电视机前的观众则可以拨打电话或发短信选择自己喜欢的嘉宾,参加抽奖活动等。除了这些行为上的直接参与外,更重要的是心理上的间接参与,也就是上文所说的“深度涉入”。在一些文艺节目中,仪式色彩给娱乐本身增加了凝重的意味。如春节联欢晚会,摄像机和复杂设备所在的演播大厅仿佛是举行现代节日仪式的场地,通过电子技术超凡的传播能量将千家万户聚集在一起。电视机前,观众们共同体会着其中庄重、神圣的象征意味,经历着守岁、团圆的仪式。仪式色彩的强化使受众背负着沉重的心理负荷,为情感的涉入造成了阻隔。游戏节目则提供了不需要任何心理负担的轻松的娱乐形式,不经意间就能让人忘情地投入。

(3) 宣泄性。游戏让人忍俊不禁的地方是不登大雅之堂、不便当众指出、甚至带点孩子气的。终日行色匆匆的凡夫俗子,在游戏节目中度过闲暇时光,仿佛是与儿时朝夕相伴的亲朋好友嬉戏玩乐、聚会闲聊,并从中得到

一份互不追究的宽容和喜悦。难怪游戏的过程充满了各种各样的笑。无论是纵情欢悦的笑,尖刻讥讽的笑,或是自我解嘲的笑,都表现了人们摆脱现实重负的心理宣泄,在打破等级束缚的笑声中体会身心的解放。

三、游戏意识的复苏

席勒认为人在现实生活中受到物质与精神两方面的束缚,渴望运用过剩的精力去达到自由。"自由"是不受任何功利目的限制的,人们只有在精神游戏中才能彻底摆脱实用和功利的束缚,获得真正的自由。自由自在、无拘无束的意识存在正是游戏类节目的一大魅惑。

《快乐大本营》的制片人汪炳文曾不无自豪地说,中央电视台的直播都很紧张,而我们就像"玩儿"似的。自由、宽松的制作观念,使得《快乐大本营》"有很多毛病",但是制作者们并不因此而耿耿于怀,也并不刻意掩饰,以一颗平常心来化解种种尴尬。以往节目中,制作者战战兢兢怕出错,演员们如履薄冰、一本正经,反而成了与观众真诚交流的障碍。流光溢彩的精美画面、近乎完美的出众表演,倒是种种虚假的表征。

有别于一些主持人的正襟危坐或过度煽情,游戏节目的主持人表现得相当松弛自如。主持人在镜头前不拘谨做作、手足无措,直播中出现问题时,他们毫无遮掩地征询编导的意见,出现失误后能够坦然改正,彼此之间的随意调侃,偶尔的互相揭短,也会使观众发出会心的微笑。不论场内、场外,观众都会不由自主地将自己融入节目自由欢快的气氛中,游戏过程中所制造的喜剧因素来博得了观众的喜爱。

游戏的天性深植于每个民族的血脉之中,游戏使人成了真正的人。然而,特殊的社会政治、经济背景和文化积淀形成了中国人特殊的民族心理,使命感、忧患意识主宰着中国人的神经。游戏类节目的出现和成熟,让受众找回了埋藏心中失落已久的游戏意识,令人放松身心,沉醉于纯粹的游戏之中,给人以无拘的自由和单纯的快乐。

第三节 竞赛类节目

1981年夏天，中央电视台首次播出《北京中学生智力竞赛》，受到了广泛关注和热烈欢迎，从此，各类演唱、舞蹈、戏曲、表演竞赛层出不穷。广播电台也根据自身的媒介特点，量身定做了一系列的广播竞赛节目。如上海东方电台的《快乐新干线》和《休闲度假村》，前者精选一些音乐、戏曲、相声、小品片段，以此为基础向听众提问；后者则围绕实事动态、本地风物设问。近年来，以《开心辞典》、《幸运52》等为代表的益智类竞赛节目、以《五星奖大擂台》、《超级模特》为代表的才艺竞赛节目火暴荧屏，仿佛一股强劲的旋风卷来滚滚热浪，成为了文艺节目的新宠。

一、名与利的巨大诱惑

竞赛类节目必须为选手设定一个争夺的目标，构成足够的诱因，诱使参赛者产生强烈的欲望去奋力竞争。一般来说，奖金越高，荣誉越高，就越能成为参赛者及其亲朋好友、场内场外受众的共同目标。在获取与失去的冲突过程中，巨大的刺激性将受众牢牢地吸引，和参赛者一起参加竞争。如今在电视屏幕上如火如荼展开的竞赛无一例外都有着高额奖金、贵重奖品或巨大的荣誉诱惑。生活中默默无闻的凡夫俗子或运用知识或凭借才艺，过关斩将，赢取那令人眼红心跳的高额奖金和荣誉。2002年元旦诞生于上海的《才富大考场》亮出了“睿智迎财富，胜负论英雄”的口号，一举创下了最高奖可达22万元的奖金记录，一时间风靡全国40多个城市。湖南的《超级英雄》更是以“千金一题”为号召：答对5道题奖5 000元，答对10道题奖5万元，答对15道题奖50万。2003年7月亮相上海生活时尚频道的《超级模特》，除了架设通往T型台的星途大道外，周冠军的奖金达1万元，年冠

军的奖励则是88万元的工作合同。奖励行情一路飙升。

巨大名利诱惑的负作用也是显而易见的。短时间内大量财富和巨大名誉的获得,无疑迎合了人性中渴望"一夜暴富"、"一举成名"的弱点。而胜利者接受欢呼、接受奖励与名誉等细节的过分渲染,确认了"胜者为王"的社会价值体系。这些都构成了社会文化和心理建设的隐患。如何利用节目自身的内在张力而非利益诱惑来吸引观众,是竞赛类节目面临的难题。从这个意义上说,《开心辞典》与《幸运52》可谓是同类节目中的佼佼者。融洽和谐的现场氛围、淡泊名利的宽阔胸襟是他们取胜的法宝。《开心辞典》平均每个选手获得的奖金才896元。它针对现代家庭成员缺乏交流的状况,"用知识换取家庭梦想","一人努力,全家开心",洋溢着家庭温馨,流露出人文关怀。《幸运52》则加入了公益性色彩,"智慧夺大奖、知识献爱心",逐步尝试将娱乐节目与公益事业相结合,节目的思想内涵也有了升华。

二、普通人的明星表演

竞赛场上,我们看到了明星缺席后却依然星光灿烂的舞台。普通人从台下走到台上,从受众成为主角,充分展现了他们的才智与个性。普通人的光彩闪烁是打开受众心门的一把金钥匙。

竞赛类节目的选手选拔方法科学公正,大众化特色突出。每一个普通受众都有机会通过报名进入竞技现场,成为主角。知识问答的内容包罗万象,涉及家庭理财、科技新知、历史地理、文化艺术等方方面面。选手既要在知识的记忆库里搜寻答案,也要运用推理、判断、排除等技巧得出结论。突出的知识水平和思维方式均得到了展现。

参赛者所表现的一是竞争能力,二是独特的个性。在《开心辞典》中,每个参赛者有三次求助机会帮助自己度过难关。胆小、不自信的参赛者面对问题的不确定时很快就用完了三次机会,而真正遇到难题时就陷入了困境;过于自信的人可能会放弃求助的机会而导致失败;只有那些正确认识自己能力的人,才能通过自己的努力和他人的帮助顺利过关。有的人拿了5000元奖金便欣喜若狂,有的人则不动声色地获得了几十万巨奖。他们的紧张、担忧、喜悦、失望、有声有色的情绪流露成为节目中极为重要的感情戏。参赛者的个性被揭示得淋漓尽致。竞赛类节目正是巧妙地触及了人性

因素和情感层面。

三、竞技场的强烈刺激

竞技场的强烈刺激是竞赛类节目吸引受众的重要因素,也是这类节目具有张力和戏剧性的重要原因。

竞赛类节目都要利用场景设置来构筑一个与节目的紧张气氛相一致的竞技场。《才富大考场》为了营造紧张刺激的气氛,场景材料以金属及玻璃为主,风格现代而冷峻。现场的灯光随节目的进展由亮转暗,选手答题时全场只剩下一束冷色追光灯打在选手身上。音乐的节奏开始很舒缓,随节目的进行有一个急进,让人有心跳的感觉。当参赛者获得大奖时,全场音乐回响,灯光辉煌,焰火齐放,热力四射。这一切都是结合心理分析量身定做的,设计巧妙,丝丝入扣,使人身临其境。

竞赛规则充满刺激性。竞争往往被分解为几个环节,每一环节的成败都举足轻重。《超级模特》中,实力强劲的10名模特不仅要进行传统的走秀,还要进行口才和反应能力的测试,经过"斗秀场"、"面对面"、"T台魅影"三个环节,才能赢取全场冠军。一个小小的失误都可能与成功失之交臂。益智类的竞赛更是将比赛规则的紧张度推向了极致。如最新版的《才富大考场》把节目切分成第一关"大浪淘沙"(开局)、第二关"胜者为王"(起伏)和第三关"智夺千金"(高潮),形成了戏剧性的结构规律。"智夺千金"是最为牵动人心的一关。选手有5道选择题的答题权,每题的选项数目和分值各不相同,选手依次回答。每答对一题可获得该题相应分值,如果答错,则在原有积分基础上扣除本题相应分值。选手答题过程中,一旦失去所有积分,比赛自动结束。奖金的数额随着题目难度的增加而提升。简单易懂的规则,变幻莫测的结果,为节目增加了悬念和可看性。

第四节 欣赏类节目

欣赏类的广播电视文艺节目是以文艺作品的完整播出为节目形态，以艺术的展示为主要内容，诉诸受众的审美。欣赏类节目根据文艺样式的不同，又可分为音乐、戏曲、曲艺、舞蹈、文学节目和文化艺术片。综艺节目中播出的一个个可供欣赏的独立节目，游戏类节目中穿插的文艺片段，也可以归入欣赏类节目的范畴。

一、音乐节目

音乐是一门以声音为媒介的听觉艺术。作为非造型性的艺术，它不具有视觉的直观性，正是在这一点上，音乐与广播的媒介属性相契合。广播音乐节目的播出，从古典音乐到现代音乐，从严肃音乐到流行歌曲，应有尽有。除了国内音乐外，大量外国音乐节目也源源不断地通过广播为人所了解。广播音乐的存在形式主要有两种，一是集锦式的广播音乐栏目，如东方广播电台“无需入场券，只需无线电”的《中文金曲馆》，清新、健康的《音乐早餐》。二是广播音乐会，如播放音乐会现场实况的《东广音乐厅》。随着分众传播的进入，专业性的音乐电台纷纷设立，音乐爱好者可以根据自身的喜好寻找各自的空中家园。比较成功的如国内首家以经典音乐为展现内容的东方广播电台经典音乐频率。

贝尔在分析西方当代文化的转变时指出：“目前居‘统治’地位的是视觉观念。声音和景象，尤其是后者组织了美学，统帅了观众。在一个大众社会里，这几乎是不可避免的。”①视觉文化的勃兴是当代文化发展的一个必

① 丹尼尔·贝尔．资本主义文化矛盾．北京：三联书店，1989. 154

然方向,音乐与电视的结盟在所难免。音乐走进电视的意义在于:

首先,作为大众传播强有力的手段,电视把"场所(音乐厅、舞台、各种场地)音乐"传播给广大观众。无论是独唱、合唱、民族器乐、管弦乐,还是歌剧、音乐剧,都可以通过直播或录播的方式予以传达。电视技术的运用能即时捕捉演员的细微表情,展示现场的特殊气氛,记录表演的完整经过,给观众提供尽可能全面、丰富的信息,使其获得真切的现场感受。通过电视的传播,观众足不出户就可以步入音乐的美妙殿堂。音乐原形通过媒介予以更广泛的传播。从媒介与音乐的关系来看,此类电视音乐节目与广播音乐节目是一致的。

其次,音乐与电视的联姻极大地丰富了电视的表现内容,电视视听结合与生俱来的特点模糊了音乐非造型性的艺术属性,形成了一门音画合成的新的综合艺术。电视音乐专题片、电视音乐艺术片等视听一体的多元艺术登上屏幕。音乐电视(MTV)是其中最重要的代表。

1981 年 8 月,一家专事播放可视歌曲(Music Vedio)的电视网——音乐电视网(MTV)在美国诞生,这家商业电视网成为历史上最热门的有线电视台。现在人们习惯将 MTV 作为可视歌曲——音乐电视的代名词。音乐电视(MTV)是音乐作品的表演(演唱、演奏)与电视屏幕的图像有机结合的产物,是对歌曲或乐曲进行立体化、多层次包装从而便于有效传播的形式。在音乐电视中,制作师们绞尽脑汁,充分发挥想像,利用各种拍摄手段、剪辑方法和特技来使画面和音乐达到奇异的结合。世界第一个音乐电视中文频道于 1995 年开播,它专门为华语文化圈内的国家和地区提供音乐节目。在不到十年的时间里,这种新型的电视艺术样式在我国成为了一种代表着时尚与流行的艺术,取得了惊人的发展。异彩纷呈的画面、美轮美奂的音响,音乐电视满足了现代人尤其是年轻人对音乐实现视听一体、多媒体共同交互的强烈需要。

1. 技术与艺术的完美结合

音乐电视在技术与艺术之间搭起了一座相衔互济的桥梁。音乐从其本质上说,是一门高度抽象的艺术,受众必须充分发挥想像力和感受力,才可能解读其中的奥秘。电视的独特表现手段能够强化音乐语言的艺术表现性和感染力,刺激受众的审美直觉,激发他们的想像和参与意识。特殊的灯光效果、镜头的构图设计、与音乐节奏相一致的摄像运动,都能够对受众形成强烈的冲击,从而引起共鸣。2000 年获得"中国音乐电视大赛"银奖的作品

《月光》,以朦胧的光线、轻盈的推拉、淡入淡出的切换,营造了淡雅迷离、舒缓怡人的音乐韵律。技术的介入丰富了音乐艺术的外化表现。音乐电视极尽现代技术之能事,充分演绎着高科技时代视听手段的高速发展和视听艺术的完美结合。

2. 画面与音乐的创造性融合

音乐电视以画面来诠释音乐的表意内涵,不断地尝试着音画结合的表现可能性。音乐的非造型性特质使它不通过具体可感的艺术形象来表情抒意,受众对音乐内容的解读并不容易。电视同时作用于受众视觉、听觉两个通道,这种具象受传方式具有很强的吸引力和感染力,直观可感,通俗易懂,使受众不需要经过任何特殊训练就能掌握,因而易于被接受。音乐电视作品《阿姐鼓》在西藏外景地自然的造化和别具一格的民族文化氛围中,画面对音乐内容进行了最贴切的注解,很容易让人沉入民族性格和文化意味的联想中,去把握东方古老的怀恋情感。画面空间点燃了无限想像力和激情,极大地拓展了音乐表现的张力。画面与音乐水乳交融,创造出了全新的声画形象。

二、戏曲、曲艺节目

王国维认为戏曲是"以歌舞演故事"。戏曲是结合音乐、舞蹈、美术、杂技、文学等多种艺术因素,以完整、严格的程式组合起来的综合艺术。中国戏曲以别具一格的民族特色,在世界艺术剧坛上占有重要的地位。曲艺是以口头语言进行说唱的表演艺术形式,是面向市民的讲唱文学。曲艺是我国独特的民间传统艺术形式。广播戏曲与曲艺节目的艺术形式主要是将录制下来的戏曲、曲艺节目通过广播听觉保存特性来进行重现,并予以传播。上海人民广播电台戏剧频道的《京昆雅韵》、《越沪艺苑》、《说说唱唱》、《戏曲故事》、《相声与小品》,苏州、上海、无锡、常州等各家电台推出的《苏州广播书场》等,即是此类节目的代表。

目前我国电视屏幕上存在的电视和戏曲、曲艺结合的艺术形式主要有以下几种:第一种是对舞台表演的直播或录播。早在1958年5月中国第一座电视台——北京电视台试播时,就转播了多位戏曲艺术家的表演实况,如梅兰芳先生的《穆桂英挂帅》、尚小云先生的《双阳公主》、荀慧生先生的《红娘》以及周信芳先生的《四进士》等。如今,在中央电视台的《曲苑杂坛》、天津电视台文化娱乐频道的《鱼龙百戏》、苏州电视台的《苏州电视书场》等栏目中，观众都能够领略到原汁原味的戏曲、曲艺韵味。第二种是将戏曲、曲艺电视化，在人物造型、唱腔、语音、动作保持原有韵味的基础上，遵循电视的美学原则，在镜头运用、节奏把握、时空交错、画面呈现等各方面大胆创新。

戏曲电视剧便是戏曲与电视双重艺术特点水乳交融而产生的新的艺术形态。戏曲电视剧的特点主要有：

1. 戏曲程式化与电视生活化的趋同

戏曲是各种程式的组合和集结。从唱词、念白、音乐、表演到人物造型、景物造型都有着完整的程式。戏曲程式具有广泛而持久的因袭性和不容逾越的规范性。程式化是世代戏曲艺术家经验和智慧的宝贵积累。但随着时代变迁，传统程式难以适应当代审美的弊端日益显现。电视符号体系以追新逐异的时代生活为依托，它对于戏曲的介入，改变了传统戏曲以故常为法度的程式化道路。电视手段的运用，正不断摆脱戏曲程式的束缚，使戏曲以生活化的面貌走近观众。实景拍摄增强艺术感染力。如楚剧电视剧《狱卒平冤》中，开篇一幅黄鹤楼真迹彩绘，把观众引向杳渺、古朴的江夏。随之而来的江面官船和用做“接官厅”的晴川实景，几幅简练的实景画面，巧妙地营造出故事发生的真实环境，给人以身临其境的真实感，远非“一桌两椅”的戏曲舞台所能企及。特写镜头能将人物瞬间情感的自然流露放大，充分揭示隐藏在人物内心的微妙情绪。戏曲舞台上“笑技”、“哭技”、“眼技”等近乎夸张的各种程式技巧不再需要，演员表演更加真实自然。蒙太奇的运用加快叙述故事的节奏。戏曲的缓慢叙事通过剪辑，更符合当代生活节拍。唱段的减少、普通话的对白、电声音乐的伴奏，更为贴近现实生活的表达，正在逐渐消弭传统戏曲与现代文化的隔阂。

2. 戏曲写意与电视写实的同构

戏曲艺术以写意见长，电视艺术则以写实见长。戏曲电视将写意与写实和谐地融为一体，虚实结合，相得益彰。越剧电视剧《秦淮梦》中虚拟的布景与真实的自然风光浑然一体，倍添魅力。京剧电视剧《膏药章》运用了具有纪实功能的长镜头跟拍，突出诸如“坐”、“僵尸”之类写意的舞台动作，使人物的心灵、情感得以外化。

戏曲 MTV 让古老的戏曲插上了时尚的翅膀，是戏曲与电视结合的又一崭新的艺术样式。京剧 MTV《梨花颂》、昆曲 MTV《牡丹亭》、越剧 MTV《蝴

蝶梦》等作品在技术和艺术上都达到了较高水准。东方电视台还开设了全国唯一的播出戏曲 MTV 的电视栏目《每周金曲》。短短数分钟内,在丰富的电视艺术手法的作用下,时空交错的结构,精雕细琢的画面,美轮美奂的音响,融合于戏曲唱段强烈的情感内涵和厚重的文化意蕴中,给人以愉悦的视听享受和审美满足,使戏曲 MTV 成为了高浓缩的当代艺术精品。

三、文学节目

广播文学节目的主要形式是小说、诗歌、散文等各类文学作品的朗诵录音、介绍等。早在战争年代,新华广播电台就曾播送过小说、诗歌、散文等文学性节目。《诗朗诵》、《小说朗诵》、《文学爱好者》、《现代文学和作家作品》、《文学之窗》、《文学广播杂志》等各类广播文学栏目一直是文学爱好者的钟爱。时代的变迁、观念的更迭、技术的进步,广播文学受到了多样化娱乐选择的挑战。上海东方广播电台的《半个月亮》,以抒情为主基调,在午夜前半小时的静谧时刻带来文学唯美的享受,依然赢得了不少的听众。

电视文学是电视与文学的结合体,是运用电视造型手段和视听语言完成描绘社会生活、塑造人物形象、抒发思想感情的新的文艺形式,是电视与文学相互关照、相互包容、相互扬弃的产物。电视文学包括电视小说、电视散文、电视诗等多种样式。文学本身的艺术魅力与电视丰富表现手段的交融,使得电视文学具有浓厚的文化气息和强烈的感染力,有人甚至称其为"现今电视文化中的一片净土"。

文学语言是通过文字这一基本元素变幻无穷的组合,来创造各种各样的词汇、句式,呈现出丰富的蕴意的。文字语言是文学的生命,电视语言则是以声音、画面来表现的,两者之间的巧妙转化是电视文学成败的关键。

1. 文学作品绘声的描述

声音可以绘制形象、绘制感情,是电视文学重要的表现手段。电视文学总是最大限度地保持原著叙述语言和人物语言的美感和行文的结构力。根据美国同名小说改编的电视小说《最后一片叶子》,自始至终都是由画外音朗诵的原文。在电视小说《故乡》中,原著的语言原封不动地出现在了开篇和结尾,鲁迅小说独特的韵味得到了较好的再现。电视文学的旁白直接脱胎于文学作品,因此它具有完整的独立性和欣赏性,与通常所说的解说词不同。

电视音响可以用声音创造出一个更大的艺术表现空间，可以展示令人震撼的艺术魅力。文学语言中各种各样的象声词和表现音响的形容词本身就有着特殊的音响效果，“大珠小珠落玉盘”、“四面边声连角起”、“留得残荷听雨声”、“墙外行人，墙里佳人笑”，这些精彩的声响都可以通过电视录音技术得到极其生动形象的再现。电视散文《街声》中，主人公回到了阔别已久的故乡，行走在湿漉漉的江南小街上，记忆中朗朗的读书声、青石板下隐隐的流水声敲打着心扉，而现实却被流行歌曲的喧嚣、闹市叫卖的嘈杂所笼罩，失落感油然而生。音响的展示和对比是该片艺术表达最有利的手段。

音乐也是电视文学中十分独特的组成元素，是作品内容重要的造型手段。音乐可以解释镜头，增添语言的表达能力，也可以表现无法用语言和不必用语言表达的感情变化。音乐还可以使画面更为立体和丰厚，可以烘托气氛，激起受众的感情跌宕，更好地解释主题。在电视文学作品《月是故乡明》中，二胡曲《二泉映月》悠扬凄迷，伤感的情绪俘获人心，让人沉浸在深深的思念与怀恋之中。

2. 文学形态的具象印证

作家头脑中的形象必须通过文字的中介才能表现，读者也必须通过文字的中介来激发想像和联想，进而来感受文学形象。而电视语言具有画面性、可视性的特点，它直接把形象诉诸受众的视觉。受众接触的符号就是形象的显现。电视文学以丰沛的画面对于文学语言进行图像的印证，以展现文学作品的内在意蕴。中国古代文论研究“诗画同源”，许多文学语言本身就具有极强的画面感，很适合用电视镜头去表现。“雾打湿了我的双翼，可风却不容我再迟疑，岸啊，心爱的岸，昨天刚刚和你告别，今天你又在这里，明天我们将在，另一个纬度相遇……”电视诗《双桅船》中，石板铺就的小码头，水上的行船，岸上的榕树，一位女性独自徘徊，脸上写满了思念与忧郁。诗中有画、画中有诗。画面对于语言力量的强化，形成了艺术冲击。

电视文学的创作要避免一种浅表地、图解式地解读文字的现象。朱自清在散文《春》中表现了严冬过后万物复苏时分，对新生命的赞美与祝愿。而电视散文《春》却过于写实，将这种泛爱意识简单地图解为男欢女爱，违背了原作的风味，误导了受众的审美联想。

3. 文学意境的营造

电视文学除了对文学作品语言和结构的保留和表现外，充分利用电视声画的多种表现手段，通过象征、隐喻、比拟、夸张、双关、对比、衬托、渲染等

种种修辞,丰富和补充文学作品原有的意境也是电视文学追逐的目标。电视文学把文学的灵性美溶入画面直观的叙事和抒情中,与旁白、音响、音乐有机结合,以情意去构想那些抽象的然而又同原作风格相适合的场景,产生特有的艺术魅力,改变了文学纯想像艺术的特质,向着视听艺术与想像艺术相结合的方向拓展。电视小说《最后一片叶子》中,流泪的蜡烛、昏暗的小屋、浓墨重彩的油画,风中飘散着祈祷晚钟的声音,年轻的画家伫立其间,病弱的身躯如残烛在寒风中飘摇,对生的渴望和未来的美好梦想又如这飘渺、清晰的钟声般坚强。各种境头营造出只可意会、不可言传的意境。

创作中的留白对于意境的形成有着出奇制胜的效果。从传播角度看,作品的内容全都是有效信息时,观众的接收效果并非理想。因此,不论是画面还是声音,都应给受众留有回味、思考的空间,才更有利于作品意境的形成。"东船西舫悄无言,唯见江心秋月白",适当的空镜头、静音甚至是黑幕,往往可以表示一种特殊的欲语还休的意蕴。

四、电视舞蹈

舞蹈艺术是人类文明的重要组成部分,它通过人体的有序动作来感知世界、表达情感。舞蹈是一门兼具时间与空间特性的艺术。电视的记录能够将美丽的舞蹈瞬间拍摄下来,成为永恒的艺术珍品。电视的传播使得千千万万无缘剧场欣赏的人们激动并陶醉在优美动人的舞姿舞情中。近年来,伴舞充斥着荧屏,作为歌曲演唱的陪衬和装饰,舞蹈艺术本身的丰富内涵遭到了莫大的伤害。事实上,电视舞蹈的生存空间是相当广阔的。

"舞蹈与电视之间存在着一种极端的浪漫,在这种新生的录像舞蹈中,只要媒介与艺术间尚未找到一种能够相互理解对方意图的语言,两者间的对话就将一直保持一种论战的方式。我们需要对时间、空间和运动进行全新的定义。那些进行实验的反叛者们的作品一直影响并向前推动着主流的生产潜力。人们需要的是一个新型的品种,作为制片人的编导家或作为编导(舞)家的制片人,他们的工作将不再是一个杂种,而是进步与诗歌的合法孩子。"①进步的电视手段与诗意的舞蹈之间的沟通在于:

(1)各种电视手段的运用必须以舞蹈含义的正确传达为前提。电视镜

① 瓦尔特·索雷尔. 西方舞蹈文化史. 北京:中国人民大学出版社,1996. 614

头跟踪肢体运动的细节，忠实于舞蹈本身的表现意图，把现场气氛充分地展现出来，而不是任意肢解舞蹈表演的完整性。电视舞蹈的创作者必须熟稔舞蹈语汇和电视语汇，能够引领观众的视线很好地欣赏舞蹈。什么时候捕捉舞者的面容和表情，什么时候展示肢体的哪个部位，什么时候运用什么景别，都必须有妥当的考量。

(2) 电视舞蹈并不仅仅是照抄式的再现，而是要充分调动电视艺术手段，在熟悉舞蹈艺术的特点和风格的基础上，创作者应将自己心灵的激情与感受融汇进去进行艺术的再创造，将时间、空间、肢体运动过程以及和音乐的关系进行重新编排与演绎，追求再现与表现的和谐统一，寓情于形、以情动人，而且同样的舞蹈语汇在时间、空间、力度上的变化也会有多样的情绪意味出现。如相同动作的远景与中景的叠画，能够使优美的动作得以强调，并带有奇幻的效果。对舞者形象的大小、虚实进行必要的对比，能够产生一种虚实相生、似与不似的意境。在表达动作语汇时直接营造出动作力度的大小、快慢和运动方向，则能传达出更丰富的时间、空间和力度感。比较常见的慢动作的运用，能够使美好的瞬间延长。美术中色彩、线条等视觉特点的利用，也能加强对主题表现的渲染。总之，电视舞蹈要有主动参与的意识，运用摄影和编辑技巧编排创作者想要的舞蹈，让片刻的舞蹈在屏幕上变成永恒的舞动。

五、文化艺术片

文化艺术片是电视文艺的一种特殊样式。它遵循电视艺术的创作规律，创造性地把握和运用电视艺术的画面语言、有声语言系统，融文学、音乐、戏剧、舞蹈、美术、摄影等多种艺术元素于一体，充满了浓厚的文学性、绘画性和音乐性，具有较高的文化价值和审美价值。《西藏的诱惑》、《苏园六纪》、《水天堂》、《苏州水》等文化艺术片以其高雅的文化品位，深刻的文化精神、灵动的文化诗意给受众带来了一场又一场视听的盛宴。

1. 声情画意的交融

文化艺术片的画面构成是精雕细琢、独具匠心的。飘忽感的慢镜头、朦胧镜头，逆光、图像反差等技术手段的综合运用，使画面在色彩、造型、节律内涵的美感和表现力上精益求精，再经过艺术地提炼、组合，升华出一种充满诗意的美妙境界，飞扬着创作者的艺术心灵，激发起受众视觉能动的

想像。

(1)解说词。它是文化艺术片构成的重要元素,是一种独特的语言形态。它充满了文学的诗性美,又兼顾电视表达的通俗浅显、朗朗上口。或慷慨激昂,或娓娓道来,让人感受到诗性的激荡。文化艺术片中的解说与上文所说的电视文学中的旁白不同,旁白只是对独立存在的文学语言的朗诵,脱离了电视之后依然流传。而文化艺术片的解说词是电视思维与诗性思维融合互动的产物,是视听语言与文学语言互相生发的。解说词只有与画面相互呼应、互为表里,才能表达完整的蕴意。

(2)画面。解说词与画面的配合,一种体现为与画面同步配合,即解说词亦步亦趋地紧贴在画面上,以说明、交待、重复和强化画面,即声画同步。如《苏园六纪》第一集《吴门烟水》中,有一处解说:"墙外长街,虽然是车水马龙,但在粉墙之中、黛瓦之下,却是鱼戏莲叶的悠闲,满地蕉阴的恬静……"画面从车流熙攘的大街突然越过高墙、划过屋檐、掠过灌木,落于园林的一框漏窗,最后切换成"鱼戏莲叶"的景致,画面和解说相得益彰,同时表现了丰富的时空叙述含义。另一种体现为解说词与画面表面看来不大相关,也就是解说词与画面的组合方式若即若离,即声画对位。如在《苏州水》片头中:"一代代先民,在临终的时候,都作过这样的叮咛:要与水为邻……"画面上是干涸的河床、空荡荡的小船、占满整个屏幕的龟裂的土地。这组完全符号化的画面,通过声画内容和意义完全不同的强烈对比,强调了水对于生命的重要性,巧妙地点出了水和苏州的主题。

(3)音乐。音乐也是文化艺术片不可忽视的一抹重彩。随着主题的推进,音乐时而明快时而舒缓,如影随形的音乐变奏,在似与不似之间达成与画面、解说的巧妙协调,调节着作品的节奏韵律,增添着整体表达的审美气息。《苏州水》的音乐切合了水温柔的特性,它不是庄严的交响乐、激昂的进行曲,而是采用了江南丝竹的悠扬婉转。大弦嘈嘈、小弦切切的琵琶,如怨如慕的竹笛和抑扬幽雅的古琴深情地抒写着水的隽永。橹声欸乃、风帆飒飒的加入,更添神韵,共同完成了水生万物的美学阐释。

文化艺术片对于电视语言全方位的调用,体现出高超的审美表现技巧,展现出电视手段诗化传播的可能。画面、解说和音乐交融相织的视听语汇系统,造型美、语言美、音乐美的和谐统一,成功地构建了一个令人心驰神往的艺术世界。

2. 诗化意境的营造

意境是中国美学的重要概念。所谓“意”是指创作者的精神境界和文化意绪，对于社会人生的深刻认识，个人的理想和热情。“意”同时也指“作意”，即创作者的创作意向、审美选择、表达方式。所谓“境”是指与主观相对的客观对象的境界。意境是指一部艺术作品中，自然景观、生活场景与创作者的审美意识、情感观点有机融合而成的一种独特的艺术境界。意境的创造，强调主体与客体的统一，也就是通常所说的情景交融。对于文化艺术片来说，就是要求声画呈现的外在与内在、经验与幻景、感性与理性在特定时空中得以完满的呈现，让受众在特定意境中感受到艺术优美和诗情，体味世事的真谛和哲理。

(1) 意象。意象是文化艺术片意境构成的重要元素。意象是既与客观事物相似，却又高于客观具象，但又不是完全抽象的一种意识产物，是一种“不似之似”的东西，是既抽象又具象的“第三者”。意象的构造首先在于对具体形象的选择，这种选择就如同中国古典诗词中的“炼字”一般考究。所选择的具象，既要适合电视的传播特点，给人以视觉的享受；又要“索物以托情”，即索取和选择的物象能够寄托深挚的感情，启发人的联想和想像。刘郎在创作《江南》时曾说：“但我仍然希望，担纲摄影创作的同仁，要特别留意发掘意象之美。满屏的水面，划过一叶轻舟；斑驳的门环，呼应宅中的后景，都像是一部半掩的线装的《花间集》，心静的人一见到，就有读的念头”。[①] 以《苏园六纪》为例，它并没有把镜头毫无选择地对准园林中常见的现实景观，而是选取了窗、门环、山水、花木等作为艺术表现的意象。这些形神兼备、充满文化韵味的线条、色彩，最简洁、最深刻地体现着园林的艺术本质。蕉窗听雨一段中雨打芭蕉的画面堪称经典。这是一幅写意性非常强的画面，对现实中与苏州园林有关的意象给予了艺术的超越和升华。画面的重点不是现实情态和过程的具体展现，而是远离纷繁琐碎的世事纠缠而飘散出的一份随意、自适与怡然。

(2) 声像语言。文化艺术片运用唯美的声像语言，通过象征造型、心理造型、模糊造型等屏幕造型语言来营造作品的意境。电视镜头语言是具体形象的直接显现，浅陋直白的特性减少了想像展开的空间。唯美的声像语言而非纪实语言的运用，具有某种象征性、隐喻性甚至模糊性，因而在思想

---

① 刘郎．老屋的意象．中国电视．2000(2)

意念的表达上带有某种不确定性,能够激发受众的联想、想像等再创造的审美能力,从而深切地感受到画外之意、声外之情和形外之神。譬如模糊造型的镜头语言往往能给人以含蓄审美的愉悦。在《苏园六纪》中,在宣纸一般轻柔的云墙上,摇曳的树影舞动成曼妙的水墨画。模糊的画面造型能够表达出耐人寻味的情绪和久远的意境,极富诗情的意象美感和欲说还休的人生况味尽在其中。原本写实的电视表现,经过创作者的巧妙构思和出色处理,在客观真实的基础上平添诗意。

(3) 画面剪接。画面剪接将一个个独立的意象碎片重新组合,构造崭新的艺术时空,提供一个由形象、声音、环境氛围、心理氛围所组成的场信息结构,从中展现主体的思考,凝聚成和谐统一的艺术整体。文化艺术片的剪接常常打破传统的时空情节顺序,而以意识的流动、审美心理的变化为主轴,以情感、意象为主线,创造散点式的结构形态,达到艺术写意的境界。看似漫不经心、随心所至的结构,却出自创作者的深思熟虑。《苏园六纪》一改一个园一个园条理清晰地介绍景点的传统路子,而是充分利用电视蒙太奇思维及其手法,将苏州园林的构成要素拆散重组,以"吴门烟水"、"分山裁水"、"深院幽庭"、"蕉窗听雨"、"岁月章回"、"风叩门环"六集,形成六个主题,将园林产生的历史自然环境、理水叠山、亭台建筑、花木经营、文化意味、历史变迁等话题,细细道来,从人文的角度对苏州园林的文化韵味、审美特征和艺术意境进行系统的概括。具体的段落剪接也无一不体现着创作者出色的艺术驾驭能力和巧妙心思。《苏园六纪》中,锯木头、雕花窗、捞太湖石的镜头合成,表现园林的建造者——工匠们的心灵手巧;雨中的匆匆的路人和浸润的树木花果,表现美丽的江南雨景;夕阳下跃动的太湖、红枫渲染中的天平山,表现吴中景色……在光影交叠的画面美中,恰如其分地凸显出苏州园林、苏州人乃至苏州文化的温润和秀雅。

文化艺术片的用力不在于对具象的客观记录与再现,而是调动电视的一切技术和艺术手段,通过这些意象符号,将主观感情寄寓其中,营造出情景交融、虚实结合、富于韵味的诗化意境。

3. 学术思考的浸润

著名编导刘郎曾说过,"做文化片最难的一点,就是将有一定深度的学术思考,如何交融于具体的、有限度的,而且只能是表现现时态的电视画面之中。"①在提供美的视听享受、情感愉悦之外,闪烁文化、艺术、历史思考的绚丽光彩,是文化艺术片的更高追求。文化艺术片不仅要艺术地展现具象之美,呈现出美趣,不仅要流露出创作者的深厚情感,给人以情趣,更重要的是要深刻揭示自然景观和深厚情感背后的理,做到影视为用,艺术为体;艺术为用,学术为体,给人以深透的理趣。

《西藏的诱惑》以自然风情、宗教文化为入口,对生存方式和价值观念的独特表达,体现出对生命的终极关怀。《苏州水》则以水切入对吴地历史、文化的深入研究。《苏州水》表现的不仅是具象的水,现实的水,而是水所蕴含的历史深度和文化意味。譬如说对井的表现:在创作者眼里,井栏上一道道深深的绳印就像先民张着的嘴巴在娓娓叙说,古井体现着苏州历史文化的常态,是苏州文化内敛而富足的真实写照。它一头牵着平民百姓精致的物质生活,一头系着文人士子精深的精神生活。大俗大雅的形态,促成了苏州精致和精深并存的文化景观,支持着苏州物质与精神文化的历史绵延与时代进取。

① 刘郎.将园林艺术电视艺术化.中国电视.2000(9)

第九章 广播电视服务类、广告类与教育类节目

内容提要：

从相对宽泛的意义上来说，服务类节目与广告类节目有相近而通之处，它们均可穿行于公益性与经济性之间。从更为宽泛的意义上来看，绝大部分电视节目都含有教育意义，而通常所谓的教育节目，其实是指狭义的、与教育频道相关的节目。

无论是服务类、广告类还是教育类节目,都与广播电视紧密相联。在现代电影中,不管是片头、片尾的字幕(特别是所列出的鸣谢单位)或片头与片尾的有关影像内容(有时会映现有关出资企业所经营的有关产品),甚至于片中有些特别映出的有关用品都有可能涉及某广告的相关内容。在各种电影的放映过程中,大多会在正片之前播放一些有关宣传、科普、新闻和广告的影像或文字内容,所有这些都具有非常明显的服务、广告或是教育的属性。

就广播电视节目的分类来说,有所谓的"四分法"和"六分法"。传统的"四分法"将广播电视节目分成这样四大类:新闻类、文艺类、教育类、服务类。在这种分类中,只将广告节目看做服务类节目中的一个组成部分,将体育节目划分在新闻节目中。进入21世纪后,有的广播电视学者开始采用新的"四分法",那就是将广告类节目取代并包容服务类节目。至于"六分法",通常的做法就是在"四分法"的基础上加"谈话类节目"和"知识类节目",也有的把"知识类节目"换成"体育类节目"。目前,全世界很多业内人士对"谈话类节目"很看重,但大多觉得似乎很难界定"知识类节目"。也许正是因为这一点,所以在大的分类这个层面上来说,业界至今较多采用的还是将广告节目单列的"四分法"。

第一节 服务类节目

一般地说,所谓服务类节目就是媒体为人与社会的日常需要提供直接或间接的多方面服务的一种节目形式。众所周知,广播电视在其最初发展时期几乎完全是服务性质的,即它们的商业性并不像电影那样与生俱来。因此,我们在此关于服务类节目的探讨,主要是从相对狭义这个角度上来论述的。

一、服务类节目的分类

与任何分类一样，运用不同的尺度和参照，可以进行很多不同的分类，因此它们就很可能有交叉。在此，我们试对服务类节目进行如下的不同分类：

1. 大众服务类与分众服务类

所谓大众传播的“大众”，一方面是指数量众多，另一方面是指受众的文化层次与背景多种多样、社会身份与地位参差不齐、个人爱好与选择各不相同、收视(听)目的与动机错综复杂、接受水平与能力千差万别等。一句话，这里的所谓“大众”，除了数量巨大，还有成分复杂的意思。从一定意义上来说，中央电视台二套经济生活频道是一个完整意义上的大众服务栏目。

所谓分众服务类节目中的“分众”，其实它在数量上往往并不少，有时甚至可以说也很巨大，如特别关注《天气与海浪预报》节目的渔民和航海船员，特别关注《交通与气象》节目的汽车司机。我们之所以将这样的节目称为分众服务节目，是因为收听或收看这种节目的受众可能在很多方面也千差万别、各不相同，但他们在某一点上来说总是肯定分别属于同样的类型，如海上航行者或汽车驾驶员。

2. 直接服务类与间接服务类

直接服务类节目直接作用于受众个体，针对性很强，除了气象、交通、出行、节目安排等节目之外，还有听众热线、现场讲座及解答等。在全国人民万众一心抗击“非典”疫情的关键时期，从中央到地方都举办了很多相关节目，其中有相当影响力的就是专家讲授有关知识和现场解答广播电视受众的各种提问。所有这些，都是非常好的直接服务节目，深受广大受众的欢迎。

间接服务节目，就是节目内容对广大受众来说具有很好的服务属性，但这种服务对很多受众而言并非迫切需要的服务与帮助。例如《中华医药》栏目，它包括除国内中医药爱好者外，还包括海外华人、华侨。顾名思义，这个栏目对于正在希望得到有关中医名家诊治的受众来说，其服务就是非常直接的，而对于仅仅希望了解一点这个领域内的有关知识的受众来说，就是非直接的。这也像关于房产买卖信息的有关服务节目，其对于正要进行房产买卖的受众来说是直接的，而对于其他的受众而言就是非直接的。值得

一提的是,有一些并非属于服务节目的广播电视节目,它们有些内容也可能具有很好的服务特征,例如中央电视台在《新闻 30 分》中播出的《每周质检》,对于正想购买有关产品的受众来说,就提供了很好的直接服务;对于以后会去消费有关产品的受众来说,又提供了很好的间接服务。

3. 免费服务类与有偿服务类

这里的所谓免费或收费是就广播电视媒体与节目播出对象之间而言的,与受众无关。在广播电视大量的服务节目中,免费服务的节目有很多,如众所周知的《天气预报》、《读书时间》、《中华医药》等;当然有偿服务的也不少,如《供求热线》、《电视商场》等。正是由于服务类节目分免费服务和有偿服务两大类,所以怎样办好服务类节目有时就特别需要处理好这两者之间的关系,在很多情况下绝对不能加以混淆。

在电视节目中,还有一个非常特殊的传播形式:流动字幕。它几乎可以存在于任何电视节目中,但很难自己独立成为一个节目。这流动字幕除了播发重要新闻外,大多具有服务的属性,这是电视媒介所特有的一个服务形式。

二、服务类节目的功能

整体地说,广播电视服务类节目的功能就是为广大受众提供各种各样的服务,以方便生活,所以很多业内人士也喜欢把服务类节目称为"生活服务类节目"(由于这类节目影响力更大的是出现在电视中的,所以也经常被称为"电视生活服务类节目")。顾名思义,服务类节目的基本功能就是服务于广大人民群众的日常生活和社会有关方面的具体需要。随着广播电视媒介影响力的日益增大,特别是电视媒介强大的传播力和影响力,使得广播电视生活服务类节目的影响力也日益增大。以电视为例,中央电视台主要的生活服务类栏目《生活》在全国电视观众中具有很高的收视率和很大的影响力,其中能说明的一个简单道理就是:电视生活服务类节目拥有广大的受众。

广播电视服务类节目服务于生活的功能是多方位的,具体为:

(1) 可以帮助很多受众主动地安排好生活。例如,及时知道天气的冷暖阴晴,就可以相应地准备衣着和出行;事先了解有关节目的播出时间和重播时间,就可以很好地安排自己的业余休息时间,进行有针对性的观看或

收听。

(2) 可以帮助受众对自己的某些生活安排提供一定的决策咨询服务。例如,对于准备购买房屋或其他大件商品的受众来说,特别是在尚未作出明确安排而马上就要着手进行时,有关服务类节目就可能给他们提供十分及时有效而丰富详细的商情信息;对于准备出行旅游的受众来说,丰富多彩的服务节目也能为他们的具体安排提供良好的咨询服务。

(3) 生活服务类节目还能为受众接受有关专门教育、了解有关专门知识提供及时正确的服务。不管是烹饪还是保健,不管是插花还是养鱼,不管是打假还是维权,广播电视的生活服务节目都能给予很好的教育指导。

由于广播电视服务类节目的这些功能,它一方面能够很好地帮助人民群众提高生活质量,特别是可以因准备充分而不走或少走弯路,因具备了有关知识而减少可能出现的不必要损失等;另一方面,也会有利于有关监督制度的确立与执行,帮助社会风气的好转。

广播电视服务类节目服务于社会有关方面的功能也是多方位的。具体来说,首先是促进有关信息的沟通和有关资源的共享,达到快速了解供求需要和及时实现互通有无,这对促进经济发展和推动生活消费都非常有利。从这个角度上来看,中央电视台第二套节目将生活和经济合在一起叫做经济生活频道显然是非常明智的。从根本上说,服务类节目最基本的功能就在于服务于社会。如果说关于生活的内容主要针对具体的人及其现实生活的话,那么关于经济的内容则主要针对社会经济及其发展。相对而言,服务于经济及其发展的广播电视服务类节目更侧重的是信息与观念的沟通,这在诸如《经济半小时》、《信息桥》等栏目中都可以得到很好的映证。现代经济既有区域性,又有世界性;既是知识经济,又是信息经济,其发展一点也离不开信息的及时沟通。

三、办好服务类节目的原则

1. 积极建立信赖感

前面说过,广播电视服务类节目是媒体为人与社会日常需要提供直接或间接的多方面服务的一种节目形式。也就是说,为广大受众提供与他们日常生活密切相关的各种信息和知识是服务类节目最基本的宗旨。从服务类节目的这个基本属性来看,在媒体与受众之间积极建立起真诚的信赖感,

应该是办好这类节目的一个重要基础。曾经在有关刊物上看到过这样的批评意见:某电视台举办一个名叫《电视商场》的服务栏目,一开始以诚信为上,大获好评,有关商家自然也大获其利。后来人们发现那个《电视商场》栏目渐渐地在很多内容方面差不多成了部分商家的"托儿",于是信誉大降,造成了恶劣的影响。

从一定意义上来说,打假也许在所有领域里都有必要,但对于广播电视服务类节目而言,具有特别的重要性。前面说到,广播电视服务类节目分免费服务和有偿服务两大类。这在广播电视媒体机构自身来说,是非常清楚的,但对广大受众以及很多基层单位来说也许就不那么容易分得明白了。因此,在广播电视服务类节目中开展打假值得特别关注。具体来说,广播电视服务类节目中的打假,有打人家的假和打自身的假之分。所谓打人家的假,就是打击那些盗用某个广播电视媒体机构名义来进行的招摇撞骗。关于这方面的打假,很重要的一点是广大受众和基层单位有关方面人士要有清醒的认识,要善于识别真伪,不能上当受骗。关于广播电视媒体自身的打假,其实主要是一个职业道德品质的问题。关键的一点,就是媒体不能不道德地利用受众对自己的信赖弄虚作假。《电视商场》栏目所出现的问题,就属于需要媒体在自身内部来认真地进行打假,否则就无法在自身与受众之间建立起信赖感。

2. 力求内容雅俗共赏

就整体而言,广播电视服务类节目将永远具有毫无疑问的大众性,而大众的生活是丰富多彩而层次分明的。作为主要服务于大众生活的广播电视服务类节目,为了要很好地体现它的基本宗旨,不仅在节目内容上要丰富多彩,而且要尽可能做到雅俗共赏。

广播电视服务类节目内容的雅俗共赏,可以通过节目设置来实现。民以食为天,许多受众喜爱烹饪一类的节目;人皆有爱美之心,许多受众喜欢美化生活方面的节目;人人都希望有一个健康的身体和高质量的生活,许多受众积极收看有关健康内容的节目;我国的法制建设在不断进步,依法办事势在必行,就连边远山村的农民也开始关注法律知识,所以普法宣传服务类节目就很受大众的欢迎……

从理论上来说,办好广播电视服务类节目既不能脱离实际一味地自命清高,也不能为了迎合部分受众而追求一些低俗的东西。关于这一点,特别明显地存在于综合性的服务类节目中,如中央电视台的《生活》栏目。总的来说,要在综合性较强的服务类节目中很好地体现内容的雅俗共赏,既有节目内容编辑选择方面的问题,也有主持人语言运用方面的问题,还有对节目演播室布置等方面的问题,在此就不一一具体展开了。

3. 注意节目的形式多样

广播电视服务类节目应当办得形式多样一点,或者说是要整体地处理好和有关节目的一些具体关系。

首先值得一提的是要注意处理好服务类节目与新闻类节目之间的关系。我们在介绍服务类节目分类内容的时候说到过很多服务类节目其实都存在于一些大的新闻节目之中,即服务类节目内容寄居于新闻之中,或者说是以新闻节目为载体。另一种情况是,在不少服务类节目中适当加入一些新闻性内容,使得节目内容比较生动活泼而富有新鲜感。例如,在《为您服务》等有关服务性节目中,主持人不是机械地向受众介绍具体的服务内容,而是通过一些新近发生的、与具体服务内容相关的信息的传递,使节目内容富有情趣,使人顿生神往之想;有的很有启蒙作用,使部分受众对相关服务内容有了全新的认识或转变了原有的观念;有的很有借鉴意义,让人在接受相同服务内容的时候了解不少注意事项和懂得不少基础知识……

其次值得一提的是部分服务类节目可以很好地与广告节目相结合,如《市场导购》等;也可以和一些专门性很强的节目结合在一起,如《天涯共此时》中的寻亲服务;还可以和大型晚会或特别节目相结合,前者如著名的"3·15 晚会",后者如"生活栏目春节特别报道"和"质量万里行"特别节目。

第三节 电视广告和广告类节目

要正确地认识广播电视广告和广告类节目,首先必须要了解什么是广告。对于广告,很多人都觉得对它非常熟悉,其实许多人对广告的了解是知

之不够与知之不全的。

一、广播电视广告

1999年9月版《辞海》对"广告"一词的解释是：通过媒体向公众介绍商品、劳务和企业信息等的一种宣传方式。一般指商业广告。从广义来说，凡是向公众传播人事动态、文化娱乐、宣传观念的都属于广告范畴。初看起来，这个解释既有狭义的界定，又有广义的归纳，似乎很全面。其实未然。在此我们不妨再看一下《简明不列颠百科全书》的解释：广告是传递信息的一种方式，其目的在于推销商品、劳务，影响舆论，博得政治支持，推进一种事业，或引起刊登广告者所希望的其他反应。广告的信息通过各种宣传工具，其中包括报纸、杂志、电视、无线电广播、张贴广告及直接邮寄等，传递给它所要想吸引的观众或听众。广告不同于其他传播信息形式，它必须由登广告者付给传播信息的媒介以一定的报酬。

将这两个解释作一对比，可以发现有如下一些不同：

(1) 前者在强调一般指商业广告的同时，非常明确地限定了"通过媒体"这一点。在这一点上，它显然没有后者在具体例举时候所表现出来的全面性，具体来说就是将"张贴广告及直接邮寄等"不通过媒体的广告宣传形式都概括了进来。

(2) 前者强调广告一般是属于商业性的，即表达了广告也有不属于商业性的意思，这无疑是很正确的。后者则非常肯定地指出：广告不同于其他传播信息形式，它必须由登广告者付给传播信息的媒介以一定的报酬。这似乎过于绝对化，大有值得商榷之处。

从广告传播信息所使用的媒介不同来划分，广告可以分成报纸广告、杂志广告、电台广告、电视广告、网络广告、张贴广告、灯箱广告和活页广告等很多种。广播电视广告就是按媒介来划分的电台广告和电视广告的合称。在经济日益走向全球化的时代，广播电视广告已成为整个广告业最为主要的一个组成部分，它在广告业界和广播电视业界都有不容忽视的显赫地位和重要意义。相比报刊杂志上的广告、邮递广告和直接发送的各种广告来说，广播电视广告的特点是非常明显的。

(1) 以诉诸听觉的声音广播广告来说，它的最大特点在于收听可以相对不受时间地点的拘束，比较便利，内容介绍也比较详细。它的成本费用比

较低，制作也比较简单，其最大的不足是因为看不到实物，缺少电视广告那种直接生动的形象性感受，影响力不够大。

(2) 对于电视广告来说，它的最大特点就在于它能够以十分生动、富有审美感受或生活情趣的方式来进行传播，使受众在很容易非常真切地观看到产品本身的同时，获得比较强烈的身心感受和潜在的意识影响。但是它成本费用比较高，制作的难度比较大。其最大的不足除了需要反复播出来加深受众印象(这会令经常看电视的人心生厌烦)以外，还在于真正需要广告信息的人在当时很难全部记住，无法像报刊杂志广告那样便于去寻找、核准或进行具体的研究。

二、广播电视广告节目

广播电视广告是广告在广播电视中的一种存在，它的本质是广告，广播电视广告节目则是广播电视节目中的一个大类。在不同层面上来看待广播电视节目，它可以有不同的划分结果。例如以播出时间来划分，它有定时的和非定时的。所谓定时的广播电视节目，就是在固定时间段里进行播出的，如中央电视台一套晚七点《新闻联播》前的报时广告；所谓非定时的广告，就是在没有明确固定时间段里进行播出的，如我们熟知的插在电视剧中进行播出的那些广告。以播出方式来划分，有将很多广告单独成为一个节目的(它一般也是定时的)，如中央电视台的《广而告之》和上海电视台推出过的《广告300秒》；有嵌在别的节目中播出的，如2003年5月间穿插在中央电视台《站在第三极》特别节目中的那些广告(其播出时间大多是非定时的)；有声画并举的，有只打流动字幕的，等等。相对而言，应该重点并适当展开介绍的广播电视广告节目的分类内容，主要在以下几个方面：

1. 商业性广告节目

按照现在通行的观点，存在于广播电视中的所有广告都原则地分成商业性和公益性这两大类，即不是商业的，就是公益的。对所有广播电视广告作这样的原则分类肯定有它的道理所在，而我们认为任何分类都会有它一定的局限性。如果一定要找出一个和商业性广播电视广告相对立统一的广告分类，那么应该说除商业性广告以外的所有广告似乎应该用非商业性广告来指称更恰当。一方面，商业性广告向社会大众发布很多与他们日常生活密切相关的产品与商情，这非常方便于公众的有关生活安排和促进社会经济发展,其间并非没有公益性可言;另一方面,有很多公益性广告都由企业出资,这对宣传该企业的理念和形象都有非常直接的关系,不失为一种"曲线救国"的成功方略,显然并非没有商业性因素存在。依本书的观点,所谓商业性(在此很强调它的纯粹性)广告,它要同时符合这样两个条件:一是专门为推销广告委托人所生产的商品或经营的服务而制作,二是广告委托人一定要向广告传播者付费。即这样的广告传播既具有非常明确的商业性目的,又同时是一个不折不扣的商业行为过程。这样,我们就把同样具有强力传播产品商情或服务内容的部分广播电视节目(如中央电视台《每周质检》公布优质产品、优质服务及相关单位)同纯粹的商业性广告节目区别开来,把很多企业做的关于促进社会思想道德建设的那些确实具有很强公益性的广告节目(如雕牌肥皂做的关于下岗再就业的广告和哈药六厂做的很多关于道德教育的广告——只能视作非纯粹的商业广告)区别开来,还将有些主要围绕介绍各种即时商情内容而并不直接或间接收费的服务性节目也区别了开来。

不管怎样,关于广播电视广告的分类其实也是一件没有绝对标准可资参考的工作。事实一再告诉我们,分类有时只是为了方便叙述,它很难有完全科学的标准和绝对清晰的边界,尽管一定的标准和边界总是存在的。这一点对下面几个分类的叙述同样适用,在此一并进行说明,以后不再重复。

2. 宣传性(公益性、政治性)广告节目

从前面列出有关广告本义界定的文字里我们可以知道,广告不仅用来推销商品和劳务,还可以用来影响舆论、博得政治支持和推进一种事业,还能引起刊登广告者所希望的其他反应。我们以前大多是从经济这个层面上来关注广告和认识广告的,即更多地看到了广告的商业属性而有所忽视它在政治等其他领域里所能发挥的宣传作用与影响。而这正是我们要特别强调宣传性广告节目的一个理由所在。在现当代广播电视广告节目中,宣传性广告节目大多具有很强的政治性,除了指直接服务于政治宣传和影响社会舆论以外,还包括关于社会道德风尚和精神文明建设等多方面的内容。

直接服务于政治和影响舆论的广告也是社会生活中常见的。例如在我国重要节庆日前后或重要法规出台前后所进行的各种有关宣传广告,还有像关于各种非赢利性的大型文艺节目(如三下乡中的《同一首歌》)或大型社会活动(如我国"申奥"和上海"申博")前后所做的各种宣传广告,也都可以看做是政治性广告。一般地说,政治性广告以正面宣传者居多,但也有

攻击性很强的。

3. 服务性广告节目

如果从非常广义的角度来说，所有的广播电视广告和所有的广播电视节目一样都具有服务的属性和功能，所以这里所谓的服务性广告节目只能是就狭义而言的，同时还当然要排斥具有服务功能的商业性广告。因此，本书所说的服务性广告主要是指这样一些广告节目：如中央电视台《新闻30分》中每日播报的《出行参考》和黄金旅游周期间每日播出的全国各主要旅游地区客房入住率、饭店订座率和飞机、火车购票情况。需要说明的是，本书将这类节目纳入服务性广告节目，而将《天气预报》、《海浪预报》和《城市空气质量报告》等节目划为纯服务性节目主要是基于这样的考虑：因为播报《出行参考》和黄金旅游周期间每日播出的全国各主要旅游地区客房入住率、饭店订座率和飞机、火车购票情况这样的节目，特别是后者，无疑是为了推进我国旅游事业的发展，事实上具有很强的宣传、引导乃至潜在的劝说作用，而这正是广告节目本质属性之所在。相比之下，《天气预报》、《海浪预报》和《城市空气质量报告》等节目的本质属性在于纯粹地提供服务，它们并没有宣传作用，也没有广告意味。

三、广播电视广告类节目的经济属性与文化属性

广播电视广告类节目是商品社会的产物，其经济属性十分明显。

一方面，现在绝大多数广播电视媒体都不再主要依靠财政下拨经费生存，即它们的生存和发展都完全有赖于自身的广告收入；另一方面，广播电视广告类节目的经济属性不仅仅在于使媒体自身能很好地成为一个自给自足的经济实体，更主要的是能对现代社会经济的发展发挥很大的促进作用。前面说过，广播电视广告类节目能够向社会大众传递大量关于经济活动方面的各种信息和沟通很多关于发展经济的先进理念，对于促进社会经济的发展确实意义非凡。从一定意义上来说，这完全是当代经济发展的一大特征。由于本书探讨的侧重，有关其经济性的论述在此从略。

与所有广告内容一样，广播电视广告节目也具有强烈的文化属性。广播电视节目的文化属性首先表现为它是特定社会历史发展阶段文化的产物，完全受制于生成当时社会文化场的全面影响，在这一点上我们因此把它叫做文化之广告；同时，广播电视广告一旦生成并得到传播，它马上就成为

一种独特的文化现象,即它本身就成了文化,在这一点上我们因此又有了广告之文化。

从作为文化之广告的广播电视广告节目来看,民族文化内涵往往是它最具特色之所在,被广告界一直视为范例的“万宝路”香烟广告堪称经典,我国广告中亦有上乘之作,诸如借用古代“站如松、坐如钟、行如风”的格言来做的补钙广告;以名门之秀来指涉“五粮春”酒;运用谐音相关、同名相关等手法分别来做药品“斯达舒”以及洗发液“百年润发”的广告等,这应该说都是很有中国文化特色的。

如果说文化之广告现象的形成可能更多地具有被动性的话,那么广告文化的创造则更多是具有主动性的。这就需要广播电视广告的制作者和播放者以非常认真的态度来检讨每一个具体的广告作品,以努力确保广告文化的有益性和健康性。

关于广告,政府机构和消费者更多关注的是真假问题,而忽视其社会文化的影响。2003 年 4 月 17 日的《南方周末》在头版的《方舟评论》栏目里刊登了何三畏的文章《征婚广告的双重宣示》。文章介绍了这样一个征婚广告事实:一位“身价过亿”而有“一子绕膝”的成功男子,为了“期望邂逅一份纯洁真挚的感情”而花费百万巨资在全国 16 家媒体刊登征婚广告。初看起来,这件事无非是一个大款的“大款”行为,其实不然。因为那位男子在他原定的广告词中对能应征女性有这样的要求(也就是规定):“无恋爱经历”,后来正式刊登出来的主要要求分别是“大专以上”、“天性忠贞”和“无性经历”。评论者不仅对此很有看法,而且有了其他的联想。文章说,此前《南方周末》曾评论过中国内地为什么没有产生邵逸夫,于是遭到了这样义正词严的回答:“富人有不学邵逸夫的权利”,而对这样的征婚广告也有如出一辙的说法:“富豪有权利用金钱表达自己偏好,甚至是‘无性经历’的要求,为什么呢?因为这不会损害到你的利益,前提是平等的,如果你有钱的话,你同样可以这样做而不会损害到那位富豪的利益。”于是文章作者在最后几乎是非常气愤地说:“在富人的‘偏好’面前,‘法律不能讲,道德不能讲,只要有钱就能讲’——合法,就不应该‘受到公众的苛责和道德的拷问’,富人就应该居住在这样的道德特区里,否则,就是公众的‘非理性情绪’了”。由此可见,广播电视广告节目的文化作用和影响更是不可小看,对此必须认真对待,严格把关。

第三节 教育类节目

很明显,由于绝大部分电视节目都应该并也可以对广大受众具有教育作用,所以这里所说的教育类节目肯定是狭义而不是广义的。

一、教育类节目与教育频道

全世界很多国家的广播电视都办有教育频道(主要是电视,下同从略)。在中国,教育频道就像是一个相对独立的电视台,不仅有国家级的,还有省级的,近几年来一直办得红红火火。那么教育频道与教育类节目存在什么关系呢?

以电视为例,它们首先在媒体体制内的地位与功能不一样。前面说过,中国的电视教育频道其实都是一个相对独立的电视台,它们大多不仅拥有作为一个电视台所应该拥有的全套人马和设备,而且也有自己特别的传播网络和组织网络。除了中央和地方都有教育电视台上下呼应,它们还和国家与地方各级教育行政部门相关,与各级广播电视大学、电化教育馆都有非常密切、固定的联系与合作。与此同时,它们还和有关出版部门具有密切而固定的联系与合作,如出版发行各种与频道节目内容相关的声像资料或专门教材等。一句话,电视教育频道不是一个单纯的节目系统,而同时是一个以专门而带有综合属性节目系统为基础的媒体教育系统。

相比之下,教育类节目则是指一个特定而专门的节目系统。众所周知,各级电视台都设有各种各样的节目部,如新闻节目部、文艺节目部、农村节目部等,教育类节目一般都隶属于社教节目部。由归属于社教节目部这点我们可以非常明确地知道关于教育类节目的两个基本意思:第一,它纯粹是个节目系统;第二,它的教育内容和教育对象都非常广泛。特别是后面这一

点,将它和教育频道进行了必要的区分。说教育频道是一个以专门而带有综合属性的节目系统,是因为在这个频道里,它不仅播出各种各样的专门教育内容,如各种各样的大、中专专业教育课程,而且还播出凡是和广义教育相关的各种节目内容,如报道国家和地方的教育新闻及动态、宣传国家和地方的教育法规和公告、介绍名师风采和有关教育资源,等等。说教育类节目完全是一个特定而专门的节目系统,是因为教育类节目的外延虽然非常宽泛,但它的内涵相对内敛:只强调单纯的社会教育。

我国政府十分注意利用广播电视来进行国民学历教育,因此很早就在政府的重视和提倡下举办了不少广播电视大学(一度时间内还有很多中专),这在一定意义上来说也是我国教育频道得到很好发展的一个重要原因。然而,教育频道毕竟只是一个相对侧重关注国民学历教育的专门而带有综合属性节目系统为基础的媒体教育系统,它很难全部承担起过于丰富多彩的广播电视社会教育类节目。因此,即便在国家和地方都举办有教育电视台的情况下,广播电视的社会教育类节目在其他频道中还是断然不可缺失的。从教育类节目是社会教育类节目的省称这一点上来看,它完全可以涵盖教育频道所播出的绝大部分节目内容,也就是说就社会教育类节目这个概念而言它完全可以延伸到专业的教育频道之中。但是,为了概念清楚,我们觉得还是要把广播电视中的教育类节目与教育频道加以必要的区分。广义地说,所谓广播电视的教育类节目应当可以涵盖包括教育频道中的绝大部分节目;狭义地说,所谓广播电视的教育类节目主要是指排除了教育频道绝大部分节目以外所有主要用于进行社会教育的那些广播电视节目。这里关于教育类节目应该“排除教育频道绝大部分节目”的意思,就是说狭义的教育类节目也存在于专门的教育频道之中,如一般在寒暑假里会大量连续播出的各种丰富多彩的社会教育节目(包括很多经典的纪录片)。

二、社会教育与社会服务

服务类节目与教育类节目可以说是广播电视出现以后最先问世并始终得到很好发展的两大节目系统,并且这两者在内容和形式上还是密切相关、难分难解的。

前面说过,广播电视的教育类节目可分为社会教育类节目和专业教育类节目两大类,其中社会教育类节目又可叫做公共教育类节目,甚至还可叫做泛教育类节目。为什么说社会教育类节目还可叫做公共教育类节目,甚至是泛教育类节目呢?这主要是由广播电视节目内容的不断丰富与不断发展所决定的。在当前广播电视一般教育类节目中,不管是关于政治、历史、经济、文化、艺术、心理,还是关于自然景观、地理面貌、民俗风情、科学普及、人际关系、生活常识等内容,几乎无所不包。这些非常广泛的节目内容,对于广大受众来说,既是接受方方面面知识的生动教育(这对任何人来说都是接受终身教育的很好形式),又是接受广泛全面知识的周到服务(这也是一种真正意义上的全民服务)。

众所周知,广播电视专业教育历来被称为"没有围墙的大学",它在发展我国教育事业中发挥了很大的积极作用。应该看到,我们国家在经济条件和技术条件都相对落后的情况下就开办了具有较大规模的广播电视教育体系,努力推广至今仍是非常现代化的教育方式,这对普及我国的专业教育,特别是国民教育,具有非常重要的意义。这在一定意义上来说,也是广播电视对人民群众提供的一种教育服务。我们国家幅员辽阔,社会经济发展水平参差不齐,在所有支持"希望工程"的项目中,发展远程教育也许是最有影响力的。在"非典"肆虐横行期间,我国一些疫情相对严重的地区都采取了中小学生停课放假的措施。为了尽可能减低停课放假给学生带来的不利影响,各地都充分利用电视教育手段来进行补救。这对广大直接受教育的学生和广大家长来说,都深深感到了电视教育类节目及其作用的重要性。

大家知道,我们国家广播电视事业的根本宗旨是"努力办好广播,为全中国和全世界人民服务"。广播电视的服务节目,是广播电视为民服务本质的很好体现。随着广播电视业的迅速发展,广播电视的服务可能性大大增强,于是广播电视服务类节目的丰富性也大大增强。

三、怎样办好教育类节目

在广播电视受众文化素质不断提高的情况下,怎样办好教育类节目确实是一个非常现实和非常重要的问题。考虑到关于这方面的常规内容似乎过于陈旧,所以在此只重点说以下两个方面:

1. 要以平等自然的姿态来出现

说到教育,就有一个教育者和受教育者的双方互动。古往今来,一般都

认为教育者应有一点“师道尊严”,受教育者则应该洗耳恭听,其实这对广播电视教育类节目而言,尤其是公共教育类节目,并不太合适。原因很简单,绝大部分广播电视受众在接受教育类节目内容的时候,他们是自觉不自觉地首先将自己理解为是一个消费者而不是一个受教育者,或者说是将自己看做是一个节目内容的消遣者而不是一个听说教的。因此,当广播电视教育类节目的内容与形式具有一副居高临下的面孔的时候,他们就会感到不舒服,甚至很反感,于是往往就会换台看别的节目。从这一点上来看,要办好公共教育类节目,除了选择广大受众比较感兴趣和受欢迎的内容以外,确实切忌有居高临下的姿态和一副说教面孔。

教育类节目要改变居高临下的姿态和说教的面孔,既有内容组织方面的因素,也有形式安排方面的讲究。相对而言,当前广播电视中十分看好的谈话类节目往往在这方面做得相当不错。以中央电视台著名栏目《实话实说》来说,每期节目话题的选择对大多数受众来说都有非常好的吸引力,因此现场中的人们和观看节目的人们都能很好地投入到节目中去,从而能自然而然地受到良好的教育。这个栏目的成功十分有力地说明,广播电视公共教育类节目所具有的教育功能,应该在节目主持人与受众之间借助于平等的交流与沟通过程来实现。在这个意义上,这个栏目的著名主持人崔永元确实是非常优秀和非常成功的——神态平易近人、体位动静得宜、语言如拉家常。

2. 要用新颖生动的观点来贯穿

按照我们古代著名教育家孔子的观点,成功的教育应当在内容和方法上都具有“日新,又日新,日日新”的特点。以此来看广播电视中的公共教育类节目,确实必须强调要用新颖生动的观点来组织内容并贯穿始终。2003 年 6 月下旬,在“非典”疫情的斗争即将取得阶段性巨大胜利的时候,中央电视台《对话》栏目请国家科技部部长等人进行一次对话,内容是针对“非典”疫情而进行的科技攻关项目。一方面,由于这个对话的主题是广大受众十分关心的内容,自然具有很强的新闻性和巨大的吸引力。另一方面,由于这个对话节目是一个只有主题,没有详细准备,而人人都有丰富感受的群口对话,所以进行得非常自然生动。当科技部部长李学勇在谈到面对“非典”疫情刚刚开始组织科技攻关项目时的感受时,他说到了这样一件事:有一天结束工作回家,时间还并不怎么晚,但是在北京的主要环路上没有往日的车水马龙,只有他的一辆车在空空如也的街道上行驶。他生平第

一次真切地感到了凄凉，也由此感到了责任的重大。节目中的对话生动而又令人深思。

3. 节目要广泛多样

教育的本义是始终如一的，那就是为了人类知识的丰富和人类能力的增强，更为了人格的提升和人性的完善。电视作为现代大众文化形态在实施社会教育方面，具有较大的影响和很强的优势，其中非常重要的一条就在于它能够借助于广泛多样的节目形式。

对绝大多数社会人员而言，看电视的地点主要在家中，看电视的时间大多在业余休息时间。这样的时空特点，决定了电视教育类节目在向绝大多数受众实施公共教育的时候，不仅应该非常注重内容的丰富性与可接受性，也要注重形式的丰富性与可接受性。例如，对于青少年来说，教育类节目特别要注意将知识性和娱乐性结合起来，像《动物星球》和有关知识竞赛节目就很有吸引力；对于知识阶层和文化精英来说，教育类节目就没必要用花样翻新的方式去吸引他们，像《读书时间》和《对话》那样言之有物而形式有点呆板的节目也是可以接受的；对于很多成年女性来说，似乎关注的总是那些有关家庭亲情、爱情婚姻方面内容的教育类节目；对于很多中老年受众来说，有关医药与健康方面的节目都是可以关注的；对于将家庭生活的重点还是放在孩子身上的年轻父母来说，有关孩子不同成长阶段的针对性教育类节目经常是他们的首选；对于城乡平民百姓来说，也许有点讲平常生活故事和说一些社会新闻意味的教育类节目将是更受欢迎的……

第十章 电视剧、电视电影

内容提要：

电视剧以电影和戏剧作为其发展的基础，但在内容结构与呈现形式上具有更多的表达可能。将其与电视电影以及影院电影相比，显然后者才是更名实相符的“小电影”。

第一节 电视剧概况

在各色各样的电视银屏上，很多人其实都无法准确地区别电视剧和电视电影。这在一定意义上足以构成本书将两者放在同一章里来论说的理由。相比而言，电视剧这个词不同于电视电影，它是一个相对复杂的概念。因此，在着手研究电视剧的时候，首先要着眼于它的分类，然后再研究它作为艺术的一些基本特征。

一、电视剧的结构形式

关于电视剧结构形式的研究，本身就是一个内容非常丰富的领域。由于所涉及的故事情节设置、人物形象塑造和叙事技巧运用等更多是从艺术美学方面来进行的，而这并不是本书要关注的重点，所以在此进行的论述主要有以下一些内容。

1. 电视小品

电视小品情节内容单一简短，基本是一事一议式的，类似于文学体裁中的寓言。一般来说，它是指播出时间在15分钟及其以下的超小型电视剧，通常都以广告剧的方式来出现。从相对严格的意义上来说，电视小品大多还不具备讲述一个完整故事的特征，也就是说往往还不具备“剧”的主要构成要素。

2. 电视短剧

电视短剧一般都基本具备“剧”的主要构成要素，也就是说其情节内容可以算得上是在讲一个故事了，只不过时间短促一些。在通常情况下，它指播出时间在30分钟左右的短剧，如上海电视台播出的《老娘舅》。在分类并不细致的情况下，有很多人把电视小品也包括在其中。

3. 电视单本剧

电视单本剧可包括上下集的两本剧和上中下集的三本剧，如《高山下的花环》，要求一次播出，非常类似于影院电影或电视电影。这种电视剧，比较多地出现于电视剧的初创时期，或者比较多的是那些"作家电视剧"——以电影的精良制作方式在电视剧领地里充分地进行艺术创造和艺术探索的作品。在电视剧艺术逐步走向成熟和更为普及以后，这种电视剧的数量往往会逐渐增加和发展，不再像现在这样只是很小的一部分。

4. 电视连续剧

电视连续剧采用戏剧式结构，不管其集数多少，都有一个封闭的结构，同时严格遵守定期分集播出的原则。所有由文学小说改编过来的三集（不含三集）以上的电视剧，都属于电视连续剧。在这种电视剧中，每一集的内容都要有承上启下的合理内涵，每一集的故事都要符合严格的逻辑联系。为了有效地吸引观众，既要注意在集与集之间尽可能设置情节悬念（有如评弹中的"卖关子"），又要注意把故事的高潮放在整个连续剧的最后部分。这种连续剧的优点是讲述故事时可以很从容和舒展，不必急于在短短的一集内就一定要完成一段故事的"起承转合"，因此也更容易使观众"上瘾"，提高收视率。中国第一部电视连续剧《敌营十八年》（9 集）是由王扶林导演的，于 1981 年在中央电视台播出。

5. 电视系列剧

电视系列剧有如短篇小说集，在其每一集中自然也要有戏剧式结构和布局的完整性。但是这种戏剧式结构和布局的完整性一般只体现在其中的每一集（偶尔也会有上下集，如《编辑部的故事》就有这样的情况），而不能存在于整个系列剧。对于系列剧而言，集与集之间的故事没有上下文关系，只有每次都重新出现的主要人物和主题十分相似的故事及其背景。一般地说，电视系列剧的数量也应该在三集以上，且同样遵守定期分集播出的原则。相对而言，电视系列剧的随意性是比较强的。对播出来就看好的系列剧，可以不受原计划的限制拍下去；对一上来就反映欠佳的系列剧，则可以修改计划少拍一些。

6. 混合剧

混合剧的最大特征是：它把一个电视剧整体分成若干个相互间成系列性的单元，而这每一个系列性的单元又各自由三集以上且分集播出的连续剧所组成，所以它又叫做单元连续剧或短打单元连续剧。也就是说，这种电

视剧主要是把连续剧形式和系列剧形式结合起来。比较典型的混合剧如由我国台湾“财团法人中华电视公司”（简称“华视”）于20世纪90年代初重拍的《新包青天》。这部电视剧总共有220集，其中分《铡美案》、《真假状元》、《狸猫换太子》、《铡包勉》、《双钉记》、《乌盆记》、《红花记》等许多单元。对于每一个单元中的各集来说，它们是严格的电视连续剧；对于全剧中的每个单元来说，它们是明显的电视系列剧。

二、城市题材和乡村题材

以剧情所展示的主要空间来看，它一般自然可以分为城市题材和乡村题材两大类。

顾名思义，所谓城市题材就是电视剧所反映的生活空间是城市（起码主要是城市）。《渴望》以主题“贴近普通百姓的生活”和“反映了人们内心世界的善良、友谊和爱心”赢得了空前的收视率，成为“既叫好，又叫座”的杰出代表。这部电视剧的故事背景是“文化大革命”，且具有比较浓郁的京城韵味；主要题材涉及人们的情感生活、家庭伦理、社会道德等方面。这部电视剧的主要人物有：刘慧芳——几乎是集真善美于一身但比较传统的中国女性；王沪生——优柔寡断且缺乏自我的知识分子；王亚茹——有过不平常经历、对人缺少同情心且非常固执的“恶大姑”；宋大成——地位不高、其貌不扬而善解人意、乐于助人的憨厚男子；刘大妈——外表悍烈、内心热诚、终日忙碌的老大妈。就这些主要人物的身份特征及其性格特征而言，可以说都没有非常特别的创新之处，但是，由于这部电视剧着力映现的是发生在胡同深处和大院里面一群真实可信的普通人的故事，演员们都能以十分平实而真挚的表演来演绎人物及其故事，所以形成了贴近现实生活和贴近民众实际的艺术特色。从城市题材这个角度看，王沪生和刘慧芳两个家庭是非常典型的，而王亚茹更是只有在城市中才有的“大姑”形象。

中国目前是世界上农村人口最多的国家，因此拍摄大量乡村题材的电视剧应该是非常自然的。随着中国社会现代化进程的发展，乡村的生活内容已不可避免地要与城市相关联，但它的特色依然鲜明。以2003年热播的《希望的田野》来说，剧中所涉及的城市生活内容已有相当的比例，而它的主体毫无疑问地是“田野化”的。别的不说，就以剧中第一主角徐大地来看，不仅其名为“大地”，其人更是一位“大地的儿子”。纵观全剧，他说话的内容、腔调和说话时的表情、手势，他对上级、平级或下级干部们说话、处事的“艺术”，想办法“留住”省农科所专家的那些“伎俩”，面对少数有点“刁”的农村基层干部和村民所耍出的那几手，等等，可以说都是非常乡村干部化的。至于剧中徐大地的姐姐、姐夫，还有冯乡长等人也都非常“田野化”。

三、现当代题材和历史题材

以剧情所展示的主要时间过程来看，它一般自然可以分为现当代题材和历史题材两大类。关于现当代的时间定位问题，在不同的专业范畴里，区分的标准很不一样。本书在此采用比较简单的方法，即以新中国成立作为区别电视剧现当代题材和历史题材的基准界线。对于时间跨度穿越这条基准界线的，一般以时间量的大小来确定其属于那一类；时间量大小相等的，一般作现当代题材来对待。

关于现当代题材，它的最大特色当然是生活内容的现实性。不管是城市题材、农村题材，还是反腐败题材、改革题材；不管是平民生活题材、上流社会生活题材，还是军事题材、法律题材，总是要贴近现当代生活，才能引起受众更为强烈的关切之情。例如《蹉跎岁月》、《今夜有暴风雪》、《孽债》等引起的震撼，《乔厂长上任》、《新星》等引起的轰动，《渴望》、《编辑部的故事》、《我爱我家》等引起的好评，《苍天在上》、《生死抉择》等引起的关注，《牵手》、《北京人在纽约》、《外来妹》等引起的喝彩，等等。它们都从不同角度反映了我国的现当代生活，再现了广大人民的喜怒哀乐，对我国的社会主义文化建设和改革发展都产生了非常深刻的影响。相比之下，如上所举现实性、思想性和艺术性都很强的电视剧还是很少，电视剧给观众的整体感觉是数量有余而质量不高。

关于历史题材，它的最大特色当然是当代的历史视角。无论是历史正剧（如《走向共和》）、历史悲剧（如《大明宫词》），还是历史喜剧（如《铁齿铜牙纪晓岚》），甚至于是“戏说”类历史剧，都蕴涵了当代人的历史认识和思想情感。在一定意义上来说，这也是一种“古为今用”。

在本书所言的历史题材中，有一段历史内容一直是当前电视剧创作所特别关注的，那就是通常所说的以中国共产党人为新中国诞生而进行革命斗争的历史题材，如《长征》、《红岩》、《突出重围》、《开国领袖毛泽东》、《日出东方》等。相对而言，这种历史题材电视剧中所表达出来的当代意识，更

容易为广大受众所感知,对坚持走建设有中国特色的社会主义道路,都有非常积极的现实意义和推动作用。

四、人物类别题材和生活内容题材

以剧情所表现的主要人物来划分,电视剧题材内容又可以划分出更多的层次,具体为:

市民与工人题材,如《编辑部的故事》、《矿长》、《托起太阳的人》。

农民题材,如《篱笆、女人和墙》(系列)、《刘老根》。

军人题材,如《高山下的花环》、《激情燃烧的岁月》、《DA 师》。

司法人员题材,如《便衣警察》、《大法官》、《辩护律师》。

干部题材,如《省委书记》、《新星》、《反贪局长》。

民工和个体经营者题材,如《外来妹》、《雅马哈鱼铺》。

知青和青少年题材,如《蹉跎岁月》、《今夜有暴风雪》、《寻找回来的世界》、《孽债》。

留学生题材,如《北京人在纽约》、《上海人在东京》。

教师和医护人员题材,如《师魂》、《校园先锋》、《丹姨》、《帕米尔医生》。

女性题材,如《洋行里的中国小姐》、《住别墅的女人》、《走过冬天的女人》。

名人题材,如《鲁迅》、《华罗庚》、《孔繁森》。

领袖题材,如《开国领袖毛泽东》、《周恩来》、《孙文》。

以剧情所表现的生活内容来划分,电视剧题材内容也可以划分出更多的层次,具体为:

百姓日常生活,如《渴望》、《儿女情长》、《一地鸡毛》、《我爱我家》。

重要社会历史事件,如《长征》、《走向共和》、《激流英雄》。

反腐倡廉,如《苍天在上》、《大雪无痕》、《黑洞》。

执法与犯罪,如《西部警察》、《9·18 大案纪实》、《押解的故事》。

改革开放,如《女记者的画外音》、《新星》、《特区风云》。

爱情与婚姻,如《过把瘾》、《天堂的金币》、《牵手》。

家庭生活,如《上海一家人》、《书香门第》、《金粉世家》。

军事生活题材,如《凯旋在子夜》、《乌龙山剿匪记》、《突出重围》。

侠义与武打,如《霍元甲》、《笑傲江湖》、《射雕英雄传》、《上海滩》。

神话传说,如《西游记》、《东周列国志》、《家有仙妻》。

由于上述两类题材相当广泛,且多有交叉,所以例举难以穷尽,限于篇幅,其介绍也无法详细展开。

五、改编剧和原创剧

就电视剧制作方式分类来说,首先可以分成改编剧和原创剧。

所谓改编剧,就是以已出版或发表的小说、戏剧等作品内容为蓝本而改编成的电视剧。一般地说,中短篇小说和戏剧作品大多改编成单本剧;中、长篇小说则大多改编成中长篇电视连续剧,前者如《高山下的花环》,后者如《红楼梦》。但是对中国的有些古典长篇小说来说,则并不尽然,如《西游记》和《儒林外史》就改编成了系列剧(事实上也只能是如此)。在另一方面,尽管人们经常把电视系列剧比做短篇小说集,而事实上却只有少数的短篇小说集适合于改编成电视系列剧,如《聊斋》。

把文学名著改编成电视剧,是电视剧创作的一个重要方面。随着现代社会生活节奏和知识更新的加快,越来越多的人们开始缺乏阅读长篇名著的兴趣。由文学名著改编的电视剧可以增加很多人对文学名著的了解。这对于非从事语言文学专业的人们来说,实在也不失为一种可行的替代办法。从某种意义上来说,电视改编剧确实承担着向广大受众传播文学名著所反映的生活内容、文化精神、民俗风情等任务,在新时代的文化建设中具有一定的积极作用,同时这也给名著改编提出了比较高的再创作要求。

所谓原创剧,就是完全为拍摄而直接创作的电视剧。出于方便创作和避免可能失败方面的考虑,相对而言,原创的电视剧在全世界范围内更多的是资金投入较少的单本剧或容易见好就收的系列剧(如《编辑部的故事》)。

六、情境剧和日间肥皂剧

情境剧相当于电视化的小品和相声,通过比较固定的少数几个演员的表演给观众提供娱乐和消遣是其最为主要的功能特点。它不同于生活剧和肥皂剧的主要表现是其相对缺乏集中的情节冲突和多线索交加的故事内容;其不同于电视轻喜剧的形式因素,就在于情境剧具有特别明显的舞台制

作效果——表演背景始终如一、演员一般固定不变、经常出现假设的观众反应(主要为烘托剧情的笑声)。严格地说,所有情境剧都是系列剧。

在西方,系列情境剧不仅出现得比较早,而且非常受欢迎。1951 年,美国 CBS 电视网开始播放著名的情境系列剧《我爱露茜》,连续播放整整 10 年,一直保持着较高的收视率。我国第一部情境系列剧《我爱我家》于 1994 年面世。这部长达 40 集的电视剧,在借鉴国外同类剧种制作技巧的同时,比较明显地采用了类似相声的形式。该剧以家庭客厅为表演舞台,以家庭成员和社会广泛联系所带来的各种信息及各人对社会各种不同问题所有的各种不同看法为展开情节的素材,演绎了一幕幕个人和社会相连、家事和国事相关的既有封闭性又有开放性的"人间喜剧"。

日间肥皂剧是很多西方国家电视剧的一个主要形式,以美国和日本最为突出。所谓日间电视肥皂剧,在形式上是多集电视剧,既可以是连续剧,也可以是系列剧,一般地说系列剧多于连续剧;在内容上更多是生活片,且比较适合于女性,特别针对没有社会工作的在家女性。电视肥皂剧最初从广播肥皂剧发展而来。之所以叫做肥皂剧,是因为最初在它们播出间隙出现的广告内容主要是关于各种各样的肥皂,也就是说最初向它们提供赞助的主要是肥皂制造商。

在美国,至今盛行的"日间肥皂剧",基本上是专门针对家庭主妇播放的,每集 60 分钟,每天 1 集,每周 5 集,一般都在星期一至星期五的下午。这种"日间肥皂剧"在题材内容上来说,绝大多数可以归入电视生活剧,在制作和播放形式上则有它的特别性。这个特别性的最主要因素是它具有比较固定的结构公式和规范的制作流程。

在日本,与美国"日间肥皂剧"相类似的是"电视小说"。这种电视剧最初由 NHK 在 1961 年首创,每集 15~20 分钟,每周播出 6 集,每周一至周六的上午,其主要播放对象也是家庭主妇,如在我国有很大影响的《阿信》。由于文化和其他方面的原因,从比较严格的意义上来说,在中国至今没有类似美国"日间肥皂剧"和日本"电视小说"这样的电视剧形式。

七、戏曲电视剧和儿童电视剧

所谓戏曲电视剧,相当于电影中的戏曲片,就是戏曲作品借助于电视剧的样式来传播,或者说是电视剧采用戏曲艺术的表现手法来进行传播。前

者大多为经典作品的电视再现，如越剧《红楼梦》；后者大多是新创作的各种戏曲作品通过电视剧的形式来满足爱好有关戏曲艺术的受众需求，如根据柔石同名小说改编而成的黄梅戏电视剧《二月》。

电影中的戏曲片基本上都是对戏曲的直接记录而成，因此大多保持有很强的舞台、服装等戏曲特征，最典型的如《定军山》、《盘丝洞》等。戏曲电视剧则不一样，它既可以是用电视的方式来再现某些经典的戏曲作品，又可以是在一个普通电视剧的基础上加进了某种戏曲艺术的表现手段——最典型的就是将大部分演员的台词改成或是京剧、或是评剧、或是豫剧等的唱腔。由于电视剧拍摄成本较低，也由于很多戏曲艺术在艺术方面能自成一家，在经济方面又很难自力更生，所以戏曲电视剧在我国近年来的发展很快。为此，2003 年 2 月 7 日晚，中央电视台电视剧频道在《影视同期声》栏目中以"多少脸谱进电视"为题专门介绍了这一现象。

儿童电视剧是电视少儿节目的主要组成部分，它既在电视剧频道中占有一席之地（如中央六套的《少儿剧场》），又散布在其他电视频道的节目里。儿童电视剧在广义上可以包括所有的儿童动画片，在狭义上则主要指那些全部由真人扮演而主要面向儿童观众的电视剧。儿童电视剧（动画片）一般都放在下午和傍晚时间播放，对少年儿童吸引力很大，文化影响也很大。特别是生动可爱的各种卡通形象构成了电视一代儿童特别的神话世界，诸如《黑猫警长》、《米老鼠唐老鸭》、《猫和老鼠》、《葫芦娃》、《西游记》等都是小朋友们十分喜欢的电视动画片。相对而言，我们国家在创作既有民族特色，又为少年儿童所喜闻乐见的动画片方面目前还是有所欠缺的，这不利于中华民族优秀文化的传承。

第二节 电视剧主要审美特征

电视剧主要审美特征是内部特征和外部特征相结合的产物，本节的论

述将兼而有之，以便给读者提供更多思考及批评的内容。

一、电视剧主要审美特征

作为艺术，电视剧依靠什么为广大受众所喜闻乐见？就本书作者之见，一般主要表现在以下5个方面。

1. 故事性与语言性

现代电视节目缤纷多姿，每一类电视节目，都拥有一批特定的受众，因而具有特定的存在价值。电视剧在电视中的存在，主要以“讲述一个故事”的方法来满足大众想“听一个故事”的愿望。这里所言的故事，主要不是指那些真实地存在过的，而是指人们根据自身生活经验和受众内心需求所创造的。最初出现在人类历史上的这种故事，似乎就是那些绚丽多姿的神话传说。应该说，人类总是想听故事的这个愿望是非常古老而恒久的。就人作为个体而言，每个人都在内心深处有一种想听故事的渴望，这在儿童们都喜欢听大人讲故事的普遍现象中可以得到验证。

人们对这种故事的需要，蕴涵着人们对自然、社会和艺术的需要。这种需要并不随着社会的发展而减弱。进入电视时代以来，人们借助电视新闻节目了解身处的世界；人们借助电视剧艺术（当然还有其他艺术）来“直观自身”。如神话传说是远古时代人们编织的故事一样，电视剧可以被视为后工业时代人们编织的故事。按照罗丹的说法，它们都体现了人在良智照耀下看清世界，而又重现这个世界的智慧的喜悦”，都是“要锻炼人自己了解世界并使别人了解世界。

电视剧对其故事性的展现与电影是不一样的。在电影中，讲述一个故事可以最大程度地依靠演员的表演和画面展示；在电视剧中，由于屏幕面积和清晰度的限制，讲述一个故事则更多地需要借助于语言。根据有关资料表明：一个放映35毫米规格影片标准银幕的面积，大约是一只21寸电视机屏幕的197倍，其面积之比，悬殊很大；即使以1 000行左右扫描线的电视屏幕来说，其清晰度也无法与每平方英寸有3亿颗感光粒子的胶片所能提供的银幕形象相媲美。电影和电视在画面表现力方面的明显不同，在画面传送信息量方面的巨大落差，使得电影和电视在讲述故事的时候表现出了很大的差异：一方面电影作为视听艺术是大多以视为主，电视剧作为视听艺术则一般在视听上平分秋色；另一方面，人们观看电视节目的地方大多是在

家里，家庭观看比之于影院观看不仅具有较大的自由度和随意性，而且注意力往往集中不够。电视剧展开故事较多地运用语言，就使得视觉注意力相对集中不够的观众，还能在稍有影响的情况下继续观看(听)。

2. 情节性与人物性

与情节性紧密联系的是人物形象。任何故事和情节都离不开人物，人物是电视剧情节性中的一个主要因素。如果说《西游记》没有了孙悟空这个人物将大为逊色，《红楼梦》没有了贾宝玉和林黛玉就难以成为世界名著，那么《渴望》没有了刘慧芳，《还珠格格》没有了小燕子，《钢铁是怎样炼成的》没有了保尔，也都将黯然失色。这里的所谓人物，主要是就剧情中的人物形象塑造而言的，不是从演员的知名度上来说的。一个初出茅庐的演员，可能因为成功饰演一个非常好的角色而一举成名。反过来，一个明星演员，让其饰演一个几乎没有什么“戏”的角色，他(她)也肯定“难为无米之炊”。

电视剧的艺术性当然不只局限于情节性和人物形象这两个方面，但生动的人物形象与丰富的故事情节有机地浑然于一体，确实构成了电视剧对受众的最主要吸引力。电视剧为什么是电视商业节目中的主要角色，电视传播中的电影频道为什么在世界各国都有比较高的收视率，在很大程度上都是因为这方面的原因。应该承认，没有内蕴丰厚、动人肺腑的情节；没有个性鲜明、形象生动的人物，电视剧所讲述的故事就将显得过于平淡而抓不住观众，随片播出的商业广告的社会效果就受到直接的影响，电视剧作为商业性节目主角的作用也就无从发挥。这也就是说，没有以情节性和人物性见长这方面内容作为支持，电视剧的商业价值就如无源之水和无本之木，其流也不长，其叶也不茂。

3. 开放性与受众性

电视剧艺术的开放性主要表现在以下两个方面：一是电视剧内容的本身，二是电视剧与受众的关系。所谓电视剧内容的本身，又可以分成两个部分，电视剧情节结构的开放性(这一点最明显地体现在电视系列剧中，将在有关电视剧类型的内容中加以展开)和电视剧创作体现广大受众的参与性。因此，电视剧艺术的开放性和受众性的关系是非常密切的。

从传统的观点上来说，艺术只不过是创作者对生活、人生所具有的一定理解及其情感的一种表达方式，至于这种表达方式是否为广大受众所喜欢和欣赏，则是非常不重要的，甚至是无须考虑的。按照这样的观点，电视剧

与受众的关系就非常简单——我拍片，你看剧。显而易见，这样的观点和认识是不符合现代传播学理念的。

现代广播电视广告类节目是商品社会的产物，其经济属性十分明显。电视剧制作能否正确并及时地反映受众不断变化着的爱好及兴趣，从一定意义上来说就是体现了受众对电视剧的参与。在电视剧的初创时期，巨大的新鲜感和很低的竞争性使得电视剧可以不怎么考虑受众的反应和需要。随着电视事业的不断发展和电视剧制作数量的增加及制作水平的提高，当今世界任何一个电视组织的电视剧节目，都非常看重受众的兴趣和口味。拍摄一个无人问津的电视剧，不仅是个人艺术创作方面的失败，而且是运用现代传播媒介方面的失败。严峻的现实一再告诉人们：在现代社会，不考虑接受对象需要的艺术是毫无生命力的，不考虑人们接受和参与的传播是根本没有出路的。

4. 大众性与类型性

电视剧也许可以说是一种最为大众性的艺术。但这种最为大众性的艺术，并不意味着每个电视剧都要为广大受众所喜闻乐见。相反，它的大众性应该是以类型丰富多彩和风格多种多样的各种电视剧来获得尽可能多的受众而见长的。

以影视发展史来看，有些优秀的电视剧和很多优秀的电影一样，可以在较高的程度上做到雅俗共赏，甚至老少皆宜，但要求大部分电视剧都非常好地做到雅俗共赏，甚至老少皆宜，则很困难，也不必要。对于电影来说，严格的集体观赏方式，使得较多的影片尽可能具备雅俗共赏的因素具有一定的合理性；对于电视剧来说，由于观赏环境和方式的不同，还由于有不同“观看时间带”（在不同的时间段里有不同的收视群体）的存在，使得较多电视剧要尽可能具有雅俗共赏和老少皆宜因素的要求变得很不切合实际。因此，我国目前电视剧的创作，除了人们常说的要努力改变连续剧多、系列剧少的情况，还要努力改变类型化、时段化方面的明显不足。

众所周知，在观看影视片方面，有人爱看反映当代社会现实的改革片，有人爱看各种各样的历史片，有人爱看情节紧张的警匪片，有人爱看侠情豪放的打斗片，有人爱看凡人凡事的生活片，有人爱看缠绵悱恻的情感片……好莱坞电影创作的类型化，就是对这样现实的一种积极顺应。因此，电视剧创作注意类型化，绝不是一个简单的向电影学习的问题，而是一个努力尊重受众的问题。

5. 通俗性与时效性

电视剧面对最广大的受众,明显具有内容的通俗化倾向和创作的即时性特点。通俗与高雅相比较而存在,庸俗与高雅相对立而存在,两者的性质不一样。就正面而积极的意义上来说,电视剧所具有的通俗化倾向既无可非议,又与其时效性紧密联系——只有十分通行于世俗的,才是非常有即时效果的;同时,只有十分具有时效的内容,才是更能通行于世的。

正因为通俗与高雅是相比较而存在的,所以片面理解通俗性和追求电视剧的商业价值,只注意其外在而表层的娱乐功能,不重视作为艺术作品应该有的生活内涵,往往会取得适得其反的效果。如果没有用心良苦的情节设计和人物形象塑造之功,只依靠令人捧腹大笑的噱头和丑态百出的误会等喜剧处理,卓别林就不可能成为电影大师;如果在故事情节中只满足于对各种吊人胃口"调料"的混合或一味看好明星大腕的领衔主演,那么中国电视剧立于世界民族影视之林的梦想恐怕将更为遥远。

应该承认,电视剧比之于文学和电影更具有通俗性和时效性。这在一定意义上来说,使得它更符合电视这个大众传播媒介,更具有娱乐性要求。随着社会文化的不断发展,人们对其娱乐功能和生活内涵的要求都在不断提高。电视剧怎样才能不断适应这种发展着的社会文化形势?除了老老实实地向生活学习以外,积极地向优秀的文学艺术和电影艺术学习也是一个非常重要的方面。借鉴优秀的文学艺术,可以使电视剧所叙述故事更具有生活的内涵,可以使电视剧所表现的人物更具有现实的气息;借鉴优秀的电影艺术,可以使电视剧所表现的人物变得更加生动。也许只有这样,我国的不少电视剧才不至于由通俗艺术演变成为庸俗艺术。电视剧作为最具现代性和大众性的一门通俗艺术,作为黄金时间段内的主要电视节目之一,应该也可能逐步做到曲有其高而和者不寡。一味媚俗,算不上有通俗性,其真正的时效性也将丧失殆尽。

二、电视剧艺术和园林艺术

就通常意义上对电视剧艺术略作探讨的基础上,本书尝试将之和园林艺术进行比较再作一些论述,希望能对读者有一点新的启迪。

电视连续剧有如长篇或中篇小说,毫无例外地采用戏剧式结构。不管集数有多少,不管每一集的内容怎样丰富多彩,它都遵循一个完整的布局,

即拥有一个封闭的结构。这个封闭结构在电视剧中的主要表现有：

第一，每一集内容都要有承上启下的合理内涵，即每一集内容都要符合一以贯之的逻辑联系；

第二，它的每一集都是不可缺少的，即它具有不可或缺的整体性，或者说它是一根连续线段中不可分割的一部分；

第三，剧中所有主要人物的性格塑造都要到连续剧结束的时候才得以完成，故事的主旨表述也要到连续剧结束的时候才全面完整。

电视连续剧的这个特点，使得人们对于在事实上被多次分割的时间里所观看的一个电视剧的感觉是：剧中人所经历的自然时间和真切故事是严格连续的，其所生活的自然空间和社会环境是特定完整的——就像我们在特定的时空里所有过的某些亲身经历一样。

电视连续剧所具有的这个特点，非常类似于以封闭性见长的中国私家园林。必须指出，中国私家园林的"封闭性"不仅仅指它们一般都建于高墙深园之内，还应该指它浑若天成的整体性。陈从周先生批评苏州网师园东面新建部分，其原因就是因为其背离了这种浑然一体的"封闭性"——封闭者，即系统闭合、风格一致之谓也。

为了有效地吸引观众，电视连续剧经常既要注意把握好故事整体的起承转合，又要注意在集与集之间尽可能设置情节悬念（有如评弹中的"卖关子"）。具体来说，就是在讲述故事时不必急于在短短的一集中完成故事的"起承转合"，但每一集与每一集之间的联系又要非常紧密。电视连续剧的这个特点，使得观众必须紧跟着观看，不能错过每一集，因此也更容易使人"上瘾"，从而提高收视率。以苏州园林为代表的中国私家园林，就一园之中的景观来说，虽然谈不上有明显的"起承转合"和悬念设置，但其构筑非常重视空间的分割，经常运用园门、假山、墙垣、池塘等来造成园中的曲折多变和境界的层层深入。正因为如此，苏州园林中山重水复的错落有致，林木房舍的两相掩映，每每使得游园者移步换景就能带来美景层出不穷和时有柳暗花明的观感，十分引人入胜，令人欲罢不能。如果把观看具体的一集电视连续剧比做是游览园林中的"静观"，那么观看多集电视连续剧就相当于游览园林中的"动观"——并且这种"动观"往往也是因被吸引而主动进行的（每一个专注的游览者的注意力移动线路都会是各不相同的）。"静观"和"动观"相结合，对整个园林或整个电视连续剧的观赏收获就会非常丰富和非常深刻。

电视系列剧有如短篇小说集,也要有戏剧式的结构和布局的完整性。但是这种戏剧式结构和布局的完整性主要只体现在其中的每一集,而不主要存在于整个系列剧。对于系列剧而言,集与集之间的故事没有上下文关系,只有每次都重新出现的主要人物和主题十分相似的故事及其背景。这样的系列剧往往可以不受集数的限制。如果说连续剧集与集之间的关系像一环套一环的链条,那么系列剧集与集之间的关系就像插在一根竹签上的冰糖葫芦串;如果说连续剧的每一集都具有开放性结构而全剧整体具有封闭性结构的话,那么系列剧则每一集都具有封闭性的结构而全剧整体具有开放性的结构。

电视系列剧的这个特点和黑格尔所说的以法国式为代表的西方园林有非常明显的相似之处。如上所言,法国式园林中的每一个景物都具有鲜明的独立性:像宝塔那样的松柏,阅兵式似的道旁树,修剪整齐的篱笆墙,平展的植坛,等等。这些具有鲜明独立性的景物都遵循一个规律:按照具有整齐划一特征的多种几何图形来组成,而不是按照其在自然中的样子来组合。这样的园林构筑几乎就像儿童用各种几何积木块任意拼装成的各种图形,也像系列剧往往可以不受具体集数的限制。正是这种个体的完整性和整体的开放性,使得电视系列剧像一条由很多短线间隔连成的虚线,在理论上具有无限可延伸性——这就像黑格尔所说的法国式园林可以"把大自然改造成为一座露天的广厦"。

法国式的园林具有局部简单相加所组成的特点,所以更容易窥一斑而知全豹。电视系列剧在理论上具有无限的可延伸性,其每一集故事里主要人物的性格内涵和题材所映现的社会生活内容都十分相近,因此观其一集也就等于尝鼎一脔。电视系列剧的集数可以成百上千,观众对其观赏则通常犹如园林观赏中的"静观"——在一般情况下无须将其与前后各集的内容连结起来作整体的感知;法国式园林虽然可以"把大自然改造成为一座露天的广厦",对它的观赏似乎也只需"静观"就可以了。由于这两种不同的艺术形式都具有非常强的整体开放性,所以人们可以非常随意地去接触或感受它们——例如可以完全无规律地观看一部电视系列剧中的若干集,就像可以到一个法国式园林中的一角去徜徉或小坐片刻——只需这样做就可以获得对其整体的很好感受与把握。

三、电视剧艺术的假定性与逼真性

任何艺术都离不开假定性，也都不可缺少逼真性。假定是因为艺术表现的手段受到客观方面的某些限制，只能以约定俗成的某种方式来表达特定的内容，逼真则是大多数艺术都努力追求的境界。所以，艺术的假定性必须以逼真性为目标，必须以逼真性为审查形式。由于艺术样式的不同，各自的假定性处理和逼真性要求也就各有不同。电视剧艺术的假定性和逼真性有属于其独特的内容及其表现，园林艺术的假定性和逼真性也有属于其独特的内容及其表现，但是这两者之间同样有某些相近可通之处。

电视屏幕的空间展示能力极其有限，电视剧对剧中人生活空间的展现也极其有限。怎样才能克服这自身的局限而更好地表现逼真的生活？假定性显然断不可少。例如在表现一段较长的两人对话情节时，电视画面除了可以摄录少量两人同在一个画面中的镜头外，一般都会以不断地切换两人的近景镜头或特写镜头来帮助我们建立所感知的这个意义空间——向我们暗示并强调这是一个属于两个人的意义空间而不只是一个人的意义空间。有时，电视剧也经常借助镜子中的影像、声源不可见于画面上的各种音响以及通过表现画面人物注意力或视线的转移来拓展其意义空间。就像中国的园林建筑为了突破由空间局限带来的不足，给游览者以置身大自然的"逼真"感觉，中国园林的设计者都非常注重采用"借景"的手法来加以实现。这种手法之一是在视野开阔的地方积极引入园外景观以造成感受空间的深远。

正因为艺术的假定性在本质上是为了更好地表现艺术的逼真性，所以陈从周先生关于园林置景要注意"远山无脚，远树无根，远舟无身（只见帆）"的论述，显然并非只是说了"画理"和"造园之理"，其实精神实质也完全适用于一切现实主义艺术创作。整体地说，电视剧大多使用中景、近景和特写这三种画面，较少使用全景和远景画面。这一方面跟电视屏幕面积小、表现能力弱有关，另一方面和电视剧多用语言来讲述故事、交代背景、推进情节、塑造人物也很有关系。以后者来说，由于人们在日常生活中进行交谈时，一般不可能离得很远，所以当屏幕上的人物在说话（显然其所说的话也应该是在对观众而说的）时，其与观众之间的距离感不应该很大（用全景和远景给人的距离感就大了，尽管观众离电视屏幕的客观空间距离其实是始

终不变的)。换个角度说,屏幕上说话人在观众的主观视觉感受中,一般也应该以近景和特写画面来映现才使人觉得较为近切。事实正是这样,当入戏很深的观众几乎完全成为剧中说话人"亲切的聆听者"时,剧中人只有以十分近切的距离感面对观众才更为如生活一般真实——就像关系亲密的人们在一起交谈时所有的情形一样。

在同样注意假定性与逼真性之间的辩证统一方面,还值得一提的是电视剧创作所追求的细节真实和园林建筑所注重的"小心收拾"之间具有的内在相通。陈从周先生《说园》一文中的部分论说是这样的:山贵有脉,水贵有源,脉源贯通,全园生动……要使园林山水接近自然。他还指出:园林建筑物的顶,假山的脚,水口,树稍,都不能草率从事,要着意安排。① 由此可见,造园强调"小心收拾"的主要目的全在于"使园林山水接近自然",而这与电视剧细节的生命全在于给人以生活的真实感如出一辙。

一般地说,细节是文艺作品中细腻地描绘人物性格、事件发展、场景和自然景观的最小组成单位。不管什么样的电视连续剧或系列剧,细节的真实总是其很好地再现生活和表现生活不可缺少的一个重要方面。在《外来妹》中,小云是其中少有的成功者,小云原来的男朋友则是个时代的落伍者——他既接受不了全新的思想观念,也适应不了商品经济的发展形势。电视剧为了形象地说明这一点,特意安排了这样一个细节:他在南方适应不了打工,甚至也不能适应养鸭,最后还是回家去种地。当小云从南方回去看他时,只见他在收工回家时披着上衣、叼着烟斗慢悠悠走路的样子,已完全像《黄土地》中的那位"父亲"了。这个细节再清楚不过地告诉人们,一个只习惯于继承父辈传统农耕经济生活的人,如果不思变革和迎接挑战,他是无论如何都无法在商品经济社会中获得成功的。

著名剧作家沙汀说过,故事好编,零件难找。在电视剧创作中,细节的选择与安排就像是"零件",确实非常重要,它有时往往会影响到作品的整体风格和主题思想。在美国电视剧《家族的荣誉》中,黑手党大头目知道儿子在外面杀了人的消息后神情淡漠而慢条斯理地批评说:"你怎么可以在没有采取保护措施的情况下去杀人呢?"在另一部美国电视剧《帕尔斯警长》中,帕尔斯警长因为无法抓到真正的罪犯而眼睁睁地看着一个无辜的"杀人犯"在毒气室中痛苦地慢慢死去,作为一个执法者,他感慨万千,眼眶

① 陈从周.园林谈丛.上海:上海文化出版社,1980.7

里充满了泪水。所有这些细节的选择与安排，显得别具匠心。其所内蕴的思想应该是：在一个泛法治主义的社会里，法律及其制度有时显得非常苍白，机械的依法办事更显得十分荒唐；要真正弘扬法律的精神，光依靠法律本身显然是非常不够的。诸如这样的细节处理，显然与同为美国电视系列剧《辩护律师》中这样的细节处理截然不同：辩护律师在犯罪嫌疑人自己确认的证词中找到了明确无疑的差错，于是，在辩护律师雄辩无比的诘问和一脸正色的注视下，狡猾的犯罪人神情黯然地低下了头……

细节选择与安排之所以能映射出作品的整体风格和主题思想，是因为细节虽然看似小处着手，其实多数从大处着眼。所谓"于细微之处见精神"和"滴水可以见太阳"之类，就是说的这个道理。

四、电视剧的艺术性与商业价值

按照英国伯明翰文化研究学派创始人雷蒙德·威廉斯的观点，电视节目在比较宽泛的意义上可以分成两大类：第一类是商业性的，主要包括各种电视剧、电影和各种通俗娱乐；第二类是公共服务性的，主要包括新闻节目、教育节目、儿童节目、各种纪录片和音乐、戏曲节目等。那么，电视剧依靠什么成为电视商业性节目的第一主角并获得其商业价值呢？就本书之见，它主要在于为广大受众所喜闻乐见的基本艺术要素——故事及其人物。

从一定意义上来说，电视剧确实是在向人们讲述一个同样持久永恒的世界的故事。而作为故事，情节性自然是其一个首要因素。这在各种警匪片、侦探片、枪战片、黑帮片等电视剧中是不言而喻的，在其他电视剧中也不例外。没有精心设计的情节，就没有引人入胜的故事，从而也就没有广大的受众——这在电视节目日益丰富多彩的今天尤其如此。电视连续剧《牵手》所吸引观众的情感问题、道德问题、家庭问题、伦理问题、婚姻问题，无一例外地都是从剧情中所"牵"出来的。

电视剧的艺术性确实是其商业价值的主要基础与源头活水，但电视剧艺术性与其商业价值之间的关系，并不是机械单向的，而是双向互动的。正确认识这一点，对于推动我国电视剧艺术的进步与发展具有非常重要的现实意义。

电视传播需要高技术和高成本，依照一般的经济规律，这就需要有高利润回报来加以平衡，不然，电视传播事业就得不到良性的发展。这也就是

说，电视剧作为年轻的现代艺术，不可避免地要遵循现代市场经济的发展规律。随着现代商业化浪潮的汹涌澎湃和传播事业的日益发展，全世界所有老牌的“国家电视组织”和“公共电视组织”都处在“风雨飘摇”的状态之中，相反，商业电视组织及电视的商业化趋势正在空前迅捷地向前发展。电视剧作为商业性节目中的主要一员，毫无疑义也要适应这种商业化的发展形势。在现代市场经济条件下，电视剧艺术不仅要接受自身艺术规律的支配和影响，同时还必须接受市场经济规律的支配和影响。这是电视剧作为商业类电视节目不可缺少的一个现代特征。

注重电视剧的受众性和注重电视剧的商业性是紧密相关的，与注重电视剧的艺术性并不矛盾。一般地说，艺术如果不是为广大受众所喜闻乐见，它就失去了发挥其起码功能的基础。我们不否认，甚至也不一概反对有些人所从事的艺术创作只是为少数人的，或只是为自己的。然而，对于具有大众传播属性的电视剧来说，它的艺术性必须认真考虑并努力符合大众的可接受性。所谓“认真考虑并努力符合”，当然具有出自商业性方面的考虑，但这并不是指低俗的迎合，而是指以务实的研究所带来的积极创作。这里的所谓“积极创作”是指既有适度的顺应，又有必要的引导；既承认当下的实然性，又追求较好的应然性。不言而喻，电视剧艺术的受众性一旦得到充分的重视，就会自然而然地提高电视剧的收视率，从而也一定会增加其电视广告的经济收益。

第三节 电视电影

本书第四章专门以“影院电影史”来命名，所以就有了本章专门介绍电视电影的可能性与必要性。我们在下文中重点介绍电视电影、译制影片以及电影频道（The Movie Channel）的文化影响力。

一、荧屏上的影院电影与电视电影

越是现代的媒介，在它的开始阶段越是具有形式大于内容和“媒介即讯息”的特点，在它随后的发展进程中也会具有越来越大的兼容性，在电视上播出影院电影，就是一个很好的例证。

从20世纪50年代开始，西方发达国家的电视技术水平与事业实力得到大大加强，电视播出时间明显增加。为了丰富播出内容，很多电视人都将眼光转向了原先只在影院里放映的电影。影院电影本来是“一次过”的文化产品，想重看老电影总是非常难得，一般也只在很小的范围内进行。因此，在电视上重播一些经典影片，对于丰富电视节目内容和满足一部分希望观赏或重看一些老电影的受众来说，显然都是一个非常好的构想。这可以说是电影与电视全面综合的一个前奏曲，也是电视电影得以很快产生的一个重要基础。

从发生学研究的角度来看，电视电影是一种为电视而制作的电影。以美国为例，20世纪60年代前美国电视台播放的电影主要是40年代以前的作品。为了提高电视台播放电影的影响力，电视台千方百计播出新电影，从而造成了两方面的问题，具体为：

(1) 原来节目播出的时间安排问题。所有影院电影的时间长度都非常不一致，这对影院放映而言无所谓，但对播出时间要求尽可能精准的电视节目表来说，就两难了——除非少数时间非常合适的影片，就必然要在剪掉一点影片内容和牺牲节目播出时间的准确性之间作出选择。

(2) 经费支出问题。以前电视台播放老电影的成本并不高，但电视台要播放电影新片则经费支出就会很大，如NBC为了播放《桂河大桥》而出资300万美元。这就迫使电视台开始考虑自己拍电影——为电视而制作的电影，即“电视电影”。

1964年，美国环球电影公司最先为NBC制作了电视电影《看他们怎么跑》，这标志着电视电影的正式诞生。所谓“电视电影”，就是指那些只为了在电视台进行播放而拍摄的“小电影”，一般用16毫米而不是通常的35毫米胶片来拍摄，然后直接制成磁带，在电子编辑机上编辑完成后在电视频道播出，因而与电视台在电影频道上播放的影院电影不一样。这样的制作，具有既精良又便宜的特点，是将影视艺术各自的长处进行很好综合的一种成功模式。目前中国制作一部这样影片的成本在人民币50万元左右,是一部较小规模电影摄制经费的四分之一到六分之一。

二、电视电影与电视剧

电视电影与电视剧有很多的不同,既有历史发展方面的因素,也有美学方面的因素。

从历史发展因素方面来说,电视电影的诞生与电视剧完全不一样。众所周知,早期电视剧即便不是直播型的,也都具有非常浓重的舞台剧痕迹,其相对于现代电视剧来说显得非常幼稚,而电视电影的制作技巧在其诞生的时候就是很成熟的、具有较高水平的,因此这两者在发生学研究层面不可同日而语。其次,我们认为电视电影具有单本性(可包括有上下集或上中下集,但通常作一次播出)特征,所以本书不认为用胶片拍摄的如英国的《根》和美国的《兄弟连》那样的作品叫做电视电影(这在国内外学术界有不同看法),同时也不认为著名导演李少红拍摄的《大明宫词》和《橘子红了》是电视电影。

从美学因素方面来看,虽然电视电影与电视连续剧、系列剧都是比较成熟的艺术形式,但它们之间的差别至今仍判若泾渭。例如,对于一部电视电影来说,虽然它的画面空间可操作性应当与电视剧差别不大,但在叙事艺术和结构技巧上,比任何电视连续剧与系列剧都具有多样性。说得透彻一些,尽管电视剧的剧情可以编织得丰富多彩、变化多端,但它在总体上都只能采用线性的方式来结构故事,很难像电视电影那样运用非线性的方式来表现故事情节。很显然,要以非线性态的方式来叙说故事,这对于电视剧的一集内容来说过于局促,因此每集自成一个独立戏剧结构的系列剧明显不可能。另一方面,正如本书所指出的那样,人们很容易对在一段连续时间里感受到的全部信息进行综合的、条理化感受,但很难接受一个以非线性方式呈现故事而长达几十集的连续剧,更不用说谁也不能确保一集不漏地观看。

电视电影在创作特点与艺术属性方面,应该非常类似于成熟的、具有作家电视剧特点的单本电视剧。一旦人们把斯皮尔伯格的《兄弟连》当做具有连续剧特征的电视电影,那么电视电影与电视剧的全部本质区别就将荡然无存。因此,在一定意义上来说,坚守电视电影的单本性(当然也包括有上下集或上中下集的),就是坚守电视电影的电影性,从而也就是坚守电视

电影存在的真正价值。在此需要强调这样两点：

（1）电视电影毫无例外地要使用胶片来拍摄（16mm或35mm），但使用胶片拍摄而在电视台播放的片子不能都看做是电视电影。这不仅因为在录像技术没有被发明以前，很多早期电视节目也都是用胶片来拍摄的，而且因为现在有不少发达国家资金雄厚的制片商也有用胶片来拍摄电视剧和其他电视片的（如刘郎拍摄的《苏州水》）。

（2）就是它的单本性及其相关的叙事特点。众所周知，非单本电视连续剧的叙事一般只能遵循线性和平实的方式，而电影的叙事模式，特别是现当代电影的叙事越来越趋于非线性和具有浓郁的神话色彩。

三、电视电影与影院电影

前面说到，电视电影的存在价值，在很大程度上决定于它的电影属性，但它与电影的主流代表——影院电影又有着明显的不同。概括地说，这种不同与电影艺术和电视剧艺术的不同具有非常密切的联系，尽管不都那么一一对应与简单相似。

影院电影是一种以视觉接受为主的视听艺术，银幕画面是其表情达意最基本、最主要的载体。目前，一般电视机的屏幕面积与形象清晰度、还原度都无法与影院里的银幕效果相比拟，声响效果也同样不可相提并论。由于这些因素的客观存在，电视电影尽管也用胶片拍摄，本身的影像质量比较高，但它呈现在一般电视机屏幕上的时候，就不可能不受到诸如电视扫描线、画面面积等因素的制约而无法与影院电影抗衡。一句话，电视电影与影院电影的很大差别还在于声画给人视听冲击力的强弱。因此，电视电影不可能像影院电影那样充分运用巨大的画面表现力来尽量减少人物语言，也不可能过分依赖画面来进行有效的暗示和可能的省略。（有关这方面的详细论述，可见本书作者的《影视艺术概论》一书，在此不予展开。）

电视电影的艺术价值不同于电视剧，也有它足以存在并发展的很好理由。它一方面可以弥补单本电视剧的不足，另一方面也可以促进电视剧创作水平的提高。

四、电影频道与电影集团军

就全世界范围来考察,在电视上出现播放影院电影首先表现为增设一个电视节目,其次才促使日后建立一个专门的频道——电影频道。例如,美国全国广播电视公司(NBC)很早就在它们的电视节目中播出1940年以前的老电影,1961年又率先在黄金时段推出播放新影片的栏目"周六晚间电影"。

中国的情况要特殊一些。20世纪80年代开始,中国电视业以前所未有的速度向前发展,但创作能力相对薄弱,制作水平相对滞后,节目内容自然也不丰富。因此,在中国电视中出现的电影频道,主要是电视界向同行学习的结果,即主要是为了利用扩大频道资源来增加电视台收入(所以要加密),而不主要是因为自身发展、特别是电视电影得到很好发展的阶段性自然产物。

电视成为强势媒体的因素有很多,其中有一点很突出,那就是它总能在某一方面胜出另外一个媒体。比如它与电影相比,虽然有很多弱项,但至少它的连续性与系列性就对电影构成很强的竞争优势。从一定意义上来说,电影受到电视冲击最强之时就在于电视连续剧、系列剧大受欢迎之际。

电影受到电视的冲击是必然的,这对电影来说既是无法回避的困难,也是取得继续发展的新机遇。电影尽可能扬己之长来守住影院这块阵地是一个方面,以电影频道为基础组成集团军大举进入电视也是一个方面。由于制作成本及制作周期等因素,电影在总体上来说具有单本性,如三集的《希茜公主》和四集的《战争与和平》、《静静的顿河》。至于电影史上出现过的如《火烧红莲寺》、《黄飞鸿系列》、《寅次郎的故事》、《007》等,由于其显而易见的原因也无法与电视连续剧、系列剧相比拟。电影频道的出现,将原先的影院电影、新拍的电视电影,还有从国外引进翻译过来的影片组合成一个新的整体。这个新的整体可以说是一个强大的电影集团军。以当今的中国电影频道为例,每天播出八部电影,其中有四部是新播出的,这真是很有影响力,对于全国庞大的电视剧播出量来说也还够得上是一个强有力的竞争者。

与其他专业频道不同的是,电影频道的收视率甚高,文化影响力也很大。中国第六代导演霍建起的影片《那山那人那狗》面世时,没有卖出一个

拷贝,只能直接上电影频道,结果因此很快得到了日本电影界的青睐,同时也在国内成为一朵“重放的鲜花”。这也可见影视艺术综合的积极效应与良好的发展前景。就目前全世界范围来看,电影频道都是一个十分重要的电视传播内容,因而也是很多广告商十分关注的一块领地。在中国,电影频道自开播以来,其收视率一直仅次于《新闻联播》,这可以使我们充分认识到电影艺术始终保持的巨大魅力和受众对电影艺术始终不渝的热爱之情。

五、中外合璧和不可缺失的高地

文化交流是文化发展的生命特征之一,影视文化交流更是不能例外。在影院电影方面,中国加入世界贸易组织以后的这种交流几乎就是法定的,但这只是非常小的一部分,并且往往主要是以娱乐性见长的。相对而言,更多的电影文化交流,不管是电视电影还是影院电影,都将在电影频道这块阵地上来进行。

由于电影频道这块阵地的特殊性,它对电影文化的交流是更为深广的。影院电影一般不可能将以前没有及时进口的老电影再放到电影院里去放映,而电影频道可以轻而易举地做到这一点。例如,像《广岛之恋》这样的新浪潮电影,像《伊凡的童年》这样的现代战争电影,像《云上的日子》这样探索艺术与生活的电影,像《毕业生》这样的好莱坞艺术电影……都在电影频道中得到了播出,效果非常好——因为观看者绝大部分是电影真正的爱好者与理解者。同时,电影频道还辟有《佳片有约》这样的栏目,对提高受众鉴赏电影艺术的能力开展非常具体有效的普及教育。因此,电影频道不仅是体现影视艺术综合发展的一块阵地,也是中外电影文化交流与教育的一块重要阵地,是广大电影爱好者的一片艺术绿洲。

作为大众文化形态,电视在整体上来说以通俗性为主,但电影频道堪称电视文艺类节目中一个相对精致典雅的部分。这是因为电视电影、影院电影本身讲究制作的精良,也因为在电影频道中播出的部分纯艺术类的或者说是探索性的影院电影。这些电影由于它们自身的某些特点,目前放到我国的影院中播放也许很难成功,但在电影频道的播放往往能获得很好的收获。特别值得指出的是,由于电影频道播出的影片一般都在短时间内有重播的机会,所以受“舆论领袖”的影响,它们在重播时往往会拥有更多的新观众——这些新观众一般都会带着非常认真的态度去观看影片并给以很好的评价——知之者才能成为好之者。

正是由于上述原因,电视电影及电影频道的存在,使得广义上的电视文艺节目守住了电视文化中不可缺失的一块高地。

第十一章 电视纪录片

内容提要：

不管从广义还是狭义的角度来看，电视纪录片确实称得上是电视节目的贵族、电视文化的精英以及电视荧屏上的生态艺术。本章详细探讨了电视纪录片的分类与功能、电视纪录片的审美与创作以及栏目化发展和纪录精神的固守等方面。

第一节 电视纪录片的分类及功能

电视纪录片是纪录电影和电视技术相结合的一种独特的艺术形态。随着电视技术的不断发展,电视纪录片越来越显示出其不同于纪录电影的独到之处。20 世纪 80 年代以来,国内绝大部分省级电视台都把能否很好地拍摄电视纪录片作为衡量电视台档次和水平的一个重要标志;很多著名的电视人也把认真拍摄电视纪录片看做是走向精致典雅的主要手段。

一、界定与分类

虽然对电视纪录片(以下就简称纪录片)进行界定并作较为细致的分类是一件难以有建设性成果的研究,但这显然不应该影响我们对此作必要的分析。

1. 界定

要了解电视纪录片的本体界定,不可能撇开纪录影片。为了更好地了解纪录片这种艺术形式,首先要分析一下有关纪录片(不分电影与电视)的常规定义:

《电影词典》对纪录片的解释是:具有文献资料性质的,以文献资料为基础制作的影片称为纪录电影……总的说来,纪录电影是指故事片以外的所有影片,纪录片的概念是与故事片相对而言,因为故事片是对现实的虚构、搬演或重建。

这其中有三点是最为主要的:其一是具有文献性,这对于表现平常人、平常事的纪录片来说一般都无法对号入座;其二是指故事片以外的所有影片,这显然过于宽泛;其三主要指不虚构,这从对比的角度涉及纪录片的基本概念,很重要,但未充分。

《辞海》对纪录片的解释是：对现实生活或历史性事件作纪录报道的影片。以真人真事为表现对象，以现场拍摄为主要手段。可分为时事报道、文献、传记、自然和地理等纪录片。

显而易见，《辞海》所给出的定义简单扼要，非常适合于电视纪录片。其要点表现在两个方面：

(1) 以真人真事为表现对象。

(2) 以现场拍摄为主要手段。

前者否定了虚构，后者肯定了"直接"性（但不完全否定"搬演"，所以说"以现场拍摄为主要手段"）。克拉考尔在《电影的本性》一书中指出，纪录片出于各种不同的目的来处理自然素材，结果可以各有不同。这就是说，不是所有的真人真事都适合于拍摄纪录片，而什么现实生活内容或事件适合于拍纪录片，又很可能是因人而异的。

我们的观点是：

(1) 纪录片应当有广义和狭义之分。广义的纪录片不仅可以包括历史上最初的那些早期电影以及所有电影、电视的新闻纪录片，而且可以包括诸如即时的电视实况转播新闻片。

(2) 所谓狭义的纪录片，就是一般意义上说的纪录片，应该毫无例外地具有一定的艺术创造性。在这种艺术创造性中，有一点非常重要，那就是中央电视台《生活空间》制片人陈虻所说的"理性的到场"。什么是"理性的到场"呢？即作者要对蕴藏在素材中的文化和思想内涵有所发现，并能用电视手段将其记录下来，使之以真实而自然的客观物象来启迪受众去认识其中的理性内容或思想意义。陈虻在另一个场合还举这样一个例子来说明纪录片的属性：记录夫妻吵架时，并不是记录其全过程，而是去记录在一边看着父母亲吵架的小孩的表情及其反应，即表现人们其实很熟悉却又非常陌生的生活内容。也就是说，这种一般所说的纪录片首先是对现实世界中这些或那些人、事、物的客观记录，同时也是对某些实际生活现象的艺术再现，而且这种艺术再现的重点就在于要能够自然真切而充分形象地体现出"记录思想"的特色。

法国小说家普鲁特和德国著名批评家本雅明根据弗洛伊德学说的启示，区分了"非意愿记忆"和"意愿记忆"，指出前者是印象的保存者，后者是印象的处理者；前者是无意识的、自然流露的"回忆"，后者是有意识的、理智性的"记忆"。狭义意义上的纪录片，指的就是后者。

也许还是需要说明的一点是关于纪录片与新闻片的不同。克拉考尔指出,纪录片和新闻片虽然都是反映真实的世界,它们的方法却是不同的。新闻片以一种简单的和中立的方式来表现所谓引起普遍兴趣的时事,而纪录片则出于各种不同的目的来处理自然素材。这就是说,在即时性、普遍性、中立性和思想性等方面,一般纪录片与新闻纪录片存在着不同。按照高维进的说法,纪录片应该是对新闻片更为精细的加工,内容更为精炼,反映的思想内涵更为深邃。新闻片和纪录片的区别是:新闻片拍摄的是各种各样的消息;而纪录片是在拍摄的许多消息里进行综合、加工、有创造性的处理,使它反映的生活内容更丰富、更深邃一些,它反映的不仅是生活的现象,而且是要表现生活的本质。因为生活现象是纷纭复杂的、片断的、片面的,并不是所有的生活现象都能表现出生活的本质。

这就是说,以现场拍摄的方式来记录真人真事和客观物象并能十分自然而隐蔽地体现拍摄者比较明确的主观意念的纪录片,才是所谓狭义的纪录片——具有一定艺术创造性(不只是具有艺术性)的纪录片。这样的纪录片,往往具有潜在的思想性和自然的审美性。德国电影史学家乌利希·格雷戈尔在评述西方纪录电影的时候曾引用克劳斯·克赖迈尔的话说过,如果一部影片能够把这些因素提高到思想意识的高度,那它就是一部第一流的政治片;如果一部影片没有解说词也立得住,能独自表达意义,以严谨的结构来安排其素材,而又没有偏离原义,那就是美学上的成功。因此,关于电视纪录片的定义似乎可以这样表述:创作者根据自己对生活与自然所特有的认识和理解,以记录真实为前提基础,以现场拍摄为主要手段,对社会和自然中实际存在着的人、事、物及其思想文化内涵进行客观、自然、艺术地记录的电视片。

2. 分类

尽管界定基本明确,但分类却还是不那么容易。一般地说,电视纪录片首先可以分成人文和自然两大类。在这两大类下面,又可以分出许多第二层次的小类。迄今为止,对纪录片进行的第一层次划分没有什么分歧,所有国际电影电视节对纪录片都是这样划分的,但对于第二层次的划分就很不一样了。

《电影艺术词典》在有关纪录片的内容中,出现了诸如“新闻纪录片”、“历史纪录片”、“传记纪录片”、“政论纪录片”、“舞台纪录片”等条目。这不妨可以看做是在对纪录片进行间接的分类。这里只有例举,没有说明。

但是其中“舞台纪录片”显然不是一般意义上的纪录片而是广义的纪录片，“新闻纪录片”和“历史纪录片”的所指是属于广义还是狭义也没有明确表达。

克拉考尔在《电影的本性——物质现实的复原》一书中对纪实电影作了这样的分类：

(1) 新闻片。

(2) 纪录片，包括诸如旅行片、科学片、教学片等。

(3) 较晚出现的艺术作品纪录片。

作者把纪录片看做是纪实电影的一种，并且将其与新闻片和艺术作品纪录片加以区别，这实际上也认识到了纪录片应该有广义和狭义之分，只不过没有作明确的说明。

同济大学聂欣如教授在为纪录电影分类时指出，纪录电影应分成三个部分，人的主观参与度最高的应称之为“艺术纪录电影”；人的主观参与度最低的应称之为“科教纪录电影”；人的主观参与度适中的是我们一般人概念中的“纪录电影”。① 这种划分有一定道理。其中所谓“一般人概念中的‘纪录电影’”，无异于我们所说的狭义纪录片，但其关于一般纪录片外延的界线则同样十分模糊不清，至于第二层次的划分更是未能提及。

北京师范大学艺术系张同道教授在谈及纪录片分类时指出，纪录片大致可以分为四种，即主流文化形态、精英文化形态、大众文化形态以及边缘文化形态。具体为：

主流纪录片是纪录片政治化的产物，在纪录片史上长期存在。每一个时代、每一个执政集团都有自己的主流意识形态，也就有主流纪录片。

精英纪录片的操作者是一些具有知识分子品质的电视人，他们往往以人文关怀视点寻找被主流文化遗忘或忽略的文化、社会、艺术与人类学景观，发掘生活中被淹没的尊严和价值，并作出自己的思考——失去思考也就失去精英纪录片的显著特征。

大众纪录片以平视目光将镜头对准普通人，也就是中央电视台《生活空间》中的一句导语所说的“讲述老百姓自己的故事。

边缘文化是大众文化中偏离主流意识的一支，又沾染精英文化特质，具

① 聂欣如. 什么是纪录电影. 电影艺术. 1997(5)

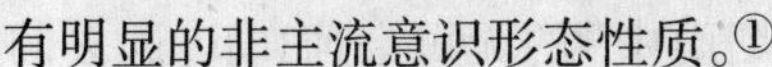
有明显的非主流意识形态性质。①

这样的分法有一定参考价值，但似乎也过于宽泛，且明显交叉太多——如其所说则大众文化形态中亦有主流形态，精英文化形态显然都可以体现在这所有四种文化形态中。

对一般纪录片本体的界定，我们觉得对其第二层次的分类很难详尽细致，不如就其题材内容来作相对细化的划分——

自然类：记录陆地地理景观的（如山峰、河流、峡谷、洞穴、沙漠、极地、火山、冰雪、风雨等），陆地动物、植物的，海洋地理景观及海洋动物、植物的，天象景观的，显微镜中微观世界景观的，等等。

人文类：百姓生活故事片，新闻纪录片，人物传记片，文化艺术片，文史纪实片，民俗风情片，历史文献片，政论宣传片，专题访谈片，边缘社会片，情感经历片，旅行游记片，等等。

二、传播功能与文化意义

电视纪录片的传播功能与文化意义紧密相关，借用中央电视台纪录片栏目关于纪录片的理念来说就是：触摸历史，勘探文化，积淀记忆，实录变迁。

人类最早的艺术与记录自己的生活及其感受密不可分，也与人类开始运用符号进行传播密不可分。人类开始运用的符号大多以类似原则为基础，如象形文字、手势比划、直接模仿某些生活情景的舞蹈，后来逐渐以具有象征性的代用符号为主，如形声字、拼音文字、芭蕾、音乐；绘画、摄影、影视则是将类似原则（再现生活）和代用原则（表现意象）结合在一起的一种符号系统。因此，纪录片从一定意义上来说既可以使人感受到艺术的起源，又可以使人感受到艺术的回归。其次，纪录片有如“原生艺术”，几乎是把人类最真实的生活直接创作成艺术品的，给人以艺术与生活浑然一体的感觉，所以同样能使人感到艺术来自于生活，生活中充满了艺术——这既是艺术起源时所具有的历史情景，又是艺术于当代发展的一种必然趋势。

在文化的发展过程中，创造和消逝总是相伴相随；在人性的发展进程中，进步与扬弃始终缺一不可。纪录片不仅记录“南朝四百八十寺”的非凡

① 张同道. 多元共生的纪录时空. 电影艺术. 2000(3)

创造(如《话说运河》),也纪录"多少楼台烟雨中"的无可奈何(如《远去的村庄》)。就像有的哲人说过的那样,有时候歌唱失去的爱情比歌唱得到的爱情更动人。文化是人类在物质与精神方面的全部创造物,又是人类赖以生存发展的精神基础。文化创造的本质是对人的创造,所以说文化即人化。电视纪录片所记录的是真实的人生,其行为本身又是真实的文化,这样的艺术创作与艺术审美更能使人感受到文化与人生的交融。如《不快乐的不止一个》那样质询生活和拷问灵魂,就是为了人类追求和拥有更美好的人生。

真实的人生大多平凡无奇,但其中并非没有人生意义。纪录片在记录人们日常生活中的凡人凡事的时候,大多能从不同侧面展示人生最一般的意义与真谛。所谓从平凡中看到伟大、寄至味于淡泊、细微之处见精神,均言其是。《我们的留学生活》并没有主要反映成功的留学者,但这绝不影响它成为一部很好的纪录片。《舟舟的世界》也是一个很好的例子,它记录生活是为了让人更好地认识生活,记录世界是为了让人更好地了解世界,记录生命是为了让人更好地珍惜生命。珍惜生命的真谛就在于真正了解生命应有的追求及其价值,并在这种不断的追求中获得生命的永恒。一切艺术都不约而同地关注人的现实生活,纪录片也许更为特别,这应该说是现代人文关怀的一个集中体现,也是纪录片所具有的深刻文化内涵之所在。

纪录片在影视家族中也许可以说是最容易具有民族性的。这首先表现在能够直接地映现一个民族的生存现实,如反映弱势人群的《江湖》、《铁路沿线》;反映文化与社会发展的如《最后的山神》、《疯狂英语》,等等。其次,是记录并映出民族性格及民族精神的,如《三节草》、《北京弹匠》和《我们的留学生活》。

第二节 电视纪录片的审美与创作

电视纪录片的审美与创作是形影不分的,有时也可以说是互为因果的,

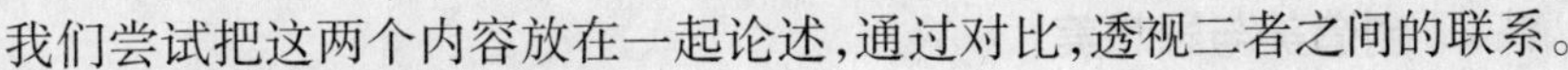

我们尝试把这两个内容放在一起论述，通过对比，透视二者之间的联系。

一、审美特征

1. 真实美与自然美

这里的真实主要是指纪录片所映现的客观事实，这样的真实很多人都可能在生活中真切地感受过，但没有人非常强烈地注意到它所能表达的深刻含义，如很多人都见过"执手相看泪眼"和"最是那一低头的温柔"的情景，但只有柳永和徐志摩首先对这些场景作了细致入微的描述。通过真实记录的纪录片可以使人感受到日常很少见到的震撼人心的生活情景：如1998年抗洪救灾时从一棵树上抢救小江珊的情景；南非消防队员在莫桑比克抢救在树上生下一个小孩的妇女及四个被困在一辆小汽车顶上四个小孩的画面；还有那震惊世界的纽约世贸大楼被飞机撞击的场景。

一些非常残酷的真实场面的客观记录也具有理性意味及审美意义上的美。例如2000年全程实况转播在台湾一次山洪爆发中那几位遇难者的真实情形，2000年巴以冲突中偶尔摄录到的父亲和他儿子的那个镜头，还有《神鹿啊！我们的神鹿》中神鹿之死的情景。需要说明的是，这里的所谓残酷是广义的，如《三节草》中为了给拉珠准备路费的一个场景是极其私人化的，画面上的人其实都感到非常难堪。画面给人留下了深刻的印象，且其生活含义也不容小视。当然，这里还涉及一个纪录片创作的伦理问题：过分介入私人的生活空间是否道德，如《我们的留学生活》在跟拍韩松去厕所时，韩松问："上厕所也要拍啊？"可见被拍摄人对到底要拍到什么程度事先是很不甚清楚的，这对于边远落后地区的人和事以及弱势人群的拍摄，恐怕就更是如此了。

这里关于自然美指两个层面：一是自然界的美，这最典型地存在于自然风光纪录片中，具体不予展开。二是人物表情与场景真实自然的美。按照"直接电影"的观念，纪录片拍摄除非在万不得已的情况下才据实安排适当的搬演和添加解说词，以此来保证对生活原生态情景的直接叙述和画面展示。不少长纪录片用不着一句解说词，依然很好地保持了生活的原生态，它所依靠的是画面叙述和自然展示。纪录片画面以自然展示为多，一切都是那么的自然和真实，但它在给人平淡无奇感觉的同时也能使人感觉到特殊的美感。说白了，这就是自然美的一个重要特点。

2. 创造美与思想美

纪录片有艺术创造,这是题中之义。这里所谓创造的美,主要是指对真实素材的审美观照,如《三节草》中祖孙两代人握在一起的手,很有对比度,更有生命感。这使延续生命的强烈渴望得到了具象的体现,让我们非常真切地感受到"人是时间的连续体"这句名言。其次当然也包括艺术形式方面的创造,如刘郎拍摄的著名文化艺术片《苏园六记》。

理性到场所具有的美,即主体赋予客体以意义所产生的美,亦即"有意味的形式"和黑格尔所说美的理念从形象中显现出来而具有美。没有思想的纪录片,就像没有水分的瓜果一样令人乏味。但是优秀的纪录片所蕴涵的思想往往非常复杂多义,所以也更耐人寻味。2000 年,法国女电影家阿涅斯·瓦尔达拍了一部名叫《拾落者》的"公路纪录片",其自称是"关于浪费的影片"。在这部影片中,作者告诉受众,法国每年因为不符合 2—4 英寸包装规格而被扔掉的土豆有 25 吨,被扔掉的各种工业品更是不计其数。影片的思想是复杂而有趣的:拾落意味着不浪费,但不利于经济发展;有人拾落是为了节俭,有人则是为了艺术;有人只是爱好,有人则是为生活所迫;而导演的创作也是一种拾落,捡拾别人不注意、不看好的东西。

怀思曼说过:艺术活动首先传输个性化的含义,艺术是含义的发现者而不是描述者,艺术似乎有助于我们重新发现自己,发现自己在世界中的本质。所有可以被称为纪录片思想美的内容,在本质上都是非常个人化的内容:对创作者与感受者来说都是如此。由于主体理性到场使得纪录片所映出的生活内容潜在地具有理性美和个性美,如《神鹿啊!神鹿》记录的是一个少数民族画家的故事,其中反映了文化冲突对现实生活的解构和重构,也表现了历史演进的深重感受和无奈之情。这里所谓个性化的过程,就是艺术创作的过程,也是艺术家与素材作斗争且克服其无个性意义的过程。在这个过程中,大理石将失去其物质特性而获得"胜利女神"的称号,竹根也将变成一个笑容可掬的寿星。

3. 变迁美、生命美与生活美

感受变迁就像感受事物由近而远、或由远而近一样具有美感,也像感知逐渐变大或逐渐变小也能获得一种美感一样。这种审美大多具有历史的含义,就像《神鹿啊!神鹿》和《我们的留学生活》等片所表达的那样。它也较多地出现于人文民俗片和人物传记片中,前者如《远去的村庄》,后者如《茅沿河船夫》。

感受生命的美和感受变迁的美不尽相同。生命意味着有变化和动感，但生命更具有特殊的绚丽多彩和辉煌灿烂。这较多地存在于人物传记片中，如《三节草》写出了一段非常独特、鲜活而客观的生命历程；也较多地存在于社会人生片中，如陆幼青关于一个癌症患者在生命最后时刻撰写的《死亡日记》(2000 年 8 月 3 日在“榕树下”网站发表第一篇)及其访谈。纪录片不要求一定记录非常的、重大的和重要的社会人生内容，但这不影响纪录片对人生和社会所具有的积极意义，如杨荔纳的《老头》。

二、创作特点

1. 以真实为底线

正如我们古人十分重视做“正名”的事一样，当前中国纪录片研究也十分关注对纪录片本体的界定，其中探讨得非常热烈的一个内容就是纪录片的“真实”或者说是“真实性”问题。

按照本书的观点，关于纪录片创作中“真实”的语义所指，肯定与很多艺术作品在真实问题上具有非常明显的不同：不仅要求其声像内容具有生活感性和生活本质的真实，而且还必须具有客观实在的真实。所谓其客观实在的真实，从根本上来说，就是强调素材内容主干和大量细节过程的本身应该是一种客观存在。因此，纪录片创作严格要求其所映出的生活内容必须以素材内容(即客观事实)为其直接原型，同时要求其尽可能在保持原有生活内容感性真实的基础上努力表达出蕴涵在其生活内容中的“潜质真实”(即本质真实)。

对于纪录片创作而言，笔者所谓素材内容主干和大量细节过程本身应该是一种客观存在，即纪录片素材主干内容本身应该是客观存在而自然发生的，其实非常突出地强调了这样两点：

一是记录的对象及其生活内容应该客观自在而不应该去做虚构加工，相应的事实情景展开过程应该尽可能保持其原生自发性而不应该有人为安排和虚构因素；

二是纪录片创作不管是始于对某人或某事的兴趣，还是因为一个有意义的主题，其实际拍摄过程都必须尽可能降低对被拍摄对象与事实过程展开的各种人为影响，而不应该去进行有意的诱导与改变。

其中最为根本的就是素材内容主干和大量细节过程本身应该是客观实

在的，这就是“以真实为底线”所要强调的关键。前面所说到的关于纪录片声像内容具有生活感性和生活本质的真实，都应该、也必须以这根底线为基础。纪录片创作一旦逾越了这根“底线”，其“真实”就像超越了第一象限范围的一个几何图形而不可避免地会带有“负数”的部分，如果其“负数”的部分到了足够大的地步，那么它就将变得“人将不人，国将不国”了。在《八廓南街16号》中，那个要与子女分开居住而单独生活的老人不是事先被安排请来的，他和居委会领导的谈话也没有“脚本”和“准备过程”，因此，片中老人对正在进行的纪录片拍摄似乎浑然不觉的那个十分平静而很少变化的面部表情，就特别真切地映现了他对诸如“家丑不可外扬”这类理念的漠然和对实现当即诉求目标的执着。这就是创作者以所谓“零距离”拍摄方式来获取的真实生活。努力映现这样真实而“有意义”的生活，确实是纪录片创作最为本质性的一项文化使命。一旦离开这个基础来谈纪录片的真实，那正所谓“皮之不存，毛将焉附”了。

2. 以直接为特征

纪录片创作要很好地坚守“真实”的底线，在很大程度上取决于纪录片拍摄过程的“直接”与否。具体为：

（1）强调现场拍摄与实地成功捕捉。真正意义上的纪录片都要尽可能地映现客观存在的真实生活内容，而一切称得上客观存在的真实生活内容，都是不以人的意志为转移的。纪录片的现场拍摄应该意味着进行尽可能的全息记录。这里的所谓全息记录，不能简单地等同于在特定的拍摄现场见到什么就拍什么，但可以用通常所说的要力求保持生活的原汁原味这样的话来诠释。为了很好地做到这一点，纪录片拍摄要尽可能录入同期声和使用同时光，也就显得意义非凡了。毫无疑问，这对于确保纪录片创作守住“真实”底线和体现“直接”特征同样至关重要。

（2）强调不作事先安排，立足于随机拍摄。作者曾经看到过这样的论述：真实记录和记录真实是不一样的，因为前者强调的是记录方式的真实，它很可能只是对一个虚构情节的真实记录，如根据虚构的剧情请替身演员来拍破窗而出的情景（它曾经以客观的物理真实存在于镜头之前）；而后者强调的是记录内容的真实，即拍摄对象及生活内容不是人为造就的，而是客观地存在着的，并且整个拍摄也是随时随地以被拍摄对象的自在发展而进行的（如吴文光的纪录片《江湖》）。就现代影视片的导演而言，他们对于记录方式的真实都非常重视。对于纪录片创作者来说，重要的却是记录内容

的真实。因为只有很好地做到了这一点,才能称得上是在拍摄纪录片。一旦现场是人为安排出来的,尽管摄影机或摄像机所拍摄的一切都是对客观存在的相应物理实体的感光成像,也不能说守住了属于纪录片"真实"的底线。因此,再次强调纪录片"现场拍摄"中的现场必须属于一种自然而然的客观存在这一点非常关键。这既是守住纪录片"真实"的根本底线,也是区分纪录片和故事片最为根本的一座分水岭。

(3) 强调以现场拍摄的声像素材为基础。努力避免后期制作对现场拍摄所具有的现场感的破坏,尽可能保持原生态的现场景象,并以此来直接表情达意。在纪录片创作中,很多名作的片耗比都比较高,如我国著名纪录片《远去的村庄》达到了 110 : 1,这从一个方面说明纪录片创作会有很重要的后期制作。必须指出,纪录片的后期制作与故事片的后期制作有本质的区别。吴文光在介绍美国著名纪录片制作人怀思曼的后期制作时说道,怀思曼花在后期剪辑上的时间很多,通常要花费半年到 10 个月,但他一般都是将直接拍摄到的素材直接剪辑进影片中去,从不玩弄镜头技术。这其中所说的两个"直接",很值得纪录片创作者们去作深刻的体会。

3. 以选择为创作

纪录片创作需要在不同层面上作出很多的选择。有的选择始于拍摄前,主要是对主题或题材的选择;有的选择存在于拍摄过程中,有的选择存在于后期制作,一般表现为对主题的进一步提炼和深化。

怀思曼的拍摄对象大多为一些社会机构,如医院、动物园、学校、法庭、公园等。他的纪录片所表现的一贯主题就是以记录美国人的日常生活来透视美国社会和反思人类社会。从一定意义上来看,怀思曼在每拍一部纪录片的开始之前就已初步酝酿好了要拍摄的基本主题,所以我们认为他拍摄纪录片具有"主题先行"的特点。对于怀思曼来说,一部纪录片的具体拍摄过程,其实就是对某个社会公共部门进行观察、发现并记录可以映现基本主题的即时真实情景。在这一点上来看,美国梅斯莱斯兄弟拍摄的《推销员》等片则属于"事件先行"的纪录片。之所以说"事件先行",是因为这样的纪录片拍摄首先都是对一个既定事件的选择,其次都是基于对某个既定事件的直接跟踪拍摄。在拍摄这种纪录片的开始,制作人既无法预见该事件现场情景将如何展开与结局,也无法想见它将可能映出什么样的主题,一切要等被拍摄事件阶段性的结束——有时自然也包括该纪录片本身的是否成功。

这就非常清楚地说明,很多纪录片创作首先需要对主题或事件作很好的选择。否则纪录片拍摄就很可能只是“把摄影机扛到大街上去”拍摄熙熙攘攘的“生活流”而已,也很可能像盲人骑瞎马一样难以有目标地行走并取得预期的成功。良好的开端是成功的一半,这句话对纪录片主题或事件的选择来说,同样非常合适。日本纪录片制作人园田健夫为了拍摄《大地之心》一片,在反复选择主题和反复确定拍摄内容方面居然花去了将近15年的时间。中国著名纪录片制作人吴文光在近十年的创作中,也只不过比较成功地进行了三次选择:第一次是拍摄《流浪北京》和《四海为家》,第二次是《1966,我们的红卫兵时代》,第三次是《江湖》。

纪录片创作的所谓选择,也大量地存在于实际拍摄过程中。这个非常独特的情形使得它与故事片的拍摄显得截然不同。如果说故事片拍摄好比是“依样画葫芦”的话,那么不少纪录片拍摄则非常像“按图索骥”或“沙里淘金”。就纪录片创作的实际情形来说,对于“主题先行”一类纪录片的拍摄,大部分会具有“按图索骥”的特征;对于“事件先行”一类纪录片的拍摄,则一般都非常强调要在不可逆转的拍摄现场努力进行“沙里淘金”。总之,离开了拍摄过程中的大量选择,也许就没有了很多纪录片的所谓创作。

4. 以时间为砥石

所谓“以时间为砥石”,首先要强调的是时间因素对纪录片创作的磨练作用。吴文光在了解到杨荔纳拍摄《老头》一片已经有整整一年时间的时候,曾经问过她什么时候将完成拍摄任务,对方回答说不知道。吴文光听到这句话的第一反应是预感到将要遭受“沉重的一击”,其言下之意是说将又有一个纪录片精品问世,给他这样的纪录片创作者带来“后生可畏”的压力。在很多纪录片创作中,时间因素就像是熬制一锅营养汤所使用的“文火”,只有老道的高手与悟性超凡的人才能恰如其分地掌握火候。杨荔纳回答吴文光说不知道,说明她至少已懂得火候还不够,这与人的认识过程中经常会出现的“知惑而近不惑”现象非常相似。很明显,有关纪录片创作的时间因素问题,它首先不是一个选择的问题,而是一个精选素材和提炼主题的问题。杨荔纳在开始拍摄著名纪录片《老头》的时候,只是觉得那些“扎堆”的老头们在她看来很有意思。随着拍摄的进行,她发现要让别人通过自己的片子觉得这个真实的生活现象也“很有意思”是极不容易的。于是,她坚持不懈地进行拍摄——为了不断地体现那个在她看来有意思的生活实在,一直到它自身能焕发出夺目——这就是“以时间为砥石”的真谛,尽管

其中也有选择和“淘金”的意味。

作为客观地存在于一定时间和一定空间中的现实生活，它的任何一个片断都具有无可争议的客观真实性，但不是任何一个客观真实生活的片断，都有可能成为一个“有意味的形式”中的一部分。因此，对于纪录片创作来说，即使把摄影机或摄像机扛到某地全方位地拍摄几天，也许可用的东西仍然少得可怜。为了确保现场拍摄内容的真实客观和主题映现的完整清晰，纪录片拍摄时间的足够积累就往往不可缺少。这就像“大数定理”，如果不是建立在“大数”（相关的系列数据要有足够大的量）这个基础之上，那是不可能自然地显现出来并为人类所发现和证实的。段锦川拍摄《八廓南街16号》时的片耗比很低，几乎接近1∶1，但他的拍摄并不只是在100分钟左右的自然连续时间中完成的。有些纪录片被称为“奢侈的纪录片”，主要原因不外乎这样两个方面：一是片耗比很高，二是整个创作时间非常长，其实两者都和时间有关系。

5. 以过程为生命

纪录片的长度特别参差不齐，一般地说，能够进入电视台专门栏目播放的大多在半小时左右，通常不超过1小时，而进入影院的纪录片就比较自由，像怀思曼的《缅因州的贝尔法斯特》竟长达4个多小时。客观地说，纪录片的长度与纪录片的成功并没有必然的联系，关键是看一个纪录片是否映现了一个相对完整的真实生活过程。从很多比较优秀的纪录片来看，尽可能映现一个相对完整的真实生活过程确实至关重要。上海电视台拍摄的《毛毛告状》和《重逢的日子》是两部很优秀的纪录片，它们共同的成功因素之一，就是因为都映现了一个相对完整的真实生活过程。

纪录片所要映现的相对自足的真实生活过程，在很多情况下既不需要在生活内容上一定具有《毛毛告状》和《重逢的日子》那样有始有终，更与故事片和电视剧都要有一个相对完整闭合的情节结构不一样。吴文光的《江湖》，可以说既没有“起”，也没有“合”，但仍不失为一部非常优秀的纪录片。张元、段锦川的《广场》和《八廓南街16号》，睢安奇的《北京的风很大》，杨荔纳的《老头》和怀思曼的很多纪录片，几乎都像是在“逝者如斯夫”般的原始生活流中截获的片断，但它们都是成功的纪录片。由于大多真实生活的过程并不具有故事结构的特征，因此纪录片创作强调以过程为生命，并不意味着拍摄的内容一定要有“起、承、转、合”。如果纪录片所拍摄到的生活过程不能相对自足（对基本完整地映现某个主题而言），它也就很难成为一部

较为成功的纪录片。《神鹿啊！神鹿》的制作人如果只是满足于拍摄那位少数民族画家因为不适应大都市的生活而重返大兴安岭的一些生活片断，想来片中肯定会拍摄到她家的那头神鹿和她们民族的最后一个“萨满”——她的奶奶，也肯定可以了解到她的初恋以及拍摄她在初恋情人墓前伤心的歌唱，但也许拍摄不到“神鹿之死”、“神鹿葬礼”和她制作各种有关麋鹿及森林图画等现场情景，从而这部纪录片就不会、也很难采用现在这样的名称，那么它就会像是一段新闻素材而无法成为一部上乘的纪录片。

6. 以细节为诗眼

纪录片创作要以映现生活过程为生命，而生活过程的生命表征则必须在大量的生活细节中才能得到相对完整、生动具象和较为深刻的体现。吴文光拍摄的纪录片《江湖》，其中似乎根本就没有什么是重要的事。片中经常反复出现的就是作为大棚里最日常的生活情景和最寻常的“江湖”现象，如机械重复的搭棚、拆棚、运棚，如出一辙的“跑地”、“拉场”、“演出”，没隔多久就会碰到的“裹棚”、“跟棚”、“跳棚”，司空见惯的剧团内部之间以及剧团与观众之间的吵架打闹，还有剧团人员讲述自己以往的故事和对未来生活的想法等。如果将其中的每一个细节部分单独拿出来看，那肯定会觉得没有多少意思；如果有耐性地跟着拍摄者的镜头走，你也许能因此去领悟日常生活和大众艺术的真谛。在很多纪录片创作中，大量单独看来十分平常的日常生活细节，却有可能堆积成一段很有意思的生活过程。当然，这里特别突出生活细节对纪录片创作所具有的重要作用，与其说是在强调局部和分析的重要，不如说是在强调整体与综合的效应。

纪录片《三节草》有句片头语：“人如三节草，不知哪节好。”这是肖淑明说过的一句话，放在片头似乎有点题的作用。片中有一个近乎特写式的镜头给观众留下了深刻的印象——肖淑明和外孙女拉珠握在一起的手。拉珠的手与肖淑明黝黑、粗糙、僵硬的手相比，具有非常大的反差。不知道梁碧波是在什么情况下去拍摄这个镜头的——对于纪录片现场拍摄来说，特写式的镜头一般很少使用。我只觉得这似乎是该片的一个“诗眼”之所在。这“取之自然”、看似平淡的祖孙之手握在一起的画面，与辛德勒跟犹太人的手握在一起的画面的所指意义不一样。后者表达的是沟通、合作、友好和认同，而前者表达的不仅仅是祖孙之间的亲情与关爱，更强调的是表达对未来生活的祝福和延续生命的渴望：把自己对美好未来的更多期望寄托在自己儿孙的生活中，把自己对生命的强烈渴望延伸到自己儿孙的生命中。这

种穿越时空的血脉沟通及其身体表达，仿佛是湍行于个人生命之河中的强大潜流在偶然涌向水面时所形成的旋涡与涟漪，它虽然“寻常看不见”，只是“偶尔露峥嵘”，但从本质上来说则具有文化内涵。这个细节本身极其寻常，完全可以“俯拾即是，不取诸邻”，但在《三节草》这部纪录片中，却是使观者更深刻地去理解其文化内涵和人性意义的一扇窗户。

第三节 栏目化发展与纪录精神的固守

随着电视技术的发展和电视文化的普及，纪录片发展受到了来自技术、经济、文化等层面的不同影响。如何应对这些影响，不仅是纪录片自身发展的问题，也涉及整个电视文化的发展问题。

一、纪录片发展与栏目化

在20世纪，《望长城》、《话说运河》、《话说长江》等纪录片在中国电视屏幕上取得了几乎和电视连续剧《渴望》与电视系列剧《编辑部的故事》同样的成功，康健宁1989年拍摄的《沙与海》荣获第28届亚洲广播电视联盟大奖，吴文光于1990拍摄的《流浪北京》在国内外引起了较大的轰动，时间等人发起的对纪录片的研讨在北京乃至中国电视界都影响很大。于是，和中国电视纪录片发展具有很大关系的电视栏目，便开始进入一个自觉而快速发展的历史新时期。1993年2月，上海电视台创办了我国大陆第一个专门的电视纪录片栏目《纪录片编辑室》，接着是中央电视台《东方时空》于同一年开办的短纪录片栏目《生活空间》。同年，中国纪录片学术委员会成立。该委员会于1995年发起创办《中国纪录片》栏目，带动各地方台纷纷开办纪录片栏目，1996年有44家地方电视台参与《中国纪录片》栏目的播出。以后，仅就中央电视台来说，陆续开设了《纪录片》、《纪录片之窗》、《世

界纪录片长廊》、《纪录中国》、《纪事》等栏目。与此同时,各地方台也继续竞办各式纪录片栏目,2002 年,上海台又率先开设了以播放纪录片为主的纪实频道……真有一派满园春色的繁荣景象。这不仅满足了中国新纪录片迅速发展的现实需要,也为推进中国新纪录片发展并形成一个新的高潮提供了十分有利的条件。

中国新纪录片发展所形成的高潮,促进了纪录片栏目的纷纷设置,但这并没有成正比地促进中国新纪录片的进一步发展——中国新纪录片高潮过后的实际情况已经十分有力而深刻地证实了这一点。

中央电视台短纪录片栏目从《生活空间》到《百姓故事》一直坚持了下来,这很不容易,但它们所播出的有不少是和某些即时的热点新闻相配套的内容(如在香港回归和世界杯比赛时所播出的那些纪录短片),不易形成精品。就纪录片而言,《东方时空》周末版《纪事》的影响似乎后来居上,不过因为播出时间只有 28 分钟,客观上限制了很多纪录片的整体播出及其效果。花费大量人力、物力拍摄的超大型系列纪录片《极地跨越》,其播出时间对我国大部分地区的观众来说都处在一个很不理想的时段上,效果也并不理想。上海台于 2002 年开辟的中国第一个纪录片频道——“纪实频道”,被《南方周末》善意地批评为“显得有点超前”,其生存情况“令人担忧”。1997 年,北京电视台《百姓家园》栏目正式开播,其广告导语是:“老百姓自己讲述的故事”,但它只是昙花一现。

我们认为,纪录片栏目在经过狂飙突进式的发展之后,除了少数栏目以外,现在大多似乎是“江山还在”而“朱颜渐改”了。从一定意义上来看,这也许可以解释为什么中央台有 11 个栏目获得第十五届电视文艺“星光奖”,其中却没有一个与纪录片有关。因此,在当前表面很繁荣的情况下,纪录片栏目如果要对纪录片发展继续产生良性的影响,确有必要对纪录片的栏目设置进行一定的改革。

影响纪录片发展的原因是多方面的,栏目化自然也是一个很重要的方面。纪录片的栏目多了,似乎并没有十分明显地促进纪录片创作整体发展及其质量的提高,甚至也没有明显扩大纪录片的社会影响(绝大多数受众至今对纪录片和很多新闻类节目分不清楚),这说明怎样思考并认识纪录片发展与栏目化这个问题,具有一定的重要性和迫切性。

纪录片需要普及。中央电视台继续办好《东方时空·百姓故事》和周末版的《纪事》栏目,各地方台也都可以有一个纪录片栏目,这应该是非常

重要的,即开好窗口,保持特色,带动创作。但纪录片也需要提高。怎样通过办好纪录片栏目来提高纪录片的质量?怀思曼说过,纪录片的第一要素是时间,办好纪录片栏目的第一要素也是时间。但是这里所说的这个时间,并不强调一定都要黄金时间,而是强调在专门的纪录片栏目中应该安排有比较宽松自如和非常合适的播出时间。以栏目较多的中央台为例,《百姓故事》播放短纪录片,时间很短,这无可指责。但是其他几个纪录片栏目的播出时间几乎都在半小时左右,就值得商榷了。很显然,这样的时间安排,对部分纪录片的创作和部分纪录片的播出来说,与其说是提供了好几个窗口,不如说是准备了同样束缚手脚的镣铐。

电视台要办好纪录片栏目,其实暂时很可能只是针对一小部分受众的,也就是说它目前只能是一个很典型的窄播栏目,但是它的普及教育对于我国先进文化的建设非常重要。孔子说过:"知之者不如好之者,好之者不如乐之者。"一般地说,这里的所谓"知之"是就感受意义上来说的,"好之"是就情感意义上来说的,"乐之"则是就审美意义上来说的。如果绝大部分受众其实对什么是纪录片几乎一无所知,那么他们中的很多人就很可能只会像看普通社会新闻一样来看纪录片,这样,纪录片对人和社会的意义就会小得多,纪录片的自身发展也难以在普及的同时得到很好的提高。鉴于我国目前的现状,笔者认为要非常注意满足并稳定基本受众群,并在这个基础上去努力发展受众队伍。从传播学原理来说,就是要注重充分发挥类似舆论领袖人物的影响力,即注重借助二次传播效果来扩大纪录片的社会影响和文化作用。

二、纪实性的泛化

2002 年 5 月,由中央电视台新闻评论部《东方时空》、北京广播学院、北京电影学院、中国广播电视学会纪录片研究委员会主办,中视传媒股份有限公司、复旦大学、上海纪实频道协办的"纪录片论坛 2002——中国电视纪录片 20 年创作(1980—2000)回顾展暨研讨会"在北京举行。会议期间,论坛组委会和学术委员会评选出了这 20 年中的一批经典作品。其中除 1993 年(上视和央视分别创建纪录片栏目)以前并非在专门纪录片栏目播出的以外,还包括了几部在央视《新闻调查》等栏目中播出的一些片子,如《海选》。这再次明确无疑地向世人传达出这样一个信息:纪录片的概念在电视时代正在被逐渐扩大。

这种情况并非中国特有。由美国哥伦比亚广播公司(CBS)于1968年创办的《60分钟》,在内容上取材于美国社会的热点问题,在形式上是一个"小拼盘新闻"。长期以来被很多美国社会学家称为"美国社会的一面镜子",被纪录片研究者称为"调查性纪录片的样板"。对此,美国著名电视制片人,匹兹堡公共电视台执行副总裁托马斯·斯金纳先生曾经在10年前就振聋发聩地指出,美国《60分钟》节目的出现,在20年前便已宣告了纪录片的终结。其实,这样的观点与指导这次电视纪录片评选的认识有某些相通之处。

自电视纪录片诞生以后,纪录片的概念确实正在不断扩大,其拍摄内容与表现形式也在趋向丰富多彩。从根本上说,造成纪录片发展现状的主要原因在于当代影像记录的普及与泛化,这也是当代纪录片发展的一种历史必然。纪录片概念的扩大与纪录片外延的扩大成正比,但它不会、也不应该影响纪录片的本质内涵。不然的话,我们就将无法理解当今世界为什么仍然有很多十分活跃的纪录影视节以及很多著名电影或电视节上都设有纪录片的奖项,当然也无法理解国内外众多电视台为什么至今还设有那么多著名的纪录片频道与专门的纪录片栏目。随着媒介传播能力的不断增强,大量现实生活内容每时每刻都在通过铺天盖地的电视新闻报道、形形色色的社会热点问题访谈与对话类节目、情景真实的案件聚焦类节目和方兴未艾的"真实电视"节目等得以源源不断地播出。这使得中国普通受众本来并不十分清晰的纪录片概念就更加泛化、淡化了。从某种程度上来说,它确实给人有进入"纪录片的终结"时代的感受。然而,不管在事实方面,还是在理论方面,纪录片都没有被终结。

从比较宏观的角度来说,新媒介及其传播能力的发展一般都不以(至少是不完全以)牺牲另一个媒介及其传播能力为代价。也就是说,电视(剧、片)的"新生"一般并不会(事实上也没有)带来电影的"终结"。这非常有利于媒介文化发展的多样性,也十分符合媒介汇聚及媒介形态的发展规律。从相对微观的角度来看,一个或一类新电视栏目的出现,一般也不会自然带来另一个或另一类电视栏目的消亡,更不大可能带来某个其他传媒形式的"终结",而这非常有利于电视栏目的丰富多彩和电视传播功能的不断发展。在一定意义上来说,不管是美国的《60分钟》,还是中国的《新闻调查》,其实都既可以看做是电视纪录片借新闻类节目得到了发展,也可以

说是新闻类栏目在纪录片的纪录精神中得以提升。

在通常情况下，一般的电视新闻几乎都是影像资料配上解说词的标题性报道（Headline），它所注重的一般只是作为社会或自然信息的一种传输以及作为新闻所有的某些价值。随着电视表达能力的加强和表现形式的丰富，特别是具有深度报道特征和社会调查属性的新闻类节目，它们不仅可以带着主流话语的倾向来特别关注事件与人物故事较为大量的细节与较为完整的过程，而且还可以融入采编人员自己独到的认识与理解，使其在成为有信息价值、有政治倾向新闻内容的同时成为"有个性思想的新闻"——显然，这里的所谓"个性思想"与陈虻所说纪录片创作必须"理性到场"的所指相去不远，有时甚至可以看做接近一致。一个不争的事实是，尽管很多具有深度报道或社会调查属性的节目所播出的新闻不可能全部是"独家"的，但由于它们不仅着力采集了事件与人物较为大量的细节，展示了新闻内容较为完整的过程，而且还因为选择了"独特的视角"而具有"独特的表达"与"独特的深度"，这使得它们在某种意义上来说也确实非常接近于一般纪录片。以《海选》为例，它向受众提供了非常真切详尽的一段现实生活过程及相关的大量真实可信的细节。每一个完整地观看过这个在《新闻调查》栏目中播出的片子的受众，都会在获息相关新闻信息的同时，非常具体地了解到这个新闻事件的开场、发展、高潮和结局，以及其中的一些主要人物又是如何思考此事、如何处理此事和如何面对各种结果的。在这部片子中，深度新闻所不可缺少的映现生活事件的过程性与细节性，社会调查纪录片所不可缺少的再现生活事件的完整性与深刻性，都得到了非常充分的表现。它既能得到主流意识形态的完全认可，又使得不同文化层次、不同社会阶层的受众都觉得很好看、很有意思。在这个意义上来看，它被选为中国1980—2000年间优秀电视纪录片之一确实当之无愧。

需要指出的是深度报道与社会调查类新闻节目的出现不会从根本上影响纪录片的独立存在与发展，这也是中央电视台推出深度报道、社会调查类新闻节目的同时，仍设置多个专门纪录片栏目的根本原因。应该说，这样的认识及其实践在根本上符合媒介形态的发展将遵循"共同演进、共同生存"的原则，也符合"传播的历史是'越来越多'的历史"①这个一般规律。

谈中国电视纪录片而不涉及《东方时空》中的《百姓故事》（原名《生活

① 罗杰·菲德勒.媒介形态变化：认识新媒介.北京：华夏出版社，2000.22

空间》)是不可想像的。在一般纪录片概念长期以来总摆脱不了应当具有文献性(这一般意味着重大和重要)规定这个束缚的时代,纪录片内容和纪录片拍摄对象的泛化同样不可能。作为中国大陆第二个专门的电视纪录片栏目和第一个历经10年而魅力依旧的著名短纪录片栏目,它是中国电视纪录片一块重要阵地和中国新纪录运动的重要见证。为此,国内著名纪录片研究专家林旭东在接受有关这个话题的访谈时非常明确地肯定了《生活空间》是一个纪录片栏目;长期以来一直以严格的"直接电影"方式拍摄长纪录片著称的美国导演怀思曼也言辞诚恳地认为《生活空间》所播出的是纪录片;该栏目制片人陈虻则更明确地表示:《生活空间》所播出的内容能形成"一部记录中国小人物的历史"。

中国电视纪录片在拍摄题材和对象选择上所实现的历史性转变,可能使一般老百姓对纪录片的认识更宽泛、更模糊了,但跟他们的现实生活却更接近了。一幕幕边远落后地区人们的生活情景得到了强势媒介的广泛传播(如《龙脊》),一批批处在社会底层的民工和流浪儿的生存状态进入了纪录片人的视域(如《回到凤凰桥》、《铁路沿线》),一段段并不成功的"留学生活"也得到了光的烛照和声的记录(如《我们的留学生活》),一个个本来无人特别关注的那些三五成群、可能半天不说一句话而"扎堆"在墙脚边晒太阳的老头们的晚年生活也被非常有意思地拍摄了下来(如《老头》)……纪录片具有作为历史文献记录功能的属性,它越来越为人们这样来认识:文献是关于人的文献,历史是关于人的历史,所有人的机会与权利也应该是平等的。对于所有当代记录者而言,确实应该具有这样的认识:"无论我们说与不说,人民都在说话,他们用嘴说,用表情说,用身体说,用人生的轨迹说,他们几乎无'话'不'说'。"①

人们常说没有普及就没有发展和提高,这确实非常有道理。电视纪录片在拍摄题材和对象选择上所出现的广泛化与边缘化,不但没有影响纪录片的独立生存与发展,相反却带来了中国电视纪录片发展史上第一个创作高峰和形成了中国新纪录运动的一次高潮。特别是DV技术的普及,给更多普通人以拍摄纪录片的机会与权利,大量非职业的纪录片制作人正在成为引人注目的"原生艺术(Art Brut)家",这使得作为"高层次影片"(格里尔逊语)的纪录片在我们这个时代里开始"飞入寻常百姓家"。

---

① 我们不说,他们说.南方周末.2002-12-26

中国电视影像记录的泛化，不仅表现在拍摄内容上，也体现在拍摄手法中。按照《辞海》的说法，纪录片“以现场拍摄为主要手段”。20 世纪 70 年代以前，人们关注的是这个主要拍摄手段，现在，人们开始积极探索和大胆运用其他拍摄手段，这在一定意义上也给人类带来影像记录泛化的感受。以我国电视纪录片为例，时间等人于新世纪初推出的系列片《记忆》，就是一次很好的集中尝试。在系列纪录片《记忆》中，给人印象最深的是大量运用创作者们自己称之为“真实再现”和被不少影视评论专家称之为“情景再现”的手法，其次是历史影像资料的有效利用。正像很多纪录片研究者们所说的那样，作为艺术创作形式的纪录片，它和故事影片、电视剧之间的最后分水岭应当是虚构与非虚构。那么怎样来看待“情景再现”与“现场拍摄”之间的联系和区别？关键在于有必要界定一下“扮演”和“搬演”之间的区别。

在有些人的理解中，“扮演”和“搬演”似乎没有本质差别，其实未然。简单地说，“扮演”总是和艺术虚构相联系，“搬演”则与事实再现相对应。在张艺谋所导演的《一个都不能少》中，片中所有人物几乎都在自己演自己；在张扬所导演的《昨天》中，尽管有三位主要人物演的就是过去生活中的自己，但由于他们都按照导演的意图与安排来表演，所以就本质上来说与一般故事片中的人物一样也还都是在“扮演”。在纪录片《梅兰芳》中，梅兰芳弟子完全按照梅兰芳当年演戏的程式与样子（有的还在梅兰芳原来演戏的地方进行）来再现当年梅兰芳在舞台上的真实情景，这被称为是“搬演”。虽然“扮演”和“搬演”都不再具有真实生活第一现场的特点，但“扮演”者在自己演自己的时候，其表演不一定全部都以自己过去曾经有过的真实生活内容作为直接的对应，而“搬演”者的所有表演内容都必须以过去曾经真实地发生过的作为其不可缺失的生活依据和事实前提。正是在这一点上似乎可以很明确地说，虚构与非虚构在这里形成了最后一道分界线。

作为纪录片创作的一种手法，“搬演”其实由来已久，它至少可以追溯到弗拉哈迪拍摄《北方的纳努克》的时代，只是我国纪录片人真正自觉而大量地运用这个手法来拍摄纪录片的时间其实并不长。以世界纪录片发展历史来看，纪录手法的创新总是很自然地意味着纪录片的创新。在我国纪录片创作者自觉运用“搬演”手法来进行“真实再现”或“情景再现”之前，国外纪录片拍摄者早已在运用数字技术的“情景再现”手法了。因此，我国电视纪录片创作手法所出现的广泛性与多样性，肯定会带来中国纪录片的发展与创新。

三、纪录精神的固守

媒介形态变化发展遵循共同演进与共同生存的规律,这既能确保传播的历史将是越来越多的历史,也能确保文化形态的广泛性与多样性。以中国古代先哲的观点来说,这必将非常有利地造成"和而不同"的局面。这里所谓的"和而不同",就是指多种文化形态相互交融、相互影响、和谐共存而各自保持着独特的个体品性与独有的发展空间。没有丰富多彩的个性事物和鲜艳夺目的物质特性,整个自然世界和人类社会就将如一潭死水。纪录片与故事片、新闻片最后界限的完全消失,也就可能意味着纪录片与故事片、新闻片的完全死亡。所以,影像记录的泛化虽然有它特定的历史作用和一定的积极意义,但相对纯粹而始终高举纪录精神大旗的纪录片的存在则更为重要。

从美学研究的角度来看,摄影与电影的近亲性在于其影像记录性,电影与电视的相似性也在于它们的影(声)像记录性,纪录片与部分深度报道、社会调查类新闻节目所具有的某些共同性明显也离不开它们的影(声)像记录性。不考虑具体技术的差异而观察其一般传播的方式及其过程,影像既是它们同源发生的摇篮,也是它们一路结伴同行的基础和各自回归发展的平台。如果说卢米埃尔兄弟拍摄的《工厂的大门》、《婴儿的早餐》和《火车到站》的内容似乎算不了新闻的话,那么世界电影史上第一部知道确切拍摄日期(1895年6月11日)①的《摄影大会代表的下船》则是一部地地道道的新闻纪录片。以后,诸如《一条新船的下水》、《哥德里埃广场》、《沙皇尼古拉二世的加冕典礼》、《威廉一世铜像的揭幕》和《俄皇访法》等早期影片,顾名思义就知道也都是地地道道的新闻纪录片,而人们至今习惯于把卢米埃尔拍摄的这些电影都叫做早期影片。因此我们完全有理由说,卢米埃尔的电影时代其实完全是纪录与新闻(还有故事,如《水浇园丁》)浑然一体的时代。

作为纪录电影之父,弗拉哈迪开启了纪录片创作的自觉时代,这标志着纪录片与故事片以及新闻片开始进入明确区分而同行的时代。拍摄《北方的纳努克》花费两年时间,其作为奇人异事当然也可以成为新闻,但它肯定

① 乔治·萨杜尔.电影通史(第一卷).北京:中国电影出版社,1983.319

没有作为一般新闻的时效性，所以人们对此更多是从人类学、社会学及爱斯基摩人现实生活情景记录这个角度上来进行认识的。弗拉哈迪的成功是多方面的，其中使纪录片具有学术化倾向和对人类生活观照并具有“理性到场”的特点这两方面最为突出。尽管纪录片没有从此开始都按照弗拉哈迪的路子来走，但他非常成功地为富有特色的纪录片开辟了新的发展空间，对本来浑然一体的纪录片与新闻片进行了局部分离，从而使“纪录片”这个称名得以很快面世并迅速畅行天下，其贡献实在不可小视。

本书之所以要特别使用将“纪录片与新闻片进行了局部分离”这样的表述，是因为纪录片就其整体发展而言无法与新闻片进行彻底分离（为了避免行文过长，在此不予展开）。在举世公认的四位“纪录电影之父”中，除弗拉哈迪以外，尽管给出“纪录片”这个称谓的格里尔逊拍了《漂网渔船》，维尔托夫拍了《带摄影机的人》和《关于列宁的三支歌》，伊文思拍了《桥》、《雨》和《中国西部的风》等不少较为著名的纪录片，但他们其实都同时拍了不少很好的新闻纪录片。特别是由于第二次大战前夕与大战期间政治、军事的需要，新闻纪录片一度几乎淹没了其他纪录片的拍摄与发展。

显而易见，影像新闻的基础是影像的记录。在影像记录这一点上，新闻纪录片与其他纪录片并无根本区别，主要的区别在于拍摄对象的选择以及对拍摄内容所进行的选择与编排。因此，尽管纪录片得到了“Documentary”这个“正名”，但这并不能够排斥新闻纪录片的存在，更不可能阻止它的继续发展。作为纪录片的一种，新闻纪录片与我们一般意义上所说的纪录片从发生的源头一直相伴而行走到了现在。同源而能同行，这自然也会导致“传播的历史是越来越多的历史”。

电视的出现，特别是电视录像技术的成熟和电视声像传输能力的增强，使得区分纪录片的广义与狭义将成为能够很好地守护纪录片独特个性的一种非常迫切的现实需要。为了进一步说明所谓广义与狭义纪录片的所指，不妨在此一起来认识一下纪录片这个词中的“纪”为什么一般都是用“纟”旁的而不是“讠”旁（尽管“纪”与“记”的很多释义都相通）。

一般地说，用“讠”旁的“记”，强调的是记录这个行为。这个行为不管用什么工具，不管是否在现场进行，它所强调的只是单纯的、甚至于是机械的记录这个行为及其过程，也就是说它并不强调有主体的即时参与和事后的选择、编排与组合。借用它基本上是一种无意识的、自然进行的“非意愿记忆”，即主要是印象的保存者而不是印象的处理者。这就是广义纪录片

所具有的基本特征。它几乎可以泛指一切以真实生活内容与各种自然景象为记录对象的影视片，当然也可以包括历史上最初的那些早期电影、一般电视新闻片和即时电视实况转播新闻片等。

用“纟”旁的“纪”，则有在对生活内容与自然景象进行客观记录的基础上进行编排组织的意味，强调由主体积极介入作出选择、取舍和事后后期的处理。这好比是一种有意识的、理智性的“意愿记忆”，即它不仅是印象的保存者，更主要的是印象的处理者。这就是狭义纪录片所具有的基本特征。由于在记录的基础上由主体积极介入而作出选择、取舍和事后再组织一般都会很自然地促使艺术创作活动的发生，所以狭义的纪录片应该毫无例外地具有较好的艺术创造性。在这种艺术创造性中，有一点非常重要，那就是美学家所看重的“有意味”或电视纪录片人所崇尚的“理性到场”。概括地说，狭义纪录片首先是对现实世界中这些或那些人、事、物的客观记录，同是也是对某些实际生活现象及其意义的艺术再现，且这种艺术再现的重点要能够自然真切而充分形象地体现出“记录思想”与表达情感的特色。因此，像中央电视台《东方时空》中的《百姓故事》与《纪事》中播出的所有纪录片，其实也明显有广义与狭义之分。其广义者确实很接近于一般的新闻片，其狭义者则更具有相对完整的过程性、较强的理性透析意味和独特的艺术个性。

格里尔逊在给纪录片命名的时候，非常清晰地意识到纪录片有一个十分重要的根本性要求，那就是要对生活素材进行“创造性处理”，因而它应该是一种“高级的艺术形式”。就狭义纪录片来说，格里尔逊的这一认识并未过时；就纪录片的未来发展来说，格里尔逊的这一认识似乎也不能过时。

20 世纪 80 年代末，中国电视纪录片随着 DV 的出现而进入了一个更为普及发展的历史新阶段。就目前可知的现实情形来看，DV 对于当代纪录片发展来说也许具有特别的重要性：运用 DV 技术拍摄纪录片，比较容易使纪录片在普及和提高这两个方面实现双赢。首先，运用 DV 技术拍摄纪录片的经济成本和操作技术要求都比较低，这使得全社会有更多的普通人都可能来拍摄纪录片。这在我们发展中国家是如此，在发达国家则更不用说。有普及就会有提高，因此，DV 的出现即意味着纪录片创作会得到自然的普及——这几乎已经是被完全确证了的事实。其次，DV 是一种可以十分个人化的技术，运用 DV 技术拍摄的纪录片，往往更具有个性化特征。从艺术创作在本质上来说也是一个克服素材无个性化过程这一点上来看，DV 纪录片将可能是更为具有个性化特征的，因而也可能是更具作家性和艺术性特征的。在这个层面说，DV纪录片也最有可能在“创造性地利用现实生活素材”这个基础上将大众化与精英化、作家化与个性化很好地结合起来，为开创纪录片发展的新天地而立下汗马功劳。

在固守纪录精神这个问题上，有一个认识可能是非常重要的：那就是在影像记录日益泛化、电视纪录片日益普及的时候，社会似乎越是需要坚持拍摄在更高层次上回归并保持纪录精神的那种狭义纪录片。举个不尽恰当的比喻，这就像我们人类总是需要阳光，自然不希望作为光之源的太阳消失。再换一个说法，如果纪录片的概念和外延像一个圆，那么当这个圆在不断扩大而与其他圆（代指其他事物的概念与外延）相交更多的时候，我们只有始终不迷失其独特的圆心之所在，才可能将之与其他事物之间的边界牢牢地把握住。

四、纪录片与专题片

在电视时代之前，世界上只有纪录片，没有专题片；在电视时代开始阶段，中国只有电视专题片，没有电视纪录片（有纪录影片）。因此，在中国电视界，有些专家不主张把电视纪录片和专题片区别开来。这样的观点很值得商榷，在此试稍作论述。

自20世纪20年代开始，多种多样的纪录电影在西方得到了很好的发展，换句话说就是纪录电影在西方具有很好的传统和很大的影响。因此，西方国家的电视纪录片几乎是和电视时代同时开始的，发展到20世纪末的时候，早已蔚为大观了。长期以来，中国的纪录电影几乎就是新闻纪录电影的代名词，在多数中国人的心目中，纪录片就是相对集中、相对重要和相对量大的新闻片，这种认识可以说一直延续到现在。正因为如此，当历史发展到20世纪80年代的时候，即中国电视片制作能力变得很强的时候，中国电视人在学习国外电视片制作的过程中最先着手的是被称为各种各样专题的电视片（其中包括了不少纪录片，如陈汉元的《雕塑家刘焕章》、刘郎的《西藏的诱惑》和康健宁的《沙与海》等）。

为什么会出现这样的情况？本书认为主要原因有两个方面：第一是当时世界电视纪录片和电视专题片都得到了很大的发展，并且在外延上多有交叉；第二是中国电视片制作人大都没有纪录电影的背景而缺乏对纪录片的基本认识。第一方面的原因能造成认识上的模糊，认为国外所有那些非

电视剧类电视片的最大特征就是根据各种各样专门主题(题材)来构思创作的,这直接导致中国电视片制作人想到的是专题片而不是纪录片;第二方面的原因也使得中国电视片制作人在以拍摄专题片的名义下不自觉地拍摄事实上的纪录片(如《沙与海》)。有的专家认为专题片这个名词来自中国电视人在还没认识到电视纪录片情况下的一个创造,其实不然。由于电视制作的相对方便、相对低价和艺术传播范围的不断扩大,电视片可以拍摄(记录)的领域大大拓展,这使得纪录的内涵和外延都逐步泛化,于是不得不衍生出专题片这个存在和命名。

在发达国家,纪录片和专题片的发展都非常好。由于当今大众传媒具有娱乐泛滥的发展趋势,所以专题片制作和市场情况要比纪录片好得多,例如近年来一直被看好的诸如"探索频道"和"国家地理频道"的节目,越来越多地表现出专题片的属性而不是纪录片的属性了。正如有关专家指出的那样:定义探索频道的节目为 Infortainment 或 Edutainment,分别由 Information(知识)和 Education(教育)与 Entertainment(娱乐)合成。探索频道的一些"纪录片"显然已经对传统形式的纪录片作了较远的引申。[①] 这里所谓"较远的引申",在某种意义上来说,直接导致了专题片的大量涌现,也导致了刘郎拍摄的很多电视片,被有的人称为专题片,也被有的人称为纪录片。不管怎样,在很多文化发达的国家,专题片已拥有相当高的收视率,是少数高收视率节目之一。

① 李宏宇."探索":我就是领先者.南方周末.2003-7-17

第十二章 广播电视播音与主持

内容提要：

本章论述广播电视播音和主持，有分有合。播音部分比较简略，只论述了播音创作的要求；主持部分比较详尽，具体论述了节目主持人的起源和发展、含义和职责，与播音员的区别以及节目主持人的分类、特性和素质构成；最后阐述了播音与主持面临的挑战和发展的方向。

1940 年 12 月 30 日延安新华广播电台的成立揭开了中国广播事业史的崭新篇章，从此，人民广播播音事业随着时代的发展和科技的进步不断地壮大。电视在我国出现并得到普及以后，作为语言艺术的一个门类，内容丰富的广播电视播音主持艺术开始形成。

第一节 广播电视播音

一、播音的含义

在信息传播过程中，人们一方面主要凭借语言符号，一方面还要凭借各种副语言符号。语言符号和副语言符号各有其不可取代的作用。

1. 语言符号

语言符号包括有声语言和文字语言两种。有声语言，也称口头语言、外在语言、听觉语言。广播的主要特点是用声音传递信息，广播的声音要素包括语言、音乐、音响等。而传播信息内容主要靠语言来完成，所以有声语言是广播节目传播的最主要手段。电视的声音同广播一样，也是由语言、音乐、音响三个要素来构成。电视节目主要供人收看，图像是电视节目的基础，但有声语言对电视传播同样起着重要的作用。人们只听声音依旧可以听懂新闻，但关掉声音在绝大多数情况下是看不懂电视的，只有“看”和“听”相互结合，才能收到视听兼备和声画合一的效果。因此，图像和声音是构成电视节目的两大基本要素。文字语言是电视画面的主要内容之一，常常出现在电视屏幕上。它有两种形式：一种是屏幕文字，指根据节目内容需要，在后期制作时叠加到屏幕上的文字；还有一种是画内文字，指拍摄到的画面中带有文字，如会标、横幅等。

2. 副语言符号

副语言符号，也称为非语言符号，是指除语言符号以外的其他各种传播

信息的符号。电台主要靠有声语言播音,而电视台播音可以使用适当的副语言符号,如播音员的手势、动作、表情、眼神、姿态、穿着打扮等。因为有播音员眼神、表情等副语言符号的辅助作用,现在一些电视台新闻播音的语速在不断加快,达到每分钟300字左右。

从上可以看出,播音是一种创造性活动,有声语言是播音创作的重要手段,节目(或栏目)是播音创作的舞台。作为广播电视节目制作的最后一环,播音员就是在演播室话筒前(包括在摄像机镜头前面)用有声语言播读文字稿件的新闻工作者。

播音语言表达主要有三种形式:播读式、讲述式、朗诵式。采取何种播音形式,需根据播音文体而定。新闻节目中,播音员本身就是媒体和政府的代言人,宜用播读式传达政令、文告,显得庄重规范、堂堂正正。通讯播音可适当采用讲述式,以满足传情绘形的需要,收到生动感人的效果。讲述式、朗诵式较多地运用于文艺演播中,《小说连播》节目常用讲述式,《阅读与欣赏》节目诗文部分常用声情并茂的朗诵把听众带入特定的氛围之中,赏析部分常用讲述式娓娓道来。

在播音创作方面,老一辈播音员通过多年的实践给我们留下很多宝贵的经验,形成了我国人民播音的播音风格,如爱憎分明、刚柔相济、严谨生动、亲切朴实等。著名播音艺术家齐越、夏青、方明、林如等,始终具有高度的责任感和强烈的事业心,把传达党中央的声音、做好“桥梁”和“纽带”的工作当做播音员光荣的传统和神圣的使命。齐越的通讯播音情真意挚、大气磅礴,有口皆碑;夏青的政论播音严谨庄重、稳健大度,人称“政府”。① 可见,播音艺术家成就的取得和风格的形成,不仅来自理论的积累和长期的实践,而且也是他们结合自身的条件相互借鉴大胆创新的结果。播音风格的形成,是一个播音员成熟的标志。

① 参见姚喜双、郎小平. 方明谈播音. 北京:中国广播电视出版社,2000. 62

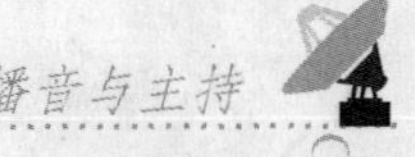

二、播音创作的要求

（一）理论和实践相结合，具备深厚的知识素养

一件优秀播音作品的问世，应该是播音员熟练运用各种技巧和能力的结果。播音员只有掌握广博的知识，才能使自己对稿件的理解水平不断提高，具有驾驭节目的信心和能力。

播音员使用的语言，一般应该是字正腔圆的标准普通话。国家语言文字工作委员会在1997年底召开“全国语言文字工作会议”，确定了跨世纪推广普通话的目标，争取到2010年后能够在全国范围内初步普及普通话，并在21世纪中叶以前做到在全国范围内普及，交际中不再存在方言隔阂。因此，电台、电视台等媒体更是走在“推广普通话”的前沿，责任重大。国家已对各级电台、电视台的播音员、节目主持人等人员实行持普通话等级证书上岗制度。

尽管“推普”工作逐步走向科学化、规范化、制度化，但我们有时还是可以分辨出播音员南方人和北方人的区别。如南方人往往平翘舌音不分、前后鼻音不分、儿化音不到位，北方人往往唇舌无力、声音含混。因此，播音员应该系统学习现代汉语理论知识，并有针对性地纠正地方口音，结合自身实践科学地吐字发声，使自己的语音发声尽可能规范优美。此外，还要注意避免播音中误读和断错句意现象的发生。

播音员的实践不应局限在演播室，还应该深入生活。中华人民共和国五十华诞国庆大典的广播稿，曾经九易其稿，参加转播工作的中央人民广播电台播音员丁然和于芳拿到稿子后，不仅细致分析稿件每一个词和每一个句子，而且经常到阅兵村现场参加演习，演习之后反复听录音研究揣摩，努力做好充实的稿件外准备，圆满地完成了国庆大典的转播工作。

（二）具有细致严谨的工作态度和良好的心理素质

播音界老前辈非常重视稿件的准备工作，为后辈树立了榜样。20世纪五六十年代，他们在实践中摸索总结了“播音四要素”，即：是什么，为什么，对谁广播，怎样播。之后又在此基础上提出了“备稿六步”。即拿到一篇文字稿件后,具体准备分六步走:划分层次、提炼主题、联系背景、找出目的、分清主次、把握基调。早年广播事业局老局长梅益曾对播音员指出,你们是播音员,你们的前途是做一个好播音员,进而是做一个更好的播音员,进而要做一个最好的播音员。这一平常的话语,含意深刻,就是要求播音员要有不断进取、不断超越、精益求精的工作态度。

细致充分地备稿是播音创作的前提,善于调整播音时的心态是创作成功不可缺少的一环。播音工作伊始,由于环境不适应,对话筒、摄像机产生恐惧心理,即使精神高度集中、备稿充分也未必能够播好。同时播音要遵循相关规律和要求,有时会使播音员感到受到拘束,顾虑重重。只有使自己气定神闲,进入全身心投入的"忘我"境界,才能用语言去出色地完成任务。

(三)与记者、编辑互相交流,加强团结协作

播音员一般不直接参与节目的策划创意、采编制作,但播音员与记者、编辑的关系不是对立的,播音员应把播音看做是和记者、编辑一起运用集体智慧进行创造的结晶。记者、编辑采访过程中的背景材料和撰写过程中运用的写作技巧不可能完全写进稿件中,播音员要使自己熟悉理解稿件内容,准确体现节目意图,必须随时与记者、编辑交换意见,发扬团结合作的精神。

人们常说:"三分文章七分念",好的稿子更需要通过播音的"再创作"为之增光添彩。2000年,苏州有线电视台拍摄的电视片《苏园六纪》(刘郎任总编导、撰稿)荣获中国电视文艺第十四届星光奖一等奖、优秀撰稿奖,得到各界人士的广泛赞誉。其中方明、林如的解说,为全片增添了无穷的魅力。早在20世纪80年代初期,刘郎在收音机里听到由方、林二位播音的张岱的《湖心亭看雪》,羡叹不已并深深佩服播音作为中国的一种独特艺术的征服力。1986年,刘郎寻着声音,千里迢迢找到了林如和方明,开始了他们十多年的密切合作。从这里不难看出,播音员与编创人员的关系是不可分割的,只有紧密合作,密切配合,才能出色地完成播音创作。

第二节 广播电视主持

一、节目主持人的起源和发展

节目主持人的出现是时代要求和广播电视传播手段更新发展相结合的产物,具体来说有这样几个原因:

(一)传播技术与手段的进步为节目主持人的出现提供了物质和技术上的保障

广播电视传播初期,由于条件、设施简陋,很大程度上限制了传播形式的多样化。新中国成立以后,由于没有录音录像设备,所有节目只能由播音员直接播出,每天只能播出几小时的节目。随着科学技术的进步,广播电视传播技术得到了飞速的发展。1980 年以后,中央电视台全部节目使用录像带播出,结束了原始直播的一次性问题,ENG(电子采访摄录设备)日益普及,节目内容可以被保存、被复制、被转移,计算机控制的编辑播出设备也使传播效率大为提高,电视节目源源不断,能够连续播出十几个小时甚至 24 个小时,实现了栏目化和频道化。这些都为节目主持人的产生、实现与受众定时约会提供了物质和技术的保证。

(二)社会对信息与日俱增的需求是节目主持人产生的基本动力

第二次世界大战以后,科学技术有了突飞猛进的革新和发展,信息在社会生活中发挥着越来越大的作用。随着信息时代的到来,信息资源浩如烟海,合理地利用信息已成为推动社会发展的重要手段。面对大量真伪难辨而又纷繁复杂的信息，如何去粗取精、去伪存真，如何有效地筛选、甄别、传播，是摆在新闻工作者面前的重大课题。节目主持人能将不同来源的稿件组织串联起来，往往集采、编、播、评于一身，使报道的时效性大为增强。主持人的这种素质，美国哥伦比亚广播公司（CBS）新闻部制片人唐·休伊特概括为两种"兼而有之"的能力，"一是能够发现新事物；另一个能够把所发现的新事物通俗易懂地传达给别人"①。节目主持人正是凭借着敏锐的洞察力和出色的领悟与表达能力横空出世，适应了社会各方面对信息的需求。

（三）节目主持人的产生满足了受众心理需求的变化

西方早期传播学理论中有所谓"枪弹论"，也称"皮下注射论"。这一理论认为，媒介具有不可抗拒的力量，任何传播总是有效的。受众只不过是一个被动的"靶子"，静静地等待"魔弹"的光临，"枪声"一响，受众就会应声倒下，毫无反抗力。这一理论在"二战"时纳粹的宣传中广泛流传，但一直受到了人们的批判和质疑。随着现代社会民主化进程的推进，人们的价值观念、行为方式发生了深刻的变化，民主意识和自主精神大为增强。人们已不习惯一种单向的、非此即彼的表达方式，不再满足于被动接受，而要求传媒用具有个人魅力和人际亲和力的传播方式拉近与受众的距离，营造一个生动活泼、亲切自然、平等自由的交流沟通空间。节目主持人的出现，满足了受众的这种心理需求。

节目主持人的产生，可以追溯到20世纪20年代后期。1928年，荷兰的对外广播中出现了第一个由主持人主持的节目《快乐的电台》。它实际上是杂志式节目，内容包罗万象，重点是介绍荷兰各方面的情况。比如，关于荷兰的旅游事业，由若干专题组成，中间用音乐连起来。这个节目的主持人艾迪·勒达兹后来被认为是历史最为悠久、最富个人风格的国际广播节目主持人。

不过，用英文单词"Anchor"来称呼节目主持人，是1952年美国哥伦比亚广播公司（CBS）的一次预备会议上提出来的。当时，CBS新闻部制片人唐·休伊特与新闻广播负责人西格·米克尔森商议，安排一个强有力的人负责汇总从两大政党年会上发表的新闻报道。唐·休伊特把这个人比喻为

① 任远. 名主持人成功之路. 北京：中国广播电视出版社，1999.12

体育运动的接力赛跑中担负最后一段赛程的人,也就是跑得最快、最有冲刺力的被称之为 Anchor 的运动健将。他把 Anchor 这个词借用到电视中,其涵义就是最杰出、最有组织串联能力的电视新闻主持人或新闻主播,这个人能将不同地点和不同侧面的新闻报道组织起来,形成系统而全面的整体。唐·休伊特率先挑选沃尔特·克朗凯特担任主持人这一角色。克朗凯特是一位有着丰富经验的记者,早在大学学习时就对投稿、参加校刊工作等新闻活动产生了浓厚的兴趣,他在 1939 年进入合众社,成为一名优秀的记者,1950 年进入 CBS 工作。1952 年 10 月由克朗凯特主持 CBS 对美国共和、民主两党代表大会的报道,标志着历史上第一个电视新闻节目主持人的诞生,他以其独有的魅力和卓越的成就,被人们尊称为“西方节目主持人的鼻祖”①。

有关电视新闻节目主持人的诞生还有一种说法,即以 1951 年 11 月 18 日由爱德华·默罗主持 CBS 的《现在请看》节目为标志,人们把默罗称为“Anchor 第一人”,对他无比尊崇。CBS 总裁威廉·佩利“办公室墙上,悬挂的不是总统或家人的肖像,而始终是他的雇员——默罗的巨照”,当今美国最著名的新闻节目主持人丹·拉瑟及默罗追随者都认为,默罗“代表着电视界一切最美好的方面”,代表着新闻节目主持人的最高标准。②

在我国,解放前后曾出现过广播主持人节目。据说在上海就有过一个叫做《冯秋萍结毛线》的广播节目,由冯秋萍女士在这档节目中为听众传授编织毛衣、帽子、手套、袜子等织物的方法,从节目的筹划到播讲都是由冯女士担当的。在天津也曾出现过以特定人物命名的系列节目。③ 不过,这样的广播主持人节目只是雏形,没有形成气候,称为昙花一现,是并不为过的。

严格意义上的我国节目主持人是在党的十一届三中全会以后出现的。1980 年 10 月召开的第十次全国广播工作会议,提出了广播电视要“坚持自己走路”、“扬独家之优势、汇天下之精华”的方针。之后我国广播电视工作者开始努力探索、尝试改革。1981 年元旦,中央人民广播电台台播部从对台宣传的要求出发,率先开办了由徐曼主持的旨在“为台湾同胞解疑、解惑、解虑、解难”的《空中之友》节目。徐曼成为新中国广播史上第一个节目

---

① 任远. 名主持人成功之路. 北京:中国广播电视出版社,1999. 25

② 任远. 名主持人成功之路. 北京:中国广播电视出版社,1999. 1 ~ 3

③ 吴郁. 节目主持艺术探. 北京:北京广播学院出版社,1997. 61

主持人,《空中之友》成为新中国第一个节目主持人形式的节目。台湾听众收听之后深受感动,在热情洋溢的来信中称徐曼亲切甜美的声音拨动了他们想要会见大陆亲人的心弦,中央人民广播电台推出主持人的尝试获得了成功。同年4月,广东人民广播电台的《大众信箱》节目开播,由李一萍、李东主持,在广东省青年听众中产生了广泛的影响,李一萍被听众称为知心姐姐。此后各省市相继办起了主持人节目,这一阶段,是我国节目主持人的崛起时期,被人称为"徐李模式"阶段。

在中国广播发展史上,"珠江模式"和"东方旋风"对节目主持人的成长和发展起过重要的作用。1986年12月15日,广东珠江经济广播电台开播,以台为单位进行总体性节目改革,使我国广播进入了一个新的发展时期。珠江台采用大板块节目、热线电话、主持人直播、听众参与等方式,大大提高了广播的竞争力,被誉为"广播的春天",此后几年,全国各地先后建立起几十座经济广播电台,被人称为"珠江模式"。1992年春,邓小平南方谈话后,为广播界吹进了新的改革春风,同年10月28日,上海东方广播电台开播,按照广播既是喉舌又是产业的自身规律来办,确立市场机制,采用全新方式,强化服务意识,办出了一个全天候、全方位、全新面貌的电台,号称"以信息性适应时代,以服务性争取市场,以参与性赢得听众,以明星主持为标志",刮起了一股强劲的"东方旋风"。特别是主持人直播的模式对全国产生示范作用,广播与受众的关系更为密切,节目主持人和主持人节目深入人心。

有关中国电视节目主持人,还得从赵忠祥说起。1981年7月,中央电视台播出的北京市中学生智力竞赛,编导从国外类似节目设立主持人获得启发,电视字幕第一次出现了"主持人"这一名称,赵忠祥成为中国电视主持第一人。

1982年,中央电视台酝酿将原先属于播出部的《为您服务》划归专题部,并进行栏目改革。1983年元旦,《为您服务》开播,以"全心全意、实实在在为观众服务"作为节目宗旨,沈力担任主持。此后,《为您服务》固定在星期日19:49播出,沈力亲切朴实的语言、和蔼可亲的形象、端庄大方的气质,使观众有如坐春风之感。之后,上海电视台陆续推出了由陈燕华主持的《娃娃乐》、《燕子信箱》、《快乐一刻》等少儿节目,"燕子姐姐"陈燕华在孩子们心中留下了深刻的印象。这些服务性节目以实践积累的经验,为20世纪80年代后期新闻性节目主持人的出现奠定了基础。1987年7月5日,

上海电视台推出了全国第一个电视新闻杂志型节目《新闻透视》，先由播音员任主持，后由李培红、孙伟、姜迅等记者、编辑出镜担任主持人，打破了传统新闻的严肃面目。由于节目能够直接反映观众的意见、呼声和要求，帮助观众排忧解难，及时剖析人们普遍关注的社会变化和社会现象，很快就赢得了上海市民的喜爱。此后，福建电视台《新闻半小时》、山西电视台《记者新观察》、中央电视台《东方时空》等新闻性节目中都设置了节目主持人。

如今，由主持人主持的节目已成为广播电视节目的主要形式。

二、节目主持人的含义和职责

节目主持人是以"我"的身份在广播电视中组织、驾驭、掌握节目进程，与受众平等交流的大众传播者。在广播电视节目中，主持人发挥着不可低估的主导作用，概括地说，他们的工作职责主要有以下五项：

（一）与编导及其他制作人员一起构思筹划节目

由于各个电台、电视台管理体制上的差异及主持人类型的不同，主持人不一定都是节目的主要构思筹划者，参与筹划的程度也有多有少。但有一点必须指出：主持人必须参与到这一个过程中来，否则无法整体把握节目的意图和内涵，会直接影响节目的质量。

（二）深入现场采访

主持人在节目构思筹划过程中，应尽可能多地了解有关新闻事件及采访对象的背景材料，在新闻现场用第一人称报道自己的所见所闻，并向采访对象提出问题。现场采访能使主持人增强感性认识，使其在主持节目时胸有成竹、游刃有余，而且能使节目更具纪实性和现场感。节目的创作凝结着集体的智慧，每一环节都需要节目组成员通力合作来完成。主持人虽然在节目中处于主导地位，但并不意味着主持人必须包揽全部的工作。就现场采访而言，随着录音设备日趋小型化、便于携带（由磁带录音转为数字录音），广播主持人一般是可以单独完成现场采访录音的。而电视主持人常常要现场口述和向新闻人物提问，还需摄像师的现场同步摄录。因此，在这种情况下，主持人分身乏术，不能既"采"又"摄"。可见，要求主持人深入现场采访,并不是要取代其他人员的职责范围。

（三）精心写好文字稿

文字稿是为广播电视节目服务的。主持人写作技巧的运用,对于主持节目来说是至关重要的。美国电视界学者汤姆·麦克尼克尔提出了优秀写作应达到的“4 个 C 标准”,即“Clear(清楚)、Concise(简洁)、Correct(标准)、Conversational(口语)”①,这一标准同样也适用于广播文字稿的写作。在我国,由主持人撰写文字稿尚未蔚然成风。大多数情况下,由编辑、记者根据主持人的个性风格代为撰写,但这并不意味着主持人完全照念别人写的稿件。即使是现成的稿件,也应结合自身特点认真地分析和思考,把稿件内容吃透并化解为自己的语言。我国著名节目主持人沈力时刻把自己置身于观众之中,力避用居高临下或指令性的语言对观众讲话。她常常花费很多心血润色编辑撰写的稿件。比如,“您懂得了膳食平衡的道理,就应该举一反三。”沈力认为“应该”是命令式的,她就改为“还可以举一反三”。“请您以后记住”,她就改为“请您以后别忘了”,这样观众听了就会觉得亲切随和。

由于直播节目的出现,文字稿形式也有了变化,有的主持人带着提纲和资料就可以主持节目,有时甚至脱稿主持。但这并不是指主持人可以漫无目的地“侃大山”、“扯闲篇”,而是对主持人提出了更高的要求。这个“文字稿”应存于主持人心中,主持人更应该注意积累,周密准备,不可懈怠。

（四）主持节目播出

这是节目主持人主要的工作职责。主持人在主持节目之前,需要像播音员那样认真备稿,熟悉节目内容及构成。在主持节目时,要调动自己的全部素养,自如地驾驭节目、控制话题,随机应变地处理无法预料的突发事件,保证节目自然、流畅、安全地播出。

---

① 赵淑萍.电视新闻节目主持艺术.北京:北京广播学院出版社,1997.214

（五）接受受众信息反馈

这是主持人工作的最后环节。有人把主持人与受众的关系形象地比喻为“鱼”和“水”的关系。因此，主持人应加强与受众的沟通联系，把受众的信息反馈看做是受众对主持人的关心、支持和信赖，对受众真诚的赞扬要保持清醒的头脑，戒骄戒躁，对受众的批评要有一定的心理承受能力，认识到“忠言逆耳利于行”。另外，从反馈中也要善于挖掘受众普遍关注的典型的热点问题，可以当做新闻线索进行追踪调查。这在新闻性节目中尤为多见。美国《60 分钟》节目制片人唐·休伊特曾骄傲地说：“《60 分钟》得到了美国公众‘最伟大的投票’。每天寄给 CBS 所有的观众来信，有一半是给《60 分钟》的。仅在 1982—1983 年间，就有 15 万人写信建议《60 分钟》应该报道什么”①。中央电视台《为您服务》节目在 1983 年元旦开播以后，观众反响强烈。据统计，仅从 1 月到 5 月，栏目组就收到来自全国各地来信 1.3 万封；6 月，共收到观众信件 7284 封，而其中 3300 多封是寄给《为您服务》及其主持人沈力的。此后几年间，《为您服务》每月总要收到三四千封观众来信，由于加强了与观众的联系，收视率始终保持在中央电视台前几名②。现在，许多节目都非常重视受众线索、建议的提供，受众可以通过热线电话、电子邮件、手机短信等途径反馈信息，加强与媒体的联系。

三、节目主持人和播音员的区别

从上述节目主持人工作职责的阐述中不难看出，节目主持人的职责范围远比播音员要广泛得多，他们的区别体现在以下几个方面：

1. 身份不同

主持人以“我”的身份出现，具有双重性。主持人是生活中真实的个人，在节目中以朋友的身份直接面对受众，同时又代表着大众传播媒体的形象，是一个“台”的标志。播音员播读稿件，体现了记者、编辑的意图，代表着大众传播媒体的名义讲话。

---

① 赵淑萍. 电视新闻节目主持艺术. 北京：北京广播学院出版社，1997. 113

② 任远. 名主持人成功之路. 北京：中国广播电视出版社，1999. 169

2. 说话方式不同

主持人采用“交谈式”的谈话体，以亲切、自然、质朴、热情的风格和受众谈心、交流，具有亲和力，有情有味。而播音员主要使用“播读式”播读政令、文告、新闻消息等，显得严谨庄重有余，活泼生动不足。

3. 对象感不同

传播学理论认为，有效的传播往往是大众传播与人际传播的相互结合，主持人节目即是以人际传播的方式来达到大众传播的目的。主持人在主持节目中对象感比较具体，谈话的针对性比较明确，是按照“面对面”、“一对一”的设想实现与受众的双向交流，容易引起受众感情上的共鸣。而播音员是“一对众”、“点对面”的播音，所设想的对象不如主持人那样明确，带有单向传播的局限。

4. 作用不同

从构思筹划、采写稿件，主持播出到接受反馈，主持人在节目中始终处于主导的地位，起着核心的作用。而播音员主要从事稿件的播读，和采访、编辑人员一样，各管一段，只对播出的稿件负责。

可见，主持人和播音员是有区别的，两者之间不能相互替代。主持人的出现改变了传统的节目传播形态，给广播电视节目注入了生机和活力。当然我们在肯定、赞扬主持方式的时候，不能一概否定、贬低传统的播音艺术。主持与播音共存，广播电视园地才会呈现出百花争妍的景象。

四、节目主持人的分类

（一）新闻性节目主持人

新闻节目是广播电视机构的支柱节目，其重要性不言而喻。新闻节目主持人是各类节目主持人中地位最高、影响最大的，一些著名的新闻节目主持人被观众视做一个台的“台标”，直接代表着广播电视机构的形象。这些主持人之所以得到受众的广泛赞誉，是因为他们能准确把握时代的风云变化，面对新近发生的各种事实，充分调动自身各方面的潜能，用丰富多样、准确到位的语言进行报道，集采、编、播、评于一身。

我国的节目主持人起步于20世纪80年代初，早期的主持人大多主持服务性节目，那时的新闻节目都由播音员播报。80年代中后期，我国的新闻性节目主持人开始出现,主要来源有两个:一是播音员,二是记者、编辑。前者受过专门的播音训练,语音纯正、音色优美是他们的特长,但要成为真正意义上的新闻节目主持人还需不断提高理论素养,并加强新闻采编的实践。记者、编辑是新闻性节目主持人的最佳人选,虽然语音方面没有受过正规训练,但他们有着新闻工作丰富的实践经验。1993 年 5 月 1 日,中央电视台早间新闻杂志型节目《东方时空》诞生,我国电视新闻节目和新闻节目主持人逐渐走向成熟。此后,中央电视台《焦点访谈》(1994 年 4 月 1 日开播)、中央电台《新闻纵横》(1994 年 10 月 1 日开播)等新闻性节目陆续推出,敬一丹、水均益、方宏进、白岩松、翟树杰等颇具实力的新闻性节目主持人脱颖而出,十分令人瞩目。

尤其值得一提的是,2003 年 7 月 1 日中央电视台新闻频道正式创办(2003 年 5 月 1 日开始试播),标志着中央电视台向世界级大台迈出了坚实的一步。除每逢整点实现滚动、递进、更新报道以外,还开设了《新闻会客厅》、《央视论坛》、《声音》、《中国周刊》、《面对面》等众多的新闻性节目,不仅突出时效性和大信息量,而且力求做深、做活、做大、做强。这些节目为主持人提供了施展才华的舞台,目前,一个优秀的新闻节目主持人群体正在形成。

(二)综艺性节目主持人

综艺节目是综合多种文艺形式,包括音乐、戏曲、曲艺、舞蹈、文学、游戏等内容,它是一种通过巧妙编排和串接、以栏目或晚会形式面对受众的节目样式。综艺节目能让受众从欣赏和娱乐中获取艺术的享受和乐趣,满足审美和娱乐需求。我国广播综艺节目曾长期繁荣,进入新时期后,由于节目形式相对呆板、陈旧,一度受到电视综艺节目的冲击。如今,广播综艺节目大多采用现场直播,听众能通过热线电话、手机短信等途径参与猜谜、点歌等活动,收听率已有所提高。电视由于具有直观性、现场感强等优势,有了很大的发展,节目的形式、风格也更趋多样化,如中央电视台的《正大综艺》、湖南卫视的《快乐大本营》、上海电视台的《智力大冲浪》、江苏电视台的《非常周末》等。综艺性节目主持人也成为广大受众喜爱的"明星"主持人,如沉稳的赵忠祥、热情的倪萍、敏锐的杨澜等。被媒体誉为"荧屏智多星"、"点子王"、"江南第一脱口秀"的上海电视台节目主持人叶惠贤,曾策划、编导、主持综艺节目《今夜星辰》,荧屏上的他诚恳幽默、灵敏机智,善于根据现场情况作即兴发挥,幕后的他对节目整体及节目每一个细节都精心把握。现在,像叶惠贤这样统揽采、编、播于一身并具有较高文艺素养的综艺节目主持人已越来越多。

(三)专栏性节目主持人

专栏节目中,有的视听对象较为广泛,如中央电视台一套早间节目《东方时空》、国际频道的《走遍中国》,浙江电视台的《江南好》等节目。有的面对特定的视听对象而设立,或按年龄性别划分,或按学科门类划分,如中央电视台开设的少儿节目《大风车》、老年节目《夕阳红》、青少年节目《第二起跑线》、妇女节目《半边天》、法律节目《今日说法》及东方电台为出租车司机开设的《与你同行》等等。专栏性节目对象感强、专业性强,一般都有固定的视听群体。主持人在保持个性的同时,要与专栏性质相吻合,尤其在对象性节目中,主持人要对自己的形象进行合理准确的定位,与受众进行真诚的交流,形成良好的互动关系。中央电视台少儿节目主持人董浩、鞠萍在主持节目时想方设法地贴近孩子,说话绝不带半点教育人的口吻,语言力求口语化、儿童化。

(四)特别性节目主持人

特别节目是广播电台、电视台临时安排的一次性播出的节目或在一段时间内播出的、主题相同或相近,内容有所关联的节目。特别节目除节目主持人担任主持以外,还可以和特邀嘉宾共同主持。临时安排的特别节目常常采用现场直播形式出现。比如 1991 年 9 月 22 日广东电台的直播特别节目《你好,南极人》,将电话与广播相互结合,由主持人在广东电台直播室呼叫采访南极中山站、长城站及队员在北京的家属,并由听众拨通电话参与热线,提出问题传达祝福,这个节目以其新颖的构思荣获 1991 年中国新闻一等奖。2003 年 8 月 30 日晚,中央电视台现场直播了 2008 北京奥运会会徽发布仪式,在这个特别节目中,央视“移动直播室”(由双层汽车改装而成)首次投入使用,主持人周涛、朱军在“移动直播室”由中华世纪坛驶向天坛祈年殿的过程中,与作家余秋雨等嘉宾围绕奥运会会徽这一话题侃侃而谈,观众既可聆听嘉宾与主持人精彩的对话,又可领略北京璀璨无比的夜景,画面表现力非常丰富生动。有的特别节目不是一次性播出完成的,比如中央电视台国际频道《走遍中国》推出的系列特别节目《一个作家与一座城市》,每期节目选取一个作家,以电视的手段让作家从独特的视角出发来审视他长期居住的城市,来反映城市的变迁和发展及个性化的城市风情。节目进行过程中,主持人在演播室和特邀嘉宾、作家进行恰到好处的点评,给观众以无穷的回味。

以上四类是从广播电视设置的节目出发对主持人进行的分类,需要指出的是,我们还可以根据实际需要对这四大类节目主持人作进一步细化,即每一大类再按节目样式分为若干小类。比如新闻性节目主持人可细分为新闻评论类、新闻访问类、新闻联播类节目主持人,综艺性节目主持人还可分为综艺栏目类、综艺晚会类节目主持人等等。主持人的分类一定程度上说明了主持人的主持特长,所以我们不能以主持人员紧缺为由让主持人成为万金油式的主持人。当然,分类不是绝对的,也不是说主持人一旦主持了一个节目以后就不能尝试主持其他节目,主持人可通过不断的实践,找到自己能发挥特长的合适的岗位。但是,新闻性和综艺性节目主持人一般不可轻率易位。

五、节目主持人的特性

节目主持人是广播电视节目的代表者,能够在节目中把深厚的知识储备、应变能力、实践经验等各种潜在能力充分地发挥出来,淋漓尽致地展现其个人魅力和权威影响力。节目主持人的独特性和权威性,不是靠别人吹捧赋予的,而是靠他自身优秀的素养、能力及敬业精神来树立起来的。

(一)权威性

节目主持人在节目中处于主导地位,是媒体权威性的集中代表,他能够组织、串联节目的各个部分,往往集采、编、播、评于一身,向受众传达节目内容。受众一旦认可了主持人的权威性,就会因为信任主持人而信任他提供的信息,进而信任他所在的媒体。尤其是新闻性节目主持人,他们凭借着深厚的学养、较强的新闻敏感及丰富的实践经验,成为广播电视媒体的标志。在美国,一些主持人的脸就被视为台标,不仅被用大幅彩照贴在公司大厅的墙上,而且醒目地挂在城市公共建筑上,尤其是新闻性节目主持人有着极高的社会地位,其权威影响力也是无与伦比的。美国著名节目主持人沃尔特·克朗凯特,被人们誉为"西方节目主持人的鼻祖","稳健、持重的'沃尔特大叔'形象,已经化为美国精神的一部分","1975—1977 年《美国新闻与世界报道》中连续三年举办的关于美国领袖人物的典型调查中,他均当选为'美国十位最有影响的决策人'之一。在 1973 年举行的一次信任投票中,73% 的人把信任票投给了克朗凯特,而总统竟然落后于他 15 个百分点"①。克朗凯特向来十分注重"客观公正"地报道新闻,通过多年记者生涯的锤炼,他在采编、报道新闻等方面积累了大量宝贵的经验,为他中年以后成为电视新闻节目主持人打下了坚实深厚的新闻功底。克朗凯特的新闻生涯中,经历了肯尼迪总统遇刺、人类登月、越南战争、水门事件、埃以首次谈判、美国全国性的"环保觉醒日"等重大历史事件,他在对这些事件的报道中始终保持着自身真诚可信的形象,逐步树立起了崇高的社会威望,赢得了美国人民的长期信任。克朗凯特的敬业精神也被人们广为赞誉,在对阿波罗登月飞船的报道中,他最长的一次连续工作了 30 多个小时。在报道中,为了避免说外行话,也为了把艰深的学术语言化解为通俗易懂的电视语言,他事先作了大量充分的准备,用心钻研,阅读了一系列的专业书籍,终于获得了报道的成功。

近年来,在我国的新闻性节目主持人中涌现出王志、白岩松、水均益、敬一丹等一批颇有影响和见地的新闻节目主持人。他们除了具有较高的新闻素养以外,还充分发挥自己的学业特长,在新闻报道中体现出一定的权威性,给观众留下了难忘的印象。比如,水均益学的专业是外语,有 10 年新华社国际部记者的工作经验(其中有三年驻埃及),因此每当涉及国际题材的电视报道时,他和同伴就能"慢慢把原本不好看的国际题材给盘活","让国际题材的节目慢慢有了性情"。方宏进读本科时学的专业是物理,研究生专攻社会学,原是深圳大学的老师,在亚洲金融危机爆发时,他"把亚洲金融危机讲得生动有趣",使节目组成员大受裨益,"听得入了迷"②,他主持的节目也同样广受好评。在新闻节目中,常常会有一些专家、学者被节目组邀请接受访谈,他们被人称为"专家学者型主持人",他们专业知识底蕴深

① 任远.名主持人成功之路.北京:中国广播电视出版社,1999.25
② 白岩松.痛并快乐着.北京:华艺出版社,2000.81~83

厚,所发表的谈话十分具有说服力,易于被受众认可并接受,同样体现出节目的权威性。

(二)独特性

所谓独特性也就是个性,是主持人与众不同的特有的能力、气质、兴趣、性格等心理特征的总和,这是主持人的魅力所在。主持人的这些个性特征是在一定社会环境和教育的影响下,通过长期的社会实践逐渐形成和发展起来的。由于主持人在节目中起主导作用,所以主持人的个性同节目之间有着密不可分的联系。

主持人的独特性有利于节目风格的多样化和文化传播的多元化,不同个性的主持人吸引着不同的受众,使节目给人丰富多彩的感受,对受众的吸引力也更大。受众收看节目,就如同与朋友相约一样,自然而然产生各种肯定的情感体验,从而产生积极的收视行为。美国 CBS 的新闻杂志型节目《60 分钟》制片人唐·休伊特允许主持人保持各自的声调,不要求按一种模式、一种基调来播报新闻,他指出,电视报告员(主持人)一方面必须是优秀的采访员,另一方面必须是能使自己的现场采访报道引起观众强烈关心的雄辩家。当然,因为他是通过画面来同观众进行交谈的,他还必须洋溢着“个人魅力”(Man Power),使多数观众感到亲切。麦克·华莱士、哈里·里森纳、丹·拉瑟是我们无可替代的人才。① 唐·休伊特所说的“个人魅力”是指“个性”和“独特性”,这里列举的名字,涉及了《60 分钟》节目开创伊始的历任节目主持人。其中,麦克·华莱士以“一副强硬男子汉气派,咄咄逼人”的个性出现,“以硬性采访,提问尖锐著称”,但在屏幕之后,他又体现出“温文尔雅、助人为乐,显得轻松、友善,一副乐天气派”。莫利·塞弗以深刻、激烈、风趣横生而闻名。丹·拉瑟擅长“鞭辟入里的分析总结,措辞犀利,播放时带有他独特的强烈感情”。② 这些主持人具备了新闻性节目主持人严肃、沉稳的共性,同时又以自身鲜明的个性影响节目的个性,使《60 分钟》成为一档名牌节目,成为衡量新闻杂志节目的标准。

主持人独特个性的形成与他的人生经历和文化背景相关。敬一丹亲切

① 参见任远. 名主持人成功之路. 北京:中国广播电视出版社,1999. 62 ~ 63

② 参见任远. 名主持人成功之路. 北京:中国广播电视出版社,1999. 84

朴实、端庄睿智，以平等的心态对待采访对象，特别对底层百姓、弱势人群给予深切同情和关注，使人感到她对普通人的理解、宽容和尊重，这是因为她少年时有过一段农村生活的经历，敬一丹的经历使她了解下层人民的疾苦，与他们有一种天然的心理认同感和价值认同感，也使她保持一种顽强的进取精神，努力把节目做得更好。

（三）稳定性

主持人的稳定性是节目走向规范和成熟的标志，通常包括主持人要稳定，节目名称要稳定，播出时间要稳定。主持人具有稳定性，容易使受众产生亲近感和信任感，从而带来稳定的收视收听率。如美国 NBC 的《今夜》，是个历史悠久、影响巨大的栏目，在 40 多年的历史上先后有过 4 位主持人，每一任至少有数年之久，其中琼尼·卡森主持了整整 30 年。这个栏目的样式和风格，包括板块的组成方式，都尽量保持稳定不变。① 1998 年 3～4 月间，中央电视台《新闻联播》播音员李瑞英利用在美国探亲休假的机会，特别关注了美国的电视新闻，她指出，美国电视新闻主持人的工作时间大大超过中国同行，以美国最大的有线电视新闻网 CNN 为例，每天播出 24 小时，每半小时滚动播出的“标题新闻”栏目的主持人，每天都连续主持 3～4 小时，而且时间和主持人固定，比如说每天晚间 6～10 点都由同一个人主播，特殊情况（如生病或休假）除外。②

当今，我国的广播电视界也在实践着主持人稳定性的追求。他们是节目的化身，听众听到主持人的声音，观众看到主持人的形象，就会知道某个节目又在播出了。这不仅在受众中树立起了节目的形象，也使受众形成了稳定的收视收听习惯。《苏阿姨谈家常》最早是苏州人民广播电台专题节目《大众生活》中的一个小栏目，20 世纪 80 年代初开始自立门户。在几代广播人的精心呵护下，亲切、热心、随和的“苏阿姨”形象随着电波陪伴着听众度过了二十多个春秋，成为深入人心的一个广播品牌，现任主持人汪乐英集采、编、播于一身，用委婉甜糯的吴侬软语诉说家常事，贴近生活，服务到家，至今她已当了近十年的“苏阿姨”。该节目受到吴方言区苏州、上海、无

① 苗棣. 话语的力量（下）——美国电视的夜间谈话与日间谈话节目. 现代传播. 1998(5)
② 李瑞英. 对美国电视新闻播出的一些思考. 现代传播. 1998(5)

锡、浙江等地听众的喜爱和欢迎，被评为第三届江苏广播电视“十大优秀专栏”。

六、节目主持人的素质构成

如何选择节目主持人？如何衡量节目主持人？回首广播电视节目主持人的发展历程，我们发现不管是国外还是国内，在选拔主持人的认识上都存在过误区。人们往往认为广播主持人必须“以声取胜”，只有音质悦耳动听才是主持人的上佳人选；而电视主持人要“以貌取胜”，必须身材匀称、五官端正，对他们过于看重容貌、长相，甚至认为戴眼镜的也不宜上电视……这些误区把天赋因素当成挑选主持人的唯一条件，以偏概全，忽视了主持人的内在素质和综合能力的培养。事实上，主持人只有把“声”、“貌”等外部条件与内在素质相结合，才能对受众产生持久的吸引力。

令人欣喜的是，随着广播电视事业的发展，人们选拔主持人的认识正在发生变化。1999 年 2 月底 3 月初，南京传媒连续刊出招聘启事：江苏有线电视台将推出大型新闻时事谈话节目《地球村》，向社会公开招聘节目主持人。启事中特别注明“应聘者年龄 40 ~ 60 岁，具有副高以上职称”。选拔主持人着意于改变主持人的年龄和素质结构，业内人士认为这是一种“规律性现象”，是一个良好的开端，也是选拔主持人的必然趋势和发展规律。

节目主持人的素质构成包括以下几个方面。

（一）具有较高的思想理论水平

节目主持人肩负着“以科学的理论武装人，以正确的舆论引导人”的重任，应当用历史唯物主义和辩证唯物主义的思想方法指导自己的工作和实践。只有这样，才能揭示事物的本质，真正地解决问题，充分地发挥广播电视媒体的舆论导向作用。如果主持人缺乏一定的政策理论水平和分析判断能力，就必然会使节目缺乏思想深度和说服力，无法凝聚人心。

节目传播的直接对象是广大人民群众，传播的效果也要接受人民群众的检验。所以，节目主持人尤其是新闻性、专题性节目主持人还应深入实际、深入群众，做好调查研究工作，倾听群众的呼声和要求。《望长城》主持人焦建成在总结自己的经验时特别强调：主持人要入乡随俗，同老百姓打

成一片；采访不能居高临下，要平视采访对象；主持人外貌、仪表、语态要同现场环境协调，不能反差太强①。如果主持人只是在办公室里成天上网摘抄资料，不善于下基层做调查研究工作，脱离了群众，主持的节目也就毫无价值可言，甚至会导致失实报道的发生。

（二）具有敬业精神和社会责任感

从某种意义上说，节目主持人是社会活动家，他们需要随时投入各种突发的事件，和形形色色的人打交道，因此，节目主持人必须具有强烈的社会责任感，努力培养自己的社交活动能力，关注瞬息万变的社会生活。一个沉默寡言、闭门自守、害怕见人、毫无热忱的人，是很难胜任主持人工作的。

节目主持人要在受众中树立好的形象并得到受众的信赖，在一定程度上取决于他是否具有强烈的社会责任感和事业心。节目主持人的工作是高强度的脑力和体力劳动相结合的工作，为了圆满地完成报道任务，常常来不及吃饭、顾不上睡觉，有时还会有牺牲的危险，这就要求主持人对自己钟爱的事业要有献身的勇气。1940 年 8 月 18 日，爱德华·默罗开始了《这里是伦敦》的系列现场报道，在战火纷飞的危险境地，他冒着生命危险，从容不迫地忘我工作，向广大听众报道他亲眼所见的事实，唤起了美国上下反抗法西斯的决心。

2003 年春季，一场突如其来的"非典"疫情在广东、北京、香港等地横行肆虐。随着被感染人数的与日俱增，越来越多的人们意识到生命的脆弱，内心充满了恐惧。4 月 15 日，中央电视台《面对面》制片兼主持人王志与同事赴广州疫区采访，钟南山院士善意地劝王志到普通病房拍一下就可以了，但王志为了拍摄医护人员救治"非典"病人的镜头，冒着被感染的危险，换上防护服走入广州呼吸病研究所重症监护室，亲眼见证并忠实记录了"生命禁区"里 160 多位医护人员所创造的生命奇迹。在对钟南山院士、李立明教授的专访中，王志冷静沉着，坦然面对，不加任何防护给人们留下了深刻的印象。当有人问起在防止"非典"战役中记者应该具备的心态时，王志毫不犹豫地回答：当需要我们的时候，就应当义无反顾，勇往直前。

① 赵淑萍. 电视新闻节目主持人艺术. 北京：北京广播学院出版社，1997. 263

（三）具有广博知识和较强的业务能力

主持人的工作不是单纯地念稿件、报头尾、串联节目，为了增强感性认识，要积极地参与到采访、编辑过程中，对新闻事件及采访对象的相关背景情况作深入的了解。

主持人方宏进指出，一个节目的选题、拍摄的点子、最后的结论等，都得由主持人自己提出来，要是没有相当的知识背景，只靠长得帅气漂亮，靠临场发挥表演，靠吹靠侃，全都没戏。有时观众就着重听你片头片尾那句话，这就需要主持人不断去丰富自己。事实上，"不断去丰富自己"并不是仅针对新闻节目主持人提出来的，这应该是所有节目主持人的共同追求。主持人面对斑斓多彩的社会生活，需要处理涉及各个领域的题材，如果没有广博的知识，就难以透彻地理解稿件内容，把握它的内涵，也就难以具有驾驭节目的信心和能力。古人云：腹有诗书气自华，主持人不仅要提高主持节目的业务能力，而且要广泛涉猎新的学科，博览群书，获得新知识，不断地"充电"，使自己成为一个"通才"、"杂家"，这样在主持节目时就不会有"书到用时方恨少"的遗憾。

（四）具有很强的口语表达和现场应变能力

广播电视节目设置主持人，是为了更好地与受众沟通交流，使受众对主持人产生心驰神往的亲切感，对节目产生情感上的共鸣。所以，清晰流畅的口语表达能力就成为一个主持人必不可少的条件。作为主持人的看家本领，它能够显示出一个主持人的价值。主持人的语言、语气和语调都要富于真情实感，应当听之悦耳，扣人心扉。中央电视台主持人崔永元认为，他成功的奥妙"全在真诚二字"，他表现的是他的本色，没有做作，没有模仿，没有表演。他认为，必须以自己日常习惯的方式谈话，哪怕是这种方式是有缺陷的，那也没关系，这样才能显示自己的本色，主持人绝不能模仿别人，不仅自己要遵守这条原则，而且还要设法使现场嘉宾、观众进入这种状态。①

主持人主持节目，还必须具备随机应变、灵活反应的能力，只有这样，才

① 朱光烈. 电视谈话节目的文化意义和电视节目经营的观念引导. 现代传播，1998(5)

能在各种不可预知的突发事件发生时应付自如。1997 年 6 月 30 日晚，白岩松在深圳皇岗口岸报道驻港部队入港过程中，有一段空白时间。白岩松突然想起不久前他去桥边内地管理站的休息室，看到了一张邓小平南方讲话时放眼香港的珍贵照片，于是他脱口而出："在我们前方的那幢楼，就是当年小平同志眺望香港的地方。现在这座楼里还挂着他视察口岸的一幅照片……今晚，当驻港部队跨过这条界线时，在所有的部队，送行的人群中，我们相信，肯定还有一位老人深情目光的注视"①。这段饱含深情的"即兴"表达，是白岩松深入采访现场、善于观察思考的结果，引起了所有观众心灵的共鸣。

（五）具有良好的身心素质

主持人的工作是异常艰辛的，有时还要带病坚持工作，必须具有坚韧的意志、强健的体魄和对观众高度负责的精神。如今，现场直播形式在我国广播电视界运用日益广泛，这给主持人提供了一个更为广阔的发挥现场。在重大的新闻事件面前，主持人都会有紧张感，有时感到浑身不自在，因此培养良好的心理素质就显得非常重要。主持人内心要充满信心，但也要谦虚地听取受众的批评和意见。受众向主持人提意见，体现了对主持人及广播电视媒体的信任和支持。崔永元主持《实话实说》初期，收到了很多批评的来信和来电，有的甚至说："怎么能让油嘴滑舌的人主持'实话实说'？应该把他拉出去枪毙，而不是在这儿主持节目。"②面对这样措辞尖刻的批评，崔永元没有怨言，没有计较，反而认为受众的批评是"为我好，是善意的"。他结合同事们的意见，不断地调整自己，克服了略显油滑、缺少控制的缺点，逐步地走向成功。这说明主持人要不断增强对待批评的心理承受能力，这也是主持人心理素质成熟的一个方面。

---

① 陆锡初. 节目主持人的点评议论艺术. 现代传播. 1998(4)

② 吴郁. 节目主持人艺术探. 北京：北京广播学院出版社，1997. 93

第三节 广播电视播音与主持的方向

一、播音面临挑战

播音作为广播电视宣传工作的重要组成部分，它主要的工作任务就是传情达意，真实传达党中央的声音。多年以来，播音在广播电视宣传中占有非常重要的地位。但随着广播电视节目的改革，播音员在话筒前一统天下的局面已经被打破。有的台就是新闻中心这一块，还保留着播音部或是播音组。少量留守下来的播音员也只能播新闻节目和天气预报，处在非常被动的状态中，自然对播音艺术前途感到迷茫。

更有甚者，有人以顺应潮流为由，认为新闻播音的庄重性也可以不要了，盲目效仿主持人"说新闻"的形式，但由于业务技能不过关，只能"东施效颦"。有的主持人大聊、特侃新闻，信口开河，有时因思维不连贯、口齿不伶俐、思路不清晰，把一句话重复好多次；有的主持人虽看着手中的稿件，但为了体现"说新闻"与众不同的样式，对新闻稿件作了即兴的"加工"和"创造"，声音忽高忽低、拿腔拿调，甚至手势频繁，脸部表情也很夸张，感觉有点像说书。

放眼国外媒体，如 VOA，CNN 的新闻播报、美国三大广播公司的《晚间新闻》等，这些新闻节目的播报方式、节目编排与我国的《新闻和报纸摘要》、《新闻联播》、《中国新闻》等没有太大的区别，也是以严谨、庄重、准确著称的。事实上，发布政令、文告及重要会议公报等重大新闻是具有权威性、指导性的，必须慎之又慎，是容不得随意变换词语来"说"的。所以，我们不能盲目地跟风"说新闻"，传统播音在今天依旧有着用武之地。

如今，主持人直播的浪潮席卷全国，广播界尤甚。直播有着很多优势，此处不再赘述。但有了直播节目，也不能一味地"棒杀"录播节目。在某些

特定的情况下，录播节目有着直播节目难以比拟的优势，比如像音乐、文学、曲艺鉴赏这类节目，只有经过前期录音、后期合成等程序，经过多方面的配合，才能制作出富有感染力和艺术性的节目，给受众带来美的享受。令人遗憾的是，现在我们很少能从广播中听到这类高质量高品位的节目了。由于有些电台"全天直播"，哪怕是文学、音乐鉴赏节目也是现场直播的，主持人不仅要读鉴赏文字，而且要播放音乐，一心二用，往往手忙脚乱，有时放错了歌曲或因设备原因放不出来，有时朗读文学作品不太流畅，作品的意蕴表达得也不到位，有时所配背景音乐长度不够，这样的节目制作粗糙，可听性差。而播音员由于分不到这类播音任务，缺少实践，其播音的功底也在逐渐荒弃。

二、主持人节目有待完善

在我国改革开放的社会环境下，主持艺术随着广播电视媒体机制的改革和职能的丰富多样而不断地发展变化，主持人的队伍也在不断壮大。虽然主持人队伍各方面素质都有了显著提高，但还是存在着许多不尽如人意的地方，有待进一步完善。

随着通信技术的发展，国内外广播电台都开通了热线电话和听众进行沟通，充分发挥了广播独特的优势，也增强了节目的可听性。听众可通过热线电话参与猜谜、讨论、咨询、提供新闻线索等。主持人主持节目面对的是"提纲加资料"，不能照本宣读，主持人发表见解、回答听众问题都要现场发挥，灵活反应，这是有一定难度的。热线广播具有独特的"匿形性"，听众打通热线敞开心扉、畅所欲言，希望得到主持人的帮助和安慰，但可以隐藏自己的形象，因此近年来这类热线谈心类节目备受听众青睐，但其中存在的问题应该引起广播电视界的重视。有的主持人没有用心倾听，只能答非所问地搪塞过去，也就不能加以正确的引导；有的主持人简单地作出"可以"、"不可以"的判断，充当起裁判员的角色……目前，我国热线节目主持人的素质良莠不齐，有的主持人和热线参与的听众争吵起来，相互指责；有的主持人语言不够文明，不太尊重节目嘉宾及听众；有的把字音不准和添加语气词当做时尚，口语表达不够精练，缺乏深度和力度；有的故意模仿港台味普通话，最常见的就是"谢谢"一词，第二个"谢"原本应读轻声，但主持人常故意说得又长又重；有的主持人喜欢在谈话中过多地加入外文，Bye-bye、沙扬

那拉不绝于耳,令人心烦意乱……

广播电视综艺节目因其丰富性、娱乐性、多样性、灵活性的特点,受到了很多受众的欢迎,尤其是电视综艺晚会常有影星、歌星的加盟,让年轻的追星族大饱了眼福耳福,收视率很高。但有的节目主持人过于活跃,似乎只会搞笑耍贫嘴,观众看到的只是嘉宾答题错误或游戏失败出丑的尴尬;有的节目大炒绯闻、粗俗搞笑、低级弱智,甚至还追求审丑效应,利用偷拍手段侵犯公民隐私。正如叶惠贤认为目前综艺晚会的通病是“节目老一套,掌声挺热闹。不看舍不得,看后全忘掉”①,也有人这样评说“笑声掌声博彩声声声入耳,私事家事无聊事事事开涮”。如今,有人认为综艺节目多是快餐文化,只有媚俗而无内涵。

重综艺轻新闻的现象,在一些地方台或多或少的存在着。目前我国最具知名度、最有影响力以及由此而来拥有高收入的主持人大多是综艺节目主持人。某著名省级卫视评选“最受观众欢迎的主持人”,新闻主持人竟无一入选。有的地方甚至将新闻艺人化、娱乐化。但从总体趋势上看,面对受众强烈的新闻需求和空前激烈的传媒竞争,许多广播电视媒体已注重新闻节目及主持人的名牌效应,将精力集中在新闻节目上。中央电视台新闻频道的开播,打破传统黄金时段的限制,黄金时段被赋予了新的含义,能在最快的时间内报道新闻事件的时段就是黄金时段。我国地方台新闻性节目也出现了很多类似于《焦点访谈》、《新闻纵横》的节目,一批具有创造力、高素质的新闻节目主持人日趋成熟,在新闻传播中发挥积极的作用,并产生广泛而深远的社会影响。

三、播音、主持艺术将趋于融合

尽管播音主持还存在着这样那样的一些问题,这支队伍的整体状况也是良莠不齐、差距很大,但毕竟已经出现了一批充满朝气和才气、有相当水平的、深受群众欢迎的明星主播,一些名牌栏目与主持人互为拉动,播音主持的队伍已从外延扩展向内涵提高的方向发展。总体来说,未来播音主持艺术将会呈现出以下的发展趋势:

(1) 播音员朝着一专多能的复合型人才方向发展,在知识结构、文化素

① 叶惠贤.荧屏瞬间——叶惠贤即兴主持100例.上海:上海人民出版社,1998.103

养和价值取向等方面和主持人趋于融合，主持人概念的含义范围将更加广泛，主持人队伍将日益壮大。

(2) 随着我国政治体制的改革、市场经济的发展和民主化进程的推进，广大受众的整体素质比以前有了很大的提高，原来整齐划一的视听需求也越来越被多样化、分众化的视听兴趣所代替，这对播音主持提出了更高的要求，要不断适应受众心理的变化，在针对性和特殊性方面满足他们的需求。

(3) 电子传播是科技高度发展的产物，先进的电子采访设备和发达的通信传播系统，将使播音主持更快捷、更便利，播音主持人必须不断适应新技术的挑战，进一步提高自身素质和创作水平。

(4) 广播电视的竞争将成为明星主持和名牌节目的竞争，高水准的明星主持人将日益凸显其重要的作用，他们既是电台和电视台的代表，又是节目或栏目的化身，主持人中心制将逐渐取代编导中心制，责、权、利的紧密结合使主持人在节目中的地位更加引人注目。

(5) 节目制作社会化潮流势不可挡，广播电视台购买广播电视制作公司的节目所占比重将逐渐增长。这种情况将激发广播电视台员工的生存危机感和工作积极性。除重要的新闻播音主持人仍就职于媒体外，其他人员在栏目出现“制播分离”的情况下，也将制播分离，脱离媒体。

(6) 传播是信息传播者和传播对象彼此交流、沟通、影响的双向过程，在传播中以受众为中心的时代已经来临，主持人要充分利用信息反馈机制，最大限度地进行有效传播。

在广播电视事业发展过程中，播音主持艺术取得了很大的成果，积累了宝贵的经验，既有效地肩负起社会责任、促进整个社会文明素质的提高，又被广大人民群众喜闻乐见，逐渐形成了中国特色的鲜明风格。随着21世纪全球性的知识爆炸、科技进步和经济发展，我国的广播电视媒体和播音主持艺术还将发生新的变化，只有不断贴近时代、迎接挑战、开拓创新，才能使播音主持艺术真正拥有受众、拥有市场。

第十三章 广播电视节目的采写与编制

内容提要：

本章着重探讨以新闻类节目为代表的广电节目采写制作流程。论述从寻找线索、收集素材、加工处理稿件、拍摄素材到剪辑素材的广电节目生产制作的一般规律，涉及新闻采访、新闻摄影、新闻写作、编辑、线性制作和非线性制作等基本概念的澄清和实践操作的要求。

采访、写作、编辑和制作是广播电视节目生产的基本流程。虽然广播电视节目的分类,有所谓的“四分法”和“六分法”,但是无论何种类型的节目都离不开寻找线索、收集素材、加工处理文字稿件,对电视节目来说,还需要拍摄素材、剪辑素材。在所有广播电视节目中,新闻类节目是最基本的节目类型,因为广播电视首先是新闻媒体,基本功能是传播信息、报道新闻。所以,着重探讨以新闻类节目为代表的采写制作流程,将有助于我们认识广播电视节目生产制作的一般规律。

第一节 广播电视节目的采访

一、采访的地位、性质及任务

新闻采访是新闻材料的“采集”与对采访对象的“访问”的合称。在我国,“采访”一词始见于东晋史学家干宝的《搜神记·序》。《晋书·干宝传》中有这样的记载:“宝撰《搜神记》,因作序曰:若使采访近世之事,苟有虚错,欲与先贤前儒分其讥谤。”但“采访”一词与新闻活动联系,则是20世纪以后的事。

新闻采访是记者通过各种方式寻找和采集新闻素材的活动。新闻采访有广义和狭义之分。广义的采访,指的是记者的日常工作,包括参加会议、参观访问、社会调查、了解情况、搜集和积累资料的活动。狭义的采访则专指记者为完成某一次报道任务而进行的获取新近发生的事实的一种活动。

新闻报道从发现新闻线索到最后传播出去,要经过许多环节,新闻采访处于整个新闻生产过程中的第一环,也是最基础、最重要的一环。采访在新闻活动中的地位和作用具体表现在:

(1) 采访是新闻活动的起点。新闻是新近发生的事实的报道。事实是新闻的本源,从客观存在的事实变为新闻报道,必须经过采访这个环节。采

访是获取新闻事实的唯一途径。新闻的本质特征之一是真实，要维护新闻的真实性，必须依靠深入细致的采访活动获取真实而准确的材料。从采访与新闻本源以及新闻真实性的关系上，我们可以看出，采访在整个新闻工作中是首要的、第一位的工作。

(2) 采访是新闻写作的先决条件。历史上，许多著名记者都很重视采访。民国初年以写北京通讯著称的记者黄远生，在谈到新闻记者应具备的条件时说，新闻记者须有四能：脑筋能想、腿脚能走、耳能听、手能写。这四能中的前三能都是采访问题。从活动的程序看，采访是认识实际，写作是反映实际，要反映某个事物必须先认识这个事物。新闻报道的深度，取决于采访的深度，只有认识深刻，才能写得深刻。采访解决的是新闻的"原料"问题，写作解决的是加工制作的工艺问题。

(3) 采访是新闻事业存在的基础。新闻事业基本的社会功能是报道新闻，每日每时向人们提供客观世界运动变化的各种信息。记者的采访活动，是大众媒介传播的新闻的来源。不经过记者的采访活动，事物变动的信息就无法捕捉，新近发生的事实就无法获得，新闻写作与传播也就无从谈起。采访是记者深入实际、深入群众、了解现实的活动，通过采访了解公众的意见，新闻事业才能有效地发挥反映、影响和组织舆论的作用。采访是编辑部联系群众、研究社会的重要纽带。

从采访的定义可知，采访的性质，实际上就是进行调查研究——了解和认识客观事实的一种社会活动。凡是人们有计划、有目的地收集材料、认识事物的活动，都可以称为调查研究。记者的采访是一种特殊的调查研究，其特殊性表现在：

（一）特殊目的——向大众传播新闻

很多部门都要进行调查研究，但目的各不相同。政策研究部门的调查研究是为了制定或修改政策；历史学家的调查研究是为了了解历史真相；哲学家、理论家的调查研究是为了从中抽象出事物发展变化的最一般规律；记者的调查研究是为了制成新闻作品向尽量广泛的人群传播。周恩来同志曾把记者比做蜜蜂，到处采访，交流经验，充当媒介，就像蜜蜂采花酿蜜，传播花粉，到处开花结果，自己还酿出蜜糖来。这是对记者的形象比喻，也是对记者采访目的的生动描述。记者要把广大群众欲知、应知而未知的事实告

诉他们。新闻媒介充当着沟通上下、联系内外的桥梁。新闻传播使每一个人全方位地了解各方面的信息,以便作出正确的判断和选择。

(二)特殊活动方式——社会活动

记者采访的方式是社会活动方式,所谓社会活动方式,"即指那些非行政的、非法律的、又非纯属私人的活动,指那些人与人之间平等地自由地进行的社会交往。"①记者一般是受其所在的新闻单位的委托,肩负着一定使命去和采访对象交往的。这种交往和行政、法律活动的交往有区别:后者往往有很大的约束力和强制性;记者与采访对象之间的关系是平等的、自由的,除了以高超技巧和平易近人的态度去打开对方的心扉,记者不可能强制别人回答问题。记者对任何人都应"谦恭不流于谄媚,庄严不流于傲慢"。记者采访的社会交往与公共关系、推销等活动中的社会交往也不相同:后者的目的是加强沟通,赢得对方的好感;记者的社会交往,赢得对方的好感、信任、支持只是手段,目的是了解事实的真相。如果满足于热热闹闹,应酬交际,对事物的真相却一无所知,那么,他也不可能成为一个合格的记者。

(三)新闻采访是一项充满机遇和挑战的工作

记者的采访,除少数是计划内的,如会议采访,大量都是计划外的、突发事件的报道,充满了偶然性。这种偶然性总是稍纵即逝,记者只有随时随地作好准备,才能第一时间捕捉到新闻。采访又是一种充满艰辛和危险的工作。种种不可预测的因素,意想不到的阻力,外部环境、自然条件的骤然变化,时间的紧迫,都使采访成为一种高度紧张、艰苦的脑力、体力劳动。健康的体魄、良好的心理素质和高度敬业精神对记者来说缺一不可。

采访在新闻活动中的地位决定了采访的基本任务:迅速了解并正确认识采访对象,收集具有典型意义和新闻价值的真实的事实。新闻价值是记者、编辑选择和衡量新闻事实的一种客观标准,即事实本身所具有的足以构成新闻的特殊素质的总和。一般来说,中外新闻界均认为新闻价值应包含以下因素:

---

① 艾丰.新闻采访方法论.北京:人民出版社,1989.23

1. 时新性

包括时间性和新鲜性两层意思。新闻事实的发生与传播之间的时间差越小,新闻价值越大。新鲜性表现在新闻题材的新鲜感上:报道的角度独特,鲜为人知的细节、首创的事物、过去没有人报道过的事物,都能给人以新意,也具有较大的新闻价值。

2. 重要性

指新近发生的事实对人民群众的利益、党和国家的工作以及国际政治生活影响的大小。影响越大,重要性越大,新闻价值也越大。如人类首次登上月球、"挑战者号"的爆炸、英国疯牛病的蔓延等。

3. 显著性

指新闻事实中人物、地点或事件的引人注目或非同寻常的程度。程度越高,新闻价值越大。一般人有女朋友不是新闻,姚明有女朋友就是新闻,因为他是众人瞩目的"巨人";一座楼房倾斜,多数人不会感兴趣,而意大利比萨斜塔的倾斜度加大,就引起世界关注。

4. 接近性

指新闻事实令人关切的程度,包括地理、职业、年龄、心理以及利害关系等方面与受众的关切度。关切度越高,人们越迫切希望了解详情,新闻价值就越大。

5. 趣味性

奇特的、罕见的事物,具有冲击性、故事性的事件,具有谐趣性、幽默性、反常性的人或事往往都为人们所喜闻乐见,因而具有较大的新闻价值。当然,趣味性和可读性往往连在一起,我们也要谨防因追逐趣味性而陷入庸俗、低级的泥潭。

二、新闻工作者的新闻敏感

新闻采访就是记者捕捉有新闻价值的事实的过程。新闻记者迅速发现和判断有价值的新闻的能力,叫做新闻敏感,也叫做"新闻鼻"、"新闻眼"。有经验的记者总能从大千世界层出不穷的事实中迅速发现和判别出哪些是新闻,这种敏锐的感知能力是一个记者必须具备的素质之一。具体来说,新闻敏感包括以下内容:

1. 政治敏感

所谓政治敏感，就是政治洞察力，即当一个或数个新闻事实出现时，记者能马上把它同当前国内国际的大形势联系起来考察，同党和政府的中心工作及编辑部的报道思想联系起来考察，这样视野就会更加开阔，写出来的新闻就会深刻、有说服力。1978 年 11 月，中共北京市委召开扩大会议，讨论加快北京市现代化建设进程的有关措施，同时会议肯定 1976 年的"天安门事件"是革命事件。《北京日报》按照一般的会议报道处理，新闻见报后，社会影响不是很大。新华社把这篇新闻压缩成二百字左右的消息，突出了重点，结果震动了国内外。新华社编辑的高明之处就在于把这条消息同当时人民群众强烈要求拨乱反正的大形势联系起来，从而发现了它的新闻价值的真正所在。

2. 善于点面结合，从全局高度认识某一事物的作用和影响

新闻工作者的任务就是力求发现对面上的工作有指导意义或启示意义的点，记者要善于从面上的要求来看待点上的事实，做到点面结合，挖掘出有意义的新闻来。

3. 对受众需求、社会热点的判断能力

新闻是不是有价值，最终还得由读者来评价、检验。近年来我国新闻界开始重视受众研究，提出新闻媒体要"关注社会热点"，就是老百姓普遍关心的事情。1994 年物价涨势过猛，新华社记者适时采写《菜价追踪》，抓住了群众关心的热点，并分析了产生问题的原因，提出了解决问题的方向，文章一发表，就引起了有关部门的重视。

4. 见微知著的能力

就是善于从无关紧要的日常事物中发现具有新闻价值事实的能力。西方新闻史上一个经典事例就是报道苏联部长会议主席勃列日涅夫逝世的消息。美联社记者从勃列日涅夫没有在贺电中签名，冰球赛临时被取消，电台播放严肃音乐等看似没有联系的现象中推测出勃列日涅夫已经逝世的重大新闻。

新闻敏感是记者的一种独特的创造性思维活动，虽然难以把握，但是可以通过后天的学习与努力不断加以培养：加强理论学习，提高自己的理论水平和政策水平，才能正确理解形势，把握时代脉搏；到基层去，到群众中去，深入调查研究，才能在火热的生活中锻炼提高自己的认知能力；不断学习，扩充知识储备，建立信息网，才能从容应对突如其来、千差万别的新闻采访；

而树立敬业精神，增强新闻工作的责任感，才能在实践中不断总结经验教训，步步提高。

三、采访的一般过程

采访是一项包含着复杂体力、脑力劳动的过程。一般分为三个阶段：准备阶段、执行阶段、深入阶段，或称前期、中期、后期。

（一）采访的准备阶段

凡事预则立，不预则废。做好采访准备工作，可以为采访的成功打下坚实基础。对于一名合格敬业的新闻工作者来说，这种准备不仅仅指某次具体采访前的准备，同时也贯穿于日常工作中。记者在平时的工作中，应自觉加强政治理论学习，提高自己的政策水平，同时要重视有关资料的积累储存。在记者接受了某一项具体的采访任务后，围绕这次采访进入临战准备状态。

1. 明确报道思想

围绕报道思想有目的地收集新闻，组织报道。对报道涉及的新闻事实、行业区域有清醒认识。

2. 确定采访对象

应把提供的信息是否具有价值作为衡量采访对象合适与否的标准，判断采访对象是否具有较强的语言表达能力。电视采访还应考虑采访对象的形象是否诚实可信。

3. 研究背景资料

背景资料的内容十分广泛，包括人物历史背景资料、事实发生地环境资料、对比性背景资料等，研究背景资料是熟悉采访对象的重要途径，有助于提高记者对所报道事实的认识水平，为现场采访创造和谐氛围。

4. 制定采访方案

包括确定采访活动的大体步骤、方式，要访问的单位和个人的名单、顺序，对将要成文的新闻作品的主题设计及草拟现场提问纲目。这里所讲的"主题设计"，是在对采访对象有了大致了解，掌握一定新闻素材之后，对新闻作品主题、体裁等的整体设计，与在手头没有线索没有事实的情况下，为了表现某一主题，去寻找与之相关的事实材料的“主题先行”有着本质区别。对电视节目来说，前期采访还包括拍摄相关素材，这将在下文作专门介绍。

（二）采访的执行阶段

记者来到新闻现场，发现收集有价值的新闻素材，进入了采访的执行阶段。现场采访的方法多种多样，最基本的有两种：访问与观察。

访问，又叫访谈，是记者通过交谈的方式向采访对象索取新闻素材的一种采访方法。有资料显示，大约99%的新闻是全部或部分以访问为基础写成的。要保证访问的顺利进行，首先要选择合适的采访对象。可靠性、权威性、代表性是选择访问对象的重要依据。接下来记者要做的是灵活运用谈话技巧，开启被访者紧闭的心扉。

1. 开好头

记者要迅速找到能把自己同访问对象联系起来的共同点、接近点。共同的籍贯、经历、爱好、观点，甚至年龄、装束、种族，都可以拉近记者与被访者的距离，创造融洽的谈话氛围。合适的中介，如双方认识的中间人或被访者喜爱的物品，也可以增进被访者的信任。

2. 切入正题

向访问对象交代采访目的，明确采访要求，引导对方谈话。访问重点应放在记者未知或不清楚的新闻事实上，既可赢得采访时间，又可获得有针对性、价值突出的新闻素材。

3. 察言观色、深入引导

成功的访问是记者与采访对象的互动。记者要善于提问，也要善于倾听，对采访对象的谈话适当作出反应。谈话过程中，善于观察访问对象的举止、表情、衣着，增加对访问对象的了解。记者可以运用手势、表情、插话等方法引导谈话的深入进行。

提问是谈话的一把钥匙，常用的提问方法有：开门见山式、迂回入题式、反问式、设问式、追问式等。依据回答的要求不同，又可分为开放式提问和闭合式提问。记者应结合采访实际，灵活运用多种提问方法。

观察，指记者亲临新闻事件发生现场，通过亲身感受和体验，发现捕捉有价值的新闻素材。观察可以直接获得真实生动的第一手材料，保证新闻的真实性；观察有助于捕捉生动典型的细节，增强报道的感染力；观察可以加深对事物的认识理解；观察所得的材料可以独立构成新闻；观察有助于激发记者的报道热情。为了保证观察效果，记者在观察时应做到：

（1）明确观察目的。不同性质的采访，有不同的观察任务，记者应事先确定观察的侧重点，遇到疑惑多向内行请教。

（2）选择合适的时间地点。不恰当的观察时间与地点，会让记者一叶障目，难见森林。

（3）捕捉典型细节和场景。生动的细节可以真实反映一个人的内心世界，胜过长篇议论、大段描写；典型场景有助于加深我们对新闻事件的认识，从而写出事物的“这一个”而不是空洞的一般化。

（三）采访的深入阶段

记者告别采访对象，离开新闻现场，采访活动暂告段落，采访过程却并未因此而结束，此时进入了采访后期，即总结深入阶段。这一阶段记者对采访素材进行归纳总结，核实相关人名、地名、数字及关键细节，为接下来的写作做好准备。

1. 提炼主题

具体采访过程可能与记者所想相距甚远，这就要求记者从实际出发，从掌握素材出发，重新确定作品主旨，避免犯刻舟求剑的错误。

2. 谋篇布局

进一步考虑作品的结构布局，什么地方该详，什么地方该略，采用何种手法增强作品感染力等，为具体写作打好“腹稿”。

3. 及时查漏补缺

记者要对照写作大框框，查看采访得来的素材是否完备，有漏问或不清楚的地方要及时与采访对象联系，补问清楚，切不可把疑问带进写作中，以免造成新闻失实。对电视媒体来说，发现漏拍素材，也应及时补拍。

四、采访的类型

新闻采访是记者的职业活动，根本目的是为了迅速准确地采集新闻信息。新闻采访的实施形式多种多样，一般包括：

(1) 个别采访。记者通过与单个采访对象的访谈获取所需新闻材料。个别采访往往谈得具体深入,记者易于把握,是最为普遍的采访方式。

(2) 开座谈会。记者就某个专题邀集有关人员进行座谈,可以在短时间内了解事情的来龙去脉,同时有利于验证、补充材料。

(3) 参加会议。大凡会议少不了工作报告,既要讲成绩、谈进度,又要总结经验教训,其中往往包含大量的新闻材料或新闻线索。重要会议本身也是新闻。参加会议应成为记者捕捉新闻、积累材料的重要源泉。

(4) 蹲点。记者深入基层,选取一点,长期跟踪,作反复深入的调查研究。一般用于采写涉及面较广的深度报道。

(5) 查阅资料。读者来信、情况简报及其他文字记载的资料里,也可能包含着有价值的新闻材料或新闻线索,有的还可以直接写出有意义的新闻。经常查阅资料,不仅是采访准备的重要一环,记者也可以从中发现有价值的新闻项目。

(6) 体验采访和隐性采访。随着新闻实践的发展,近年来,体验采访和隐性采访成为新兴的采访样式。体验采访,也称参与式采访,是记者亲自体验、感受与采访活动相关的事物,以加深对所报道的事物的认识。早在19世纪末,《纽约世界报》女记者布莱就曾佯装疯女混入疯人院,写下了揭露虐待精神病人的报道,其为新闻事业献身的精神和拼搏的勇气令人钦佩。今天我们新时代的记者更是无所畏惧地深入生活、体验生活,感触各行各业的酸甜苦辣,写下生动详实的一线报道。隐性采访是相对公开采访而言的,主要是指新闻记者不暴露真实身份和采访目的,以偷拍偷录等隐蔽手段对人物或事件进行采访。这种非常规的采访手段通常是在他人没有戒备的情况下进行的,突破了采访环境的封闭性和事实本身的隐蔽性,一针见血地抓住了问题的实质,因而内容比较接近客观事实,且更具说服力。记者在实施隐性采访的过程中应注意以下原则:一是应当限定在为公共利益而偷拍偷录;二是记者不应当扮演新闻事件中的角色,不能从中立的观察者变为当事人;三是要保护未成年人、妇女权益和国家安全机密(包括商业机密)。

不同媒体的采访既要遵循新闻采访的一般规律,同时也有自己鲜明的个性。话筒前采访和镜前采访分别是广播媒体和电视媒体特有的采访样式。

所谓话筒前采访,即广播记者手持话筒,或者身上携带微型录音机、无线话筒,在新闻现场采录人物讲话、现场音响或者作现场口述报道的采访活

动。话筒前采访可以充分发挥广播声音传播优势。现场音响包括自然界的音响、由人的活动引起的声音等,可以起到指明环境、渲染气氛、表现和烘托主题的作用。采录现场音响应力求真实、典型、有层次感。人物谈话可以直接体现人物的思想和感情,更好地表达主题。在广播报道中占有重要地位。采录人物谈话要注意选择合适的谈话对象,谈话内容要吸引人。记者的现场口述主要是交代时间、地点和人物,介绍新闻事件发生的背景和过程,描述现场的情景,从而更好地揭示主题。记者的口述和音响应该有机结合,语言力求通俗、形象、有节奏感。

镜前采访也叫现场采访,指电视记者在新闻事件现场,手持话筒或身携无线话筒,面对摄像机将新闻事件和采访过程直接展示给观众的现场采访活动。镜前采访最大限度地发挥电视媒介的独特优势,极大地拓宽了新闻采访活动的外延内涵。以往,新闻采访仅仅作为一种新闻的采集手段,新闻报道是采访的结果。现场采访,把记者的采访活动推到屏幕上传播给观众,观众看到的不仅是采访的结果,而且是采访的全过程。采访活动既是作为采集手段发挥作用,同时又是一种新闻节目内容的表现手法。镜前采访通过屏幕将记者的采访活动一览无余地展现在观众面前。同时,也将采访空间、环境、氛围、情绪直观形象地传达给观众,既增强了新闻报道的真实感、现场感,又提高了新闻传播的可信度。成功的镜前采访需要在幕后做大量调研准备工作,需要掌握灵活多变的提问技巧。除此之外,记者实施镜前采访还需注意以下问题:一是注意自身形象,穿着要得体,举止要大方,态度要真诚。二是注意话筒使用,切忌话筒指向错误,摆动要有序,不要挥来舞去。

第二节 广播电视节目的写作

一、新闻摄影基本方法

电视采访与广播采访的不同之处在于,将新闻事实转化为流动的画面和声音进行传播,诉诸观众的视觉和听觉。新闻图像的采制任务是由记者(摄像师)借助摄像机完成的。摄像机把景物的光影像转变成可以传输的电视信号。拍摄中应注意角度的选择、景别的应用及用光技巧。角度的选择,包括拍摄方向的选择、拍摄高度的选择和拍摄距离的选择。对电视新闻画面而言,选择、提炼角度,实际上也是对画面信息的选择提炼,能使画面视觉信息传达更为凝练、准确,更富有逻辑性和说服力。景别是指被摄主体在画面中呈现范围的大小。习惯上分为五种基本形式:远景、全景、中景、近景、特写。对摄像师而言,景别代表着一种叙述方式和画面的结构方式。简单地说,它显示画面所包含的景物范围的大小及主体在画面中所占的面积大小;就其内涵而言,它是创作者的思维与造型要求。用光技巧可以从光线性质、光线方向、光线配置等方面加以考虑。运用光线的目的,不单是为了技术上的要求,以获得清晰画面,更重要的是为了塑造人物形象和描写景物,以利于新闻主题的表达。

电视新闻摄影,应严格遵循新闻的真实性原则,对于新闻的地点、环境、背景、规模、人物及光线的明暗等镜头表现,必须符合实际,反对导拍、摆拍,严禁弄虚作假。新闻摄影的基本方法是挑、等、抢。

(1) 挑,即挑选报道素材,指记者在新闻现场通过对事物的观察、采访和分析,将最能体现事物本质、最能阐明事理且又具信息量的素材挑选出来。特别要注意挑选富有表现力和感染力的细节,如人物表情、动作以及周围的物品等,充分发挥电视报道的特性。哈尔滨电视台制作的电视消息

《检查团来了！走了!》,挑选几个具有代表性的新闻事实发生地,通过检查团到来前夕的“紧急行动”,检查期间的“干净整洁”,检查团走后的“新貌换旧颜”的对比反差,抨击揭露了“新形势下的形式主义”。

(2) 等,即等待拍摄时机。新闻摄影并非有闻必录,有形必拍。记者要等候捕捉最富表现力的角度和时机。一些记者由于没有耐心,往往以主观的假定性手法摆布、导演“典型时机”、“典型场面”,以“摆”与“导”的过程取代“等”的过程,违反了新闻真实性原则,这是非常不可取的。

(3) 抢,即抢拍,指记者不失时机地抓取新闻事态发展过程中最具表现力的过程与细节。有些精彩画面稍纵即逝,记者必须行动敏捷而且拥有娴熟的拍摄技巧,才能适时抢拍。荣获1994中国电视奖一等奖作品《崽伢子,莫过来》的成功之处在于抓取了抗洪抢险中一组独特而典型的镜头:趴在危房上等待营救的老人,面对冒险前来救援的解放军官兵声声急喊,官兵们置生死于度外的壮举,从而颂扬了生死关头的军民鱼水深情。在新闻摄影中,还应注意同期声的采录,可以有效烘托气氛,增加画面信息量,增强新闻的真实性和感染力。

二、新闻写作的基本要求

新闻写作是把采访素材转化成新闻作品的重要环节。写得如何,不仅关系采访素材的有效利用,而且直接影响传播效果。新闻写作的基本要求是:

1. 用事实说话

用事实说话是新闻报道的最基本要求,这是由新闻的本质属性决定的。新闻是新近发生的事实的报道,事实是新闻的本源,是构成新闻的基本内容。用事实说话必须做到构成新闻的基本要素确凿无误,新闻中引用的各种资料确切无误。记者向受众报道客观事实时,有时是为了表达某种观点和认识,用事实说话要求记者善于把自己的观点寓于事实的选择和排列之中,让受众自己得出与记者一致的结论。

2. 时新性

新闻是对刚刚发生、正在发生的事实的报道,忽视时效性,新闻就成了一堆废物。随着媒介竞争的加剧,对时效性的要求已从“今天新闻今天报”发展成了“现在新闻现在报”。讲求时新性,还应注意用新鲜的形式突出报

道中最新鲜的内容。

3. 简洁明了

现代社会生活节奏不断加快，人们身处海量信息的包围中，希望在尽量少的时间里获得尽可能多的信息，短新闻越来越受到重视，新闻要用简短流畅的文字清晰传达出尽可能多的信息。

三、新闻作品的结构

新闻作品，特别是消息体裁的新闻作品，一般由标题、导语、主体、背景、结尾组成。

(1) 标题也叫题目，是用以揭示、评价新闻内容的文字。从性质上分为实题和虚题，从结构上分为单行题和多行题。制作标题应做到准确、生动、简洁。

(2) 导语，即导读之语，以凝练的文句揭示新闻要旨，通常是全文的第一段或第一句，也有由两个或两个以上自然段落组成的复合导语。导语往往开门见山告诉受众消息的内容，吸引受众收听收看，并且为全文定下合适的基调。导语的类型有叙述型导语、描写型导语、议论型导语、悬念型导语、引语型导语等。导语要注意挖掘新闻由头，生动简练。主体是新闻的躯干部分，主要功能是解释深化导语，补充新的事实。

(3) 主体部分要内容充实、层次分明，忌空洞无物、离题千里。背景材料是与新闻事实有关的历史条件、社会环境、政治缘由、地理特征、科学知识等内容。

(4) 新闻背景的作用是说明、交代新闻事实的原因与结果、现象与本质；通过对比衬托，揭示事物的特点与意义；分析解释相关理论知识和政策法规。运用新闻背景要有明确的针对性，紧扣报道主题或主要新闻事实，尽可能少而精，避免喧宾夺主。文学创作素有凤头、猪肚、豹尾之说，好的结尾就是新闻的“豹尾”。

(5) 结尾的作用主要是拾遗补缺，深化主题；好的结尾还可以画龙点睛，让人回味无穷。结尾写作力求简练，言之有物，切忌空泛。

分析了新闻作品的构成部件，接下来要讨论它们的“组装”问题。新闻结构是新闻写作中表达内容、体现主题的谋篇布局，即一篇新闻组织材料、安排层次段落的构思设计。以消息写作为例，常用结构模式有：

1. 倒金字塔结构

倒金字塔结构起源于19世纪60年代美国南北战争时期，第一次世界大战期间得到了广泛使用。倒金字塔结构的特征是：按材料的重要性安排材料的顺序，最重要的放在最前边，次要的稍后，依次类推，直至结束；一般在第一自然段中开门见山地写出最重要的或最新鲜的事实；第一自然段往往有相对独立性，可独立成章，变为“简明新闻”或“一句话新闻”。倒金字塔结构既便于记者迅速写作，又便于编辑删改，同时便于受众快速获得信息，至今仍是消息写作中最主要的结构模式。

2. 螺丝型结构

这种结构形式仍将最重要、最新鲜、最吸引人的事实写在导语里，主体部分材料地位同等重要，按一定次序依次展开，整个结构犹如头大杆直的螺丝钉。主体部分展开有以下三种写法：

一是时间顺序法。按事实发生、发展、结束的时间顺序安排材料，组织层次。这种写法，脉络清楚，适于线条单一的事件性消息。

二是逻辑联系法。按照事物内在逻辑联系安排材料，如因果关系、并列关系等，有利于揭示事物发展的本质和规律，有较强的逻辑性和说服力。

三是时间顺序与逻辑联系结合法。将前两种结构法结合起来，交叉使用，兼顾了不同事物和人物在主题统帅下的统一性。这种结构包容性大，适合于写作事件重大、内容较多、时间和空间跨度较大的消息。

3. 金字塔式结构

这种结构往往将结论、高潮、结局、警句等放在最后，与倒金字塔结构的原则刚好相反，是正三角形。具体写法有：一是延缓式结构法。在一个吸引人的开头之后，精彩材料逐渐出示，事实不断向纵深延伸，行文跌宕起伏，结尾处别开生面，往往在故事穿插、铺垫后形成高潮。二是“DEE”结构法。这种方法由《华尔街日报》首创，又称“华尔街日报体”。“D”(Description)代表“描写”；第一个“E”(Explanation)代表“解释”；第二个“E”(Evaluation)代表“评价”。这种结构法的基本特征是：从描写具体的某个人入手，通过对事件进一步解释和进行恰当的背景分析，进而显示主题，引入结论。这种写法非常符合受众心理。

4. 散文式结构

这是一种章法灵活、构思自如的新闻结构，较多地是指一种写作方法和风格，结构方面主要强调散文的“形散神不散”。

四、电视新闻写作的特性和要求

电视新闻写作,主要是指解说词的写作。电视新闻声画合成的结构方式,决定了解说词有别于普通文体,有自己的特性和写作规则。

1. 解说词和画面相伴而行

好的解说词总是同特定的画面紧密配合,浑然天成,以丰富各自内涵。一旦脱离画面,解说词常常显得残缺不全,难以圆满表情达意,一般意义上,解说词不能离开画面独立存在。评价解说词的优劣,最重要的是看其与其他表现元素的协调配合。解说词写作应力求简洁凝练,为观众留出理解和思考画面的时间。

2. 解说词是用来播讲的

解说词以有声语言的方式诉诸观众的听觉器官,语言要适合观众的听觉习惯,通俗易懂、朗朗上口,既有利于播音员播报,又让观众容易听、愿意听。

解说词在电视新闻片中的作用可以归纳为:解释说明画面;交代新闻发生的时间、地点、人物、原因和背景等;对画面作必要的补叙和衔接;揭示内涵,深化主题。

解说词的写作,不能单一考虑文字语言的组合构成,应根据新闻内容与报道形式两方面要求,将解说词与其他表现元素有机融合。解说词写作的基本要求是:

(1) 突出新闻事件的时效性。电视画面独特优势是反映事件的空间环境、现场气氛的能力很强,而在时效性的提示上有一定的含混性,报道词正好可以弥补这一缺憾。

(2) 介绍情况。新闻写作基本要求是用事实说话,画面语言只能完成电视新闻中具体形象部分,综合抽象的事实材料,如说明事情经过、介绍相关情况只能通过解说词来完成。

(3) 交代背景。相关背景的介绍,有助于观众了解事件的来龙去脉,使主题表现更深刻。当缺少画面形象资料或画面资料介绍不清时,必须依靠报道词加以概括说明。

(4) 揭示主题,阐明意义。具象的画面难以明确、简练地表达抽象的主题思想,电视新闻往往要借助解说词阐明意义,将主题思想表达清楚。

(5) 渲染气氛,抒发感情。饱含感情的镜头语言能够再现生活中的动人情景,深情的解说,可以强化情感的表达,使观众在情感体验中,进一步认识事物,品味内涵。

(6) 突现细节。细节,一般指作品中与人物性格、事态发展、生活情景等产生有机联系的局部或细部叙述单元。画面语言组成的细节具有强烈的视觉冲击力、感染力和表现力。但是,也有部分细节不具备直观的外在形象或在时态上属于"过去时",画面难以再现。只能由解说词来完成细节的刻画,以增强主题深度。

(7) 口语化。电视声音传播的特点要求解说词通俗易懂,遇到数字时,宜粗不宜精,可以用打比方的方式描述数量,使观众听得明白,容易理解。

第三节 广播电视节目的编辑

一、编辑的中介特质

编辑工作是各种新闻传播媒介的内勤部分,是新闻生产流程的重要环节。作为一个整体概念,不仅是指各个具体编辑人员所担负的各项日常工作,而且是所有编辑业务人员工作的综合。编辑活动贯穿了新闻传播的全过程。从媒介策划、组织报道、选择和加工稿件,到编排节目和收集反馈信息,都属于编辑工作范畴。近年来,越来越多媒体的运作方式从过去的"记者中心制"转变为"编辑中心制",编辑工作处于信息传播的枢纽位置,沟通传播两极,中介性质愈发明显。具体表现在:

1. 传媒的策划者

媒介策划具体表现为编辑方针的制定。编辑方针是传媒的大政方针,是对传媒的内容和形式的总体设计。同时也是传媒定位的集中表现。任何一个媒体从创办之日起,都必须有明确的编辑方针。编辑方针规定着编辑

的组稿、选稿、改稿、标题制作、节目编排和制作等一系列工作。制定编辑方针的任务由编辑部承担,包括总编辑、部主任、普通编辑等。编辑部既是媒体的策划、调度和指挥中心,也是联系社会和传媒的桥梁。

2. 信息的把关者

大众传播是媒体从信息源获得一切信息,通过选择、加工之后大批复制并迅速提供给庞杂的受众的过程。传媒主要起着信息过滤器和放大器的作用。编辑对信息进行选择和确认,再把信息传播给受众。编辑代表媒体和受众对记者稿件进行甄别和评价,是筛选信息的"把关人"。编辑对记者稿件的加工、修改是把关作用的又一体现。可以说记者决定了人们在大千世界中看什么,编辑进一步决定了人们怎样看。

3. 反馈的接收者

一次完整的传播过程是信息经传播者到达受众,并产生反馈的过程。反馈是信息的反向传播或部分倒流,以及受众对传播内容的反映。有效的传播才能产生反馈,有效反馈方能推进传播。受众反馈和视听调查不仅是对于传播内容和传播方式的检验,也是编辑了解受众信息需求和信息评价的绝佳机会。反馈可以减少编辑在筛选和过滤信息过程中的盲目性,使传播的信息更加适应和满足受众需要。

二、编辑工作的基本内容

以上我们从广义的角度认识了具有中介特质的编辑工作,接下来将着重探讨狭义的编辑工作,即编辑的日常工作。经过前期采访、写作,新闻传播进入了后期编辑、制作流程。我们所听到、看到的新闻传播是一种栏目化的传播,若干条新闻被整合在一起,按照一定顺序播出。不同的新闻,不同的播出顺序,直接影响到传播效果。编辑工作的基本内容就是通过对新闻的选择和加工,对播出顺序的安排来实现传播效果的最大化,即按照一定的编排思想,选择组织稿件,编排新闻节目。新闻编排不只是求得一个播出顺序,同时包含着对每条新闻所反映的客观事实的评价。具体为:

1. 选择稿件

选择稿件是提高传播质量,满足观众需要,保证正确舆论导向的重要环节。编辑要站在历史高度,把握时代脉搏和社会发展规律,认清大局和主旋律。当前形势下,应把坚持"一个中心、两个基本点"作为首要政治标准。

一条新闻能否被采用,还需从新闻价值诸要素方面加以判断,看其是否具有传播意义。选择了充足的稿件,为新闻编排奠定了基础,接着要对选定的稿件精心加工和修改。首先是政治上把关。严守宣传纪律,掌握报道分寸。对稿件的观点、提法要作客观分析、评价,防止片面性和绝对化。其次是删繁就简,突出主题。编辑要善于发现稿件中的亮点,抓住亮点,写深写透,避免多主题、多中心、平均用力。这是编辑对记者稿件二度创作的突出表现。再次是核对事实。对包括人名、地名、单位名、时间、数字等在内的新闻事实加以核对,电视新闻还要求拍摄的画面真实无疑。最后还要讲究辞章,确保用词造句的准确性。纠正文稿中用词不准、搭配不当、文句不通的地方,广播稿要注意可听性,电视解说词要注意与画面的有机结合。

2. 撰写新闻提要和串联词

新闻提要一方面能突出重要的新闻事件和消息,有效地吸引受众注意力;另一方面,新闻提要用寥寥数语告诉受众一次节目的大致内容,能起到导听导视的作用。串联词主要用于新闻之间的连接,或是对上面播出的新闻进行简单议论并引出下面的新闻,或是对下面几条新闻予以概括、综述。串联词力求简洁、生动、引人入胜。

3. 撰写编前编后语

编前编后语是对所播发的新闻事实进行说明、评价并表明自己的见解和态度。一般直截了当,态度鲜明,语言精练,借助于新闻事实给观众以深刻的启迪。

4. 撰写、修改新闻标题

电视新闻的标题有时是用字幕表达的,有时是播音员播报的。新闻标题的作用在于,提示新闻的内容,评价新闻中的重要事实,有效地吸引受众收看新闻。撰写、修改新闻标题要善于用精当、生动的语言概括主要新闻内容。

5. 新闻节目的编排

不仅仅是对新闻的选择、分类和排序,还需要借助适宜的编排形式和技巧,帮助受众去理解、接受、判断信息,并达到深化报道、强化传播效果的作用。常用的编排技巧有以下几个方面:

(1) 选准头条。头条新闻的选择,既是一定时期报道思想的集中体现,也是一次新闻节目的重中之重。头条选得如何,直接关系到一次新闻节目收听收视率的高低。头条新闻在思想上,应具有指导意义;在内容上,应是

老百姓最关心的事实。

(2) 突出重点。围绕一个中心议题，从不同角度选择若干条新闻，形成一定声势，成为主导舆论。要在新闻的数量上体现出集合优势；要把一组重点新闻排列在前面，使之在观看上占有优势；要用编排技巧对重点内容进行烘托，比如在提要与串联词中予以强调，选配适当的编前编后语，并在标题和字幕方面下功夫。

(3) 优化组合。一些新闻在内容上有着某种相关因素，编排就是要通过恰当的组合使这种联系明确地体现出来，并通过新闻之间的联系和撞击产生新闻事实以外的意义。常用的组合方法有：一是同类组合。把题材相近或内容相同的新闻排列在一起，增强新闻之间的凝聚力和报道气势。二是对比组合。把内容具有矛盾性质、反差明显的新闻编排在一起，以造成强烈的对比效果，在反差中加深受众对报道的印象。三是相关组合。把几条在内容上具有内在联系的（或因果关系、或呼应关系等）新闻组合排列在一起，让受众全面了解事物之间相互关系，了解事物的整体面貌。

新闻节目的编排还应注意结构上错落有致，如同峰谷起伏，自然流畅，保持受众兴趣。对电视新闻来说，综合运用口播、字幕、图表，可以增加节目的韵律感，使抽象枯燥的报道变得直观生动。

第四节 广播电视节目的后期制作

一、后期制作的一般原理

所谓制作有广义和狭义之分，广义的制作涵盖了影视创作的全过程。狭义的制作指的是对拍摄素材的剪辑、合成。文章重点讨论狭义的制作。

1. 蒙太奇

电视片最小的单元是镜头，虽然单个镜头也可以有自身的含义，但要表达复杂多变的思想内容，仍需要借助剪辑把镜头组接起来。单个画面好比语言里的字、词，剪辑则是使字、词形成句子、段落、篇章的语法。后期剪辑的基本概念是蒙太奇。作为影视作品结构手段和叙述方法，蒙太奇包含了两层意思：一是作为镜头组接的方法和依据；二是作为编导者的思维手段，贯穿构思、选材、采访、拍摄、制作的全过程。从功能上蒙太奇可以分为两大类：叙事蒙太奇和表现蒙太奇。叙事蒙太奇着重于动作、形态、造型上的连续性，通过一系列不同景别、不同角度、不同运动形式的镜头的组接，构成完整的动作形态和事件脉络，表达过程连续，给人以清晰、流畅的感觉。叙事蒙太奇是画面组接的基础和主体，是电视新闻的重要结构方式。表现蒙太奇也叫对列蒙太奇，它不注重事件的连贯、时间的连续，而是以加强艺术表现力和情绪感染力为主要目的。通过前后镜头在形式上或内容上的相互对照、冲撞，从而产生一种单一镜头本身不具有的、更为丰富的含义，并用它表达某种感情、情绪、心理或思想，给观众造成强烈的印象。正如爱森斯坦所言："两个接合的镜头并列并不是简单的一加一——而是一个新的创造。"①

蒙太奇在画面组接上的具体运用，有以下四种方法：

(1) 平行式组接。在一个蒙太奇的镜头段落中，把有着逻辑关系的两条或两条以上的不同时空、相同时空、同时异地或同地异时的线索交替出现，平行发展，它们之间往往在一种内在的逻辑关系的制约下相辅相成。这种剪辑方法不仅可以自由灵活地展现更为广阔的时空结构，并可以从多层次多侧面观察一个事物或一个事件的状态和发展，揭示它们的内在联系，表达事物的深刻内涵。

(2) 对比式组接。通过镜头（或场面、段落）之间在内容和形式上的强烈对比，产生相互映衬的作用，以表达作者的某种寓意。

(3) 积累式组接。将一组在某种因素上有联系的镜头组接在一起，并在一种不断地叠加的效果积累中树立一种思想或主题，又称主题蒙太奇。这里的联系因素可以是镜头内容上的，也可以是镜头形式（如景别、运动方式）上的。

(4) 比喻式组接。通过前后不同的主体形象的画面组接，使观众产生某种联想，造成心理冲击，从而更深刻理解作品所表达的思想。这种结构好比修辞上的比喻手法，画面的比喻是在上下两幅（或两组）的冲击中产

---

① 卡雷尔、赖兹等. 电影剪辑技巧. 北京：中国电影出版社，1982. 33

生的。

2. 位置和方向的匹配

后期制作把分散、零落的镜头有机组接起来，表达特定的思想、内容、情感和意义。镜头间转换的基本要求是自然流畅，保持视觉上的连续感。要做到这一点，必须遵循剪辑中的一些匹配原则。所谓匹配原则，是指上下镜头中人物的位置、动作、视线应该统一或呼应，以保持视觉上的连贯和符合生活中的心理感受。一是位置的匹配。指上下两个画面中的同一主体所处的位置，从逻辑关系上讲要有一种空间上的统一性，从视觉心理上讲要有一种流畅和呼应，两个画面连接在一起时产生自然和谐的关系。二是方向的匹配。绝大多数情况下，镜头段落都是由一系列从不同角度拍下来的镜头构成的。在画面的剪接时必须保持设定方向的一致性，包括视线的匹配和运动的匹配。为了避免出现混乱，必须遵守剪辑中的轴线规律。所谓轴线，是一条虚线，被摄主体的运动方向、运动轨迹，两个相对静止物体之间的交流线，人物的视向以及静止的单一主体到其对面支点的连线，都可以构成轴线。在轴线一侧180度区域内，任何拍摄点的所摄镜头都能在空间上保持连贯性。此外，镜头剪辑还应准确把握剪接点，也就是镜头间的连接点。镜头长度要恰当，遵循动接动，静接静的基本剪接规律，保持画面色调和影调的统一。

3. 过渡与转场

电视是用一组镜头表现一个场景，说明一个单一的相对完整的意思。若干组镜头连接起来，形成一个叙事段落。不论一组镜头与另一组镜头之间，还是叙事段落之间，都需要选择合适的元素用做转场和过渡。就像写文章一样，一句话写完，自然要有句号，一段内容暂告结束，自然要另起一段，电视片不可能用句号标注，也不可能另起一行，只能用合适的过渡和转场方式使观众分清段落与层次，正确理解影片的内容。通常在下列情况下需要转场和过渡镜头：场景的转换、时间的变化、情节自然段落的结束。

常用的转场方式有两大类：一类是利用特技技巧转场，一类是无技巧转场，也就是选择合适的素材镜头放在影片的转折处直接切换。

特技转场常用方法有：

（1）叠化。指上下两个镜头交叠，前一个镜头的画面逐渐浅淡的同时，后一个画面的镜头逐渐清晰。形成一个画面转化为另一个画面的视觉效果。

(2) 定格。定格像一个顿号,形成了间歇感。把一段的结尾定住,接着再出现下一段落。

(3) 淡入淡出。一个画面的清晰度、色彩饱和度逐渐淡下去,形成白场或黑场,下一个画面的图像清晰度、色彩饱和度逐渐浓重起来,直至正常值。一般被用做大段落的转场。

(4) 划像、翻页等各种线形和图案。

无技巧转场常用方法有:

(1) 相似体转场。利用上下镜头中两个物体在某一点上的相似因素贯通上下段落。相似因素可以是形状、运动形式、位置等。

(2) 特写转场。也就是在一个新段落开始时,第一个镜头用特写。

(3) 同类内容转场。上下段落的相邻镜头选择的是同一类的人物、物体和环境,使之具有视觉的连贯性。

(4) 空镜头转场。空镜头指画面上没有人物的镜头,宛若一个删节号,使观众对前一段的思考、回味逐渐淡化,逐渐停下来,并翻看新的段落。

(5) 承接式转场。利用上下段落之间在情节上的呼应关系和内容上的连贯因素实现转场。除了上述常用的转场方式外,出画入画、封挡等剪接手法也经常被用做段落之间的转场方式。此外,电视片还可以利用运动镜头转场、声音转场等多种方法。

二、线性制作与非线性制作

从1956年美国安培公司开发成功世界上第一台四磁头二英寸磁带录像机以来,视频技术发展日新月异。信号处理方式从复合到分量;设备装置从大到小,从摄录分开到摄录一体,现在又经历着数字化革命。20世纪80年代开始出现的多媒体技术,使得人们通过计算机可以不受媒体差异的限制,综合处理图像、声音、数据、文字等多种信息,从90年代开始与电视节目制作相融合,传统的线性制作方式被全新的非线性制作方式所取代。

线性制作指的是磁带编辑方式,又称电子编辑。具体来说是指用电子手段按要求将拍摄的素材重新连接成新的连续的画面。该种编辑的执行系统是录像机、放像机、编辑控制器或者特技设备。工作过程通常先用组合编辑将素材按顺序编成新的连续画面,然后再用插入编辑对某一段进行同样长度的替换,但是想要去除、缩短、加长中间的某一段就不可能了。好比用

打字机打字,中间不能像计算机那样进行插入和修改。线性制作是由处理信号的模拟性和存储介质的线性特性决定的,最大缺陷是修改不便和复制损片。在磁带编辑出现之前,电视业采用的是电影胶片剪辑制作方法。电影胶片剪辑能按任何顺序将不同素材的胶片粘接在一起,可以随意改变顺序,剪短或加长其中某一段,这实际上就是低层次的非线性制作。电视制作人员一直期待着一种能结合电子编辑和胶片剪辑优势的制作方法,非线性制作方式的出现使制作人员梦想成真。

非线性制作利用计算机做工作平台,将视频信号数字化后,便可以任意访问视频图像祯,对视频信息的处理变得灵活而简便,不但可以任意加长、缩短和置换视频信号,还可以进行输入信号特技处理,并且可以反复编辑、复制而信号损失极小。

非线性制作方式的出现和普及,对电视节目的生产制作产生了深远影响。首先,电视新闻的时效性进一步增强。电视信号的传播分为信息编码、信息传输和信息解码三个阶段。非线性制作可大大节省编辑修改时间,缩短节目制作的必要时间从而提高新闻的时效。其次,电视节目质量得到提高。线性制作中不同的编辑操作一般要用键信号进行叠加和复制,信号损失较大。非线性制作中,不同的编辑操作采用数据运算方式进行叠加,无信号损失,节目质量有保障。目前,国外一些电视台开始广泛应用非线性制作方式来提高新闻节目的时效性和娱乐节目的虚幻性以争取受众。可以预见,非线性制作将会在很大程度上改变演播室结构,甚至是节目播出方式,成为未来电视制作的发展方向。

第十四章 广播电视的产业化与集团化

内容提要：

本章论述了广播电视的产业化和集团化的改革进程。分别论述了广播电视产业发展的过去、现在和将来，广电产业经历了起步发展、高速成长和巩固调整三个阶段。随着我国广告市场大环境的变化，随着境外媒介集团纷纷抢滩中国，我国广电的产业化、集团化面临着严峻的生存危机，发展战略，一是整合，二是分离，只有这样，才能使广电传媒实体增强活力、壮大实力、提高竞争力。

产业是指生产具有相同产品的生产群体,它由多个生产单位所组成,具有相同的社会经济职能。在不同的社会历史发展阶段中,产业的内部结构与外部形态是不断变化发展的。

在我国,广电行业因其鲜明的技术特性与强大的传播特性,一直被视为党和政府的喉舌,而较少被理解为一种产业。随着市场经济的发展,广电行业作为信息产业的功能日益凸显,广播电视已完成了从功能单一的、资源消耗性的大众传媒到功能多样的、具有资源自我补偿能力的传媒产业的角色变换。

第一节 我国广播电视产业化的历程

一、我国广电产业的发展

1940年12月30日,延安新华广播电台开始播音,这一天成为中国人民广播事业的诞生日。1958年5月1日,中国大陆上第一座电视台——北京电视台(中央电视台前身)开始播出黑白电视图像,从此开始了我国电视业发展的新篇章。电台电视台属国有国营,禁播广告,行业自身没有任何营业收入,所有开支都由国家和各级政府财政预算拨付。其性质是非赢利性的事业单位,类似于日本的NHK和英国的BBC(但财政收入来源和视听费来源有所不同)。这时期的广电行业也就无法与产业挂上钩。

改革开放以来,中国的政治、经济、文化以及人们的意识形态等各个领域都发生了深刻的变化。在这样的大背景下,中国的广电业开始了产业化探索,由原来片面强调政治喉舌功能发展到集政治、经济、文化、信息、娱乐等多种功能的复合型产业系统,实现了广电业的功能转型。具体说来,这个历史转变可分为三个阶段:

（一）起步发展阶段(1979年—1986年)

1979 年 1 月 28 日,上海电视台在屏幕上打出“即日起受理广告业务”的文字,并播出了中国电视史上的第一条广告——上海药材公司的“参桂补酒”广告。这条广告只有短短的 1 分 30 秒,收入不到 300 元。但其巨大的示范效应和轰动效应不言自明,中外媒体评论认为这是中国“开放的信号”。同年 4 月,广东电视台、中央电视台相继播出广告。同年 11 月,中宣部批准新闻单位承办广告。至此,我国广播电视台常年以来单纯依靠行政拨款的日子一去不返,广电媒介自身开辟了一条合理有效的资源补偿渠道。1983 年 3 月,第 11 届全国广播电视工作会议还号召要“广开财源、提高效益”,在全国范围内提出了广电经营的重要性。这一阶段从 1979 年全国电视广告营业额只有 325 万元,至 1986 年便突破亿元大关,达到 1.15 亿元。早期播出的广告虽然品类不多、创意直白、不能引人入胜,且主要集中在晚间时段,但却是企业传播经济信息最简捷、投放广告成效最显著的时期。

（二）高速成长阶段(1987年—1996年)

这段时期是我国广电业经营高速发展的阶段。1983 年 3 月召开的全国广播电视工作会议上提出了“四级办广播、四级办电视、四级混合覆盖”的方针,确定广电事业实行国家级、省级、地市级、县级多层次的分级建设模式,在此情况下,我国广播电视基础建设迅速发展,各类电台电视台的数量猛增。与此同时,广告在经济建设中越来越受到市场的欢迎,越来越多的企业开始重视在广电媒体投入大量资金做广告,以期通过广告在短时间内迅速提升知名度和影响力。特别是经济发达地区,广告品类丰富多彩,广告创意日新月异、广告画面新颖美观,广告容量与发达程度成正比态势。卖方市场的形成,使广电业广告营业的年增长额不断加大,甚至飞速增长。特别是电视广告的增长尤为引人注目,到 1996 年达到 90.79 亿元。广电业的这种广告经营既减轻了国家的财政负担,也为自身的发展提供了强有力的资金支持。在此基础上,我国的广电产业化也开始向纵深发展,从广告经营向节目经营、资本经营挺进。1988 年 10 月,第二届上海电视节第一次把电视节目作为商品进行交易;1994 年 5 月,上海东方明珠股份有限公司挂牌上市,

资本与广电产业正式联姻。1992 年中共中央、国务院发布《关于加快发展第三产业的决定》,这一文件要求第三产业机构应做到“自主经营,自负盈亏”,“促进现有的大部分福利型、公益型和事业型三产单位逐步向经营型转变,实行企业化管理”,在这个文件中,电视业被明确划入第三产业范畴,使我国的广电产业化有了切合实际的政策依据。

(三)调整巩固阶段(1997年至今)

这一阶段广电广告收入的增速减慢,广告业日趋成熟,从外延的扩张转向内涵的集约发展,市场又悄悄地回到了买方,企业家们在媒体选择时越来越理性,往往考虑如何科学合理地选择适合自己的最佳媒体和最佳时段。而作为卖方市场的广电媒体则必须主动出击,走向客户,加强服务,但在广电媒体不断扩张、频道不断增加的情况下,广告竞争日趋白热化。

1996 年 12 月,中共中央、国务院发布《关于加强新闻出版广播电视业的通知》。《通知》指出,广播电视业由于数量增长过快,重复建设,人员素质和管理跟不上,不仅造成资源的浪费,而且影响了精神产品的质量,并据此提出了控制数量,调整结构的方针。通过这次调整,电视台数量得以控制,截至 1999 年底,全国县级以上电视台数量被削减为 3 000 座左右。

同时,广电业围绕“集团化”开展一系列的改革试点,所谓集团化主要是指广播、电影、电视三位一体,有线、无线、教育三台合并,省、地、县三级贯通。1999 年 6 月 9 日,全国首家广电集团在无锡正式成立。集团化带来了局部的产权放大效应,促进了资源的有效化重组和配置。2000 年,上海广电集团和湖南广播影视媒体集团挂牌。2001 年 12 月,由中央电视台、中央人民广播电台、中国国际广播电台、中国电影集团公司、中国广播电视传输网和中国广播电视互联网等单位联合组成的中国影视集团也浮出水面,这是我国规模最大的广播影视集团,重组后的集团固定总资产达到 214 亿元,年总收入 110 亿元。集团化克服了无序的恶性竞争、解决了产业结构的小型分散,是我国广电产业发展的客观要求,也是产业发展的主流方向。

二、广电产业的特点

把广播电视当做一种产业,是社会经济发展的客观要求,也是广电自身特点的要求，具体说来，主要表现在以下几个方面：

(1) 广电产业具有信息产业的基本特征，即收集、整理、加工、存贮、传输信息，为社会公众提供各类信息服务。而在商品经济条件下，信息是不折不扣的商品，具有鲜明的商业属性，因而信息产品的生产部门则理应作为一种产业部门主体来进行合理经营。

(2) 在分工日益细化的现代社会生产条件下，广播电视媒介通过自身的特有生产和传递信息的功能，引导社会生产要素进行合理化配置，促进社会生产力的有序、健康发展。广播电视的这种对生产要素的导向作用，既是信息产品自身功能的表现，又是广播电视产业存在的一个重要依据。

(3) 随着商品经济的日益发展，广播电视媒介的自身功能得以最大开掘，业务经营范畴不断扩大，已从以前单一的新闻宣传工具发展成集信息服务、影视制作、音像出版、技术开发等众多功能于一身的产业系统。这种业务外延的扩大，使得广电媒介有足够的空间来进行相关产业的开发与经营。

(4) 从实践角度看，中外各国的电台、电视台无不进行着经营活动，着眼于社会效益和经济效益的双向提高。以世界电视100强排名第二的美国维亚康姆公司为例，其1999年度总体营业收入达到了128.6亿美元，其中还不包括当年9月兼并CBS的73.7亿美元。① 又如湖南卫视经过几年时间的产业化探索，1999年广告收入突破2亿元，其中光《快乐大本营》一个品牌栏目就创收2 400多万，最高广告价位达到了15秒3.8万元。② 广播电视的这种经营状况便表明了其客观的产业功能。

不可否认，广播电视产业具有公益事业的宣传性和产业功能的经营性的二元属性，其经营着眼于社会效益和经济效益两个方面，涉及意识形态和产业经济两大门类。因而在我国完成喉舌功能的同时才能完成其产业任务，这是根本所在，是关系到广电产业功能能否充分实现的关键。

三、势在必行的广电产业化与集团化

当今社会发生着深刻而复杂的变革。世界经济一体化进程显著加快，知识经济、信息经济的发展日新月异。中国广电产业在赢得更为广阔的生

① 参见陆地．中国电视产业的危机与转机．北京：中国人民大学出版社，2002.87

② 参见张海潮．电视中国．北京：北京广播学院出版社，2001.134

存发展空间的同时，也不得不面临内外交困的处境：产业发展所需的资金缺口正在加大；新兴媒体和传统媒体试图做强，广电媒体面临激烈的挑战；世界跨国传媒集团的竞争压力。内挤外压，我国广电业的发展形势严峻，而面对重重危机，广电的产业化、集团化势在必行。

从广电产业化发展历程来看，我国广播电视业发展前景看好。但细察我国广电发展现状，我们就不难发现一些深层次的问题：广播电视台数目庞大、播出市场杂乱无序、低水平竞争、内部机构数目庞大、重复建设等，造成资源的巨大浪费，是典型的"大而全"、"小而全"的发展模式。

1. 广播电视台数目众多，频道频率资源浪费严重

在"四级办广播、四级办电视、四级混合覆盖"的方针指引下，自1983年后我国广播电视台数目剧增，如电视台虽经大刀阔斧的削减，至今仍有2 000座左右，频道数目近6 000个，从而成为世界上电视台和电视频道数目最多的国家。如此庞大的播出市场无疑需要大量的节目资源来填充，来源有两个：一是自制；二是购买。据有关专家1998年的调查数据显示，全国省级电视台的日均节目制作能力在5小时左右，地市级在2小时左右，县级台则为半小时。① 而另一方面，电视台的购买力普遍不强，节目供应商良莠不齐，流通市场不畅。因而节目播出市场的供需矛盾突出，甚至出现频道闲置情况，造成资源的巨大浪费。

2. 广播电视台内部职责不清，部门协同性差

这主要体现在广播电视台内部存在着作坊式散乱经营的现象，缺乏一整套行之有效的协调机制。如2001年湖南电视台的卫视、经视、都市、文体、生活、影视六个频道的广告业务分别由广告公司的六个业务部分营。由于各部门代表不同的频道利益，为了拉拢广告业务，部门之间进行了激烈的价格战。折扣越打越低，利润越来越薄，从而严重损害了电视台整体效益的提高。后在集团化统一运作之下，每个业务部对应几个行业（如IT业、医药业等）进行统一的广告业务代理，各频道价格高度明晰，硬性执行，集团效益才有了改观。

3. 广电行业的管理体制滞后于产业发展

我国的广电行业诞生在特殊的年代，由国家出资办台，不讲经营、不计成本，因而行政干预性较强。在市场经济模式下，一个产业若要取得相应的

① 参见陆地．中国电视产业发展战略研究．北京：新华出版社，1999. 92～93

发展，首要前提便是其产业主体须是独立核算、自主经营、自负盈亏的法人实体。而目前一些广电部门的管理体制仍沿用计划经济体制之下的模式，权责不明、条块分割。唯有引入全新的集团化发展战略，进行企业化管理、规模化经营，并逐步建立现代企业制度，才能彻底打破这一制约我国广电产业向纵深处发展的瓶颈。

在不同的历史发展时期，我国的广电业都存在资源补偿结构单一的缺陷，经费吃紧，这是我国广电行业的致命软肋。中国广电事业在20世纪70年代末之前是纯粹的行政事业单位，政府与广电的关系是单纯的指令和执行的关系，一切资源投入和补偿都由国家财政开支，广电按照上级指令制作和播出节目，无任何经营创收。在当时全国广播电视台的数量较少、播出时间也有限的情况下，广电系统虽能正常运营，但难以扩大再生产。

1979年1月28日，我国电视史上第一条商业广告在上海出现，此后，各级广播电视机构都开始播放广告，从而开辟了自己的第二条收入通道。1979年全国电视广告营业额仅为325万元，1986年便突破亿元大关，到1999年，这一数字已达156.15亿元，比1979年增加了4 800倍。① 随着广电广告的逐年增加，各级政府对广电机构的财政补贴也在逐年减少。而今，除了一些欠发达地区，由于所依托的经济水平较弱，企业广告投放意识不强，收入太低，因而仍离不开国家补助之外，我国绝大多数广电媒介已实现自收自支。

从全额依靠财政补贴到实现自收自支，这是很大的转变。既减轻了政府的财政负担，同时也是各广电机构拓展自身服务功能，促进运作机制转变的大好机会。但现在的广电传媒在实际运营中过分倚重广告，产业功能并未得以很好的开发。在全国绝大多数广电机构中，广告收入在总收入中所占的比重都达到90%以上。广电媒介过分倚重广告收入，把本行业的兴衰完全寄望于其他经济产业上，这无疑不利于广电行业对市场风险的规避。一旦经济不景气，企业的广告投入必将减少、出现动荡，广电行业必然随之面临危机。

① 张海潮．电视中国．北京：北京广播学院出版社，2001.105

第二节 我国广播电视产业化与集团化的现状

一、我国广电媒介与广告经营

我国广告业在20世纪80年代发展迅猛,广告营业额的年增长率持续走高,均值达40%以上。到了90年代,增长率则持续走低,降为20%左右①,这一方面和广告基数增大有关,另一方面表明企业的自我发展意识增强,广告商正趋于理性。全国广告市场的大环境也影响到了广电广告市场,近年来,电视广告在全国广告市场上的份额不升反降。

广电广告市场面临着新兴媒体的冲击,广告分流情况严重。中国已于2001年加入WTO,按协议,到2005年,国内信息产品(电脑、互联网设备等)将实现零关税,同时随着国际互联网产业巨头的进入,我国的网络媒体迎来了一个发展的春天。网络新闻以其海量性、即时性、交互性,往往更易吸引受众关注,据中国互联网络信息中心的统计报告显示,65.52%的用户在网上最想获取新闻方面的信息。传统的广电受众群在分化,广电的广告收入也随着受众"注意力资源"的流失而分流,与此形成反差的是网络广告以惊人的速度增加。

广电广告市场也受国家政策的影响。2000年5月,国家税务总局出台《企业所得税税前扣除办法》,规定从2001年起,企业只能拿出销售额的2%做广告,超出部分不计入成本。由于大多数企业在电视媒体的广告投放都高于这个比例,有的达20%甚至50%以上。② 这一政策的出台将使我国的广电广告市场缩水。

---

① 张海潮．电视中国．北京：北京广播学院出版社,2001.101~102

② 张海潮．电视中国．北京：北京广播学院出版社,2001.109

广电广告市场还存在价格政策混乱,代理制实施不彻底,竞争秩序不规范等问题。这些问题的存在也必将成为广电市场的内耗,从而制约广电业的进一步发展。

国家财政补贴逐年减少,直至彻底"断奶",广告市场又是草木皆兵,因此我们就不难理解广电媒体普遍感觉资金吃紧了。面对困境,我们只有改变过于依赖广告收入这一单一的资源补偿结构,集思广益,广开财路。在集团化的变革中开展多种经营,逐步推进我国广电业的产业化进程。

二、境外媒介集团纷纷抢滩中国

早在1999年,世界娱乐传媒巨头时代华纳公司举办的"财富论坛"上,世界主要跨国传媒巨头就在上海达成共识:加入世贸组织后,世界跨国传媒集团将在中国的传媒市场获得巨大的发展。而今,海外传媒集团正以前所未有的速度向中国的媒介市场逼近。

中国是世界上最大的发展中国家,以13亿人口作传媒产品的潜在消费群,以5 000年文化积淀作资源潜力,在中国发展传媒产业,意味着高额的媒介市场回报。国际电视列强对中国内地市场可以说是觊觎已久,他们在中国上空积聚了大量卫星,随时准备从天而降,一场没有硝烟的战争正在打响。

最早与中国近距离接触的当数新闻集团。1985年4月,默多克就到中国大陆访问,在其说服之下,中方购买了其旗下的21世纪福克斯公司的一些影片,如《音乐之声》,还有后来的《泰坦尼克号》等。新闻集团也在中国市场掘得第一桶金。此后新闻集团在中国动作频频,大手笔不断:先后花8亿多美元买下李嘉诚父子手下的香港卫视,作为新闻集团的全资子公司,香港卫视经过8年超过10亿美元的投资,已发展成以8种语言、通过30个频道、向亚洲53个国家和地区、近3亿观众提供信息和娱乐的大型传媒机构。① 默氏在北京和上海创立了办事处,以加紧与内地的联系。2001年他们与中央电视台签定市场互入协议,根据该协议,2002年年初,新闻集团旗下的STAR获准通过有线系统向广东地区播放一个全新的24小时综艺频

① 周伟. 媒体前沿报告——一个行业的变革全景和未来走向. 北京:光明日报出版社,2002. 127

道，同时，STAR 集团在美国的姊妹公司福克斯有线网（FOX）也将安排中央电视台的英语新闻时事频道（CCTV－9）在美国播出。

作为全球最大的媒体巨头 AOL－时代华纳也积极将其多媒体战略向中国内地延伸。2001 年 AOL－时代华纳拆资 1 亿美元入主香港华娱卫视，控制了其 85% 的股份。并购完成后，AOL－时代华纳对其进行了大量的技术改造，并将其收视对象确定为大陆的新生代，年龄在 20～45 岁之间，具有较高的受教育程度。AOL－时代华纳打算将其媒介产品按内地观众的需求重新包装后在华娱播出。另外，旗下的美国有线电视新闻网－CNN 与中央电视台签定了互换节目协议。2002 年 1 月开始，AOL－时代华纳开始在广东地区播放华娱电视，中央电视台的英语频道也将同时在 AOL－时代华纳的有线电视系统中播出。① 2003 年 7 月 12 日，由华纳兄弟国际影院公司与上海永乐股份有限公司两方共同合资组建的豪华影院"永华电影城"在上海正式开业，这也是美国一线影院公司首次获得中国政府批准冠名的中国国内影院。

维亚康姆董事长雷石东 1997 年第一次到中国就对开发中国传媒市场产生了浓厚的兴趣。1995 年，维亚康姆通过旗下的 MTV 全球网与中国开展节目交换的形式进入中国，并在 1999 和 2000 年成功与中央电视台合作举办了两届"CCTV－MTV"音乐盛典，2000 年其收视率达到了 7.8%，约有 1 亿人观看了这些节目。此外，以面向 8～14 岁儿童的教育频道自 2001 年 5 月后相继在中国播出。目前，该节目已在全国近 100 个频道播出，覆盖 20 多个省市②。2001 年年底，维亚康姆旗下的派拉蒙电影节目也在我国落地。此外，维亚康姆还在积极运作寻找突破口以购并开通频道。"本土内容为王"的战略已为其培养了大批受众群和良好的口碑，频道落地计划的实行将使维亚康姆的品牌价值得到大幅提升。

另外，BBC、Discovery 频道等国外众多超级传媒集团也不甘人后，他们通过公关、合资控股、节目交换甚至低价倾销的方式，积极向国内传媒市场渗透，与国内媒介展开激烈争夺。

---

① 周伟. 媒体前沿报告——一个行业的变革全景和未来走向. 北京：光明日报出版社，2002. 116～118

② 周伟. 媒体前沿报告——一个行业的变革全景和未来走向. 北京：光明日报出版社，2002. 133～135

随着我国改革开放力度的加大,原先铁板一块的国内广电市场加快了开放的步伐。2000年,国家广电总局批准接受16套境外卫星电视节目加密后可向国内三星级以上宾馆,各独资、合资企业和涉外公寓传送。2001年,国家有关部门又决定,年内建立一个全国统一的卫星电视平台,采取加密技术,集中所有获准进入中国的境外电视节目,实行统一传送。而海外电视台或节目内容供应商仍可以出售节目形式将海外节目安排在内地有线电视台播出。境外大型传媒公司的步步进逼无疑将给既存的广电产业现状产生强烈冲击,业内大量低水平运营下的广电机构将面临生存危机,甚至可能被各个击破。这也是我国进行广电集团化的最直接动因,唯有强强联手,走集团化集约经营的道路,才是最终出路。

三、广电产业化与集团化运作的可能性

我国广电业的产业化、集团化既是产业经济和市场经济发展的客观要求,也是在自身面临"内挤外压"形势之下所作的必然选择。同时报业产业集团化的先行、产业技术的进步、既有的广电集团化探索等都为我国广电的产业化、集团化提供了经验上和技术上的支持。

中国的报业和国际接轨,比广电业步伐更快,中国的媒介集团化就是从报业开始的,报业集团是以核心报业媒体为龙头所组成的媒介产业集团。改革开放以来,中国报业发展异常迅速,1995年全国便有5家报社广告收入超过2亿元。1996年1月,《广州日报》社率先成立报业集团。1998年5月,《南方日报》和《羊城晚报》相继组建报业集团。6月,《光明日报》、《经济日报》报业集团同时成立。9月,上海文汇新民报业集团诞生。1999年11月,包括《北京日报》和《解放日报》在内的8家报业集团获准成立。这样,全国的报业集团便达到了15个,这些报业集团都有雄厚的经济实力和广泛的影响力,在保障舆论宣传导向、追求社会效益最大化的前提下,追求经济效益的最大化,通过提供全面优质的资讯服务,扩大读者市场,实现以广告、印刷、发行等经营活动为主的多元化经营,并在体制创新、市场定位、发行网络、增容扩版等方面积极改革,成为发展先锋。报业集团借助报纸产业功能的逐步拓展,已取得了不俗的经济效益。

由于同处媒介阵营之内,广电业与报业在媒介产业特性上具有相通的部分。报业集团化取得的一些经验也将成为一笔宝贵的精神财富,对广电

产业具有示范效应和借鉴作用。

数字技术的广泛应用,使得广播电视产业和电信产业以及互联网产业业务市场的界限越来越模糊,为广电产业的跨行业联合提供了可能性,国家"十五"计划纲要也明确提出了"促进电信、电视、计算机三网融合"。这也表明广播影视产业的竞争已不局限于内部企业之间的竞争,而是扩大到信息产业部门间的竞争,这便要求一向各自为政的广电企业进行产业内外的联合,走规模化和集约化的道路。

随着光缆和数字技术的发展,目前中国电视产业的业务可分为两大块:一是基本业务,即利用频道资源播放电视节目;另一块是扩展业务和增殖业务,即利用丰富的传输资源,如有线电视网络、卫星、微波和转播台等,开展图文电视、电视电话、因特网接入、会议电视、电子商务、视频点播(VOD或NVOD)、家居银行、远程教育、社区智能化等数据业务。后者就不是单纯地单向传输节目,而是具有很多商机、发掘潜力很大的产业。中国电信市场在中国加入世贸组织以后,既要对外国电信企业开放,也必须和中国电视产业对称准入。两大行业若能结合自身优势,在一些相通领域实现跨业联合,将会是一个"双赢"的结果。

四、已有广电产业集团模式简介

湖南、北京、上海、浙江等地现有的广播影视集团为我国广电业同行的发展提供了借鉴。特别是先按集团化经营战略运作,后经批准挂牌的三家广电集团:无锡集团、上海集团和湖南集团,由于具有开拓意义,被称为我国广电集团化的"三驾马车",是三种最具代表性的模式。

(一)无锡模式

1999年6月9日,全国首家广电集团在无锡正式成立,这是强调局台合一、以块为主的行政整合模式,采取"两块牌子,一套班子"的管理体制,集团既是广播电视宣传单位,也是市政府主管广播电视宣传和事业建设的管理机构,局领导就是集团领导。集团成立时总的设想是以广播电视宣传为主,拥有多种媒体(广播、电视、报纸、网络),兼营相关实业和开展多种经营,进行"集团化管理,专业化分工","宣传把紧,经营放开",谋求"大广电,大宣传,大产业”①,它将行政管理职能、传媒宣传职能、新闻发布职能、产业开发与管理职能一一区分,加以割离。

针对原先内部机构林立,“大而全”、“小而全”以及部门、频道、节目重复设置等问题,集团实行节目制作专业化、频道设置专业化,逐步实施宣传与经营分离、制作与播出分离。进行机构调整和节目构成重组,建立新闻、广播、社教、文体、技术等八大中心;同时在以广告创收为主开展多种经营的方针指引下,设置经营管理的产业化机构,建立广告、网络、工程、设备等八大公司,进行产业化经营,实行企业核算、自收自支、自负盈亏等新的管理体制和运行机制。

广电集团在保证宣传的前提下,着力抓好社会效益和经济效益,使二者形成相得益彰的良性循环。广播电视经营实体在产业化进程中实力不断增强,由原先每年地方政府向其财政拨款变为广电集团每年向地方财政上交利税 1 500 万元,②广电集团化运作初见实效。

(二)上海模式

上海广播电视局在2000年与上海市文化局合并,成立上海文化广播影视管理局。他们实施小局大集团,两块牌子分挂的运行模式。早在1997年,这个机构就在全国范围内首家获得事业单位实行国有资产委托管理的资格,承担对国有资产的保值和增值任务。集团明确定位为企业化集团公司,而不是事业性集团,强调了行业行政管理职能与媒体产业经营职能的严格区分,从而也可避免在市场准入过程中因身份不明的资产上市而遭遇尴尬,解决了集团法人治理结构的问题。

上海先从媒体的内部结构优化,运行机制调整做起,先打破媒体的“小而全”,再到实体资产的有效运营和重组。并通过经营实体的合法上市,扩大融资渠道,赢得社会资金注入,促进资金补偿渠道的多元化。同时以产权为纽带,集中系统内部有限资金,全力上项目。从 1992 年开始,“上广电”投资总额超过60 亿元。已完成的硬件项目包括:上海国际会议中心、上海大剧院、“东方明珠”广播电视塔以及上海大厦、上海广播大厦、东视大厦、

① 虞国胜.我们的路子这样走——组建广电集团的探索和实践.南方电视学刊.1999(6)
② 张海潮.电视中国.北京:北京广播学院出版社,2001.261

上海影城、观光隧道等。

“上广电”在集团化运作中强调“以宣传为中心,以影视创作为重点,以事业发展为基础,以队伍建设为保证,以加强管理为入手”。他们重视齐头并进和宏观调控,并通过控制外省卫视节目落地的范围和速度来保护本集团的市场份额,为上海各家广电媒体赢得了宝贵的发展空间,下属媒体的发展也为“上广电”集团的品质提高打下了坚实的基础。

(三)湖南模式

2000年12月27日,我国第一家省级广播影视媒体集团——湖南广播影视集团成立。新组建的湖南广电集团开始成为“电视湘军”的代名词,旗下几乎囊括了湖南所有的省级影视媒体,包括湖南广电总台、潇湘电影制片厂、湖南广播电视报社、电广传媒、网络公司等。集团为独立核算的国有独资事业集团,具有独立的企业法人地位。

此前,1999年3月25日,湖南广播电视产业中心将其旗下的电广传媒股份有限公司(代号:0917)在深圳证交所上市,这是我国第一只涵盖广告、节目、传输业务的典型传媒类股票,被公认为“中国传媒第一股”,成功募集资金4.46亿元。这是我国电视体制改革和广电传媒产业化的重要里程碑,具有体制创新的意味。

他们在广告运作上采用代理制。湖南卫视、湖南经济电视台等湖南省广电厅下属的七家媒体广告统一由电广传媒代理,收入由电广传媒和各台之间四六分账。集团先后将7个频道进行整合,组建新的湖南电视台,除湖南卫视作为综合性新闻频道之外,其他频道都办成专业化频道。经过资源整合后,集团的内容质量与广告收入又上了新台阶。

集团下设7个非法人地位的管理部门,包括公共事务部、宣传管理办公室、人力资源部、资产财务部等,一个部对应一个业务范围,从而形成责权明确、绩效挂钩、统分结合、调控有力的运行机制。

以上三种模式对我国正在推行的广电产业集团化具有一定的示范意义。当然,集团化模式的选择不能生搬硬套,必须结合本地区、本单位的实际,在实践中探索出符合产业发展规律的个性化方案来。

第三节 我国广播电视产业集团生存战略

一、广电产业集团生存战略之一：整合

无论通过何种手段，集团化总要通过新建、资产兼并、股权运作或相关协议等方式，由单一经营方式向群体企业经营方式转化。企业集团和集团企业是集团化的两种组织形式，但无论哪种形式，单个企业或单位都不能成为集团，集团必然要有外延上的要求，而外延扩张就必然要按照社会和市场的要求实现传媒资源的规模化整合。在当前，整合主要有两种具体的表现形式：一是变单一经营为多种经营；二是变各自为政为横向联合。

（一）变单一经营为多种经营

在产业化道路之初，广电媒介从事的只有广告这一单项经营。后虽有了多种经营的概念，但仍旧停留在低水平运营状态之下，广告收入在广电媒介的总收入中仍是“一头独大”。在前面我们已论述过，广电媒介过于依赖广告收入，把本行业的兴衰完全寄托在其他产业身上，这并不利于自身有效的规避市场风险。同时，在广电业的广告市场上还存在着一些不稳定的因素，广告收入下降。在这样的背景下，如若继续奉行单一的资源补偿政策，广电业的正常运营必将面临危机。所以广电媒介一方面必须努力扩大广告的创收空间，另一方面则必须走多元化经营之路。

具体说来，广电的多元化经营必须依托频道、栏目和节目，优先发展业内的经营，再按与本业相关的密切程度，依序建立起经营开发次序。为避免资源分散，应以经营核心能力为点，然后向力所能及的经营范围辐射开去。主业是一个集团的立命之本，如果节目越办越差，媒体就会没有生存的基

础。多元化经营面不宜过广，且要具有相关性，这样可避免因启动资金不足或是经验匮乏而遭遇项目搁浅现象的发生，因为媒体自身毕竟不是完全商业化的法人，在经营管理人才普遍缺乏、媒介市场运作经验不够丰富的情况下，角色换位需要一个过程。

西方国家的广电产业经营具有高度商业化、市场化的特点，较为成熟，他们先从自身优势出发，渐进地完成业内经营向业外的渗透。比如，美国一些商业电视台(网)制作的很多影视节目，除了供自己播出或向其他台(网)销售外，还进行多层次的综合开发，不放弃一切与之相关的衍生产品的销售，小到玩偶、服饰，大到宾馆、度假圣地。如把著名节目制作成录像带或光盘直接出售或租赁，开发已成功的影视节目中的相关的纪念品售卖，建立主题公园等。像迪斯尼公司利用迪斯尼影视作品的知名度开发迪斯尼乐园、饭店、书籍、玩具、音像制品、服装服饰等。这些在国内一些决策人眼中甚为"小儿科"的举动，其商业价值往往是惊人的。多元化经营之道是发达国家成功经验的总结，如在我国广电产业的多元化经营中引入，将有助于把我国广电产业做大做强，从而摘掉积贫积弱的帽子。

当前，各地"上星台"的增多，落地政策的逐渐放开，以及网络媒体的崛起等，大大分流了观众，造成收视率下降，也造成了频道价值相对贬值。这直接带来了两个结果：一是广电广告收入下降；二是广电媒体的核心经营能力变小。这便为我们的多元化经营设置了规定性，一方面要求媒体开展多种经营；另一方面也要求媒体的多元化经营必须着眼于自身实际，避免胡乱投资，盲目上项目。一个反面的例子便是湖南的广电业在产业整合成功之前的"公司热"时，曾成立了众多和本业无关的经济实体，开展相互无联系的分散经营，甚至烧砖、养羊。但是绝大部分亏损，有的项目投入了大笔资金却血本无归，造成了巨大的损失。① 这也回应了当前的一个问题：多种经营不是越多越好，多元化经营应重质轻量。

总体说来，我国目前各广电机构的多元化经营状况普遍不理想，统计资料显示：在我国，广电媒介的多元化经营收益占全台总收入比例最小的为0.1%，最大的为15%，平均仅为1%。全国有20%的广电媒介处在0.5%以下，有30%的媒介处在1%～3%，3%～5%之间的为16.7%，5%～10%

① 张海潮. 电视中国. 北京：北京广播学院出版社，2001. 241

之间的为 30%，在 10% 以上的媒介仅为 3.3%。[①] 相较国外广电媒介集团 50% 的均值，我国的广电产业的多元化经营还有很长的路要走。

（二）变各自为政为横向联合

我国广电行业长期以来分散经营、各自为政，缺少竞争力，现在虽已开始了集团化的探索，但还面临着一系列的问题，制约了集团化优势的发挥。若要打破这些瓶颈的制约，就必须改变广电媒体之间的无序竞争，以市场为导向，以资产为纽带，实现横向整合。

综观世界广电产业发展史，横向联合乃大势所趋。20 世纪最后一次世界传媒购并风潮形成于 1995 年，延续至今，其特征是：跨行业、跨国界、涉及金额巨大，尤以美国为甚，波及世界：

1995 年，迪斯尼公司以 190 亿美元，购并大都会 ABC 公司；1995 年，西屋电气公司以 54 亿美元购并哥伦比亚广播公司（1999 年，哥伦比亚广播公司又被维亚康姆公司并购）；1999 年，美国电话电报公司以 480 亿美元收购美第二大有线电视公司 TCI；2000 年，美国在线以 1600 亿美元购并时代华纳公司，从而使这一购并浪潮达到了顶峰。美国在线是世界上最大的互联网服务商，而时代华纳则是拥有《时代》周刊、《人物》以及有线电视新闻网等王牌的传媒业巨人。美国在线凭借时代华纳拥有的全美第二大有线电视网的资源优势，可以为网络用户提供宽带高速接入服务；而时代华纳庞大的内容资源则能满足 AOL，不只局限在现在的 ISP 角色上。时代华纳通过这次跨业联合，更好地迎接了互联网的挑战，真正走向了数字化时代，因而是一种“双赢”的结果。[②]

横向联合能有效地整合多方资源，产生协同效应。有利于企业开拓新的经营空间，打造规模经济。而随着技术的发展，行业间技术的鸿沟已逐渐消失，取而代之的是业务和市场的融合。虽然我国在此领域内的联合还处于起步阶段，但其蕴涵的巨大经济效益和社会效益还是值得我们期待的。

广电的横向联合还可以通过收购、兼并、联营、控股等方式进行资本的链接，实现资产重组，把资产规模做大做强。在提高自身融资能力、扩大融

---

① 张海潮. 电视中国. 北京：北京广播学院出版社，2001. 247

② 张海潮. 电视中国. 北京：北京广播学院出版社，2001. 182

资渠道的基础上,通过社会资金的引入,可以使自身的资源配置、资本结构和组织体系得以优化整合。最明显的例子就是湖南的电视产业,通过1999年的上市与2000年的增发新股,共募集资金20多亿元,对湖南广播电视业的迅速发展起到了强大的助推作用:电广传媒1999年斥资1亿多元注入媒体,合办娱乐、财经、体育等节目;在长沙广播电视宽带网络建设中投入6 609万元;并斥资8 600万元,全力打造大型专业财经节目——《财富中国》,成功实现签约电视台134家,落地开播台105家。2001年下半年还将在美国和香港设立直播室和记者站,全面实施"走出去"战略。①

二、广电产业集团生存战略之二:分离

通过以上的整合,我们的广电产业部门初步达到了外延扩张的目的。但集团化不是数学上简单的"合并同类项",而是一项复杂的系统工程。基于提高广电企业的核心竞争力这一最基本的出发点,集团化在推行过程中,还必须进行一些必要的分离。一合一分之间,广电产业的集团化才能真正走向成熟。

(一)制播分离

在我国,所谓制播分离,是指在电视节目的生产、流通和播出过程中,节目的生产制作和节目的播出分别由不同单位负责的管理制度。

在原先"制播合一"的体制下,节目的制作播出都由各级电视台垄断,他们既是节目的生产者又是节目的播出者。一方面,制作好的节目需要大量的投入,电视台难以承担;另一方面,观众的审美能力在提高,他们对电视台的一些粗制滥造的节目并不买账。电视台在"赶跑"受众的同时,也使自己的品牌形象大打折扣,广告效益滑坡,企业亏损是迟早的事。

在新体制(制播分离)之下,电视台只管节目的播出,而将节目制作推向社会。电视台收购节目制作公司或娱乐公司做好的节目,这等于在制片中引进竞争机制,同时吸引大量社会资金和民间资本一起来兴办电视产业。市场经济优胜劣汰的法则将极大地刺激节目制作公司提高节目制作水平和

① 赵曙光,禹建强,张小争.中国著名媒体经典案例剖析.北京:新华出版社,2002.55~56

节目质量;而各个电视台则卸掉了节目制作的包袱,可以集中系统内的资金来购买高质量的节目,吸引观众和广告商的注意力,全面扩充品牌内涵。

我国电视剧生产和部分栏目中已经实现了制播分离。中国电视剧艺术中心,北京电视剧艺术中心等都是在20世纪90年代前期即已实行独立经营。《红楼梦》、《三国演义》、《雍正皇帝》、《北京人在纽约》、《贫嘴张大民的幸福生活》等一大批观众喜爱的电视剧都是在制播分离体制下制作成功的;以成功推出《中国娱乐报道》等名牌栏目而倍受关注的"北京光线传播",创立于1998年,短短的几年间,已飞速成长为中国最大的民营传媒企业,具有在全国600多台次播出的11档优秀节目,覆盖内地收视群10亿以上,并有超过10亿元的广告空间。

(二)频道专业化

所谓频道专业化,指的是电视媒体经营单位根据电视市场的内在规律和观众的特定需求,以一频道为单位进行内容定位划分,使其节目内容和频道风格能较集中地满足某些特定领域受众需求。其实质是一种目标市场策略。

随着我国频道与栏目资源的日益丰富,广电市场消费也随之进入以受众为中心的买方市场。在这一市场之下,要求我们的广电媒介在保证舆论导向正确的前提下,从"媒体中心"向最大限度的满足受众需求的方向转变,即要以生产为核心向以消费为核心转变。而要实现这一转变的最重要手段便是窄化受众——频道分众化,进而到频道专业化。这是因为没有一种产品或服务能覆盖整个市场,而只能抓住自己特定的顾客群体。

频道专业化正是要求不同的频道锁定各自的目标受众群,同一频道的受众群在年龄、爱好、收入水平等方面都具有相似的特征。广电媒介通过个性鲜明的节目制作和编排来满足特定受众群的要求,以培养他们对频道的忠诚度,扩大栏目品牌的认知力。这也有利于广告客户有的放矢地选择与自己产品的目标消费群相适应的频道,作为其广告媒体载体,从而带来更为明显的广告效果。

频道专业化可以解决频道资源零乱、重复建设等问题,是一次系统内的资源整合。频道专业化伴随着集团化大势在我国有了较大的发展,各省级台、城市台纷纷加快了自己的频道专业化步伐:福建开办了24小时新闻频

道,湖南开办了女性频道、文体频道等,许多电视台都开办了贴近当地百姓的都市频道、生活频道、经济频道等。但现在也存在着名字是专业的,内容却并不专业的问题。频道专业化在进行资源整合的同时,必须将注意力集中在节目上,一个专业化频道如果没有好的专业节目支撑,而单单是将所有节目归类,分频播出,那就只会造成"专业频道不专"的结果。我们只有通过节目创新,使自己的频道深具特色化,在此基础上,逐步进入频道的专业化时代。

(三)网台分营

我国的有线电视业仅用了10年左右的时间,就走过了发达国家30多年的发展历程。现拥有300万公里的传输网络和9 000多万用户,居世界第一位。

与我国的无线电视台一样,我国的有线电视业也属事业型机构。有线电视台和有线电视网是合一的,但有线电视网又具有多元化的职能和鲜明的产业特性,特别是有线电视网的建立、运行、开发和经营都属企业方式。在这样的背景下,继续奉行"网在台下"就等于给网络产业套上了"企事不分"、"以事统企"的枷锁,不利于其市场主体地位的确立,从而在发展中坐失良机。

在网台分营的机制之下,有线电视以网络形态存在。网络以独立资产的形式进行商业化运作;而以往的宣传职能则向无线电视台转移。由于有线电视网络蕴藏着巨大的商机,投资商对有线电视网络也是情有独钟。他们与广电产业的合作项目有很大一部分都是投资有线网络,这也减轻了电视台巨大的经济负担。如建立一个中等规模城市的有线电视网络大约需要8 000万的资金(还不包括维护费用)。

网台分营目前比较多的运作手法是:把有线电视网络按企业规范改造成为股份制经济实体——有线电视网络公司,网络公司在组建过程中,把引资融资作为自身发展的重点,为网络的标准化、高能化建设准备充分的条件。网络公司的经营重点确定在以网络技术为中心的产业化运作方面,其业务范围是:网络建设和维护,也即传统业务部分,包括网络的建设、信号传输和新用户的安装服务等;网络交互式多功能开发,此项为扩展业务和增值业务部分,主要包括付费电视、视频点播、电话会议、IP电话,以及互联网的宽带接入等方面，这一业务范畴也被认为是中国互联网产业发展的新动力。

三、广电产业化、集团化任重道远

如何进行广电的产业化、集团化运作，这是我国当前广电产业改革的一个热点问题。

2001年是我国广电业的合并年。就在这一年里，全国一下子多出了20多个大小广电集团，广电产业似乎一夜之间就进入了集团化运营阶段，但仅仅用行政的手段将数个传播媒体捆绑在一起是无法成为具有集团化效应的传媒集团，众多业内人士对我国当前广电集团化运作多是“翻牌”行为也提出了质疑。

集团化意味着资产的重组，而在实际操作中，资产重组又必然地带有一定的价值取向或倾向性。而“翻牌”、“洗牌”之争的实质，就是在资源重组过程中，其目标取向是行政化的还是市场化之争。“翻牌”更大程度上要解决的是人员的配置问题，它更关心权力和利益的重新分割和分配，它着重体现了一种权利取向；“洗牌”则是按照传播生产力的发展方向，着眼于“1 +1 > 2”的效应，对系统内资源加以优化、组合和分配，它着重体现的是一种扩张性的市场占有取向。这是两种不同性质的操作手段。

目前我国广电产业的集团化运作带有一定的行政色彩，是以政府行业主管部门为主体，借助行政手段对管辖媒体进行资产重组和集中的官方行为，确有“翻牌”或“拉郎配”之嫌。而真正的集团化应该是媒体以资本为纽带，自愿实行联合或兼并的市场导向行为，在国外都是由律师、会计师和审计师进行操作。之所以用行政整合是因为中国广电行业有系无统，条块分割严重，对资产和资源的适当集中要涉及不同级别、不同地区的行政和部门，如果没有政府的引入和干预，没有行政指令来协调各方关系，根本不可能实现集团化。而行政整合的积极意义首先在于给中国广电系统进入传媒产业市场获得通行证，提供政策导向和法治环境，为广电集团的健康发展创造一个宽大、合理的平台。如湖南的电广传媒如果没有上级领导的大力干预，在现有的市场环境下，是不可能在资本的旅途上春风得意的。

应该意识到，广电集团化以后，有必要从行政整合迅速转到市场整合上来，以产权改革促进产业化，以资产重组推进集团化，使原来由国家包办一切的事业单位转为生产社会精神产品的自主经营的产业实体。因为组建集

团的目的是要将其推向市场，市场主体必须具有相应的自由度，行政力量的过多干预则剥夺了企业的自主权，使企业在瞬息万变的市场中坐失良机。因而广电产业的集团化，必须打破旧有体制束缚，进行大范围的"行业洗牌"，严格遵照产业经济发展规律，依靠市场来进行集团定位，通过对资源的优化配置和企业结构的合理调整，以产权为纽带，促进人、财、物的合理流动，从而加快产业发展进程，整合分离，使广电传媒实体壮大实力，增强活力，提高竞争力。

第十五章 分众时代的广播影视

内容提要：

大众文化小众化，大众传播分众化，是当代广播影视学必须正视的传播现实，这既是广播、电影、电视各自扬长避短更好发展的需要，也是大众文化发展多样性要求的体现。本章在论述大众传播分众时代特点的基础上，着重探讨分众时代广播影视的发展。

第一节 大众传播的分众时代

2001年9月29日，阳光文化网络电视有限公司集团主席杨澜应邀到清华大学作了题为《分众时代的媒体》的专题演讲，清华学子对此反应十分强烈，其报告内容在网络上传播后也获得了广泛的关注。在媒体越来越成为时代宠儿的当下，各种大众传播媒体自身正在经历前所未有的巨大变化，其中非常重要的一点就是分众时代的到来。正确认识并很好地思考有关这方面的问题，是学习广播影视学的一项重要内容，具有非常重要的现实意义和前瞻意义。

一、大众文化与大众传播

在英语中，大众文化有时叫 Popular Culture，有时叫 Mass Culture，Popular Culture 与 Mass Culture 两者之间有一定的区别，但基本意义其实相近，至少非常相通。说大众文化是 Popular Culture，即它的特点就是流行和时尚，而之所以能称得上流行和时尚，如果没有为数众多的接受者与热爱者，那是不可思议的。说大众文化是 Mass Culture，它也就因为其大众性而自然地造成流行文化与时尚文化。由此可见，凡是称得上大众文化的，肯定具有流行特征和时尚属性，所以在并不怎么严格的意义上来说，Popular Culture和 Mass Culture，看似异名，其实同指。

从人类文化发展史来看，凡是具有大众属性的文化，它确实必然成为流行文化、时尚文化，并在一定的历史发展阶段中成为当时文化发展的一个主流。例如我国唐朝时代对女性眉毛的审美并不像今人那样喜欢细而长的，而是喜欢粗而短（即古人所言“阔眉”）的，所以当时的女性在给自己美容的时候，都要非常注意到这一点，所谓“妆罢低声问夫婿，画眉深浅入时无”就

是写时尚对人审美观念的影响。

从当代传播学和大众文化批评的角度上来看，当代大众文化是一种在现代工业社会背景下所产生的与市场经济发展相适应的市民文化，是在现代工业社会中产生的，以都市大众为消费对象和主体的，通过现代传媒传播的，按照市场规律批量生产的，集中满足人们的感性娱乐需求的文化形态。简单地说，当代大众文化具有市场化、世俗化、平面化、形象化、游戏化、批量复制等特征。① 其中，电视文化也许是最当仁不让的代表，而以电视剧为主要形式的电视文艺则又是最重要的代表。电视剧所具有的这个属性，既体现于大众对它的欢迎，也体现于精英对它的批评。大众文化研究者指出，电视连续剧和大众文化常常被知识分子谴责为没有独创性。但问题在于，基于个人创造的独创是资产阶级的文学价值观，不能用于像肥皂剧一样的大众载体。换言之，资产阶级的文学讲究‘独创’，反之大众文化最重要的特点是“俗套”，即大众所熟悉的叙事话语。用资产阶级文学的话语价值标准来批评大众文化，“俗套”作为大众文化的叙事方式毫不奇怪地是众矢之的。比如，电视剧里喝醉酒是一个隐喻，常用来表现人物的无能：他们把骄傲和耻辱一起喝了下去。《豪门恩怨》里的苏·依伦经常喝醉酒。这里醉酒的隐喻功能就是她的生活不快。此一醉酒的叙事或者人物表现方式，明显缺乏独创性，它是电视剧里最常见的“俗套”之一。但是观众不以为怪，每每毫不费力，一眼就能认出的它的隐喻功能，因为这是他们所熟悉的生活。

纵观历史，大众文化与大众传播是相辅相成的：没有电影传播，就没有电影文化；没有广告传播，就没有广告文化；没有电视传播，就没有电视文化……总之，文化与传播相互依存、息息相关。我们古人十分信奉“言之无文，行之不远”的道理，现代人则深知“传之不远，其言不闻”的原则。如果我们能够很好地将这两者结合起来，那么我们就能既努力于“言之有文而闻之”，又能成功于“行之广远而文之”。

二、大众文化的商业化、技术化倾向和艺术性

当代大众文化具有市场化、世俗化、平面化、形象化、游戏化、批量复制

① 邹文广，常晋芳. 当代大众文化的本质特征. 新华文摘. 2002(2)

等特征的又一个重要表现就在于它的商业化、技术化倾向。但是,关于大众文化的商业化、技术化倾向,应该有一个较为恰当的认识,不能偏执,更不能偏激。在此,试以电影为主略作展开论述。

著名电影理论家邵牧君先生在《世纪回眸说电影》一文中指出:在谈论电影艺术的诞生时,必须注意的一点是,"艺术"在这里是另有其特殊含义的。"艺术"一词就其本意来说是指"人的技艺",所以艺术品就是人的技艺的物质性显现。但是这个概念并不适用于作为艺术的电影,因为电影作为艺术品是以现代科技为中介、由一个包括艺术家和技术家在内的群体制造出来的。我们认为,电影作为艺术品是需要以科技为中介来进行创造的。然而,不管各种艺术品是人类处在什么样的历史阶段,运用什么样的科技手段来创造的,正如劳动永远是人的劳动而不是工具的劳动一样,艺术也永远是人的艺术而不是"中介"的艺术。"以现代科技为中介",能造成电影艺术表现和观众视觉感受上的许多特色,但绝不能使它成为一种只是技术化的艺术。1960 年至 1997 年间,获奥斯卡奖的 38 部最佳影片,有 35 部获得最佳导演奖,有 26 部获得最佳原著剧本或最佳改编剧本奖。在 2000 年奥斯卡的各个奖项中,完全遵循世俗化、娱乐性路线来拍摄的影片《黑客帝国》,获得了最能体现科技制作水平的"最佳剪辑"、"最佳视觉效果"、"最佳音响"、"最佳音响剪辑"等四个奖项,但就是未能获得最佳影片奖。这些都说明,对于作为艺术品的电影来说,导演和编剧的艺术创作始终是最为主要的,对科技手段的运用则是其次的。传统艺术和电影艺术只是在各自所用创作工具和传媒形式方面有所不同,而在映现社会生活和表达人类情感方面则并没有什么根本性的区别——它们无一例外地都是人的技艺和情感的形式。如果因为电影艺术的创造需要依赖诸多现代科技手段,就说电影作为艺术品不适用于"人的技艺"这个概念,这实在是一种本末倒置的逻辑推理。

邵牧君认为电影能按照固定的操作规程自动生成作品,而且一部电影的负片的拷贝在艺术价值上并无差别"。事实上,如果他说的是制作电影负片的拷贝,那是完全正确的;如果他说的是电影艺术品的创造,那是绝对违反常识的。他完全忽视了这样一个简单而重要的事实:任何一部电影作品的负片的拷贝是可以"按照固定的操作规程自动生成"的,但任何一部电影作品的负片是不可能"按照固定的操作规程自动生成"的。邵先生把电影拷贝的制作过程与电影作品的创作过程混为一谈,于是偏执地认为电影是“由一个包括艺术家和技术家在内的群体制造出来的”(请注意这句话中用“制造”而不用“创造”一词的特别用意),进而得出“人的技艺”、“这个概念并不适用于作为艺术品的电影”的结论。应该说,这不仅是非常片面的,而且是十分有害的——明显贬低了电影艺术家在艺术创作中的主导地位和核心作用,也否定了作为艺术的电影应当是一种创造性劳动成果的观点。

在电影发展史中确实有人把电影“变成少数人的把玩对象”,拍摄了一些所谓“纯电影”。这些电影也大多如邵牧君所说:没有或只有十分稀薄、松散的故事情节,没有人物性格,只有深奥哲理,或不反映生活具象……但就电影史上“先锋派”、“纯电影”、“抽象电影”、“实验电影”、“现代派”、“新浪潮”、“哲理电影”等整体而言,它们大多在思想上和艺术上是反传统的,即不是所谓传统意义上的艺术电影,而是以探索性和实验性见长的“前卫”电影(至少在它们刚问世的时候大多是这样)。因此,传统意义上的艺术电影其实应该指邵牧君所说获得了故事性并以情节性(戏剧性)见长的那些电影,而不应该指那些带有实验性和探索性的电影。至于把电影史上那些带有实验性和探索性电影(不管它们叫什么名词)都一概否定的做法,也不符合历史事实和极不公正。“新浪潮”电影大师雷乃的《去年在马里昂巴德》是走得太远了,有点“把玩”电影的意味,但谁也不能否认他的《广岛之恋》对现代电影在表现人物情感意绪和内心世界方面具有非常积极的影响力,所以被人们从积极的意义上评价为“电影史上的一颗原子弹”。回眸百年电影,我们深切地感受到,电影史上的“实验电影”或“先锋电影”,其中有不少无异于是一批探索电影艺术表现力的“殉道者”。它们在提高电影艺术表现力方面所具有的积极作用,完全应该和电影的现代科技中介相提并论。不然,作为艺术的电影也就不可能有今天这样的进步和发展。

总之,在大众文化非常注重商业性意义和技术化倾向的时候,我们千万不能忘记法兰克福学派曾指出,大众文化的标准化、划一性和机械复制性等将破坏人类宝贵的个别性和创造性。因此,即便是对于相对更为大众化、通俗化和商业化的电视剧艺术来说,也有不少有识之士在呼吁人们认真地认识到这一点:电视剧艺术从来就被赋予了宣传教育的意义,无论是通俗剧还是主旋律电视剧。文化艺术的终极意义就在于人性的升华和精神理想的实现和超越。电视剧作为艺术,天然地承载着提升人们文化素养,陶冶人们情操的任务,这是一个不争的事实。

三、大众传播与分众传播、小众传播

传播既是人类本性的一种体现，也是人类社会性的一种表现。它满足着人类企盼了解、向往沟通、相互关爱的内在乞求，促进了人类思想、感情、文化等方面的广泛交流，对于人类社会的进步与发展，具有十分重要的社会功能和至关重要的文化作用。从某种意义上来说，一部人类发展史，也就是一部人类传播发展史。如果人类没有传播，那也就很难有人类自身。所谓大众传播与分众传播、小众传播，其实都与人类社会的发展及变化密切相关。

"大众传播"这个词中的大众是一个非常模糊的概念。它首先不能很具体地加以量化，比如说达到多少人可以说是大众了，也不能说达到多少比例就可以说是大众了；其次，它不仅在数量上是一个很模糊的概念，而且在人群属性上也是一个很模糊的概念，比如一般所谓的大众它无法说明是由工人、农民还是由学生、士兵或其他什么具有共同或相近特征的人群所组成。因此，大众传播的大众有时被形容为"乌合之众"，而大众传播则主要强调的是向很多人进行的传播，并且要求产生很大的社会影响。从这样的定义上来说，古代自然也应该有大众传播（如发布政令、张贴皇榜、节日集会、讲经传道等），尽管当时还没有大众传播这个词和相应的概念。

现代意义上的大众传播其实和大众传播媒介的出现、发展紧密相关。特别是报纸、广播、电影、电视、网络等大众传播媒介相继问世并不断得到发展以后，大众传播媒介深为世人所关注，大众传播的现实也深为世人所共识。随着大众传播媒介传播能力的不断加强，大众传播发展到了一个空前的水平上，虽然不能说是实现了"全众传播"，但似乎可以说是达到了"超大众传播"。需要指出的是，人类的传播将越来越广泛，也越来越复杂和越来越深入，但并不等于一味地越来越大众化或超大众化。

分众传播是大众传播发展到一定阶段的必然产物，说得明确一些，它就是大众传播发展到"超大众传播"阶段时的产物。分众的数量概念也是模糊的，它只相对大众不加任何区分这一点而言。分众与大众不同的是其在质的属性方面具有鲜明的特征：志趣爱好相同或相近的人群（即不再具有类似"乌合之众"的特征）。事实上，分众的数量也可以是非常巨大的，如电影频道的受众与调频音乐节目的听众。因此，分众在一定意义上来看也具

有大众性，只是它在某一点上来说是可划分、可界定的，而不是“乌合之众”。另一方面，分众传播又是相向传播的产物和受众主体地位得到进一步重视的结果。众所周知，传播总表现为一种信息的双向交流。为了达到良好的传播效果，传播者不得不充分考虑受众的意愿、爱好和可能等各种接受传播的具体情况，这就很容易导致分众概念的诞生——如何使某些传播内容及形式很好地满足某一部分人群共同的需求。

知道了分众的概念，相对而言就比较容易理解小众的概念了。一般地说，小众应该是对大众而言的，但它与大众之间的落差应该是很大的，不然它就与分众的概念很难区分了。我们这里所说的小众传播除了强调人群数量很少，还特别强调传播人群的质在某一方面的高度趋同，如吴文光及其追随者和北京“实践社”的成员们对于纪录片的认识及态度。表面来说，它当然也和分众一样强调志趣爱好相同，但更强调志趣爱好集中于某个方面、甚至是某一点上的特别性。因此在很多情况下，它也往往和精英文化、先锋文化、精英阶层、探索人群相联系。例如那些只为了获得某些奖项而创作的人群及其作品，或者那些只为了个人和极少数知音自赏而进行的创作及其作品，等等。

第二节 分众时代的广播影视的特点与特色

广播影视伴随着大众传播时代的到来而日益大众化，伴随着分众传播时代的到来而日趋分众化。这既是传播学领域值得关注的现象，也是广播影视学领域值得思考的内容。

一、分众时代的广播

声音广播曾经非常辉煌，并独霸一时，影响十分巨大。对它而言，进入

并接受分众时代也是一种历史性的选择。以媒体发展历史来看,很多具有大众性的媒体在开始的时候都并不看重节目的分众问题。但是一旦大众传播得到非常充分的发展以后,特别是随着媒体传播能力的空前加强和传播信息的空前激增,怎样进一步做好节目以赢得更多的受众,就成为很多媒体不得不认真考虑的一个重要问题。相对而言,在广播、电影和电视三大媒体中,广播和电影最早开始关注分众问题。

和其他媒体一样,所有关于受众对媒体节目的调查报告都是为了进一步办好节目,在尽量满足不同受众需求的基础上努力争取吸引更多的受众。对于广播而言,关注分众的问题,不仅要了解受众喜欢什么样的节目,还要了解什么样的受众在什么时候最希望了解什么样的节目。比如说,新闻类节目也是广播节目中的重头,但是它的重点播出时间和电视不一样。电视新闻收视率最高的时间一般都在晚上的黄金时段,而广播新闻收听率最高的时间一般在早上7点前后。上班族在家中洗脸刷牙、准备早餐、与家人一起进餐及准备出发的时间里,他们所能感受的关于外部世界信息的最佳选择是声音广播(即使打开电视机一般也主要是听电视节目中的声音部分)。对于很多有汽车的上班族来说,车轮一启动,车载广播也就同时开启,不管是关注新闻还是了解路况和天气情况,即使有车载电视的司机也只能通过声音广播来进行。目前,中国的家庭汽车正在突飞猛进地发展着,从发达国家的调查情况来看,家庭汽车的增加,对于声音广播的发展具有一定的促进作用。

广播的分众传播几乎是完全被迫的、被限制的。但被限制的并不等于就是没有生存余地的,相反可能是更有特色的。例如交通气象台对于各种司机和出差途中的旅客来说;调频电台节目对于音乐爱好者和希望随时随地能够学外语(特别对于想锻炼听力)的人来说;很多地方文艺节目(如评弹、越剧、黄梅戏等),对于那些喜欢在室外消磨时间或户外活动的老人来说,都是他们生活中不可缺少的一部分。

关于分众时代的声音广播,在技术方面也有一些值得一提的内容。首先是地方电台地方化。这一点在美国表现得特别突出。由于美国政府对电波资源进行非常严格的管理,很多地方电台的信号覆盖面也同时受到严格控制,所以那些地方台事实上只能为本地居民或进入本地区的人员进行广播,尽管内容可以是天南海北的。其次是综合电台专门化。随着大众传播开始出现分众化、专门化的倾向,电台几乎与电视同步而分成新闻、音乐、教育、交通气象等专门化电台，从此很多广播成为相对意义上的“窄播”。最后是日益无线化。与电视、网络的有线化还有很大发展空间不同，广播基本上在朝着完全无线化的方向发展。像中国农村目前还保留着较大规模有线广播网（这在有些地方似乎已是形同虚设了）的情况，在全世界是越来越少了。

顺便提一下，“居民频带”似乎正在世界上兴起，也许将有一个很好的发展过程。所谓“居民频带”，它其实是一种借用广播技术来进行个体传播或组织传播的传播方式。这种传播方式一般指个人操作短程收发两用机（在10～20公里之间）向拥有同类设备的其他人所进行的广播。就目前的现实情况来说，它主要为公众团体、社会组织与居民个人所用。联合国科教文组织通过的《多种声音，一个世界》文件指出，不论从哪一方面来看居民频带电台，我们并不认为它真是一种广泛参与的趋势，更不是一种表明有同样愿望要使广播更加多样化和更加分散化的趋势。因为它不是一种广播手段，而是一种个人与个人之间进行交流的手段。①

二、“强效应美学”电影与“体验艺术”

对于现代电影的“分众”来说，除了题材的不同，如战争片、生活片、恐怖片、科幻片、历史片等；也有片种的不同，如纪录片、卡通片等，还有影院放映模式的不同，如大小厅、沙龙式、动感式、环幕式、全息式、立体式等。相对而言，当代电影有一个为影视界所普遍看好的发展趋势，那就是通过强化画面造型、视觉冲击和构筑神话般的叙事过程来造就所谓“强效应美学”。众所周知，电影主要表现为是视觉艺术，偏重于画面造型，电视剧则主要表现为是叙事艺术，偏重于生活展示。在一定意义上来说，电影艺术所崇尚的“强效应美学”，就是造就它与电视剧艺术根本不同的一个重要方面，也是造就影视艺术“分众”的一个重要原因。

按照世界著名电影学者大卫·鲍德威尔的观点，所谓电影艺术的“强效应美学”，其核心是“把观众的视线紧紧吸引在银幕上”，“激发强烈的情绪反响”，而“强化镜头处理”则是它基本的手法。严敏先生在《当代电影表现手法的新趋势》一文中对鲍德威尔教授“强化镜头处理”的四种处理手法

① 李岩. 广播学导论. 杭州：杭州大学出版社，2000. 109

作了非常具体的介绍:

(1) 镜头切换更加快速。当今一部影片的镜头个数大幅增加(达3 000 ~4 000个),每个镜头的平均长度也因之缩短,例如《U形转弯》为2.7秒,《绝世天劫》为2.3秒,《黑暗城市》为1.8秒。电影节奏明显加快。鲍德威尔认为,中国香港电影的节奏比美国更快,像徐克影片的镜头平均长度为2.4秒,吴宇森的则为2.2秒。尽管镜头那么短,但仍然能清晰地呈现出动作的整个过程并保持空间的连贯性。

(2) 镜头焦距极长或极短。现在喜欢使用100 ~500毫米长焦距镜头的导演越来越多,如科波拉、斯皮尔伯格、奥特曼等。长焦距可以放大远处的景物与动作,拍摄外景方便又节约,若使用时变换焦距(从长至短),还可以产生景深效果。

(3) 对话场面中取景更近。单人的近景或特写增加,这意味着对演员的面部表演要求更高。

(4) 摄影机的自由移动。如今的摄影机即使没有任何创作意图,也会悄悄地移动。从上世纪九十年代中期起,回转摄影,即摄影机围绕对象作360°流畅地旋转拍摄,已用得越来越普遍,这纯粹是为了制造美学效果。另外,被列为强化镜头处理的手法还有:慢动作、手持摄影、单色的色彩处理等。①

这些“强化镜头处理”的手法,很容易产生强烈的造型效果和视觉冲击,对观众确实具有“强效应美学”的感受效果与情绪体验。按照本书的观点,电影艺术中的“强效应美学”,不仅体现在“强化镜头处理”这个方面,还非常强烈地体现在叙事结构方面。前面说到电影主要是视觉艺术,偏重于画面造型,电视剧是叙事艺术,偏重于生活展示,这不等于说电影就没有叙事。相对而言,当代电影的叙事手法也在努力地体现其“强效应美学”。能够很好地体现这一点的,主要就在于它在叙事方面所刻意追求的神话意味。具体来说,就是更强调其故事内容及结构的浪漫主义色彩,即特别具有“高于生活”的特点。

与传统电影相比,现当代电影的动人之处往往不再是故事安排上的丝丝入扣,而是神话般情节的自由随意。例如同样以“二战”为生活背景的好莱坞爱情片《魂断蓝桥》与《珍珠港》作比较,就有很大的不同。在前者的叙

① 参见严敏.当代电影表现手法的新趋势.文汇报.2003-6-13

事结构中，男女主人公恋情的发生与发展是比较自然的，特别是玛拉被迫沦落、错失改变生活良机与最后殉情等情节的安排都非常令人信服。在《珍珠港》中，为了表现弟兄俩的深厚情谊，设置了一个他俩在孩提时代误开飞机而有惊无险的片头；为了表达现当代人对爱情生活所具有的某种现实认识，玩起了爱情短程“接力赛”；为了体现爱情力量的神奇，让随飞机沉入大海的飞行员奇迹般安然无恙地归来了；实在无法让有情人都成眷属，但为了令观众少一点遗憾，导演还让那位最后不得不死的弟弟留下了爱情的结晶……需要指出的是，现代电影追求在生活细节真实、画面情景真切的基础上努力创造故事情节“不怕做不到，就怕想不到”的神话般效果。

艺术的审美过程，其实也是一个获得审美体验的过程，这对电影艺术来说尤其如此。如果说早期电影的观赏过程带有更多新奇感的话，那么较为成熟的电影的观赏过程就带有更多的审美感受，而相当多的现当代电影则给受众带来空前强烈的情绪体验。本书所谓的体验性电影，就是指现当代电影中那些能给受众带来特别强烈情绪体验的影片。拍摄得更为扣人心弦的动作片、悬念片、惊险片、科幻片和魔幻片，上世纪末开始特别引人注目的“巨片”与电脑成像技术，都是现当代体验性电影最为常见的类型形式。随着现当代电影表达方式的进步和表现力、感染力的增强，特别是在影院里观赏电影，确实能给受众带来更为强烈而更为深刻的视听感受。因此，现当代电影十分关注观众在影院的现场视听感受，这也成为“分众”时代电影的一个最大特征。

应该这么说，“分众”时代电影作为一种非常特别的“体验艺术”，它与存在于自身艺术中的“强效应美学”分不开，而它的所谓“强效应美学”也不是一个突发性的现象。在相对传统的电影艺术中，它的主要载体是它的画面。因此，很多传统电影对电影艺术性的展露，在更大程度上非常注意画面的表现力。以被称为美国现代电影开山之作的《公民凯恩》来说，它在追求画面表现力方面可以说达到了呕心沥血的地步。电影开始部分画面由大远景一直慢慢推向大特写的处理，画面景象由朦朦胧胧到逐渐清晰，这可以说是对全片的一个整体象征。凯恩竞选得意时，宣传画面上映出的是硕大的凯恩头像；当“桃色事件”毁坏了凯恩竞选优势的时候，一张张印着凯恩头像的宣传画都处在画面的下方——与人的小腿差不多高——给人以被踩住了的观感。以俯拍画面来展现的将被清点、拍卖的曾经为凯恩所拥有的各类物品，就像是一个高楼林立的大城市，其富豪之极，无以比拟，这与凯恩最

后众叛亲离、内心几乎一无所有的境况构成了一个耐人寻味的鲜明对比……但是，与传统电影相比，现当代电影感动人的重点已不再特别注意画面构图的艺术象征，而是新异、强烈的具象造型与视觉冲击。这种新异、强烈的具象造型与视觉冲击既存在于《泰坦尼克号》中罗丝与杰克在船头上享受飞翔般感受的镜头，也存在于冰山与巨轮撞击、硕大无比的船体高耸起、船尾缓缓沉入海底那种令人难忘的逼真情景……

很多电影评论家比较一致地认识到，李安《卧虎藏龙》在欧美世界之所以取得成功，其非常重要的一个原因就在于影片很好地给受众提供了全新的视觉感受。这里所谓全新的视觉感受，主要的是其中各种各样的武打戏情景。无论是飞檐走壁、凌波腾越，还是论剑竹林、斗技戈壁，这对并不了解中国功夫，更不知道《七侠五义》与《封神演义》的西方观众来说，其具象造型与视觉冲击应该是非常强劲的。好莱坞谋士们近来特别关注的电影领域中的所谓“三太”现象：太平洋地区题材、太平洋地区人才和太平洋地区市场，目的是给更多的电影观众提供全新的画面视觉感受。需要说明的是，这里所谓给更多的电影观众提供全新的画面视觉感受，自然也包括太平洋地区的观众。其现实道理很简单：不仅是《花木兰》这样的作品对中国观众来说具有全新的感受，就是《卧虎藏龙》也并非一点没有。

作为具有很强体验性的现当代电影，还有一个与传统电影相比非常不同的地方，那就是现当代电影感动人的重点不再是现实世界的各种真切情景，而是魔幻般的第四类时空景象。这里的所谓第四类时空，是本书作者受到北京师范大学艺术系李稚田先生《第三类时空》一书的启发而自撰的。按照该书的说法，第一类时空指人类所感知的自然时空，第二类时空指人类所特有的心理时空，第三类时空则指展现于银幕、可见可听却是虚幻的特殊时空。依本书之见，李稚田先生关于电影与第三类时空的说法似乎只说对了一半。在传统的电影中，一切可见可听的画面内容都是以曾经出现于摄影机与录音机之前的物理现实作为其真切对应物的，而在现当代电影中，很多可听可见的画面内容却可以根本没有曾经出现于摄影机与录音机之前的物理现实作为其真切对应物这样的属性。显然，这两者在时空构成与银幕展现之间所具有的不同是不言而喻的，它给观众的感受体验也是迥然不同的。随着数字电影的问世与普及，现当代电影给人的体验将更加丰富多彩与新异强烈。魔幻电影《哈里波特》在全世界的非常成功和张艺谋电影《英雄》在国内外创下票房新纪录等事实，都能很好地说明当代电影作为一种强烈的体验性艺术，将在大众传播的历史性发展中取得属于它的巨大成功。

与电影体验性相关的是当代体验经济的发展。说到体验经济，对很多中国人来说这是一个在感性上非常熟悉、而在知性上非常陌生的概念。从宏观的视野来看，人类迄今为止的经济发展主要有产品经济、服务经济和体验经济三种形式。以旅游为例，一般地说它首先属于服务经济范畴，随着旅游事业的发展和旅游观念的进步，近几年来在我国这样的发展中国家也出现了民俗旅游、文化旅游等形式。这种新兴的旅游形式，和体育运动中新兴的极限运动一样，既有人们渴望接受特殊体验的属性，更有文化进步方面的意义。因此，体验经济不仅是现当代经济的一个新增长点，而且与人类文化进步与自身完善都紧密关联。正是在这一点上，我们完全可以说这也是当代电影艺术区别于电视艺术的一个重要方面。

三、“文化例外”与艺术院线

“文化例外”是十分热爱文化艺术的法国人对抗“商业全球化”政策及其现实所提出的一句响亮口号。尽管联合国科教文组织早就注意到了保护全球文化多样性的迫切性和重要性，但是随着经济全球化步伐的加快，当今世界文化艺术的多样性正面临着覆巢之下无完卵的灾难性局面。因此，如果可以把当代最有影响的电影称为“新新电影”的话，那么其中第一个“新”主要由科学技术带来的，其中第二个“新”应该是指由文化艺术所带来的。

本书在关于电影分类一节中讲到过“艺术电影与商业电影”的内容，这与当今世界依然相当活跃的艺术院线相得益彰。从一定意义上来看，这是现当代影院电影中一片最为沁人心脾的文化绿洲和最后一块重要的艺术领地。有一个小小的故事是我们都曾经清楚地知道的：要是没有日本影院电影中的艺术院线，霍建起的《那山那人那狗》就不会有“墙内开花墙外香”般的传播效果，从而也就不会有更多的中外观众去感受这部确实相当不错的艺术电影。

很多有识之士都不约而同地意识到，如果全世界电影都放映好莱坞影片，肯定是一个令人悲哀的事情；全世界电影一味学习好莱坞娱乐电影，也将带来一个不堪展望的前景。如果我们还承认电影和电视剧都是艺术样式的话，那么就永远不能够忽视影视艺术、尤其是电影艺术的创新及其发展。但是，电影毕竟属于大众文化形态和消费艺术，她不可能、也不应该是一种

可以孤芳自赏的艺术。电影艺术的发展需要和鼓励艺术创新与实验,同时将之与传播结合起来,应该说这其实就是很多认识到"文化例外"人士在欧洲、美国、日本等地经营艺术院线的一个重要缘由。

以法国为例,自20个世纪50年代开始,以著名的"左岸派"为代表的很多电影艺术家就开创了艺术电影创作和放映的活动。1955年,法国成立了"法国艺术与实验影院协会"(简称AFCAE),大力倡导拍摄艺术与实验电影,并提供相应的放映条件——艺术院线。值得一提的是,这个传统几乎一直被很好地继承着,并且也得到了法国朝野关于"文化例外"思想的有力支持。在好莱坞电影大有横扫全球之势的21世纪初,法国全国的电影观众仍有16%的人数选择进入艺术影院。2003年2月17日,法国文化部长和巴黎市长共同为法国一个新落成的最大艺术影院剪彩。这个新落成的影院总建筑面积达到1.2万平方米,共有14个放映厅和2750个座位。正是因为有这样的文化认同,所以才能够在法国诞生震撼世界的"新浪潮"电影运动,也才会在法国涌现出如此众多的具有创新特点和实验风格的电影作品及其大师。不言而喻,法国电影在这方面所取得的成绩和所作出的贡献,不仅对于法国电影的发展和文化建设具有重要意义,而且对于全世界电影艺术的发展及其文化建设也具有非常重要的意义。香港导演王家卫的《花样年华》在法国的艺术院线大受欢迎,这在一定程度上既是它能获奖的一个重要基础,也是它得以扩大影响的一个重要原因。

四、分众时代的电视

电视作为一种文化形态,它主要表现为大众文化和通俗文化,也就是说它的大众属性无疑是难以改变的事实。也许正是因为这一点,很多电视研究工作者可能自觉不自觉地都会具有这样一个认识:电视的分众与窄播都是电视传播发展到一定历史阶段后才出现的产物,即它完全应该看做是一个全新出现的事实。事实上,电视的分众(同时意味着窄播)并不是一个新出现的时髦,从某种意义上来说,它在当代的发展只不过是一种量的进一步细化和带有更为自觉的意味而已。

电视的分众传播,最早可以追溯到关于栏目的设置及其内容的编排。比如"少儿节目"主要就是针对少年儿童播出的,当然这里也不能排斥有不少成年人也非常喜爱(这种情况其实具有一定的普遍性,以下从略)的部分

儿童节目，诸如《大闹天宫》、《阿凡提的故事》、《米老鼠唐老鸭》、《一休》、《阿拉丁》等动画片；比如在西方播出量很大的所谓“日间肥皂剧”，主要是针对没有担任社会工作而在家负责家政的那些家庭主妇们的；比如体育类节目，当然是针对那些体育运动员、体育工作者及体育爱好人群(其中还可细分为只爱好足球或篮球的，或只爱好棋牌类或小球类节目的，等等)的节目；比如远程专业教育类节目，就是只针对那些求学者的，其中当然也有各种专业不同之分，等等。与此相关的就是广告节目对相应时段的购买。具体说来，就是少儿节目的广告时段，往往就会由推销少儿产品的厂商来购买并播出相应的广告；在“日间肥皂剧”的广告时段，播出的主要是关于家庭主妇所关心的那些日常生活用品和妇女专门用品。也就是说，在什么节目时段，就有一个哪些人在观看的问题，同时也就有一个由什么厂商来购买相应广告时段的问题，其实这里面也就有一个关注分众事实的问题。

这种依托电视栏目内容来实现的电视分众传播，在现当代电视栏目设置中还非常多见，例如山西电视台于2001年3月开始创办的《走进大戏台》就是一个很好的例子。山西是我国中原文化的重要发祥地之一，大小剧种有一百多个，戏曲文化的底蕴非常深厚。人说山西是个“戏窝子”，还说山西醋好、戏好、风光好，可见山西电视台举办《走进大戏台》这个节目很有文化基础和群众基础，特别对于很多戏曲爱好者来说，那真好比是一种萦绕身心的福音。随着社会文化的发展，一方面有很多人对某些文化始终具有好感，不能忘怀，另一方面很多人对文化多样性的认识越来越提高，所以对保持文化多样性的努力也在不断加强。苏州电视台常年坚持播出的《评弹书场》与新增的昆曲栏目，就是这方面的很好例子。应该说，在电视文化越来越具有全球性、时尚性和浅俗化倾向的同时，办好一些具有地方文化特色的栏目，应该是电视人一种义不容辞的社会历史责任。我们非常欣喜地看到，当代电视人在这方面的认识和努力还是基本令人满意的。

就当今电视节目来看，节目的板块组合化或杂志化是一个非常看好的发展趋势，它越来越多地体现在各种节目之中。在此我们试举江苏台的系列节目《天天90分》为例，它从周一到周日每天的播出内容分别是：有展示女性风貌、透视女性情感以及张扬女性美丽的时尚栏目《女人百分百》，有关注弱势群体、“帮助别人，完善自我”的公益纪实栏目《服务先锋》，有以剖析爱情个案来倡导正确的爱情观和人生观的《欢乐伊甸园》，有以民间收藏品为载体，融历史掌故和轶闻趣事为一炉的《家有宝物》，有以讲述普通人

之间情感故事为主题的《情感之旅》,有以联想题为竞赛内容的益智互动栏目《夺标800》,有最新推出的青少年教育类栏目《成长不烦恼》。

就这个系列节目的整体来说,它完全具有大众性、广播性,但就其子栏目而言,有的则具有非常明显的分众性、窄播性。这就非常清楚地告诉我们,在一定程度上来看,电视节目的杂志化或板块组合化走向,与其说是为了继续保持其大众性、广播性,不如说是为了更好地体现其分众性、窄播性。

1980年6月1日,美国有线电视新闻网开播,这是世界上第一个新闻专业频道,也标志着电视专业频道的最初发轫。由于新闻专业频道拥有难以失去的大众性,所以它的问世还不能与电视其他专业频道与主题频道的出现那样被认为是对电视的分众性、窄播性作出的积极反应。换一句话说,那就是现当代绝大部分电视专业频道,其实都是因为分众、窄播时代的到来而到来的。以专门频道而言,诸如电影、体育、纪实、教育、外语等,都是为了很好地满足不同受众观看电视节目而开辟的;以专门栏目而言,诸如《面对面》、《环球》、《正大综艺》、《人与自然》、《实话实说》等,也都拥有它相对固定的观众群。以北京电视台影视频道的《天天影视圈》栏目来说,它从周一到周日的每天节目内容分别是:《发烧碟中碟》、《影视沙龙》、《演艺人生》、《明星档案》、《影视情报站》、《外景地》和《魅力影视》。不难看出,这个栏目的组成内容整体性很强,即受众的针对性和专门性都很强,因此它的分众性和窄播性自然也很强。这就是所谓专业频道或主题频道的特色所在,即它们的分众性、窄播性在有关频道和栏目中都能得到一种自然的体现。

五、公共电视的薄弱与文化版图的模糊

公共电视这个概念与商业电视相对。在国外,公共电视一般都靠国家拨款来经营(如美国的PBS,法国与德国合办的ARTE),对社会实行免费放送,不以盈利为目的,主要举办社会公众服务、社会公共教育和以宣扬本土优秀文化为主要内容的节目。我国的电视台绝大部分都是国有的,但严格地说没有一家可以算得上是公共电视,同时也不能说哪一家电视台称得上是真正的商业电视,这对于分众时代的媒体而言,不能不说是一种遗憾。因此依本书作者的认识来看,我国目前电视现状的一大特点就是公共电视的薄弱与文化版图的模糊。

为什么说我们国家目前电视现状的一大特点就是公共电视的薄弱与文

化版图的模糊呢？因为公共电视薄弱与文化版图的模糊之间具有非常明显的因果关系:前者为因,后者为果。也许有的人不明白:我们国家的所有媒体都是党和政府的喉舌,为什么说我们国家就没有真正的公共电视？不言而喻,努力宣传党和政府的方针政策,即努力宣传主流意识形态,这一直是我们国家各级电视台不容忽视的任务。问题在于,真正称得上公共电视的,它所要承担的任务远远不仅是这一些。就像通常所说的版图不仅仅是指一定范围的地域,还应该包括生存其间的男男女女的人、所有的一草一木、丰富多彩的人文景观和悠久深厚的文化知识等,文化版图自然也不能只局限于主流意识形态,也还应该包含对历史特别是对民族历史的传承、对优秀文化特别是对本土优秀文化的弘扬等。我们这里所谓文化版图的模糊,其中特别关键的一点就是以宣传和弘扬本土优秀文化为主要内容的电视节目得不到保证,更不用说得到加强。据 2003 年 6 月 26 日《南方周末》文化版《央视亮出红牌》一文介绍,中央电视台根据末位淘汰的原则已经取消了《地方文艺》、《绝活》这样的本土文化类节目和《观众之友》、《回音壁》这样的服务类节目。著名的《读书时间》已两度得到警告,刚刚根据《纪录片》栏目策划问世的《见证》,也和诸如《文化周刊》、《子午书简》等栏目一样一直处于非常接近被警告的境地。由此可见,很好地解决我们国家目前公共电视薄弱的问题,也许就能改变文化版图模糊的局面。从某种意义上来说,这个问题若能得到很好解决,也就能从另一个方面解决好我国电视的未来发展问题。

当然,公共电视的缺失或不强并不是少数国家的问题。在十分强调“文化例外”的法国,问题同样存在。2002 年 6 月,法国文化部部长委托法国著名女作家卡特琳娜·克莱芒调查“国营电视与文化”问题。同年 12 月 10 日,这位女作家向文化部部长提供了一份长达 100 多页的报告(称为“克莱芒报告”),并起了一个非常生动而令人深思的题目:《夜晚与夏天》。它的意思是,你若要观看文化节目,你就得熬到深夜,不然的话那就要等到夏季假期时的重播。这个非常著名的“克莱芒报告”使我们想到了要在我们中央电视台收看像《纪录片》这样具有较高文化含量的节目,确实很难在晚间第二时段(11 时左右)里看得到,通常不得不在第三时段(午夜以后)里去观看。在法国这样一个非常注重文化,特别是非常看重自己民族文化的国家里,优秀文化的传播尚且存在如此明显的问题,可想而知这个问题在全世界范围内有多么严重了。由此可见,在电视的未来发展中,如果任其作为

大众俗文化的形态发展下去,不问教育服务,只管商业回报;不问文化建设的有益和提升,只管收视率的保持和提高,就很难说得上能保持文化的独特性和多样性,因为在大众传播能力空前发达的今天,凡是称得上通俗和时尚的文化,几乎都具有即时的世界性。如果一个国家、一个民族不注重守卫真正属于自己的文化版图,那对自身优秀文化的传承与发展,对世界优秀文化的传承与发展,都将是非常危险的,无怪乎美国人要成立"把电视赶出家庭委员会"了。

当然,还有一个怎样正确看待电视通俗化的问题。通俗化是电视的一个基本属性,本身无可指责。但任何一个事物都应该有一个最起码不能超越的边界,电视的通俗化自然也不能例外。崔永元在暂别《实话实说》栏目主持人岗位时对出现于电视上的庸俗化倾向进行了猛烈的抨击。而解玺璋先生对此大为不满,于是奋笔疾书:"为什么电视不能庸俗?"

在人类的生活中,在全世界的电视屏幕上,庸俗的东西是客观存在的,也许将会永远存在,但肯定将会越来越少,即肯定不会是一种占据主导地位的常态——只要人们还约定俗成地认为庸俗是一个贬义词。这就像人类社会中各种被公认为丑恶的东西一样,它们将长期存在,甚至很难彻底消灭;但是随着人类社会的进步和发展终将会越来越少,因为渴望不断求善求美的人类总是一天一天地在努力消除它们而不是加以提倡和扶植。一如崔永元所说可能"把电视庸俗化扩大化了"。现实的事物及其边界,有时会显得很模糊。但不管怎样,电视的娱乐性完全需要通俗,却绝不可以容忍乃至倡导庸俗。在这一点上来说,边界总是存在的,庸俗和通俗之间确实应该有一条不可逾越、也不容逾越的鸿沟,否则我们未来的电视就将是一个被打开了的"潘多拉的盒子"。

六、要关注电视的负面因素

电视是目前最有影响力的大众文化形态,也是最为强势的媒体,因此对当代社会生活的作用非同寻常。其中有非常积极的因素,也有非常消极的成分。如果对此重视不够,将对社会发展产生很多非常不良的影响。美国有一个"把电视赶出家庭委员会",可见有人把电视的负面影响是看得非常严重的。关于这一点,本书在论述电视文化属性与社会功能时已有所涉及,在此专门从传播的伦理道德方面再作些简要论述。

随着社会公众法制意识的加强和道德观念的提升，大众传播领域中的伦理道德问题越来越凸显出来，值得我们关注。2003 年 3 月 12 日是中国的植树节，这天中央电视台新闻 30 分播出不少有关这方面的内容。其中在播出广州一位种植了十多年兰花的农民的时候，给的镜头很多，但他所说的每一句话都是由播音员来播讲的（打有字幕）。如果那段新闻就到此为止，也许就没有什么要特别强调的，问题就在于，在同一段新闻里接着播出其他几位人物的话语时（如一位老师说因为现在小区的绿化很好，所以空气质量提高了；还有不少路人在接受采访时说，很想植树，但没有机会与可能，等等），他们的说话声则是直接播放出来的（同时也打字幕）。这就使人纳闷了，为什么要这样做呢？唯一的可能是那位种了十多年兰花的农民讲不好普通话，所以受众在观看关于他的新闻内容时就只能看到他在讲话，但根本就听不到他的说话声。由于这段新闻中其他人接受采访时都既有说话的样子、又有说话的声音（同样还有字幕），所以给人的感觉都是自己在讲话，只有那位真正搞绿化的老人给人的感觉是不知道他真正说了些什么，也就是说实际上被剥夺了他自己直接说话的权利，总让人觉得很不是滋味。应该说这样的做法很不公平（相对于那几位随机接受采访的人来说），也可以说很不道德——特别是因为既然打了字幕，那么让他怎样说话都不会影响任何人对他说话的理解，更何况他是这段新闻中的一个主角。

当然，如果上述情况的发生是非常不自觉的，那确实说不上有什么特别大的问题。在当今的电视采访中，有很多电视采访者都会事先与被采访者说好希望讲些什么（一般地说不会说不能讲什么，因为他们反正能剪辑），这无异于强奸人意，确实很成问题。有时候，也许就是因为真有这样的情况发生，所以才会出现 2002 年 11 月 7 日《南方周末》所刊登的那样内容：四川省江油市两次报道一位年仅 26 岁且怀孕的女性为了保护超市的 10 万元钱而被歹徒杀害的事迹。其中老板夸奖她“是我们购物中心的骄傲和江油市的好儿女”，而她白发苍苍的老母亲竟然也说：“幸好钱没抢走，我为女儿的壮举而感到自豪。”这过于违背人之常情（幸好还没听到她那位本来即将成为父亲的丈夫的豪言壮语）的做法，是否应该值得媒体人士深思和警觉呢？

2002 年，美国为了纪念“9·11”事件一周年，在全世界范围内物色十位著名的影视导演拍摄时间长度为 9 分 11 秒的影视短片。伊朗年轻女导演萨米娜名列其中。那位年轻女导演在接受这项任务的时候，同时向全世界表达了她的这样一个现实感受：在电视对人们的生活与思想产生越来越大

的影响的时代,在人们意识中逐步形成"凡是没有在电视上出现的就不是现实生活中所客观存在的"这样一种顽固的思维定势。对此,她就以发生在美国的"9·11"事件和不久后发生在阿富汗的美国对塔里班政权发动的战争作了非常具体的阐述。

由于强大的电视传播影响,几乎全世界所有的人都强烈地感受到了"9·11"的惨痛和悲伤,这同时对美国人在阿富汗战争产生了非常有利的影响。由于电视对发生在阿富汗的那场战争的报道是少之又少,所以全世界很少有人看到阿富汗土地被准原子弹轰炸后的景象,当然也就很少有人了解阿富汗人民在那场战争中所经历的种种苦难(包括诸如平民百姓在举行盛大婚礼时遭到轰炸那样的人为之灾)——对家中拥有不止一台电视机的很多人来说,仿佛这一切都没有发生过,甚至以为是不真实的。美国新闻界为了掩饰自已在这方面的"不作为",大炒特炒寻找多年前美国记者在阿富汗拍摄的一位某杂志封面少女现在的去向这个近乎无聊的题材。由此我们很容易联想起以色列军队在巴勒斯坦城市杰宁进行大屠杀时,根本就不让所有国家新闻工作者靠近一步。即使在全世界对此发出强烈抗议,联合国组成专门调查组前往之前,也是千方百计拖延时日以抹去事实的痕迹。这就明明白白地告诉我们,电视摄像机镜头在工作时是没有选择能力的,但掌控这摄像机和电视传播的人是有选择意识的。一念之差,就很容易让人们对世界的认识有很大的不同。

由此可以看出,电视作为强势媒体在现当代社会生活中的重要性越得到人们的青睐,它的各种负面因素越不能忽视。如果说发展总是具有克服不足与走向完善的题中之义的话,那么这对电视的未来发展也许就尤其如此。

七、媒介综合与地球村时代

本书在前面有关章节中或多或少地谈到过这样的观点:媒介在本质上具有要求多媒介综合的属性,这往往既是它们能发生的根本原因,也是它们能得到很好发展的根本原因。以电影为例,从电影发展史来看,早期无声电影只不过是对照相术的一种延伸,所以被称为"活动摄影"。这个时候的电影只具有对绘画和摄影进行综合的属性。自梅里爱时代到格里菲斯和卓别林时代,电影又综合了戏剧媒介和文字媒介。有声电影的问世,应该看做是

无声电影和声音广播结合的成果……以网络为例,正在日新月异地发展着的网络媒介,可以说人类已具有各种大众传播媒介的大综合。这种最新的媒介,不仅综合地具有文字媒介、摄影媒介和广播媒介的属性,而且具有综合电影媒介和电视媒介的属性……

媒介发展具有不断要求综合的特点和趋势,但并不因此造成有关媒介被吞没的情况,也就是说一个新媒介的发展一般都不以牺牲一个旧媒介为代价,所以人类传播媒介发展的历史确实是越来越丰富。在电视和网络越来越成为最为强势的媒介的时代,即便像广播这样自身局限性很大的媒介,照样还能让电话为己所用,使网络成为自己的一个很好的载体……这是活生生的现实,对于人类社会的文化建设具有启迪意义。

人类社会的发展与自然历史的演进都告诉我们:复杂性是一个具体事物生存能力的重要条件,多样性则是生命世界赖以生存发展的重要保证。这正像当代人刚刚认识到的一个事实一样,很多并不具有复杂性的细菌之所以看来都具有很强的生命力,其实是因为有一种特别的生物膜将它们联结了起来。这也使我们想起了"一个地球组织"公益广告中所说的那样,重要的是要保护所有地球生物赖以生存的那张生命之网。在一定意义上来看,多种媒介的综合发展、多元文化的交流沟通与各国经济的相互影响乃至保持地球生物的多样性都具有一定的共通性。说得透彻一些,就是这里基本不存在、或者说也不应该存在铁定的"你死我活"定律,而应该努力创造现在大家都非常乐意看到并喜欢接受的"双赢"或"多赢"局面。关于"双赢"或"多赢",本书作者认为它的文化思想基础应该说是来自中国文化中"己所勿欲,勿施于人"及"和而不同"的理念。说到"和而不同",这其实不仅是社会的,而且可以理解为首先是针对自然的。众所周知,要确保自然与社会的多样性,应该以努力保持个体的多样性为基础,所以全世界都在大力提倡保持文化多样性的同时,也在积极开展对濒危动植物的保护工作。保护个性化和保持多样性,就会带来"不同"的局面,不同即意味着有差异,有差异就意味着有矛盾和斗争,于是就有"和"这个内在而永恒的要求。这个"和"在自然界来说,主要就是生态平衡与可持续发展;在人类社会来说,一方面是全面交流与沟通,另一方面则是和平共处与共同发展。

辩证地看,媒介的有效综合,将有利于各媒介更好地持续发展;更好地实现分众传播,即意味着大众传播会得到更为纵深的发展;大众传播进入分众时代与媒介综合性日益加强并不矛盾,与人类生活走向更为丰富多彩的多样性时代和努力保持世界文化的多元态也应该相辅相成。这并不都将是一个自然而然的历史进程,其间需要人类为之付出很大的努力。现在世界各地很多人都经常在讲加拿大著名传播学家麦克卢汉所说的"地球村"这个词,但其实很少有人真正注意到他的全面意思。按照被称为将与马克思、弗洛伊德、达尔文、爱因斯坦等齐名的麦克卢汉关于"地球村"的原意,它不仅指发达的大众传播带来全新的时空感,同时还指如古代村落里串门走户的睦邻友好和唠唠家常的亲密无间。麦克卢汉认为,电脑预示了这样一个前景:技术产生的普世理解和同一,对宇宙理性的浓厚兴趣。这种状况可以把人类大家庭结为一体,开创永恒的和谐与和平。这是电脑真正适合的运用。电子媒介的发展终于使心理上的公共整合成为本可能。麦氏所说的地球村概念总是和部落文明联系在一起。何为部落?部落就是血脉相同、情同手足、休戚相关、相亲相爱、风雨同舟、肝胆相照的人群组合。由此可见,何为地球村和部落文明,自是不言而喻的。我们诚挚地希望人类社会随着经济与文化的发展,也因了大众传播的不断发展,变得越来越是一个充满和平、友爱与温馨的美好家园。

主要参考文献

1. 好新闻(1982 年广播电视部分). 北京: 中国广播电视出版社,1984

2.《新闻工作手册》编委会. 新闻工作手册. 北京:新华出版社,1985

3. 壮春雨. 中国电视概论. 北京:中国广播电视出版社,1985

4. 曹璐,吴缦. 广播新闻业务. 北京:北京广播学院出版社,1997

5. 任金州,高晓红. 电视摄影与编辑. 北京:北京广播学院出版社,1997

6. 赵淑萍. 电视新闻节目主持人艺术. 北京:北京广播学院出版社,1997

7. 陈莉,苏宏元. 广播电视学. 南京: 南师大出版社,1998

8. 高宁远,郭建斌,罗大眉. 现代新闻采访写作教程. 北京: 新华出版社,1998

9. 鄢光让,苏宏元. 新闻采访学. 南京: 南师大出版社,1998

10. 朱菁. 电视新闻学. 杭州:浙江大学出版社,1999

11. 播音主持艺术(第一集). 北京:北京广播学院出版社,1999

12. 任远. 名主持人成功之路. 北京: 中国广播电视出版社,1999

13. 徐志祥. 广播电视概论. 武汉:武汉大学出版社,2000

14. 李岩. 广播学导论. 杭州: 杭州大学出版社,2000

15. 任金州,陈刚,何苏六. 电视摄影造型电视编辑艺术. 北京: 北京广播学院出版社,2000

16. 方明谈播音. 北京: 中国广播电视出版社,2000

17. 纪宁. 媒介新动向. 沈阳出版社,2001

18. 张骏德. 当代广播电视新闻学. 上海:复旦大学出版社,2001

19. 单万里. 纪录电影文献. 北京:中国广播电视出版社,2001

20. 倪祥保. 影视艺术概论. 苏州:苏州大学出版社,2001

21. 张海潮. 电视中国. 北京:北京广播学院出版社,2001

22. 陆晔,赵民. 当代广播电视概论. 上海: 复旦大学出版社,2002

23. 陆地. 中国电视产业的危机与转机. 北京:中国人民大学出版社,2002

24. 赵曙光,禹建强,张小争. 中国著名媒体经典案例剖析. 北京:新华出版社,2002

25. 巴拉兹. 电视美学. 中国电视出版社,1979

26. 布尔迪厄. 关于电视. 沈阳: 辽宁教育出版社,2000

27. 罗杰·菲德勒. 媒介形态变化. 北京: 华夏出版社,2000

28. 托马斯·鲍德温等. 大汇流:整合媒介信息与传播. 北京:华夏出版社,2000

后记

“广播影视”与“广播电视”、“广播电视学”一样，都早已为人所熟知，而“广播影视学”却是一个全新的名词，代表着一个全新的学科，也是我们在这里想要尝试进行研究和介绍的对象。

在教学实践中我们感觉到，对于新闻传播类专业的本科生和硕士生来说，广播电影和电视都是需要学习的课程内容，但是如何安排这几方面内容的学习，确实是一个很值得探讨的问题。例如，对于广播电视艺术专业的学生来说，除了学习“广播电视学”和“广播电视文艺学”等主干课程外，再学习“电影艺术学”、“电影美学”或“影视艺术学”这样的课程显然是无可非议的；对于广播电视专业或广播电视新闻学专业的学生来说，如果学习了“广播电视学”之后，一般就不再需要学习“影视艺术学”或“影视学”这样的课程了。但是，对于广播电视专业和广播电视新闻学专业的学生来说，如果要单独学习一门关于电影的主干课程，压力太大了，而在其主干课程中一点都不涉及电影，似乎又会造成知识结构上的不足。思来想去，我们以为将“广播电视学”和“电影学”进行恰到好处的结合是一个很好的解决办法，于是就提出了写作“广播影视学”这本书的设想。这个设想一经提出很快就得到了苏州大学出版社有关领导的重视和首肯。从一定程度上来说，这就是本书得以呈现在读者面前的一个关键所在。值此出版之际，向苏州大学出版社领导和责任编辑致以诚挚的谢意。

《广播影视学》一书内容以对电视探讨为主，对广播和电影探讨为辅。全书凡十五章，主要分成这样几块：第一、第二章为总起，主要论述广播影视学的学科定义以及与其他学科的关系，探讨作为媒介的广播影视的分类传播特点和文化功能等；第三章至第五章为史论，主要论述声音广播、影院电影和电视广播各自发展的历史；第六章至第十一章为节目论，主要论述以电视为主的节目内容，其中除了介绍广播电视节目要素类型和编辑这方面的内容以外，特别重点介绍了广播电视的新闻类、文娱类、服务类、广告类、教育类等节目，也专门介绍了电视剧、电视电影和纪录片；第十二、第十三章主要论述的内容是关于广播电视节目的主持、播音、编辑与制作；第十四章主要研究的是关于广播电视的产业化和集团化；最后第十五章是关于分众时代广播影视的当下研究和简单展望。全书由倪祥保提出构想后与钱锡生共同商定各章内容，最后由倪祥保统稿。邵雯艳、倪沫、舒媛媛参与了部分章节的写作，李政和吴强也协助参与了部分工作，在此一并表示感谢。

虽然我们对《广播影视学》一书寄予厚望并把平时在这方面教学和科研工作中累积的认识和体会凝聚于此，但由于整体研究水平有限，再加上时间和精力不足，所以自知缺憾在所难免，在此恳请广大读者，特别是有关方面的专家和学者多加批评指正。

倪祥保

2006 年 11 月